江西理工大学清江学术文库
国家社会科学基金重点项目（18AGL002）主体成果
江西省青年井冈学者奖励计划资助

中国战略性矿产资源
国家安全评估与预警系统研究

CHINA'S STRATEGIC MINERAL RESOURCES:
NATIONAL SECURITY RISK ASSESSMENT
AND EARLY WARNING SYSTEM

(2020-2050)

郑明贵

罗　婷

王　萍

等著

中国财经出版传媒集团
经济科学出版社
Economic Science Press

图书在版编目（CIP）数据

中国战略性矿产资源国家安全评估与预警系统研究：
2020－2050/郑明贵等著. —北京：经济科学出版社，
2022.4

ISBN 978－7－5218－3641－7

Ⅰ.①中…　Ⅱ.①郑…　Ⅲ.①矿产资源管理－国家安全－
研究－中国－2020－2050　Ⅳ.①F426.1

中国版本图书馆 CIP 数据核字（2022）第 073536 号

责任编辑：杨　洋
责任校对：刘　昕
责任印制：王世伟

中国战略性矿产资源国家安全评估与预警系统研究（2020~2050）

郑明贵　罗　婷　王　萍　等著

经济科学出版社出版、发行　新华书店经销

社址：北京市海淀区阜成路甲 28 号　邮编：100142

总编部电话：010－88191217　发行部电话：010－88191522

网址：www. esp. com. cn

电子邮箱：esp@ esp. com. cn

天猫网店：经济科学出版社旗舰店

网址：http://jjkxcbs. tmall. com

北京季蜂印刷有限公司印装

710×1000　16 开　24.25 印张　420000 字

2022 年 4 月第 1 版　2022 年 4 月第 1 次印刷

ISBN 978－7－5218－3641－7　定价：89.00 元

前　言

　　目前随着中国工业化、城市化进程加快，矿产资源的需求量激增，主要战略性矿产资源国内储量严重不足，开发利用难度较大；对外依存度不断上升，供需矛盾非常突出；国际竞争激烈，重要矿产来源地高度集中；海上运输通道集中，存在安全风险；长期无序开发利用，使得原本供需紧张的矿产资源问题愈加严重，对内对外都面临着巨大压力，科学的矿产资源安全观并没有完全树立，我国矿产资源安全面临着严峻形势。为保障国家经济安全、国防安全和战略性新兴产业发展需求，《全国矿产资源规划（2016-2020年）》将石油、天然气、煤炭、稀土、晶质石墨等24种矿产列入战略性矿产目录，作为矿产资源宏观调控和监督管理的重点对象，并在资源配置、财政投入、重大项目、矿业用地等方面加强引导和差别化管理，提高矿产资源安全供应能力和开发利用水平。

　　未来面临全球新一轮工业化高潮的巨大压力。未来20~30年，伴随着印度、东南亚、南美等众多发展中国家的全球新一轮工业化高潮的到来，对矿产资源的需求将会掀起又一次高涨。新一轮工业化国家涉及的人口是上一轮工业化国家人口总和的3~4倍，对资源消耗的速度和数量将比20世纪的六七十年代更为猛烈，必须从战略上高度重视（郑明贵，2012）。鉴于此，若中国战略性矿产资源在开发利用方式、安全管理上没有新的转变，可以预见战略性矿产资源危机将成为中国经济发展的新瓶颈，将直接威胁到中国经济安全。在此背景之下，需要开展"中国战略性矿产资源国家安全评估与预警系统研究（2020~2050）"这一重大理论和实践问题的深度、前瞻性研究，且研究时间跨度上应与"新时代中国特色社会主义发展的战略安排"的进程相吻合。

　　矿产资源安全属于资源安全，为内部安全和非传统安全，是国家安全的重要组成部分，是国家安全的基点。在充分借鉴国内外已有研究成果的基础上，开展战略性矿产资源国家安全评估与预警的理论与方法研究，在研究思路上具有继承性与创新性；以中国战略性矿产资源国家安全评估与预警为研究主线，符合战略性矿产资源具备国别差异的特征，在研究对象上具有针对性；依据战略性矿产资源的战略地位和紧缺程度等，选取金属矿产资源（铜、铝、铁、稀土）、能源矿产资源（天然气和石油）和非金属矿产资源（钾盐）等7个矿种为例进行应用研究，具有较强的针对性和示范性。

从国家安全层面，对战略性矿产资源国家安全进行评估与预警的系统研究几乎未见到。本书推动并引领了中国战略性矿产资源国家安全评估与预警系统研究的前沿，主要建树体现在：第一，通过基础理论研究，厘清了矿产资源国家安全的理论基础、定义、影响因素、评价指标体系和评价方法，给出了矿产资源安全的定义，总结了影响矿产资源国家安全的主要因素；厘清了战略性矿产资源的内涵，给出了中国战略性矿产资源的定义及其应具备的主要特征；梳理了预警系统研究进展。第二，对影响各战略性矿产资源需求的主要因素进行了识别，找出了主要驱动变量，并对需求情景进行了定义，对宏观情景进行了设置及描述，构建了基于BP神经网络的中国战略性矿产资源需求情景模型，并分别对铜、铝、铁、稀土、天然气、石油和钾盐2020~2050年需求情景进行了测算与分析。第三，建立了符合战略性矿产资源第三个特征的国家安全评估与预警指标体系，适用于铜、铝、铁、天然气、石油和钾盐等矿产资源，并采用专家调查法确定指标权重；建立了符合战略性矿产资源第二个特征的国家安全评估与预警指标体系，适用于稀土等矿产资源，并采用专家调查法和熵权法确定指标权重。第四，根据国际公认分级规则，对评估与预警指标进行了分级；利用变权模型的动态性评估和TOPSIS的逼近理想值优势，分别建立了常权、变权（第三个特征）和TOPSIS（第二个特征）的国家安全评估模型；建立了基于BP神经网络的中国战略性矿产资源国家安全预警系统并进行了应用。

本书的特色主要体现在：第一，解决问题现实化。从国家安全层面出发，以7个矿种为例，对2020~2050年国家安全进行评估与预警，契合了党的十九大报告中"坚持总体国家安全观"与"新时代中国特色社会主义发展的战略安排"，切合了《中共中央关于制定国民经济和社会发展第十四个五年规划和二〇三五年远景目标的建议》中"实施国家安全战略，维护和塑造国家安全，保障能源和战略性矿产资源安全"的政策部署，具有较好针对性与现实意义。第二，研究问题差异化。中国战略性矿产资源的特征不同，其影响因素也具有特殊性，在需求情景分析、评估与预警指标的选取以及研究方法方面也应具有差异，对这些问题的差异化研究是本书的主要特色之一。

本书的学术价值主要体现在：通过基础理论研究，厘清战略性矿产资源国家安全的基本定义、内涵和外延；根据战略性矿产资源的差异性，建立其需求情景预测模型；根据中国战略性矿产资源特征，建立国家安全评估与预警指标体系；利用专家调查法、熵权法确定指标权重，建立战略性矿产资源国家安全评估模型与预警系统。上述研究，可以为战略性矿产资源国家安全评估与预警研究提供理论和方法支持，推进了国内外学界战略性矿产资源国家安全评估与预警系统的学科前沿，丰富并发展了国家安全评估与预警的理论和方法。

江西理工大学矿业贸易与投资研究中心成立于2011年6月，旨在建立矿业贸易、矿业投资、矿产资源国家安全科学研究基地、人才培养基地和对外交流基地，使中心研究成果能为我国合理开发与利用国内外矿产资源提供参考依据，为我国社会主义现代化建设贡献自己的力量，同时积极开展、参与矿业经济领域的学术与业务交流活动。

本书由江西理工大学郑明贵教授负责整体设计、组织协调和最终统稿。上海理工大学罗婷博士生负责第1章、第2章、第3章、第10章研究工作以及全书统稿、校稿工作；江西理工大学王萍负责第4章、第5章、第8章研究工作，吴萍负责第6章、第7章研究工作，李期负责第9章研究工作，林玉华、钟文做了大量的文献、数据资料收集与整理工作；有色金属技术经济研究院教授级高级工程师林如海先生提供了大量宝贵的数据资料。本书在评审、出版过程中，得到了江西省社会科学规划办公室、江西理工大学科学技术处、江西理工大学经济管理学院各位领导和老师的大力支持与热情帮助，在此一并表示感谢！

由于作者水平有限，书中不足之处在所难免，敬请广大读者予以批评指正。

郑明贵

2022 年 2 月 22 日

目录

1 Chapter

第1章
绪 论

1.1　研究背景

战略性矿产资源是指事关人类社会持续发展、在关键领域发挥战略性作用的矿产资源（吴巧生等，2020），其安全问题已引起世界各国前所未有的关注，一国一旦发生战略性矿产资源供应链中断风险可能引致在多个领域爆发风险，甚至出现风险综合体。战略性矿产资源安全是国家安全的重要组成部分，是国家资源安全的核心和关键，对国民经济、国防和战略性新兴产业发展至关重要。

目前随着中国工业化、城市化进程加快，矿产资源的需求量激增，主要战略性矿产资源对外依存度不断上升，长期无序开发利用，使得原本供需紧张的矿产资源问题愈加严重，对内对外都面临着巨大压力，科学的矿产资源安全观并没有完全树立，我国矿产资源安全面临着严峻形势。为保障国家经济安全、国防安全和战略新兴产业发展需求，《全国矿产资源规划（2016—2020年）》将石油、天然气、煤炭、稀土、晶质石墨等24种矿产列入战略性矿产目录①，作为矿产资源宏观调控和监督管理的重点对象，并在资源配置、财政投入、重大项目、矿业用地等方面加强引导和差别化管理，提高矿产资源安全供应能力和开发利用水平②。此外，《中共中央关于制定国民经济和社

---

① 列入战略性矿产目录的24种矿产是：金属矿产铁、铬、铜、铝、金、镍、钨、锡、钼、锑、钴、锂、稀土、锆；能源矿产石油、天然气、页岩气、煤炭、煤层气、铀；非金属矿产磷、钾盐、晶质石墨、萤石。

② 中华人民共和国国土资源部. 全国矿产资源规划（2016—2020年）［EB/OL］. 中华人民共和国国土资源部网站，2016 – 11 – 15.

会发展第十四个五年规划和二○三五年远景目标的建议》中指出，要坚持总体国家安全观，实施国家安全战略，维护和塑造国家安全，保障能源和战略性矿产资源安全，推进能源革命，完善能源产供储销体系，加强国内油气勘探开发，提高资源利用效率，提高矿产资源开发保护水平，构建海外利益保护和风险预警防范体系①。

战略性矿产资源国内储量严重不足，开发利用难度较大。中国资源总量大、人均少、资源禀赋不佳。部分大宗矿产储采比较低，石油、天然气、铁、铜、铝等矿产人均资源可采储量远低于世界平均水平，资源基础相对薄弱。截至 2017 年底，我国已发现矿产 173 种，其中能源矿产 13 种、金属矿产 59 种、非金属矿产 95 种、水气矿产 6 种②。2018 年，全国新发现矿产地 153 处，其中大型 51 处、中型 57 处、小型 45 处③。2019 年，全国地质勘查投资 993.40 亿元，其中，油气地质勘查投资 821.29 亿元，增长 29%；非油气地质勘查投资 172.11 亿元，下降 0.9%。2019 年，石油和页岩气新增探明地质储量分别为 11.2 亿吨和 7644.2 亿立方米，主要金属矿产中铜矿、铅矿、锌矿、钨矿、钼矿等新增明显，铁矿、镍矿、锡矿、金矿明显下降④。但大宗支柱性矿产无论是总量还是人均储量均与我国占世界 18.37% 人口的比例极不相称。石油、天然气、铜、铁、铝、镍、金等占世界总储量的比例均小于 5%，且资源保障年限远低于世界平均水平。主要金属矿产已探明人均储量不足世界人均值的 1/4，铜和铝的人均储量仅占世界平均水平的 1/6 和 1/9，即使是较为丰富的煤炭资源，人均储量也只有世界平均值的 67%。我国矿产资源的特点是贫矿多、中小型矿床多、共伴生矿床多，富矿少、大型超大型矿床少，开发利用难度大（曹新元等，2007；赵洋等，2011）。大宗战略性矿产资源中，贫矿所占比例都高达 60% 以上。

---

① 《中共中央关于制定国民经济和社会发展第十四个五年规划和二○三五年远景目标的建议》[EB/OL]. 中国政府网，2020 – 11 – 3.

② 中华人民共和国自然资源部. 中国矿产资源报告（2018）[EB/OL]. 中华人民共和国自然资源部网站，2018 – 10 – 22.

③ 中华人民共和国自然资源部. 中国矿产资源报告（2019）[EB/OL]. 中华人民共和国自然资源部网站，2019 – 10 – 22.

④ 中华人民共和国自然资源部. 中国矿产资源报告（2020）[EB/OL]. 中华人民共和国自然资源部网站，2020 – 10 – 22.

矿产对外依存度大，供需矛盾非常突出。中国对外严重依赖的矿产资源种类多，如石油、天然气、铁矿石、铜、铀、钾盐、铝、镍、金等矿产对外依存度都很高，其中石油对外依存度超过65%。国内铜产量只能满足消费量的40%，铝产量只能满足消费需求的60%，铁矿石需求量的45%靠进口，钾盐的自给率仅为40%，钴、铬等矿产资源更是严重短缺，而这种趋势在较长时期内将不会发生明显变化（李志民，2008；李萌等，2016）。

国际竞争激烈，中国重要矿产来源地高度集中。目前，世界矿业领域围绕大宗战略性矿产资源的国际竞争日趋激烈。世界前八家跨国矿业公司拥有全球矿业资本市场份额的75%，控制着世界大部分矿产资源。中国海外矿业投资始于20世纪80年代中期，时间短，实战经验仍然不足，抵御风险能力较弱。根据中国矿业联合会统计数据，中国企业海外矿业投资的成功率不足20%。更为重要的是，中国主要矿产品进口集中度较高，排在前五位的进口来源国较为固定，不利于分散风险（赵洋等，2011）。

国际海上运输通道集中，但存在安全风险。全球战略性矿产资源供需分离的格局，导致大宗矿产需要大规模、长距离、长周期的运输，海运一般是最合适的选择。这也使得国际海上通道的战略性节点，如马六甲海峡、霍尔木兹海峡、苏伊士运河和波斯湾等成为"咽喉"要道。由于地理位置特殊，这些"咽喉"要道往往容易受到国际经济、地缘政治、局部冲突等的影响。因此，大宗战略性矿产资源海路运输存在较高的安全风险（范振林，2020）。

未来面临全球新一轮工业化高潮的巨大压力。未来20~30年，伴随着印度、东南亚、南美等众多发展中国家的全球新一轮工业化高潮的到来，对矿产资源的需求将会又一次高涨。新一轮工业化国家涉及的人口是上一轮工业化国家人口总和的3~4倍，对资源消耗的速度和数量将比20世纪的六七十年代更为猛烈，必须从战略上高度重视（郑明贵，2012）。

鉴于此，若中国战略性矿产资源在开发利用方式、安全管理上没有新的转变，可以预见战略性矿产资源危机将成为中国经济发展的新瓶颈，将直接威胁到中国经济安全。在此背景之下，开展"中国战略性矿产资源国家安全评估与预警系统研究（2020~2050）"这一重大理论和实践问题的深度、前瞻性研究被提上日程，且研究时间跨度上应与"新时代中国特色社会主义发展的战略安排"的进程相吻合。本书在分析中国战略性矿产资源供需现状的基础上，构建基于 BP 神经网络的 2020～2050 年中国战略性矿产资源供需情景数学模型，并以铜、铝、铁、稀土、天然气、石油、钾盐为例进行应用。在识别上述战略性矿产资源国家安全主要影响因素的基础上，构建战略性矿产资源国家安全评估指标体系，并对其国家安全进行评估，将变权综合评估结果引入预警系统进行训练学习，对各矿产资源 2020～2050 年国家安全进行预警。最后提出战略性矿产资源安全恢复战略以及保障中国战略性矿产资源国家安全政策制定的相关建议。

1.2 研究方法与技术路线

1.2.1 研究方法

本书以中国战略性矿产资源国家安全评估与预警系统（2020～2050）为研究主线，研究的基本方法是实证与规范分析，其中情景预测、安全评估与预警的重要研究方法是仿真。在研究方法论上力求做到四个结合：定性分析与定量研究相结合，以定量研究为主；理论推导与实证研究相结合，以实证研究为主；静态分析与动态分析相结合，以动态分析为主；文献分析与数据测算相结合，以数据测算为主。但在对不同内容进行研究时，采用了不同的研究方法。主要运用经济学、管理学、系统工程、国家安全、矿业工程、计算机等多学科交叉理论进行综合研究，具体研究方法包括文献研究法、统计分析法、数理分析法、情景分析法、常权评估模型、变权评估模型、BP 神经网络、TOPSIS 模型、滚动建模、预警预测技术等，尤其利用常权和变权评估模型、BP 神经网络等建立中国战略性矿产资源国家安全评估与预警系统。

1.2.2 技术路线

基本研究思路及技术路线如图 1.1 所示。

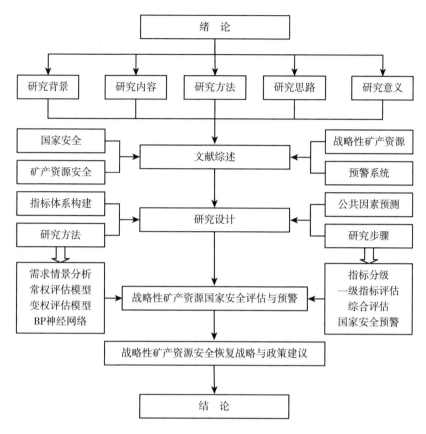

图 1.1　研究思路与技术路线

1.3　成果价值

1.3.1　学术价值

战略性矿产资源安全是国家安全的重要组成部分，是国家资源安全的核心和关键。围绕核心概念界定、需求情景分析、国家安全影响因素识别、评估与预警指标体系构建、指标权重确定、评估模型和预警系统建立等问题进行系统研究，形成了战略性矿产资源国家安全评估与预警系统的理论、方法和应用的完整体系。

由此，本书的学术价值主要体现在：通过基础理论研究，厘清战略性矿产资源国家安全的基本定义、内涵和外延；根据战略性矿产资源的差异性，建立其需求情景预测模型；根据中国战略性矿产资源特征，建立国家安全评估与预警指标体系；利用专家调查法、熵权法确定指标权重，建立战略性矿产资源国家安全评估模型与预警系统。上述研究，可以为战略性矿产资源国家安全评估与预警研究提供理论和方法支持，推进了国内外学界战略性矿产资源国家安全评估与预警系统的学科前沿，丰富并发展了国家安全评估与预警的理论和方法。

1.3.2　应用价值

本书的成果在于根据中国战略性矿产资源的不同特征展开差异化研究，直接面向于不同类型的矿产资源。由此，本书的应用价值主要体现在：

第一，可为中国战略性矿产资源国家安全评估与预警提供应用支持，直接联系实际。为其提供情景预测结果、评估与预警结果、安全恢复战略与政策建议等，有利于提升中国战略性矿产资源调控力、转型驱动力、资源配置力和产业竞争力，有利于科学制定国家矿产资源战略规划，可以为 2020 ~ 2050 年中国战略性矿产资源的法律法规及政策制定提供参考依据。

第二，可为中国矿产资源企业海内外资源开发提供依据。通过对不同时期的战略性矿产资源国家安全进行评估与预警，可以为海内外矿产资源开发战略选择提供指导，同时可以为金融机构等制定相关投资政策提供参考依据。

1.4　成果社会影响和效益

本书的成果为国家社会科学基金重点项目（18AGL002）主体成果，应用前景预计十分广阔。2019 年 6 月，项目负责人接受财新网专访："稀土，为什么重要？"2019 年 7 月，课题组向工业和信息化部呈报《关于搭建互联网＋中国稀土产业管控系统的建议报告》，获得高度评价；2020 年 5 月，赣州稀土集团邀请项目负责人做专题讲座《世界稀土资源供需现状分析与未来趋势预测》；2020 年 11 月，中铝山东分公司邀请项目负责人做专题讲座《铝矿资源需求情景分析与海外矿山并购》；2020 年 12 月，项目负责人受邀参加第九届黄金科学技术论坛并做了题为《中国铜资源国家安全评估与预警系统研究（2020—2050）》的大会主题报告；2021年5月，中广核铀业公司邀请项目负责人做专题讲座《矿业项目技术经济评价理论与方法》；此外，已在《资源科学》《中国科技论坛》《地球科学进展》等多家国内主流期刊发表学术论文34篇。

2.1 国家安全研究进展

2.1.1 国外研究进展

1. 国家安全理论研究进展

国家安全一词最早由美国政治专栏作家沃尔特·李普曼于 1943 年在《美国外交政策：共和国之盾》中提出（Lippmann，1943），但国外对于国家安全的思考可以追溯到 17 世纪。两次世界大战的爆发及接踵而至的冷战，将国家安全理论研究推向了高潮，经过长期的演进完善，逐步发展出现实主义（霍布斯，17 世纪）、自由主义（康德，18 世纪）和建构主义（20 世纪 90 年代）三大相对成熟的理论派系。

从研究内容来看，主要体现在国家安全的决定要素和理论范式方面（李泓霖和毛欣娟，2016）；从安全的主导价值来看，"认同"逐渐成为国外国家安全理论研究的核心；从威胁安全的来源来看，非传统安全领域（经济、社会、科技、信息、资源、核、文化和生态等）正成为国外安全理论研究的热点；从本位思想来看，国外国家安全理论始终带有鲜明的"本国立场"，这不仅是国外理论学者的舍弃和选择，也是维护国家安全的现实需要。

2. 国家经济安全研究进展

冷战前期，经济因素普遍被看成国家安全的附庸，国家安全单纯强调军事政治安全，经济安全问题没有上升到国家安全的高度。冷战后期，经济安全被视为国家安全的重要内容，但只有少数国家关注国家经济安全，国际社会对此没有形成广泛共识。冷战结束后，经济利益上升为国家利益的首要内容，国家经济安全研究逐渐成为国际焦点。

国外关于国家经济安全的研究基本遵循两条路径，主流方法是将经济安全研究放在国家安全的整体框架下进行。第一条研究路径是逐渐从传统的仅包括政治和军事安全的狭窄领域向包括政治、军事、经济和文化等多领域延伸（Klare & Volman，2006；Homolar，2010），其中经济安全问题日益成为国家安全研究的重要组成部分（Kirshner，2009）。第二条研究路径是仅在经济范畴内探讨经济安全问题，例如，马莫恩（Mamoon，2012）从政府收入再分配能力的角度探讨经济安全问题。

在政府政策和实践领域。美国第 42 任总统克林顿在 20 世纪 90 年代将经济安全列为美国国家安全的三大目标之一，并将经济安全排在六大对外战略之首。进入 21 世纪，美国第 44 任总统奥巴马在任期内两次发布《美国国家安全战略报告》（2010 年和 2015 年）均把经济安全作为重要组成内容。其他国家也都有在国家安全框架下的经济安全战略（周荣坤等，1997），如日本《国家经济安全报告》（1980）；《国家安全保障战略》（2013）、俄罗斯《国家经济安全战略》（1996）；《2020 年前俄罗斯国家安全战略》（2015）；《2030 年前俄联邦经济安全战略》（2017）等。

3. 国家政治安全研究进展

国外关于国家政治安全的研究主要是在国际关系上探讨国家政治安全。在具体论述时，一般将国家政治安全等同于国家安全来研究，使国家政治安全转变成国际政治问题，而对国家内部政治安全问题的探究则较少。但在西方政治学研究中存在丰厚的理论资源，为国家政治安全问题的研究奠定了理论基础（鞠丽华，2019）。这些理论可以追溯到柏拉图、亚里士多德、霍布斯、洛克和卢梭等人的经典政治理论。柏拉图和亚里士多德主张通过设计良好的政体保障政治安全；霍布斯、洛克和卢梭等自然法和社会契约论者主张通过制造被统治者的"同意"维护政治安全；马克斯·韦伯主张通过建立统治的合法性，李普塞特主张通过政府实际绩效维护政治安全；亨廷顿等学者主张通过政治秩序建设维护政治安全，阿尔蒙德等学者主张通过发展政治文化维护政治安全等，这些经典理论和观点为开展国家政治安全研究奠定了深厚的理论基础（何兆武，2003）。

政治安全关系到一个国家的生存和发展，因而备受世界各国高度重视。冷战结束前，学者普遍认为政治安全与军事保障密不可分，威胁国家政治安全的主要因素来自军事威胁和外来敌对势力的侵略，具有极强的国家中心主义倾向，即传统国家政治安全观。而主权国家为了维护自身的利益和安全，不得不发展自己的军事力量及实现主权国家间的军事联盟（Walt，1991）。冷战结束后，国家间的相互影响及依赖程度逐渐增强，共同利益和影响国家政治安全的因素不断增多，以生态保护为代表的非传统安全因素逐渐备受关注，成为国家安全的重要研究对象（Williams，1998；Henisz et al.，2010）。西方学者对于政治安全的研究也开始转向强调人类安全、生态保护、国家政治秩序等非传统国家安全因素。如美国学者伯特通过大量的安全案例，较为系统地总结了美国国家政治安全的思想体系内容。布斯指出，真正且可靠的安全来自人民和集体（丁晨，2020）。

4. 国家安全其他领域研究进展

除了经济安全、政治安全的研究外，国外更加注重于核安全、信息安全、能源安全、公共卫生安全等非传统安全领域的研究。师索纳尔·甘地和康政尼（Gandhi & Kang，2013）指出三里岛核事故、切尔诺贝利核事故、福岛核事故引发了人们对核电站安全的严重担忧，保护公众和环境免受不适当的辐射危害，是核安全研究的重点问题。穆纳·珍妮等（Mouna Jouini et al.，2014）认为，随着信息和通信技术的发展及互联网的普及，信息系统经常面临各种风险，这些风险可能造成不同类型的损害，可能导致重大的经济损失，因此需要预防风险来源并知道系统中可能受影响的特定区域，以便提前保护信息安全。阿祖尼和布雷耶（Azzuni & Breyer，2018）指出能源安全是可再生能源系统能够在不受风险和威胁的情况下实现最佳和可持续运行的重要条件，并从能源安全角度分析储能技术。

2.1.2 国内研究进展

1. 国家安全理论研究进展

目前，国内对国家安全理论的研究比较深入，国家安全观随着世界政治格局、经济形势的发展并结合中国实际而不断发展。党的十八届三中全会后，以习近平同志为核心的党中央提出了"总体国家安全观"（习近平，2017）。总体国家安全观是国家安全观的重大理论创新，与我国传统安全观和一些发达国家的安全观相比，最大的突破是统筹外部安全和内部安全、传统安全和非传统安全。总体国家安全观涵盖 16 种安全，是包括经济安全、政治安全、国土安全、军事安全、文化安全、社会安全、科技安全、网络安全、生态安全、资源安全、核安全、海外利益安全、生物安全、太空安全、极地安全、深海安全等于一体的国家安全体系。

2. 国家经济安全研究进展

国内关于国家经济安全问题的研究持续升温，引发了更多学者对于国家经济安全的研究。世界各国都越来越关心本国的国家经济安全问题（雷家骕，1997）。在国家安全体系中，国家经济安全是基础（顾海兵和王甲，2018），主要集中在国家经济安全内涵、评价指标体系和安全预警三个方面（年志远和李丹，2008；蔡春等，2009；赵蓓文，2012；顾海兵和朱凯，2017；张帅和顾海兵，2020；陈斌和程永林，2020）。

（1）国家经济安全内涵。

对国家经济安全的内涵进行科学界定是国家经济安全研究的基础。主要观点可归为"状态观""能力观""状态加能力观"三类。"状态观"认为如果一国经济达到某种规定状态，那么该国经济就是安全的（吕有志，1997；李金华，2001；宿景祥，2006；叶卫平，2010；舒展和刘墨渊，2014；陈斌和程永林，2020）。"能力观"认为如果一国具有某些规定能力，那么该国经济就是安全的（赵英，1999；徐会琦，2000；陈首丽和马立平，2002；顾海兵等，2014）。更多研究将国家经济安全看成是经济安全状态和能力的结合，即"状态加能力观"（马林和雷家骕，2002；郭秀琴，2006；梁敏，2015）。

（2）国家经济安全评价指标体系。

国内学者在国家经济安全内涵界定的基础上，通过设计评价指标体系研究国家经济安全。代表性的有：顾海兵（1997）、叶卫平（2010）、张汉林和魏磊（2011）、顾海兵和孙挺（2012）、顾海兵和朱凯（2017）、顾海兵和王甲（2018）等。

（3）国家经济安全预警。

姜茸等（2015）指出李京文院士在分析 2003 年影响国家经济运行安全主要因素的基础上，建立了一套国家经济安全预警指标体系。聂富强

（2005）系统论述了国家经济安全预警的理论界定和预警方法。随后，众多学者开展了一系列相关研究，研究成果较多、基础较好，如年志远和李丹（2008）、刘斌（2010）、雷家骕（2011）、何维达（2012）、赵蓓文（2012）、莫小东（2017）等。

目前国内国家经济安全研究卓有成效、成果纷呈，然而伴随着日益复杂的经济安全形势，对国家经济安全开展跟踪性研究和前瞻性思考迫在眉睫。

3. 国家政治安全研究进展

政治安全是国家安全体系中的根本、核心。政治安全决定和影响着国家的经济安全、军事安全、社会安全等各个领域的安全。随着国际环境的不稳定性和不确定性，我国面临着越来越复杂的国际国内形势，包括政治安全在内的国家安全问题逐渐成为研究的热点。目前，国内关于国家政治安全的研究主要集中在以下三个方面。

（1）国家政治安全基本内涵。

关于国家政治安全的概念界定主要有"国家主权说""政治制度说""意识形态说""综合因素说"等。其中"国家主权说"主要受传统国家安全观的影响，从国际政治的视角出发定义国家政治安全，即政治安全是指国家的主权、领土不受外来势力的侵害，与国家军事安全密切相关。如马振超（2000）指出，政治安全是国家安全的最根本象征，维护国家政治安全主要是维护国家的主权和人权。"政治制度说"和"意识形态说"主要从国内政治角度界定政治安全，认为一国的政治安全是国家政治制度稳定、意识形态安全，进而政权稳固、社会政治安定。如王逸舟（1999）从国家政治制度层面，认为政治安全即不断实行制度自我革新和各种"微调"，避免出现严重的政治和社会动乱。刘祎（2006）从意识形态层面，认为意识形态作为一个国家政治安全的灵魂，对于培养国民政治认同感、维系社会控制力、维护国家政治安全的作用是显而易见的。"综合因素说"则从国际和国内相结合的角度界定政治安全，认为政治安全即"一个国家的主权、领土、政权和政治制度，以及意识形态不受别国的干涉和破坏，社会政治稳定，政权巩固，拥有自主性和独立性"（刘跃进，2016）。综合上述观点，本书认为政治安全是指国家主权、政权、政治制度、政治秩序以及意识形态等方面免受威胁、侵犯、颠覆和破坏的客观状态。

（2）国家政治安全构成要素。

国家政治安全既包括国内政治安全也包括国际政治安全。国内政治安全主要由"国家政权稳定、政治意识形态广纳、政治制度恰适、执政党地位巩固、政治秩序良好"等方面构成，国际政治安全主要包括一国主权独立、领土完整，不受国际因素的安全威胁。刘跃进（2016）指出国家政治安全在内容构成上包括政治思想安全、政治制度安全和政治活动安全三个部分，包括国家政治权力归属在内的"权属问题"是国家安全的根本问题，"国家权属安全"是国家政治安全的核心。马振超（2021）认为政治安全包括主权、政权、政治制度以及意识形态等要素。

（3）政治安全战略维护。

政治安全战略维护主要从国内、国际两方面进行。当今世界正处于百年未有之大变局，我国面临的外部环境发生了新的深刻复杂变化，维护国家政治安全和社会稳定面临着诸多新的风险挑战（朱园春，2021）。马振超（2015）指出，在各种风险和挑战中，对政治安全和政治稳定构成最大威胁的不仅仅是来自外部的风险挑战与冲击，还包括内部政治生态的变化，制度反腐是营造良好政治生态的治本之策。何隆德（2020）认为维护国家政治安全，要树立总体国家安全观，系统谋划，综合施治，有效防范各类风险叠加共振。要统筹国内国际两个大局、境内境外两个战场，既防止境外风险向境内传导、倒灌，又防止境内风险受境外影响变异、升级，为我国改革发展稳定营造更加有利、更加安全的国际国内环境。陆忠伟（2021）指出政治安全的核心是政权安全和制度安全，最根本的就是维护中国共产党的领导和执政地位、维护中国特色社会主义制度。

4. 国家安全其他领域研究进展

新时代总体国家安全观包括 16 种安全，国内除了对国家经济安全、国家政治安全进行研究外，还从军事安全、文化安全、资源安全、科技安全等方面对国家安全进行更加全面而细致的探究。刘跃进（2016）认为军事安全是国家军队事务处于没有危险的客观状态，也就是国家的军事存在、军事力量和军事活动等不受威胁、挑战、打击和破坏的客观状态。吕慧和高跃东（2021）指出安全文化建设的根本目标是最大限度保障人民生命财产安全、保障社会稳定发展。张生辉（2021）指出资源安全与生态安全紧密联系，应统筹协调自然生态安全与能源和战略性矿产资源安全。李林等（2019）认为建立科技安全预警机制，可以对国外在中国技术领域掌握的核心关键技术数量、种类及重要程度等信息进行动态监控，增强科技安全风险防范能力。

2.2　矿产资源国家安全研究进展

2.2.1　矿产资源国家安全理论基础

1. 矿产资源价值理论

（1）马克思劳动价值论。

矿产资源安全研究的一个重要前提是研究矿产资源（自然资源）作为一种生产要素、参与生产交换过程中的价值体现，这是研究国家矿产资源安全问题、保障国家矿产资源安全的核心（魏永春，2002；师红聪，2013）。也就是说，矿产资源安全研究，必须以马克思劳动价值论的基本原理为前提，结合中国社会主义市场经济、现代科学技术的发展等实际情况去研究。

（2）西方经济学效用价值论。

效用价值论，又称主观价值论，起源于19世纪30年代，形成于19世纪70年代，发展于19世纪末。运用效用价值理论可以很容易得出矿产资源等自然资源具有价值的结论，由于矿产资源是人类生活不可缺少的自然资源，对人类具有巨大效用；而且我国矿产资源总量难以适应国民经济发展的需要，使得矿产资源供给与需求之间产生了尖锐矛盾，矿产资源既满足了稀缺性，同时又满足了有用性的条件，因此，矿产资源是具有价值的（王世军，2007；喻建良，2007；陶建格和沈镭，2013；屈茂辉和陈灵峰，2021）。尽管效用价值论能够很好地对矿产资源等自然资源具有价值进行解释，但是对矿产资源勘查和开发过程中产生的价值部分的解释无能为力。因此，必须明确马克思劳动价值论才是矿产资源价值理论的核心，需要以马克思劳动价值论为基础，合理采用效用价值论的分析方法和工具对中国矿产资源安全问题进行研究。

2. 供给—需求理论

（1）马克思的供给需求理论。

马克思关于供求理论的阐释，揭示了价值对供求关系的深刻影响，是劳动价值论的进一步深化和完善，不掌握马克思关于供求关系的论述，就不能全面掌握科学的劳动价值理论（罗时法，2001）。全面掌握和理解劳动价值论对深入研究矿产资源国家安全问题，具有重要的理论指导意义。

（2）马歇尔的均衡价格论。

1890年出版的《经济学原理》，使得马歇尔的均衡价格论成为现代西方微观经济学的基础和核心。马歇尔在解释需求变动和供给变动时，引进了边际效用论和生产费用论（Edgeworth，1895），但马歇尔的均衡价格论撇开价值来谈价格决定，使价格成为无源之水、无本之木。尽管马歇尔的均衡价格论还存在一些理论缺陷，但也有一定的可取之处。首先，马歇尔将物理学的均衡概念引入经济学分析，完善了经济学的分析方法体系；其次，均衡价格论中有关供给、需求和价格之间函数关系的分析，对社会主义市场经济条件下商品价格的形成，具有一定借鉴意义。因此，对于马歇尔的均衡价格论必须进行客观的、辩证的分析，决不能轻率地予以全面肯定或否定（邓光君，2006）。

鉴于此，在分析矿产资源国家安全问题时，马克思的劳动价值论有利于在理论和本质上正确认识矿产资源价值的内涵，理解矿产资源供给、需求和价格之间的逻辑关系，而均衡价格论可以为矿产资源安全分析与研究提供一种可用的（也是有效的）研究方法和工具，可以更好地把握矿产资源的供需状况，分析供给和需求变动的影响因素（邓光君，2006）。因此，在研究具体问题时，可以把劳动价值论和均衡价格论二者统一起来，对于更好地进行矿产资源国家安全研究具有重要的现实意义和指导作用。

3. 要素禀赋比较优势理论

（1）要素禀赋比较优势的基本理论。

大卫·李嘉图在亚当·斯密的绝对优势理论基础上提出了比较优势理论（静态）。瑞典经济学家赫克歇尔和俄林以新古典主义经济学作为区域分工与国际贸易理论的基础，分析了比较利益产生的原因。

（2）要素禀赋比较优势理论的发展——动态比较优势理论。

各国生产各自具有比较优势的产品，并进行国际贸易，能够实现贸易方共同的经济和福利增长。但比较优势并非一成不变，李嘉图模型是静态模型，并未从可持续发展的视角定义福利的准确含义。因此，对静态李嘉图模型进行修正，必须将静态假设动态化，建立动态模型，并扩大福利内涵使之包括环境资产等因素（邓光君等，2004）。

动态比较优势理论对研究矿产资源国家安全有着重要的指导意义，为在经济全球化的形势下，分析我国矿产资源产业现状、矿产资源产业模式、保护国内优势矿产资源、积极实施走出去战略、利用国外资源保障我国矿产资源安全的实践等提供了崭新的思路和有力的理论依据。

4. 产业结构理论

（1）配第—克拉克定理。

在产业结构理论中最著名的是英国 17 世纪经济学家克拉克提出的有关经济发展中就业人口在三次产业中结构如何变化的理论，该理论得出了随着人均国民收入提高，劳动力在三次产业分布结构变化的一般趋势。克拉克认为这一研究成果印证了配第的观点，因此将它称为"配第定理"，后来人们便把克拉克这一发现称为"配第—克拉克定理"。这一定理揭示了产业结构演变的基本趋势，被各国工业化过程中经济发展的时间系列所印证（杨治，1985）。

（2）钱纳里的"发展样式"与结构性变化理论。

20 世纪 70 年代，哈佛大学经济学家钱纳里等人在实证研究基础上，发展了"发展样式"理论结构模式。钱纳里等认为，投资和储蓄只是经济发展的必要条件，而不是充分条件，就发展而言，重要的是需进行全面的结构性转变。20 世纪 80 年代，钱纳里同鲁宾逊和赛尔奎因等人合著了《工业化和经济增长的比较研究》，进一步发展了"发展样式"的理论、思想和方法。

（3）霍夫曼工业化经验法则。

德国经济学家霍夫曼对工业结构"重工业化"，即工业由轻工业为中心向以重工业为中心的转移做了细致、深入的分析。他提出的工业化阶段理论，被称为"工业化经验法则"，揭示了工业化过程中工业部门结构变化的一般趋势，根据该经验法则使分析研究各国工业化进程有了统一的标准。但霍夫曼对工业化进程中经济结构变化的研究，是在国民经济只存在工业和农业两个部门的理论框架下进行的（吴敬琏，2006）。20 世纪 50 年代以来，索洛、库兹涅茨、舒尔茨、萨缪尔森等一大批经济学家的研究成果所揭示的，现代经济增长的主要源泉并不是资本投入，而是技术进步和效率提高（周毅和明君，2006）。在此状况下，资本品的优先增长就不再是必然的。

5. 地缘政治理论

地缘政治（Geopolitics）理论的根源，可以追溯到德国地理学家弗里德里希·拉采尔在 1897 年所提的"国家有机体"论，以及之后发表的"生存空间"概念。但是"地缘政治"一词，则是源自瑞典学者鲁道夫·契伦（Rudolf Kjellén，1924）。契伦进一步发展拉采尔的理论，用地理来解释政治现象。传统地缘政治理论包括海权论、陆权论、空权论、德国学派等；现代地缘政治理论包括分裂世界论、文明冲突论、单极论、多极论、整合论等。西方学者和政府官员常把地缘政治理论和方法应用于世界格局（如对世界秩序的观点）及本国对外发展战略的分析上（如本国对外政策的建议），地缘政治作为一个有效的分析工具，具有很强的解释与预测力。从某种角度来说，地缘政治既是国家力量的支撑点，也是国家力量的生长点（张敏和马民虎，2020）。

尽管从目前来看，地缘政治理论还存在很多争议，至今对地缘政治学仍无统一而客观的评价标准。但可以明确的是，目前地缘政治理论的研究与应用仍然是分析时局、做出判断、提供对策的主要理论工具之一。其对矿产资源的影响主要表现在海外开发的战略选区以及矿产品价格等方面。

6. 资源稀缺性理论

资源稀缺性是指相对于人类无限增长的需求而言，在一定时间与空间范围内资源总是有限的，相对不足的资源与人类绝对增长的需求相比，造成了资源的稀缺性。资源的稀缺性可以进一步划分为绝对稀缺和相对稀缺。

（1）绝对稀缺论。

资源绝对稀缺论又称马尔萨斯稀缺理论。1789 年，马尔萨斯在《人口原理》中提出自然资源极限思想和著名的人口论（王常文，2005）。马尔萨斯指出，资源具有物理数量上的有限性和经济上的稀缺性，人口不断增长的同时，人类生存所需要的自然资源也会随之增加，必然导致自然资源的供给量不能够满足人类生存所要的需求量。当稀缺资源消耗殆尽的时候，若替代品没有出现，则经济发展就会遇到绝对阻碍，当人口增长远远超过资源增长的速度时，经济发展就会遇到瓶颈（周纪昌，2012；顾典，2021）。马尔萨斯稀缺理论在一定程度上阐述了自然资源的稀缺与经济安全的关系。

（2）相对稀缺论。

资源相对稀缺理论又称李嘉图理论。该理论认为，资源不存在绝对稀缺，但存在相对稀缺。资源的稀缺性会通过价格反映出来，一旦某种资源价格不断上涨，技术层面则会寻找替代品，即从某种意义而言，稀缺是相对的。李嘉图认为自然资源不存在均质性，如土地资源存在自然的差异；矿产资源有品位的高低，品位较高的、开采成本较低的矿产资源储量是有限的，即浅、富、易矿产资源有限，但品位较低的、难于开发的矿产资源可以不断纳入经济开采之中。李嘉图否认了自然资源经济利用的绝对极限，强调的是肥力较高的土地资源和品位较高的矿产资源等自然资源数量的相对稀缺，并将这一相对稀缺作为经济分析的出发点（阳圆和周锐，2020）。与马尔萨斯相比，李嘉图强调科技进步的作用，在其看来，资源的相对稀缺并不构成对经济发展的不可逾越的制约。

2.2.2　矿产资源安全的定义

国外对于矿产资源安全的研究主要集中在能源安全方面，国内许多学者也从不同角度提出了矿产资源安全的定义，其中代表性定义可以分层归类如表2.1所示。由表2.1可知，矿产资源安全定义的关键词一般包括价格、供给、需求、可持续性、生态环境和生产安全等方面，是一个系统性的概念。

表 2.1　矿产资源安全的代表性定义

区域	学者（年份）	层面	含义
国外	丹尼尔·尤金（Daniel Yergin, 1988）、国际能源署（IEA, 2001）、卢西亚尼（Luciani, 2004）、阿尼尔·马康德雅等（Anil Markandya et al., 2007）、克洛伊·勒科克和帕尔采娃（Chloé Le Coq & Paltseva, 2009）	价格可承受性	在可支付的价格水平下，可获得的能源对需求的满足程度
	萨拉玛（Salameh, 2003）、梁春凯（Chunkai. Leung, 2011）	能源需求合理性	从能源供需两方面研究能源安全
	菲利普·莱特（Philip Wright, 2005）、马丁·舍珀斯等（Martin Scheepers et al., 2007）、费姆克·霍格芬和威尔伯·佩洛特（Femke Hoogeveen & Wilbur Perlot, 2007）、詹森和西布雷格茨（Jansen & Seebregts, 2010）、克里斯蒂安·温泽（Christian Winzer, 2012）	能源供给连续性	能源供给连续地保障能源需求的能力
	伯特·克鲁伊特等（Bert Kruyt et al., 2009）、赫尔西奥·布鲁姆和路易斯·莱吉（Helcio Blum & Luiz F. L. Legey, 2012）	生态环境与可持续性	强调了对生态环境和可持续发展的重要性

续表

区域	学者（年份）	层面	含义
国内	张雷（2001）	安全开采、使用	矿产资源供应的稳定性和开发使用的安全性
	姚予龙和谷树忠（2002）、谷树忠等（2002）、沈镭等（2004）、谷树忠和姚予龙（2006）	保障供给、可持续性	强调资源获取稳定、及时和经济，在采掘和使用过程中有效维护现有的生态平衡状态
	汪云甲（2002、2003）	供给稳定、生态安全、生产安全	保障供给，保证生态环境安全，保证生产安全
	邓光君（2006、2009）	供给和需求	强调供需均衡状态，必须具备持续性、经济性、及时性、安全性、稳定性等基本特征
	林伯强（2009、2014）	能源供给稳定性、使用安全性	强调合理价格，减少对外依存、节能减排、保护环境
	罗辉和宦吉娥（2010）、郝芳和李建革（2015）、杨博（2016）	狭义与广义	狭义上强调供应的持续和稳定；广义上强调供应安全与生态平衡
	王小琴等（2014）、郭明晶等（2018）、龙如银和杨家慧（2018）	资源安全的多维度	供需安全、开发利用安全、生态环境安全、经济与社会安全、国内与国际安全

综合上述观点，本书认为矿产资源安全是指一国能够在指定时间与地点，以合理价格及方式，持续、稳定、足量地获得满足当前及未来经济社会发展、国际竞争和人民生活所需矿产资源的状态，且在开发和使用矿产资源的过程中，考虑本国矿产资源的基础状况，减少开发利用过程中所造成的生态破坏和环境污染，保障本国经济、社会的可持续发展。

2.2.3 矿产资源安全的影响因素

国外学者从能源安全角度进行了一系列比较系统的研究，提出了影响能源安全的相关因素。代表性成果及观点主要有：巴里·巴顿（Barton，2004）认为能源安全受到供给中断、价格波动、基础设施安全威胁、环境问题等因素影响；克鲁伊特等（Kruyt et al.，2009）认为能源安全系统受到能源价格、气候变化、环境政策等因素影响；索瓦库尔（Sovacool，2012）从能源使用者视角指出影响能源安全的因素包括人口、地理、能源生产模式和文化形态等；邦帕尔等（Bompard et al.，2017）认为影响能源安全的因素可分为国外（外部因素）和本国能源基础设施安全（内部因素）两大类。

国内学者基于不同视角，分别从供给因素、需求因素（邓光君，2006），国内因素、国外因素（张大超和汪云甲，2003；永学艳和陈建宏，2010），市场因素、战略因素（牛建英，2007），资源因素、经济因素、技术因素、政治因素、制度因素（孙永波和汪云甲，2005），资源禀赋、供需因素、国防保障能力（杨欣等，2016），以及资源因素、供应因素、政治因素和需求因素（王修和刘冲昊，2021）等对矿产资源安全的影响因素进行了研究。

从上述已经列举和尚未列举的研究成果可以看出，影响矿产资源安全的因素主要有矿产资源禀赋、供给与需求、经济、政治、运输、军事、技术及环境等，而这些影响因素也正是矿产资源安全概念的具体体现，各因素从禀赋、经济、技术、政治等不同层面影响了矿产资源安全。早期研究主要侧重于对资源禀赋、经济、政治等方面的探讨，后期则综合考虑技术和环境等对矿产资源安全的影响，使得矿产资源安全影响因素分析更加全面科学；此外，矿产资源安全的影响因素非常复杂，各因素之间既反映不同的层面，同时又相互影响、渗透，如技术进步因素对矿产资源的供给和需求具有双重影响，可以同时增加供给和减少需求，又如资源禀赋对经济、政治、军事等因素具有加强和支撑的效果。

2.2.4　矿产资源安全评价指标体系

评价指标和评价方法的选择已成为当前矿产资源国家安全研究的热点与难点，表2.2列举了具有代表性的矿产资源安全评价指标体系。

表 2.2　　　　　　　　矿产资源安全的代表性评价指标体系

区域	学者/组织（年份）	维度（指标）
国外	亚太能源研究中心（APERC，2007）	地质存在（可用性，Availability）、地缘政治元素（可获性，Accessibility）、经济因素（可购性，Affordability）、环境及社会因素（可接受性，Acceptability）
	萨拉玛（Salameh，2003）、梁春凯（Chunkai. Leung，2011）	供给、需求、管理效率、经济性、环保性、人类安全、军事安全、国内社会—文化—政治、技术、能源安全政策
	赫尔西奥·布鲁姆和路易斯·莱吉（Helcio Blum & Luiz F. L. Legey，2012）	可用性、可购性、技术发展及效率、环境及社会可持续性、监管和治理
	古德里·费布利安·埃拉曼等（Qodri Febrilian Erahman et al.，2016）	Availability、Affordability、Accessibility、Acceptability、Efficiency
国内	王礼茂（2002）	资源、政治、经济、运输和军事
	张大超和汪云甲（2003）	国内保障度和国外保障度
	孙永波和汪云甲（2005）	国内资源禀赋、供给需求与使用、国家安全保障能力及措施
	胡小平（2005）	国家之间（自然资源禀赋、供需状况、国家安全保障能力和措施）和国内（国内资源禀赋、资源在经济发展和国家安全中的重要性、供需状况、国外资源可得性）
	邓光君（2006）	持续供给、稳定需求
	牛建英（2007）	资源、经济、技术、政策
	朱必勇（2007）	矿产资源禀赋、矿产资源供应、需求与消费、国家保障措施
	代涛和沈镭（2009）	资源可采储量、资源储采比、资源自给率、资源进口份额、资源进口集中度
	李宪海等（2014）	经济安全性和国防安全性
	严筱等（2016）	压力（经济增长、矿产资源开发、生态环境等带来的压力）、状态（目前矿产资源供求、储采比、国际贸易等现状）、响应（政府部门、矿业行业、社会公众等政策措施）
	周娜等（2020）	资源禀赋、资源国风险、地缘政治、供应、需求、市场

不同学者对矿产资源安全影响因素的分析不同，决定了其指标体系的差异。其中最具代表性的研究是亚太能源研究中心（APERC）在 2007 年从可用性（Availability）、可获性（Accessibility）、可购性（Affordability）、可接受性（Acceptability）（简称 4A）四个方面界定了能源安全评价指标体系，奠定了能源安全评价体系的基石。随后，大部分研究都围绕 4A 展开，并逐渐加入了体现技术、环境、国家保障等层面的指标。由于数据获取存在一定的难度，大多数学者并未进行实证研究，或在评价时删去了数据不易获取的指标。此外，在评价过程中较多采用单一的评价方法，如加和求平均或者乘积求根、AHP 法、PCA 法、聚类分析以及模糊综合评价等。

2.3　战略性矿产资源国家安全研究进展

2.3.1　战略性矿产资源的内涵

战略性矿产资源的定义最早源自美国国防军事部门，其给出的定义是：在国家紧急状态时国内生产无法满足军事、工业及基本的民用需求数量的矿产资源。目前国内外关于战略性矿产资源没有一个明确的、公认的定义，梳理这些观点，其中代表性的定义如表 2.3 所示。

表 2.3　　　　　　　　　　战略性矿产资源的代表性定义

区域	学者/组织（年份）	角度	含义
国外	美国（1979）[①]	军事、工业和民众	国家危急时刻所必需的，在国内尚未发现或数量上无法满足需要的矿产
	美国（1994）	军事、工业和民众	国家危急时刻所必需的，在国内尚未发现或数量上无法满足需要的矿产，并且其供应和进口易受阻碍
	欧盟（2010）[②]	工业	一是区域内具有较强竞争力的高科技产品及环保型产品所需矿物原料；二是欧盟内部供应处于比较脆弱的地位，可能成为经济运行的瓶颈因素
	美国（2011）[③]	新能源技术领域	强调对清洁能源的重要性，包括清洁能源需求和可替代性限制；强调供给风险

续表

区域	学者/组织（年份）	角度	含义
国内	陈毓川（2002）	经济、社会发展、国防安全	强调数量上国内不能保障，在影响力上对国际市场有所制约，国家经济、社会发展以及国防安全必不可少的矿产
	张新安（2002）	国家安全	强调国内供应无法满足需要并且国外供应十分脆弱，达到了急缺危险点的矿产
	陈其慎和王高尚（2007）	经济、国防安全	由于国内资源不足或生产技术落后而严重依赖进口，一旦供应中断或出现价格大幅波动对中国经济安全和国防安全具有重大影响的重要矿产以及对世界矿业市场具有调控能力的国内优势矿产
	赵洋（2011）	经济、军事、工业	强调关系国家安全、高新技术发展和国民经济建设的关键矿产；产量相对较低、大量依赖国外供应的矿产资源；本国资源丰富、国际需求储备大，国外已掌握相关功能产品核心技术的矿产
	李宪海等（2014）	国民经济、国防安全	强调一定时期内对中国国民经济安全和国防安全具有重大影响的矿产资源
	中国（2016）④	经济、军事、工业	强调国家经济安全、国防安全和战略性新兴产业发展需求

注：①1979 年修订战略矿产和急缺矿产储备法；1982 年修订战略性矿产资源目录（93 项）；②基于 2010 年《对欧盟生死攸关的原材料》报告，选择了铝、锑、重晶石、铝土矿、蒙脱石、铍矿、硼酸盐等 41 种矿种进行战略地位分析，并将 14 种重要矿产确定为"关键原材料"（包含 35 种元素）；③美国能源部出台《2011 年关键矿产原材料战略》，将氧化钕（轻）、氧化镝（重）、钴等 14 种矿产原材料列为关键矿产；④《全国矿产资源规划（2016 - 2020）》制定了我国战略性矿产目录，将 24 种矿产列入战略性矿产。

根据表 2.3 及其他尚未列举的研究成果，本书认为战略性矿产资源国家安全研究应具备国别差异，战略性矿产资源应具备如下特征：第一，是国家经济安全、军事国防和社会发展所必需的关键性矿产资源；第二，本国在资源储备上占据优势，但在国际市场上缺乏话语权，且并未掌握矿产品相关功能产品核心技术的矿产资源；第三，本国在资源储备上占据劣势且国际需求量大，一旦发生紧急情况，可供性和进口易受到限制的矿产资源；第四，战略性矿产资源是动态的，其品种应随时代的发展而变化，依据国民经济建设的需要、军事国防安全的需要以及国家矿产品的开发利用情况而进行调整。由此，本书对中国战略性矿产资源的定义为：对国民经济和国防安全至关重要的，由于受资源短缺或技术能力制约，国内供应不能满足的，或发生供应中断、市场震荡时会对重要产业和国防安全产生重大影响的，以及对世界市场具有调控能力的矿产资源。

2.3.2 战略性矿产资源国家安全

战略性矿产资源是国家安全的重要保证。王家枢等（2000）指出从国家层面提出的"战略矿产"和"急缺矿产"等关键性矿产资源，在某些特殊情况下会因为供应中断而导致国防体系和经济体系变得脆弱。严筱等（2016）认为战略性矿产资源是国家安全与经济发展的重要保障，是中国工业的"血液"和"粮食"。张帆等（2016）指出江西省拥有良好的矿产资源禀赋，部分特殊战略性矿产资源（如铀、钍、稀土等）的开发利用在保障国家安全中发挥了重要作用。

对于战略性矿产资源国家安全的研究主要集中在能源和金属矿产资源领域，非金属矿产资源受关注程度历来偏低（王安建等，2019）。随着第四次工业革命的到来，近年来以非金属矿产为原材料或添加剂的石墨烯、清洁能源、绿色环保、生物科技、信息技术等战略新兴性产业受到各国高度重视（Frederick，2019；Myro，2019）。

综上所述，战略性矿产资源国家安全涵盖供给、经济、生态和社会安全等方面。矿产资源与国家利益存在不同程度的相关性，其一反映在国家危急时期的战略需要上，其二体现在国家经济社会发展重大战略实施时期可减少潜在发展危机的战略需要上。因此，战略性矿产资源国家安全研究应从资源的可替代性、储量优势、储采比、控制力、对外依存度、进口集中度、价格波动率和资源消耗强度等方面进行综合考虑。

2.4   预警系统研究进展

预警研究是矿产资源安全战略管理研究的核心与主要依据。预警思想和预警方法古已有之，经济预警方法的起源可以追溯到 19 世纪末期。1888 年在巴黎统计学大会上，就提出了以不同色彩作为经济状态评估的论点。20 世纪 30 年代中期，经济监测预警系统再度兴起。20 世纪 40 年代初期，随着雷达、计算机的出现和战争的需要，诞生了雷达预警系统，并正式提出了早期预警系统（Early Warning System）的科学概念。20 世纪 50 年代不断改进、发展并开始进入实际应用时期。1965 年美国在夏威夷建立的国际海啸预警系统开始启动，此后太平洋地震带的一些北美洲、亚洲、南美洲国家，太平洋上的一些岛屿国家、澳大利亚、新西兰及法国和俄罗斯等国都先后加入。

20 世纪 70 年代以来，特别是 1973 年的石油危机以后，人们认识到经济的高速发展、人口的高速增长，给人类带来了一系列前所未有的全球问题——人口问题、粮食问题、资源问题、能源问题和环境问题，严重地威胁着人类社会的可持续发展，从而广泛地开展了对这些问题的监测、分析和预警。例如，罗马俱乐部于 1972 年提出了《增长的极限》的研究报告，是对全球发展做出预警的一本重要著作（丹尼斯·米都斯等，1972）；1975 年，联合国环境规划署（United Nations Environment Programme，UNEP）根据 1972 年联合国环境会议的宗旨，在内罗毕总部建立全球环境监测系统（Global Environmental Monitoring System，GEMS）规划中心，对全球的环境质量进行监测、实施评估和预测；美国学者怀特（1973）提出了洪水泛滥的风险决策预警系统，发展了单项预警系统；英国学者斯莱瑟（Slesser，1990）提出了提高资源环境承载力备择方案的 ECCO 模型；全球环境监测系统（GEMS）于 1985 年建立了全球环境资源信息数据库；德国、匈牙利、奥地利等国家共同研制的多瑙河事故应急预警系统（Botterweg & Rodda，1999）；等等。

科学系统的预警研究理论和方法的产生距今不过 50 多年的时间。随着系统科学的不断发展，科学预警的思想与方法便迅速地向其他领域和学科延伸，预警系统方法被广泛地应用于经济、社会、人口、资源、环境等各个方面。黄继鸿等（2003）归纳了经济预警常用方法包括景气指数方法、ARCH 法、ARIMA 法、基于概率模式分类法、判别分析法、人工神经网络法等。李孟刚等（2017）运用由自回归积分滑动平均模型、人工神经网络模型和霍普菲尔德（Hopfield）模型组合而成的 ARIMA 神经网络模型对中国宏观经济进行预测。根据戈德斯坦等（Goldstein et al.，2000）、杨宝安（Yang Baoan，2001）、吴满意等（2004）、黄小芳和程占斌（2005）、巴舍（Basher，2006）、哈桑等（Hasan et al.，2009）、王兴发等（2012）、肖斌卿等（2015）、余良晖（2017）等学者研究成果，预警系统的研究主要包括信息收集与筛选、预警指标体系构建、预警方法选取、预警阈值界定和报警五部分。

矿产资源预警是对矿产资源经济运行中的重大问题进行预测，并根据预测结果发出不同程度的预警信息。矿产资源预警的思路是：寻找警源，明确警情，分析警兆、预报警度（卜善祥，1997）。加强矿产资源安全形势分析和监测预警是防范和治理矿产资源安全风险危机的最好方法。陈甲斌和冯丹丹（2020）指出建立矿产品市场监测体系，完善矿产资源安全监测预警机制，强化矿产资源安全形势分析，可以提高矿产资源风险识别和风险应对能力。吴初国等（2021）认为加强矿产资源保障形势分析和市场监测，及时掌握风险演变动态，能提高矿产资源安全态势实时感知、预警预防能力、产业链和供应链风险管控能力。

2.5　文献述评

上述文献从国家安全、矿产资源国家安全、战略性矿产资源国家安全和预警系统研究进展等方面，探究了国内外国家安全理论与国家经济安全问题，梳理了矿产资源国家安全理论、定义、影响因素、评价指标体系与评价方法，定义了战略性矿产资源内涵与国家安全特征，阐明了预警系统理论与方法，在一定程度上深化了对战略性矿产资源国家安全的认识，丰富了矿产资源国家安全评估与预警的相关研究。

通过文献梳理可以看出：（1）国外关于国家安全的研究主要集中在军事安全、政治安全和经济安全等方面，理论研究较多；国内关于国家安全的研究主要集中在国家经济安全内涵、评价指标体系与预警方面，应用研究较多。（2）在矿产资源国家安全研究中，早期研究主要集中在对矿产资源安全的理论研究，随后重点逐渐转向评价研究。（3）在矿产资源安全评价指标体系的构建中，限于数据获取难度，大多数学者并未进行实证研究，仅构建评价指标体系，或在评价时删去了数据不易获取的指标。（4）在战略性矿产资源国家安全的研究中，主要集中在能源和部分金属矿产资源领域，对于钾盐、晶质石墨等非金属矿产资源国家安全研究较少。（5）在矿产资源安全评价过程中，大多数研究未根据极端指标值变化对指标权重进行调整，而且在评价过程中较多采用单一的评价方法。（6）矿产资源安全预警研究主要集中在煤、石油、天然气等能源矿产以及铜、铬等金属矿产的供应安全预警方面，对于经济安全和国家安全的预警研究较少。（7）从国家安全视角出发，对战略性矿产资源国家安全评估与预警的研究几乎未见到。

因此，在上述研究基础上，本书基于国家安全视角，在对金属矿产资源（铜、铝、铁、稀土）、能源矿产资源（天然气和石油）和非金属矿产资源

（钾盐）等 2020～2050 年供需情景分析的基础上，通过构建安全评估与预警指标体系，分别对上述战略性矿产资源国家安全进行评估与预警，并提出安全恢复战略及保障 2020～2050 年中国战略性矿产资源国家安全的法律法规及政策制定主要建议。

3 Chapter

第3章
研究设计

3.1 评估与预警指标体系

3.1.1 主要影响因素识别

笔者向高等院校、设计院和矿山企业等经济管理和矿业工程领域的 70 名专家发出了"中国战略性矿产资源国家安全影响因素识别专家调查表"（见附录 I），共收回有效问卷 63 份。根据现有文献，结合收回的影响因素识别专家调查表，整理得到以下评估与预警指标及其主要影响因素。

1. 资源相对丰裕程度——资源禀赋

中国矿产资源总量大，但人均拥有量低，人均矿产储量（潜在价值）仅为世界平均值的 58%，种类齐全但结构不合理（马建明和崔荣国，2008）。截至 2019 年底，全国已发现矿产 173 种，已探明资源储量 162 种，中国已探明矿产资源总量较大，约占世界的 12%，居世界前列。但中国主要矿产储量在世界占比并不高，资源禀赋不佳，石油、天然气、铁、铜、铝等矿产资源人均可采资源储量远低于世界平均水平。黎江峰（2018）指出，储采比指标反映了能源矿产资源剩余可采储量在当前开采技术条件下可支撑的开采年限，体现了能源矿产资源储量的持续开采能力。因此，根据专家给出的影响因素并结合中国战略性矿产资源特点，选取反映资源可供使用年限的储采比和反映国内资源人均储量丰裕程度的储量指数指标，从资源禀赋视角度量中国战略性矿产资源国家安全。

2. 资源对外依赖程度——国际依赖

随着经济全球化的发展，全球工业化和城市化进程加速，世界各国对能源和资源型产品的依赖程度日益增加。刘建芬（2019）指出我国重要矿产资源的对外依存度不断提高，2011 年，石油、铁矿石、铜、钾肥、铝的对外依存度分别为 56.7%、56.4%、71.4%、51.5%、61.5%。目前中国 1/3 的战略性矿产资源进口集中度超过 80%，如铝土和镍的进口集中度约为 95%，铁矿石和钾肥分别为 90% 和 85%（于宏源，2015）。刘文革等（2019）认为长期以来，中东地区是全球范围内地缘政治风险最高的地区之一。随着中国经济的快速发展，国内市场对海外能源和矿产资源的依赖程度将不断提高（吴先明，2017）。因此，选取进口依存度、进口集中度和地缘政治风险指标，从资源国际依赖视角评估中国战略性矿产资源国家安全。

3. 资源市场供需波动——获取成本

矿产资源的获取成本是资源价值的重要体现。获取国外矿产资源，价格波动率和汇率是反映获取成本的重要指标，资源市场价格正向波动越大，获取成本越高。李松青和王国顺（2009）指出矿产品价格的波动率代表矿产资源价值的波动率，以价格的形式反映矿产资源的获取成本。董伟萍（2016）采用 Black－Scholes 期权定价模型对矿业权进行评估时，考虑价格波动率的影响。张瑾琐和邹绍辉（2008）通过考虑汇率变动的影响来探究煤炭资源的开采成本。傅正强（2016）指出汇率变动会对矿产资源企业投资或获取资源成本造成影响。因此，选取价格波动率和汇率指标，从资源获取成本视角评估中国战略性矿产资源国家安全。

4. 资源利用效率水平——资源消耗

资源消耗强度是指单位经济生产总值所消耗的资源总量，是衡量一个国家或地区资源利用质量和效率的重要指标（Sun，1998）。科尼利和范克豪瑟（Cornillie & Fankhauser，2004）通过对能源数据进行分解，确定了降低能源消耗强度的主要影响因素。孔婷等（2010）指出资源消耗强度越高，资源利用效率就越低，反之则越高。王泽宇等（2019）认为降低资源消耗强度、提高资源利用效率是经济可持续发展的关键。因此，选取资源消耗强度指标，从资源消耗视角评估中国战略性矿产资源国家安全。

3.1.2 指标体系构建原则

1. 系统性原则

在筛选指标时应尽量系统、全面地选择各级各类指标，系统地揭示和描述战略性矿产资源国家安全的整体情况，以做出客观评估。

2. 一致性原则

为了能充分体现评估和预警活动的意图，指标体系应与评估和预警目标保持一致，不能选择与评估内容和预警对象无关的指标。

3. 独立性原则

为了能从不同方面反映系统真实情况，有包含关系的指标不应该在同一层。

4. 可测性原则

指标体系不是越大越好，应考虑指标量化及数据获取的难易程度，要易于处理。尽可能采用定量指标，以便能够被测定。

5. 适用性原则

指标体系必须突出重点且计算方便，充分利用现有的统计指标并考虑数据的可收集性，以适应战略性矿产资源国家安全评估与预警的需要。

6. 科学性原则

评估与预警指标体系的设置、构成、层次等应建立在客观、合理、科学的内部要求和本质联系的基础上，以科学理论作为指导依据，运用定性和定量相结合的方法进行分析。

7. 可比性原则

指标制定要遵循客观、便于比较的原则，因为指标体系的可比性和评估结果的可信度呈正相关关系。

8. 目标导向原则

建立指标体系的目的不是简单地评估战略性矿产资源国家安全的大小，更重要的是通过分析得出的结论能够有利于提出相应的安全恢复战略，为国家在制定战略性矿产资源规划等政策法规时提供辅助决策依据。

3.1.3　指标体系构建

在战略性矿产资源国家安全评估与预警主要影响因素识别的基础上，遵循评估与预警指标体系构建原则，构建了中国战略性矿产资源国家安全评估与预警指标体系[①]，其构成及度量如表 3.1 所示。

表 3.1　　　　　中国战略性矿产资源国家安全评估与预警指标体系

一级指标	二级指标	指标解释	计算公式	变量说明
资源禀赋 I_1	储采比 I_{11}	反映资源可供使用年限。储采比越大，服务年限越长，安全度越高	$I_{11} = \dfrac{Q_R}{Q_Y}$	Q_R：资源储量 Q_Y：资源产量
	储量指数 I_{12}	反映国内资源人均储量丰裕程度。储量指数越大，安全度越高	$I_{12} = \dfrac{R_D}{R_W}$	R_D：国内人均储量 R_W：世界人均储量
国际依赖 I_2	进口依存度 I_{21}	反映对国外资源的依赖程度。进口依存度越高，供应风险越大，安全度越低	$I_{21} = \dfrac{Q_I}{Q_C}$	Q_I：进口量 Q_C：消费量
	进口集中度 I_{22}	反映从国外进口资源的集中程度。进口集中度越高，防控和分散风险难度越大，安全度越低	$I_{22} = \dfrac{IM_3}{Q_I}$	IM_3：前三位国家（地区）进口量之和
	地缘政治风险 I_{23}	反映主要进口国的国家风险水平。地缘政治风险越高，安全度越低	$I_{23} = \sum S_i^2 \times WGI_i$	S_i：进口份额 WGI_i：国家风险指数

[①]　表 3.1 建立的评估与预警指标体系适用于金属矿产资源（铜、铝、铁）、能源矿产资源（天然气和石油）和非金属矿产资源（钾盐）等战略性矿产资源。若符合战略性矿产资源第二个特征（本国在资源储备上占据优势，但在国际市场上缺乏话语权，且并未掌握矿产品相关功能产品核心技术的矿产资源），则单独构建指标体系并单独赋权，如稀土（详见第 7 章）等。

续表

一级指标	二级指标	指标解释	计算公式	变量说明
获取成本 I_3	价格波动率 I_{31}	反映市场供需均衡情况。市场价格正向波动越大，获取成本越高，安全度越低	$I_{31}=\dfrac{P_t-P_{t-1}}{P_{t-1}}$	P_t：第 t 年均价 P_{t-1}：第 $t-1$ 年均价
	汇率 I_{32}	反映货币价格变化对供应的影响。本国货币升值，有利于降低资源型产品进口成本，安全度越高	—	人民币对美元汇率
资源消耗 I_4	资源消耗强度 I_{41}	反映资源利用效率。资源消耗强度越低，资源利用效率越高，安全度越高	$I_{41}=\dfrac{Q_c}{GDP}$	—

3.1.4 指标权重确定

1. 指标权重确定方法

指标权重用来反映各个指标在指标体系中的相对重要程度，不论采取哪种评估方法都须结合指标权重和指标值对评估对象做出综合评估。因此，评估指标权重的确定是综合评估中不可缺少的重要工作。指标权重的确定，有主观赋权法、客观赋权法和主客观综合赋权法。

主观赋权法是利用专家或个人的知识或经验，通过综合咨询评分的定性方法确定指标权重。常见的有专家调查法、综合指数法、层次分析法和网络分析法。客观赋权法是通过数学理论确定权重，由调查数据决定，不需征求专家意见，常见的有粗糙集、信息熵法、相关系数法、主成分分析法、均方差法、复相关系数法、变异系数法和坎蒂雷赋权法。主观赋权法的弊端是过分依赖专家意见，需要拥有比较完备的专家团队；客观赋权法的弊端是过分依赖统计或数学的定量方法，而忽视了评估指标的主观定性分析。而主客观综合赋权法则将主观赋权与客观赋权结合起来综合确定。

基于中国战略性矿产资源国家安全评估与预警指标体系自身特点考虑，采用主观赋权法中的专家调查法来确定指标权重，主要理由：（1）主观赋权法是针对多方案评估的较为可行的赋权方法。中国战略性矿产资源国家安全评估与预警综合性较强，通过综合多个专家的意见可以得到较为准确、客观的结果。因此，选取主观赋权法即利用专家经验得到的权重将更有说服力。（2）课题组拥有比较完备的专家团队，因此有较好的操作性和可信度。

2. 评估指标权重确定

专家调查法是以专家作为索取信息对象，以专家经验和知识为基础，由专家通过调查研究对问题做出判断、评估和预测的一种方法。笔者向高等院校、设计院和矿山企业等单位矿业工程和经济管理领域的 50 名专家发出了"中国战略性矿产资源国家安全评估与预警指标体系专家赋权函"（见附录Ⅱ），共收回有效赋权函 43 份，专家分布情况如表 3.2 所示。

表 3.2　　　　　　　　　　　征询专家情况

序号	问卷数量	专家来源	专家职称	专业领域
1	20	高等院校	教授、副教授	矿业工程、经济管理
2	11	设计院	教授级高级工程师 高级工程师	矿业工程、经济管理
3	12	矿山企业	教授级高级工程师 高级工程师	矿业工程、经济管理

通过计算各指标权重均值得到评估与预警指标的局部权重和全局权重（见表 3.3）。

表 3.3　　　　中国战略性矿产资源国家安全评估与预警指标权重

一级指标	权重	二级指标	局部权重	全局权重
资源禀赋 I_1	0.32	储采比 I_{11}	0.54	0.1733
		储量指数 I_{12}	0.46	0.1475
国际依赖 I_2	0.37	进口依存度 I_{21}	0.43	0.1603
		进口集中度 I_{22}	0.33	0.1248
		地缘政治风险 I_{23}	0.24	0.0876
获取成本 I_3	0.14	价格波动率 I_{31}	0.63	0.0893
		汇率 I_{32}	0.37	0.0523
资源消耗 I_4	0.16	资源消耗强度 I_{41}	1.00	0.1649

3.1.5 数据来源

自 2001 年中国加入世界贸易组织（WTO）以来，能充分利用国际国内两个市场、两种资源，改善矿产资源进出口环境。与此同时，石油、铁矿石、铜、铬、钴、钾盐等战略性矿产资源进口加大，对外依存度提高；部分能源、金属和非金属矿产资源长期依赖进口，将直接影响中国战略性矿产资源国家安全。因此，本书选取中国 24 种战略性矿产资源中的金属矿产 4 种（铜、铝、铁、稀土）、能源矿产 2 种（天然气和石油）及非金属矿产 1 种（钾盐）进行研究，样本为 2001 ~ 2018 年。数据来源如表 3.4 所示[1]。

表 3.4 　　　　　　　　　　　战略性矿产资料来源

变量名称	数据来源	战略性矿产资源
国内储量	美国地质调查局（USGS）	天然气、铝、铜、钾盐
	《全国矿产资源储量通报》（2001—2018）	铁
	《BP 世界能源统计年鉴》（2010、2018）	石油
国内产量	美国地质调查局（USGS）	天然气、铝、铜、钾盐
	《中国钢铁工业年鉴》（2002—2019）	铁
	《BP 世界能源统计年鉴》（2010、2018）	石油
世界储量	美国地质调查局（USGS）	铝、铁、铜、钾盐
	《BP 世界能源统计年鉴》（2010、2018）	天然气、石油
进口量	中国国家统计局	石油
	联合国商品贸易数据库（UN Comtrade Database）	天然气、铝、铁、铜、钾盐
消费量	中国国家统计局	天然气、石油、铝、铜
	国际肥料工业协会（IFA）	钾盐
	《中国钢铁工业年鉴》（2002—2019）[1]	铁
市场价格	CEIC 数据库	天然气、铝、铜
	《BP 世界能源统计年鉴》（2010、2018）	石油
	联合国商品贸易数据库（UN Comtrade Database）	铁、钾盐
国家风险指数世界人口	世界银行数据库	天然气、石油、铝、铁、铜、钾盐

---

① 稀土因建立的评估与预警指标体系不同，因此具体数据来源详见第 7 章。

续表

变量名称	数据来源	战略性矿产资源
国内人口 汇率 GDP	中国国家统计局	天然气、石油、铝、铁、铜、钾盐

注：①铁矿资源消费量以"生铁产量 * 1.6"计算（参考范松梅、沙景华、闫晶晶等：《中国铁矿石资源供应风险评价与治理研究》，《资源科学》2018 年第 3 期），生铁产量数据来源于《中国钢铁工业年鉴》（2002—2019）。

3.2　研究方法

3.2.1　情景分析法

"情景"（Scenario）一词最早出现在 1967 年赫尔曼·卡恩（Herman Kahn）和安东尼·维纳（Wiener）合著的《2000 年》一书中。情景分析法（scenario analysis）是根据不同情景分析不确定未来事件的方法，它更多地被用来作为一种事件的预测方法，已被广泛应用于能源需求、经济评价与预测、交通规划、应急管理等众多领域（张学才和郭瑞雪，2005；岳珍和赖茂生，2006；孙建军和柯青，2007）。宗蓓华（1994）指出情景分析过程实质是完成对事物所有可能的未来发展态势的描述，既包括对各种态势基本特征的定性和定量描述，也包括对各种态势发生可能性的描述。

费伊（Fahey，1999）认为一个情景应该包括结束状态（End – state）、策略（Plot or story）、驱动力（Driving force）和逻辑（Logics）四个要素。吉尔伯特（Gilbert，2000）将情景分析法分为提出规划的前提假设、定义时间轴和决策空间、回顾历史、将策略映射到情景等 10 个步骤。芬克和施莱克（Fink & Schlake，2000）认为情景分析应包括以下五个阶段，即情景准备、情景域分析、情景预测、情景发展和情景传递。此外，定性情景分析方法中，比较有代表性的是斯坦福研究院（Stanford Research Institute，SRI）拟定的六步骤情景分析法（娄伟，2012）（见图 3.1）。

定量情景分析一般包括 3 个阶段：情景描述（情景条件设定）、模型运行（综合计算）和结果分析（田忠琴，2015）（见图 3.2）。

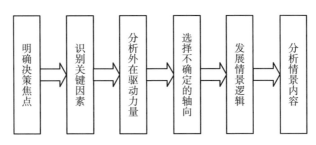

图 3.1　斯坦福研究院六步骤情景分析法

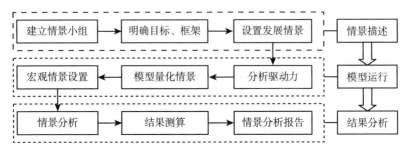

图 3.2　定量情景分析

　　定量与定性相结合是情景分析法的一个发展趋势。国外部分学者专门研究如何把定量与定性情景方法结合在一起，如阿尔卡莫（Alcamo，2008）提出了"故事和模拟"（story and simulation，SAS）的组合情景分析方法；科克和德尔登（Kok & Delden，2009）介绍了半定量情景分析方法等。本书采用定性定量相结合的情景分析模式，基于 BP 神经网络，对中国铜、铝、铁、稀土、天然气、石油和钾盐等战略性矿产资源需求情景进行分析，具体步骤如图 3.3 所示。

图 3.3　中国战略性矿产资源需求情景分析步骤示意图

3.2.2　常权评估模型

　　综合评估值为 V，计算公式为：

$$V = \sum_{i=1}^{n} W_i X_i \tag{3.1}$$

式（3.1）中：W_i——评估指标的权重；

$\qquad\qquad$ X_i——评估指标的分值；

$\qquad\qquad$ n——评估指标的个数。

3.2.3 变权评估模型

1. 变权原理概述

变权原理是由我国学者汪培庄教授在 20 世纪 80 年代提出的一种新决策方法（汪培庄，1985）。随后，众多学者对变权原理做了深入研究。李洪兴（1995，1996）于 1995 年在"因素空间理论及知识表示的数学框架（Ⅷ）"中第一次提出了变权的公理化定义，又于 1996 年在"因素空间理论与知识表示的数学框架（Ⅸ）"中将变权公理化定义推广为混合型变权。刘文奇（1997，1998a，1998b）在《均衡函数及其在变权综合中的应用》一文中深入研究了均衡函数并提出了惩罚型变权，然后在《变权综合中的惩罚——激励效用》一文中研究了变权与效用理论的关系并首次提出了折中型变权的概念，随后又提出了某类折中型变权的激励策略的特殊解法。

除了变权原理的一般概念外，学者们也给出了变权的一些具体应用。陈立文（1997）将变权理论应用于矿井设计评价中，提出了一种新矿井设计评价模型。陈磊（2006）研究了变权在期望理论中的价值应用，并将变权理论与马科维茨理论相结合，对金融市场投资行为模型的不足进行了修正。郑明贵（2011）在海外矿业投资多目标综合评价中引入了变权原理，建立了海外矿业投资的多目标柔性决策模型。王海峰（2012）将变权理论引入视频质量评价中，研究表明变权评估模型与主观评估的符合程度高，优于现有的其他评估方法。

2. 变权基本原理

（1）变权的公理化定义。

定义 1：惩罚型变权。若变权 $w_j(x_1,\cdots,x_m)(j=1,2,\cdots,m)$，指 m 个映射，$w_j:(0,1)^m \rightarrow (0,1) \rightarrow w_j(x_1,\cdots,x_m)(j=1,2,\cdots,m)$ 满足下列三条公理：

（a）归一性：$\sum_{j=1}^{m}(x_1,\cdots,x_m)=1$；

（b）连续性：$w_j(x_1,\cdots,x_m)$ 关于每个变元 x_k 连续；

（c）惩罚性：$w_j(x_1,\cdots,x_m)$ 关于每个变元 x_k 单调递减。

则称 w_j 为惩罚型变权。

定义 2：激励型变权。若变权 $w_j(x_1,\cdots,x_m)(j=1,2,\cdots,m)$，指 m 个映射，$w_j:(0,1)^m\rightarrow(0,1)\rightarrow w_j(x_1,\cdots,x_m)(j=1,2,\cdots,m)$ 满足下列三条公理：

（a）归一性：$\sum\limits_{j=1}^{m}w_j(x_1,\cdots,x_m)=1$；

（b）连续性：$w_j(x_1,\cdots,x_m)$ 关于每个变元 x_k 连续；

（c）激励性：$w_j(x_1,\cdots,x_m)$ 关于每个变元 x_k 单调递增。

则称 w_j 为激励型变权。

定义 3：混合型变权。若变权 $w_j(x_1,\cdots,x_m)(j=1,2,\cdots,m)$，指 m 个映射，$w_j:(0,1)^m\rightarrow(0,1)\rightarrow w_j(x_1,\cdots,x_m)(j=1,2,\cdots,m)$ 满足下列三条公理：

（a）归一性：$\sum\limits_{j=1}^{m}w_j(x_1,\cdots,x_m)=1$；

（b）连续性：$w_j(x_1,\cdots,x_m)$ 关于每个变元 x_k 连续；

（c）惩罚性与激励性：当 $0\leqslant x_j\leqslant p_j$ 时，$w_j(x_1,\cdots,x_m)(j=1,2,\cdots,m)$ 关于每个变元 x_k 单调递减；当 $p_j\leqslant x_j\leqslant 1$ 时，$w_j(x_1,\cdots,x_m)(j=1,2,\cdots,m)$ 关于每个变元 x_k 单调递增。则称 w_j 为混合型变权，p_j 为变权 $w_j(x_1,\cdots,x_m)(j=1,2,\cdots,m)$ 的激励策略。

（2）状态变权向量的公理化定义。

定义 4：若映射 $s:(0,1)^m\rightarrow(0,1)$，$(x_1,\cdots,x_m)\rightarrow s_j(x_1,\cdots,x_m)(j=1,2,\cdots,m)$ 满足：

$s_1:x_i\geqslant x_j\Rightarrow s_i(x)\leqslant s_j(x)$；

$s_1':x_i\geqslant x_j\Rightarrow s_i(x)\geqslant s_j(x)$；

$s_2:s_j(x_j)(j=1,2,\cdots,m)$ 对于每个变元 x_k 连续；

s_3：对于常权向量 $w=(w_1,w_2,\cdots,w_m)$，$w_j>0(j=1,2,\cdots,m)$，$\sum\limits_{j=1}^{m}w_j=1$。

令 $w_j(x_1,\cdots,x_m)=\dfrac{w_js_j(x_1,\cdots,x_m)}{\sum\limits_{j=1}^{m}w_js_j(x_1,\cdots,x_m)}$，若 $w_j(x_1,\cdots,x_m)(j=1,2,\cdots,m)$

满足 s_1，s_2 和 s_3，则称 $s_j(x_j)(j=1,2,\cdots,m)$ 为惩罚型状态变权向量，若 $w_j(x_1,\cdots,x_m)(j=1,2,\cdots,m)$ 满足 s_1'，s_2 和 s_3，则称 $s_j(x_j)(j=1,2,\cdots,m)$ 为激励型状态变权向量。

（3）均衡变权的公理化定义。

定义5：若映射 $B:(0,1)^m \to R$ 为均衡函数，它具有连续的偏导数和梯度向量 $gradB$，且 $gradB = \left(\dfrac{\partial B}{\partial x_1}, \cdots, \dfrac{\partial B}{\partial x_m}\right)$ 是一个状态变权向量。当梯度向量 $gradB$ 为惩罚（激励）型状态变权时，B 为惩罚（激励）型均衡函数；当梯度向量 $gradB$ 为混合型状态变权时，B 为混合型均衡函数。其变权模式为：

$$w_j(x_1, \cdots, x_m) = \frac{w_j \dfrac{\partial B}{\partial x_j}}{\displaystyle\sum_{j=1}^{m} w_j \dfrac{\partial B}{\partial x_j}} \tag{3.2}$$

定理1：若 $g(t)$ 为定义在 $(0, 1]$ 上的非负实值函数且满足：$g'(t)$ 连续，$g'(t) \geq 0$ 且 $g''(t) \leq 0$，则 $B_1(x_1, \cdots, x_m) = \displaystyle\sum_{j=1}^{m} g(x_j)$ 为均衡函数。

定理2：若 $h(t)$ 为定义在 $(0, 1]$ 实值函数且满足：$h'(t)$ 连续，$h'(t) \geq 0$ 且 $(\ln h(t))'' \leq 0$，则 $B_2(x_1, \cdots, x_m) = \displaystyle\prod_{j=2}^{m} h(x_j)$ 为均衡函数。

因此，均衡函数有两种基本类型：$\sum$ 型和 $\prod$ 型。以下函数都是均衡函数。

$$\sum\nolimits_1 (x_1, \cdots, x_m) = \sum_{j=1}^{m} x_j \tag{3.3}$$

$$\prod\nolimits_1 (x_1, \cdots, x_m) = \prod_{j=1}^{m} x_j \tag{3.4}$$

$$\sum\nolimits_\alpha (x_1, \cdots, x_m) = \sum_{j=1}^{m} x_j^\alpha \quad (\alpha > 0) \tag{3.5}$$

$$\prod\nolimits_\alpha (x_1, \cdots, x_m) = \prod_{j=1}^{m} x_j^\alpha \quad (\alpha > 0) \tag{3.6}$$

式（3.3）、式（3.4）依次是式（3.5）、式（3.6）的特例。

根据式（3.5），令 $B(x_1, \cdots, x_m) = \displaystyle\sum_{j=1}^{m} x_j^\alpha \ (\alpha > 0)$，得变权公式：

$$w_j(x_1, x_2, \cdots, x_m) = \frac{w_j^{(0)} x_j^{\alpha-1}}{\displaystyle\sum_{j=1}^{m} w_j^{(0)} x_j^{\alpha-1}} \tag{3.7}$$

当 $0 < \alpha < 1$ 时，式（3.7）为惩罚型变权公式；当 $\alpha > 1$ 时，式（3.7）

为激励型变权公式；当 $\alpha = 1$ 时，式（3.7）为常权。在实际应用中，α 的大小只能依据实际问题以及所采用的评估方法根据经验确定。

根据式（3.7），变权综合评估值为 v^*，其计算公式为：

$$v^* = \sum wX \qquad (3.8)$$

3.2.4　BP 神经网络

人工神经网络是由大规模神经元互联组成的高度非线性动力学系统，是从自然生理结构出发研究人的智能行为，模拟人脑的信息处理功能，它具有信息处理的并行性、存储的分布性、连续时间非线性动力学、高度的容错性、自组织性的自学习能力等特点，为解决复杂的矿业问题提供了强有力的工具（周翔等，2000；王小汀等，2001；You & Cao，2015；Zhang et al.，2018）。BP 神经网络（Back Propagation Neural Network）是 1986 年由鲁梅尔哈特和麦克莱兰（Rumelhart & McClelland）为首的科学家提出的，是一种按照误差逆向传播算法训练的多层前馈神经网络，是目前应用最广泛的神经网络（孙玲芳等，2014；李东等，2015）。

1. 神经网络结构

BP 神经网络通常由一个输入层、一个或多个隐含层和一个输出层组成，各层由若干个神经元（节点）构成，每一个节点的输出值由输入值、作用函数和阈值决定。根据评估指标体系，可以构造一个三层的多输出神经网络。

（1）输入神经元（I）。

根据各战略性矿产资源需求影响因素分析，确定其输入神经元。

（2）输出神经元（O）。

各矿产资源需求量。

（3）隐含层神经元数目。

隐含层神经元数目确定的基本原则是：一般隐含层的神经元数目（n_h）大于输入神经元数目（n_i）和输出神经元数目（n_o）之和的一半，小于输入神经元数目和输出神经元数目之和。即：

$$\frac{n_i + n_o}{2} < n_h < n_i + n_o \quad 或 \quad n_h \leqslant \sqrt{n_i(n_o+3)} + 1 \qquad (3.9)$$

2. BP 神经网络学习算法

BP 神经网络学习算法的过程，由信息正向传播和误差反向传播组成（Miller et al.，1995；Mcloone et al.，1998）。正向传播过程中，输入信息从输入层经隐含层传到输出层，每一层神经元的状态只影响下一层神经元的状态。经作用函数运算后得到输出值，与期望值比较，若有误差，则误差反向传播，沿原先的连接通路返回，通过逐层修改各层神经元的权值，减少误差，如此循环直到输出的结果符合精度要求为止。

为讨论方便，输入层神经元以 i（$i=1，2，\cdots，n$）编号，隐含层神经元以 j（$j=1，2，\cdots，n_h$）编号，输出层神经元以 k（$k=n_0$）编号。输入层与隐含层各神经元连接权值用 W_{ij} 表示；隐含层与输出层各神经元连接权值用 W_{jk} 表示。最基本的三层 BP 神经网络结构如图 3.4 所示。

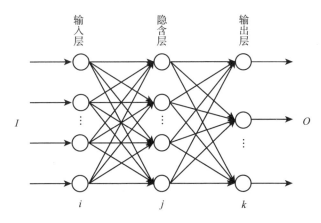

图 3.4　BP 神经网络结构

对于图 3.4 中隐含层第 j 个神经元的净输入为：

$$net_j = \sum_i W_{ij} O_i \qquad (3.10)$$

式（3.10）中：O_i——输入层第 i 个神经元的输出；

net_j——隐含层第 j 个神经元的净输入。

隐含层第 j 个神经元的输出为：

$$O_j = f(net_j) \qquad (3.11)$$

式（3.11）中：O_j——隐含层第 j 个神经元的输出；

$f\,(net_j)$——隐含层第 j 个神经元的作用函数（或称活化函数）。

选用 Sigmoid 型函数，有：

$$f(x) = \frac{1}{1 + e^{-(x+\theta)}} \qquad (3.12)$$

式（3.12）中：x——神经元的输入；

θ——阈值或偏置值。

输出层第 k 个神经元的净输入为：

$$net_k = \sum_j W_{jk} O_j \qquad (3.13)$$

式（3.13）中：net_k——输出层第 k 个神经元的净输入。

输出层第 k 个神经元的输出为：

$$O_k = f(net_k) \qquad (3.14)$$

式（3.14）中：O_k——隐含层第 k 个神经元的输出。

BP 神经网络学习过程中的反向传播过程是通过使网络输出与期望输出误差平方和最小化来实现的。在学习过程中，对于训练样本 m，设第 k 个输出神经元网络输出为 O_k^m，期望输出为 Y_k^m，则其误差平方为：

$$E = \frac{1}{2} \sum_k (Y_k^m - O_k^m)^2 \qquad (3.15)$$

由于 BP 神经网络学习算法是基于最速下降法的，因此，权值（阈值）的变化项 ΔW_{ij}、ΔW_{jk} 分别与 $\partial E/\partial W_{ij}$、$\partial E/\partial W_{jk}$ 成正比，即有：

$$\Delta W_{ij} = -\eta \frac{\partial E}{\partial W_{ij}} \qquad (3.16)$$

$$\Delta W_{jk} = -\eta \frac{\partial E}{\partial W_{jk}} \qquad (3.17)$$

可见，学习速率 η 直接影响每一次训练后权值的变化量，影响网络的收敛稳定性和学习效率。η 较大时，权值的变化量较大，学习速度较快，但可能会产生振荡效应而不能收敛；η 较小时，可以使学习过程平稳，但速度慢。由于最速下降法易陷入局部极小，因此，鲁梅尔哈特等（1985）建议在权值的变化项中增加"动量项"，即：

$$\Delta W_{ij}(t+1) = -\eta \frac{\partial E}{\partial W_{ij}} + \alpha \Delta W_{ij}(t) \qquad (3.18)$$

$$\Delta W_{jk}(t+1) = -\eta \frac{\partial E}{\partial W_{jk}} + \alpha \Delta W_{jk}(t) \qquad (3.19)$$

式（3.18）和式（3.19）中：$\Delta W_{ij}(t+1)$——第 $t+1$ 次迭代的权值变化量；

$\qquad\qquad\qquad\quad \Delta W_{ij}(t)$——第 t 次迭代的权值变化量；

$\qquad\qquad\qquad\quad \alpha$——动量因子。

学习速率 η 的选取一般倾向于选择较小的学习速率，以保证系统的稳定性，可取 $0.01 \leqslant \eta \leqslant 0.5$。也可以采用变步长寻优（周翔等，2000），基本原则是：当误差平方和增大时，可以加大 η；当误差平方和减小时，可以减小 η。即：

$$\begin{aligned} \Delta E > 0 \qquad & \eta(t+1) = \beta \eta(t) \qquad \beta > 1 \\ \Delta E < 0 \qquad & \eta(t+1) = \gamma \eta(t) \qquad \gamma < 1 \end{aligned} \qquad (3.20)$$

式（3.20）中：ΔE——误差平方和的变化量；

$\qquad\qquad\quad \beta$、γ——比例因子。

3. BP 神经网络学习步骤

BP 神经网络学习的主要步骤（田景文和高美娟，2006）为：

步骤1：BP 网络的初始化，确定各层节点数。将各个权值和阈值的初始值设为比较小的随机数；

步骤2：从训练样本集中取某一样本，将它的输入信息输入网络中，对每一个样本进行学习，即对每一个样本数据进行步骤3到步骤5的过程；

步骤3：根据输入样本算出实际的输出及其隐含层神经元的输出；

步骤4：计算实际输出与期望输出之间的差值，求输出层的误差和隐含层的误差；

步骤5：根据步骤4得出的误差来调整网络的各个连接权值；

步骤6：求误差函数 E，判断 E 是否收敛到给定的学习精度以内（$E \leqslant$ 拟定误差 ε），如果满足，则学习结束，否则转向步骤2继续进行。

通过网络训练，达到要求后，网络各节点间互联权值就完全确定，则称BP 网络已经学习好。

3.3　研究步骤

3.3.1　指标分级

为了消除指标量纲和数量级对评估结果的影响，各二级指标需要分级量化至（0，10]。借鉴世界银行、亚太能源研究中心等国际公认分级规则（APERC，2007），并参考王礼茂（2002）、刘全文等（2018）、范松梅等（2018）、王东方等（2019）具体指标分级依据，对中国战略性矿产资源国家安全评估与预警指标进行分级（见表3.5）。

表3.5　　　　　中国战略性矿产资源国家安全评估与预警指标分级规则

指标		分级				
一级指标	二级指标	0~2	2~4	4~6	6~8	8~10
资源禀赋 I_1	储采比 I_{11}	<10	[10,20)	[20,30)	[30,40)	≥40
	储量指数 I_{12}	<20%	[20%,50%)	[50%,80%)	[80%,110%)	≥110%
国际依赖 I_2	进口依存度 I_{21}	≥70%	[60%,70%)	[50%,60%)	[40%,50%)	<40%
	进口集中度 I_{22}	≥80%	[60%,80%)	[40%,60%)	[20%,40%)	<20%
	地缘政治风险 I_{23}	≥8	[6,8)	[4,6)	[2,4)	<2
获取成本 I_3	价格波动率 I_{31}	≥40%	[30%,40%)	[20%,30%)	[10%,20%)	<10%
	汇率 I_{32}	≥8.00	[7.50,8.00)	[7.00,7.50)	[6.50,7.00)	<6.50%
资源消耗 I_4	资源消耗强度 I_{41}	根据各矿种特点分级（详见第4~10章）				

3.3.2　预警评估等级划分

根据表3.5指标分级规则，参考郑明贵（2014、2018）风险预警等级，划分中国战略性矿产资源国家安全预警评估等级（见表3.6）。

表3.6　　　　　中国战略性矿产资源国家安全预警评估等级划分

预警评估等级	预警颜色	预警安全等级	划分标准
高	红色	很不安全	(0, 2)
较高	橙色	不安全	[2, 4)

续表

预警评估等级	预警颜色	预警安全等级	划分标准
一般	黄色	基本安全	[4, 6)
较低	蓝色	安全	[6, 8)
低	绿色	很安全	[8, 10]

3.3.3　评估

1. 一级指标评估

选取表 3.1 中资源禀赋（I_1）、国际依赖（I_2）、获取成本（I_3）和资源消耗（I_4）四个一级指标作为评估对象，分别对 2001～2018 年中国铜、铝、铁、天然气、石油和钾盐资源国家安全进行评估。

2. 综合评估

（1）常权综合评估。

根据表 3.3 中各指标的全局权重以及按照表 3.5 指标分级规则得出的各指标分级值，结合式（3.1），分别计算出中国铜、铝、铁、天然气、石油和钾盐资源国家安全常权综合评估值。

（2）变权综合评估。

根据研究对象特点及研究目的，参考谢为和郑明贵（2013）做法，以 0.15 的间隔在（0，1）依次取值并反复测算，结果表明选取 $\alpha = 0.75$ 进行惩罚型变权评估时敏感性较好。运用式（3.7）计算各指标变权权重，利用式（3.8）计算得到中国铜、铝、铁、天然气、石油和钾盐资源国家安全变权综合评估值，最后将常权与变权综合评估结果作对比分析。

3.3.4　预警

在对中国战略性矿产资源国家安全进行评估的基础上，将变权综合评估值引入预警系统进行训练学习，进一步进行预警研究，具体步骤如下：

第一，数据初始化。根据 BP 神经网络特点，在预警系统训练和学习之前，需先对训练样本数据进行初始化，使得系统的输入值和输出值在［0，1］。

第二，预警系统参数设置。学习样本数目设置为 18，输入层节点数为 8，输出层节点数为 1。设定最大学习步数 100000 次，误差平方和 0.005，期望单个误差 0.001。

第三，预警系统学习。对样本数据进行训练学习，得出样本误差曲线，分析样本误差是否达到要求。

第四，根据自然资源部《全国矿产资源规划》、世界银行和其他权威机构对中国宏观经济数据等具体预警指标的预测，结合中国战略性矿产资源的具体特征，得到 2020 ~ 2050 年中国战略性矿产资源预警评估指标预测数据。

第五，将预警评估指标的预测数据，以 5 年为 1 个节点①，输入训练好的神经网络模型中，得到 2020 ~ 2050 年中国战略性矿产资源国家安全预警结果。

3.4　公共因素预测

在被评估的各战略性矿产资源中，GDP、人口和汇率等公共因素均有涉及，因此，在此统一进行预测②。

3.4.1　GDP 预测

2020 年 6 月，世界银行和国际货币基金组织（International Monetary Fund, IMF）分别发布《全球经济展望》和《世界经济展望》。受全球新冠肺炎疫情影响，两大机构预测 2020 年中国 GDP 增长率均为 1.0%。根据中国社会科学院宏观经济研究中心（2020）对未来 30 年中国经济增速的预测（中国社会科学院宏观经济研究中心课题组，2020），得到 2020 ~ 2050 年中国 GDP 预测值。各节点预测值如表 3.7 所示。

---

① 在各矿产资源需求影响因素的未来情景设置中，第一列"年份"中的 2020 表示 2020 年（计算起始年），2025 表示 2021 ~ 2025 年，2030 表示 2026 ~ 2030 年，2035 表示 2031 ~ 2035 年，2040 表示 2036 ~ 2040 年，2045 表示 2041 ~ 2045 年，2050 表示 2046 ~ 2050 年。

② 其他因素的预测将根据各矿种在第 4 ~ 10 章中给出。

表 3.7   中国 GDP 各节点预测值（2020～2050）   单位：亿元

年份	2020	2025	2030	2035	2040	2045	2050
预测值	1000773.75	1308825.76	1660577.83	2056140.49	2491748.48	2930910.23	3343298.47

注：中国国家统计局公布 2019 年中国 GDP 为 990865.10 亿元。

3.4.2 人口预测

世界银行和联合国均对 2020～2050 年世界及各国人口进行了预测[①]，因此取两者均值作为世界和中国人口预测值，各节点预测值如表 3.8 所示。

表 3.8   世界和中国人口各节点预测值（2020～2050）   单位：亿人

年份	2020	2025	2030	2035	2040	2045	2050
世界人口预测值	77.74	81.62	85.25	88.62	91.72	94.54	97.06
中国人口预测值	14.21	14.39	14.45	14.41	14.28	14.08	13.81

3.4.3 汇率预测

在宏观经济不确定的情况下，准确的长期汇率预测对评估和预警至关重要。兰海强等（2014）以每 5 年的历史城镇化率作为网络输入变量，以后一年的城镇化率作为理想输出变量，构造了滚动 BP 神经网络预测模型，得到 2009 年和 2010 年中国城镇化率预测值分别为 48.54% 和 49.67%，与实际值相比，预测误差分别为 −0.41% 和 0.56%。张金萍等（2010）指出采用 BP 神经网络滚动预测法可以充分利用最新的监测信息，提高预测的准确性。因此，参照现有学者的研究成果，选用 1960～2019 年人民币对美元汇率数据，采用 BP 神经网络滚动预测法，以 5 年为一个节点进行滚动，对 2020～2050 年汇率进行预测，得到人民币对美元汇率各节点预测值（见表 3.9）。

---

 ① 世界银行人口数据. 世界银行网站；联合国人口数据：联合国经济和社会事务部人口司《世界人口展望 2019 版》中变量（medium variant）预测（United Nations，Department of Economic and Social Affairs，Population Division. World Population Prospects 2019，联合国网站）。

表 3.9　　　　　人民币对美元汇率各节点预测值（2020~2050）　　　单位：元/美元

年份	2020	2025	2030	2035	2040	2045	2050
预测值	6.98	6.95	7.22	7.08	6.73	6.43	6.87

3.5　公共因素情景设置

在第 4~10 章各矿产资源需求情景分析中，中国经济发展水平（GDP）为影响各矿产资源需求的主要因素之一，中国人口数为影响铜、铝和钾盐资源需求的主要因素之一，中国产业结构和城镇化率为影响铜资源、铝资源和石油资源需求的主要因素之一。因此，在此对公共因素的未来情景进行设置。

3.5.1　中国 GDP

中国 GDP 反映出中国经济发展水平，各矿产资源的需求都与经济发展息息相关。将"3.4.1GDP 预测"中世界银行、国际货币基金组织以及中国社会科学院宏观经济研究中心对未来中国经济发展水平的预测设置为基准情景（情景 B），并参照其研究思路，依次设置情景 A 和情景 C。由此，设置 2020~2050 年中国 GDP 未来情景如表 3.10 所示。

表 3.10　　　　　　　中国 GDP 未来情景设置（2020~2050）

年份	情景 A		情景 B		情景 C	
	增长率（%）	GDP（亿元）	增长率（%）	GDP（亿元）	增长率（%）	GDP（亿元）
2020	0.30	993837.70	1.00	1000773.75	1.70	1007709.81
2025	4.81	1257208.68	5.51	1308825.76	6.21	1362196.81
2030	4.18	1542561.71	4.88	1660577.83	5.58	1786745.71
2035	3.67	1846811.58	4.37	2056140.49	5.07	2287558.01
2040	3.22	2163701.12	3.92	2491748.48	4.62	2866828.63
2045	2.60	2459975.25	3.30	2930910.23	4.00	3487909.29
2050	1.97	2711735.49	2.67	3343298.47	3.37	4116166.28

注：在各矿产资源需求影响因素的未来情景设置中，第一列"年份"中的 2020 表示 2020 年（计算起始年），2025 表示 2021~2025 年，2030 表示 2026~2030 年，2035 表示 2031~2035 年，2040 表示 2036~2040 年，2045 表示 2041~2045 年，2050 表示 2046~2050 年。

3.5.2 中国人口

参照"3.4.2 人口预测"中世界银行和联合国对未来中国人口的预测，并将其设置为基准情景（情景 B）。低情景（情景 A）和高情景（情景 C）分别参考联合国对中国人口增长率预测中"Low variant"和"High variant"进行设置。由此，设置 2020~2050 年中国人口未来情景如表 3.11 所示。

表 3.11　　　　　中国人口未来情景设置（2020~2050）

年份	情景 A		情景 B		情景 C	
	增长率（%）	人口（亿人）	增长率（%）	人口（亿人）	增长率（%）	人口（亿人）
2020	1.20	14.17	1.50	14.21	1.70	14.24
2025	-0.05	14.13	0.25	14.39	0.45	14.56
2030	-0.22	13.98	0.08	14.45	0.28	14.77
2035	-0.36	13.73	-0.06	14.41	0.14	14.88
2040	-0.48	13.41	-0.18	14.28	0.02	14.89
2045	-0.58	13.02	-0.28	14.08	-0.08	14.83
2050	-0.69	12.58	-0.39	13.81	-0.19	14.69

3.5.3 中国产业结构

党的十九大报告对中国未来长期发展制定了明确的战略安排：2020 年，全面建成小康社会；2020~2035 年，基本实现社会主义现代化；2035~2050 年，把中国建成富强民主文明和谐美丽的社会主义现代化强国。该战略安排是研究中国产业结构长期变动趋势的基本指导框架，"十三五"时期是中国产业结构调整升级的初步推进期，2020~2035 年是加速推进期，2035~2050 年是相对稳定期（郭克莎，2019）。2019 年中国第二产业占比 39%。胡鞍钢和周绍杰（2015）认为中国第二产业比重在 2030 年将下降至 30%~36%；毕超（2015）认为 2040 年第二产业比重为 35.5%，2050 年达到 31.5%。由此，设置 2020~2050 年中国产业结构未来情景如表 3.12 所示。

表 3. 12　　　　　　　　中国产业结构情景设置（2020~2050）　　　　　　单位:%

年份	情景 A		情景 B		情景 C	
	增长率	产业结构	增长率	产业结构	增长率	产业结构
2020	-0.40	38.84	-0.60	38.77	-0.80	38.69
2025	-0.50	37.88	-0.70	37.43	-0.90	36.98
2030	-0.60	36.76	-0.80	35.95	-1.00	35.17
2035	-0.65	35.58	-0.85	34.45	-1.05	33.36
2040	-0.70	34.35	-0.90	32.93	-1.10	31.56
2045	-0.75	33.08	-0.95	31.39	-1.15	29.79
2050	-0.80	31.78	-1.00	29.86	-1.20	28.04

3.5.4　中国城镇化率

城镇化是国家现代化的必由之路，也是未来中国经济发展的重要动力。目前中国处于人口城镇化中期阶段，未来三十年，城镇化仍将快速发展。顾朝林等（2017）认为 2035 年中国城镇化率将达到 70%~72%，2050 年将达到 75% 左右；乔文怡等（2018）认为 2035 年中国城镇化率将达到 71%~73%，2050 年为 76%~79%。由此，设置 2020~2050 年中国城镇化率未来情景如表 3.13 所示。

表 3. 13　　　　　　　　中国城镇化率情景设置（2020~2050）　　　　　　单位:%

年份	情景 A		情景 B		情景 C	
	增长率	城镇化率	增长率	城镇化率	增长率	城镇化率
2020	1.10	61.21	1.30	61.39	1.50	61.51
2025	1.00	64.33	1.20	65.16	1.40	65.94
2030	0.80	66.94	1.00	68.48	1.20	69.99
2035	0.60	68.98	0.80	71.27	1.00	73.56
2040	0.40	70.37	0.60	73.43	0.80	76.55
2045	0.30	71.43	0.50	75.29	0.70	79.27
2050	0.20	72.14	0.40	76.80	0.60	81.67

第4章
铜资源国家安全评估与预警系统

4.1 铜资源概况及供需分析

4.1.1 铜资源概况

1. 铜资源用途

铜具有优良的延展性、导热性、导电性、耐腐蚀、抗有机酸及碱的特性，存在于地壳和海洋中。自然界中的铜大多以化合物形式存在，即铜矿物。铜矿物与其他矿物聚合成铜矿石，如黄铜矿、辉铜矿、斑铜矿、赤铜矿、孔雀石等。开采出来的铜矿石，经过选矿成为含铜品位较高的精矿，以单质金属状态或合金形态用于工业、工程技术和工艺上。

早在史前时代，铜已被用于制造武器、式具和其他器皿。随着勘探和开采工艺的发展，铜被广泛应用于电力、家电、交通运输、建筑、化学工业、国防工业等行业。在电力行业中，主要用于制作各种电缆、导线、电机、变压器、电路开关以及印刷线路板；在家电行业中，主要用于制作冰箱、空调等家电的冷凝器、导热管；在交通运输业中，主要用于制作船舶、汽车、飞机的配件以及交通运输设备的电路系统；在建筑业中，主要用于制作建筑物的散热器、燃气系统和排水系统；在化学工业中，主要用于制作真空器、蒸馏锅、酿造锅等；在国防工业中，主要用于制造子弹、炮弹、枪炮零件等。

2. 世界铜资源概况

（1）世界铜资源现状。

据美国地质调查局（USGS）统计，2001～2019年，世界铜资源储量总体呈增长态势，自 2001 年的 3.4 亿吨增长至 2019 年的 8.7 亿吨，年均增长率为 5.07%，供应保障能力也不断增强。2001 ~ 2019 年世界铜资源储量如图 4.1 所示。

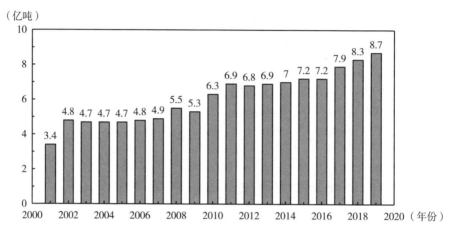

图 4.1　2001 ~ 2019 年世界铜资源储量

资料来源：美国地质调查局。

（2）世界铜资源特点。

① 地区分布较为集中。

世界铜矿资源较为丰富，分布相对集中。从地区来看，主要集中在以下五大地区：智利境内的安第斯山脉西麓区域和南美洲的秘鲁区域；北美大陆西部的科迪勒拉山地区，主要指美国和墨西哥西部沿岸以及加拿大部分区域；非洲中部的刚果（金）和赞比亚地区；哈萨克斯坦、蒙古国以及俄罗斯的部分区域；澳大利亚的部分区域（王晓敏，2020）。2019 年世界重点铜矿山如表 4.1 所示。

表 4.1　　　　　　　　　　　2019 年世界重点铜矿山概况

排名	矿山名称	国家	产能（万吨）
1	Escondida	智利	115.70
2	Collahuasi	智利	56.55
3	EI Teniente	智利	45.97
4	Cerro Verde	秘鲁	45.50
5	Polar Division	俄罗斯	45.40
6	Antamina	秘鲁	44.86
7	Las Bambas	秘鲁	38.25

续表

排名	矿山名称	国家	产能（万吨）
8	Los Pelambres	智利	36.34
9	Buenavista del Cobre	墨西哥	33.80
10	Los Bronces	智利	33.50

资料来源：上海有色网。

② 成矿类型多样化。

世界铜资源成矿类型多样，按地质工业类型分为：斑岩型、砂页岩型、铜镍硫化物型、黄铁矿型、铜－铀型、自然铜型、脉型、碳酸岩型、矽卡岩型。根据对全球铜储量超过 500 万吨的 99 个超大型矿床进行统计，斑岩型铜矿和砂页岩型铜矿是主要铜矿类型，矿床数量分别占全球的 68.7% 和 19.2%，储量分别占全球的 70.5% 和 20.0%；铜矿形成时代以新生代最为集中，占42.4%（乔磊，2018）。自然界中各类型的铜矿并非单独存在，如斑岩型铜矿与脉型、矽卡岩型相伴生，砂页岩型与自然铜型相伴生，砂页岩型与自然铜型相伴生，黄铁矿型与自然铜型相伴生，黄铁矿型与铜镍硫化物型产生在同一个地质单元内。世界主要超大型铜矿床如表 4.2 所示。

表 4.2　　　　　　　　　世界主要超大型铜矿床概况

序号	铜矿床名称	国家	类型	时代	储量（万吨）
1	埃尔特尼恩特	智利	斑岩型	第三纪	9440
2	楚基卡马塔	智利	斑岩型	第三纪	8664
3	拉埃斯康迪达	智利	斑岩型	第三纪	7000
4	科尔韦济	刚果（金）	砂页岩型	太古宙	6700
5	里奥布兰科—洛斯布朗塞斯	智利	斑岩型	第三纪	5930
6	奥林匹克坝	澳大利亚	IOCG 型	元古宙	4600
7	格拉斯贝格	印度尼西亚	斑岩型	第三纪	3052
8	诺里尔斯克	俄罗斯	岩浆型	古生代	3000
9	科亚瓦西	智利	斑岩型	第三纪	2950
10	邓肯河—德卢斯	美国	铜镍硫化物型	元古宙	2613
11	洛内斯塔尔	美国	斑岩型	第三纪	2474
12	乌多坎	俄罗斯	砂页岩型	元古宙	2400
13	欧玉陶勒盖	蒙古国	斑岩型	古生代	2338
14	宾厄姆	美国	矽卡岩—斑岩型	第三纪	2127

续表

序号	铜矿床名称	国家	类型	时代	储量（万吨）
15	洛斯帕兰布雷斯	智利	斑岩型	第三纪	2079
16	滕凯—丰古鲁梅	刚果（金）	砂页岩型	太古宙	1914
17	恩强加	赞比亚	砂页岩型	太古宙	1902
18	莫伦锡—梅塔卡尔	美国	斑岩型	白垩纪	1820
19	安塔米纳	秘鲁	矽卡岩—斑岩型	第三纪	1800
20	比尤特	美国	斑岩型	白垩纪	1770

③ 不同国家铜资源储量差别大。

2019 年，铜资源探明储量排名前十的国家占世界铜资源探明储量的 72.64%。其中，储量最多的是智利，铜资源储量达 20000 万吨，占全球铜资源 22.99%。其次为澳大利亚、秘鲁、俄罗斯、墨西哥、美国、印度尼西亚、中国、哈萨克斯坦、刚果（金）。2019 年主要铜资源国家探明储量及占比如表 4.3 所示。

表 4.3　　　　　　　　　　2019 年主要铜资源国家探明储量

国家	储量（万吨）	占比（%）	国家	储量（万吨）	占比（%）
智利	20000	22.99	美国	5100	5.86
澳大利亚	8700	10.00	印度尼西亚	2800	3.22
秘鲁	8700	10.00	中国	2600	2.99
俄罗斯	6100	7.01	哈萨克斯坦	2000	2.30
墨西哥	5300	6.09	刚果（金）	1900	2.18

资料来源：美国地质调查局。

3. 中国铜资源概况

（1）中国铜资源现状。

2001~2019 年，中国铜资源储量整体呈上升趋势，由 2001 年 1800 万吨增长至 2019 年 2600 万吨，年均增长率 1.95%。《中国矿产资源报告 2020》指出，2019 年，中国铜矿勘查资金投入 6.30 亿元，钻探工作量 49 万米，新发现 5 处矿产地，新增探明储量 363.8 万吨。目前，中国铜矿资源探明储量共计 11807.29 万吨，同比增加 3.18%[①]。但储采比总体呈下降趋势，由 2001

---

① 中华人民共和国自然资源部. 中国矿产资源报告（2020）[EB/OL]. 中华人民共和国自然资源部网站，2020 – 10 – 18.

年 30.51 下降至 2019 年 16.25。此外，中国铜矿品位较低，均值为 0.87%，主要的斑岩型铜矿平均品位仅为 0.55%，远低于智利、秘鲁的 1% 和 1.6%（龚婷和郑明贵，2014）。2001～2019 年中国铜资源储量和储采比情况如图 4.2 所示。

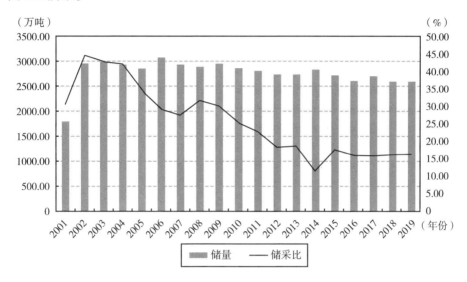

图 4.2　2001～2019 年中国铜资源储量和储采比

资料来源：美国地质调查局。

从人均铜资源占有量来看，2001～2019 年中国铜资源人均占有量总体呈先升后降的变化趋势，年均增长率为 1.48%。2019 年，与世界人均占有量相比，仅为世界人均铜资源占有量的 14.80%，远低于世界平均水平（见表 4.4）。

表 4.4　　　　　　　中国与世界人均铜资源占有量（2001～2019）

年份	中国人均占有量（万吨/亿人）	世界人均占有量（万吨/亿人）	中国人均与世界人均占比（%）
2001	141.04	548.92	25.69
2002	230.97	765.18	30.19
2003	232.38	739.92	31.41
2004	225.33	730.72	30.84
2005	218.45	721.74	30.27
2006	233.54	728.04	32.08
2007	221.91	734.19	30.23

续表

年份	中国人均占有量（万吨/亿人）	世界人均占有量（万吨/亿人）	中国人均与世界人均占比（%）
2008	217.69	813.97	26.74
2009	221.13	774.85	28.54
2010	214.09	910.14	23.52
2011	208.74	985.29	21.19
2012	201.94	959.64	21.04
2013	202.21	962.34	21.01
2014	207.37	964.85	21.49
2015	198.00	980.93	20.19
2016	189.56	969.70	19.55
2017	194.23	1051.93	18.46
2018	186.33	1093.11	17.05
2019	186.38	1259.23	14.80

资料来源：根据世界银行、中国国家统计局和美国地质调查局数据整理得到。

（2）中国铜资源特点。

① 铜资源地区分布不均衡，铜矿床相对集中。

中国铜矿资源主要集中在六大区域，即长江中下游地区、川西南—滇中地区、中条山地区、甘肃金川、白银地区和西藏昌都地区。除西藏昌都地区由于地质环境等条件限制外，其他五大地区都已成为中国重要的铜工业生产区。从省份来看，江西、西藏和云南的铜矿资源储量领先，总资源探明储量占全国铜资源的51%。从行政区域来看，主要集中在华东区和西南区，资源储量占比约60%，其次分别为西北区、华北区、中南区和东北区，分别占比约12%、11%、10%和7%。2018年各大行政区铜矿储量分布情况如图4.3所示。

② 铜矿类型齐全。

因地处欧亚、印度洋和太平洋世界三大板块交汇地区，区域地质背景复杂，有利于形成各种类型的铜矿，加之环太平洋、古亚洲（中亚–蒙古国）和古地中海（阿尔卑斯–喜马拉雅）世界三大铜成矿带都通过中国，因此中国铜矿床工业类型齐全。迄今为止，全球主要铜矿类型均已在中国境内发现，主要有斑岩型、矽卡岩型、海相砂页岩型、陆相砂页岩型、海相火山岩型

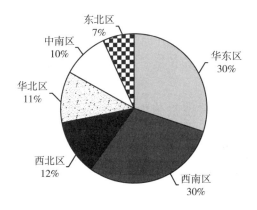

图 4.3　2018 年中国各大行政区铜矿储量分布情况

资料来源：上海有色金属（SMM）。

（即黄铁矿型）、陆相火山岩型、铜－镍硫化物型、脉型和自然铜型等。根据各铜矿类型储量占中国铜资源储量比重的大小，排序依次为：斑岩型、海相砂页岩型、矽卡岩型、海相火山岩型、铜－镍硫化物型，其中斑岩型铜矿储量占全国 50% 以上。目前，中国大型、超大型铜矿床基本上都产自上述五种铜矿类型中，所占有的铜金属储量为全国总储量的 80% 以上[①]。

③ 超大型和大型矿床少，中小型矿床多。

从已探明的铜资源储量来看，中国大型的铜矿资源仅有 3%，中型的铜矿资源仅有 7%，其他均为小型矿床（于伟军，2014）。其中，探明储量大于100 万吨的铜矿预测区有 57 个，10 万~100 万吨的铜矿床有 184 个，小于 10万吨的铜矿床有 138 个（周平，2015）。

④ 共伴生矿多，单一矿少。

中国共伴生铜矿所占比例为 72.9%，单一矿仅占 27.1%。共伴生矿伴生大量的有价值金属，统称多金属矿（王京彬，2004）。这些矿床的矿石多属难选矿石，一般都赋存可观的金、银、硫、铅、锌、钨、钼、镍、钴、铂族金属和稀有金属等，具有较高的综合利用价值，但对选冶回收工艺水平的要求相对较高。

⑤ 坑采矿多，露采矿少。

中国现有的大中型矿山多采用地下坑采，开采技术也较为复杂，适用于

---

① 李钟山. 中国大型、超大型铜矿床密集区综合信息定量预测［D］. 长春：吉林大学博士学位论文，2005.

大规模露采和采用浸出—萃取—电积工艺的斑岩型铜矿床少，因此，降低生产成本的空间受到限制。目前采用露采方式进行生产的仅有江西德兴、永平，湖北铜绿山、铜山口和四川拉拉铜矿等少数矿床（杨苏琦，2002）。

4.1.2　铜资源供需现状分析

1. 世界铜资源供需现状分析

（1）世界矿山铜生产现状。

2001~2019年，世界矿山铜产量总体呈增长态势，由2001年的1370万吨增长至2019年的2000万吨，年均增长率为2.01%（见图4.4）。

（万吨）

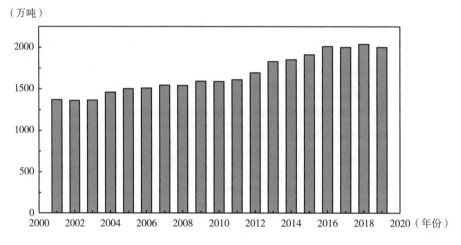

图4.4　2001~2019年世界矿山铜产量

资料来源：美国地质调查局。

从国家来看，智利是世界矿山铜生产第一大国，2019年矿山铜产量达到560万吨，占世界总产量的28.0%；其次为秘鲁（12.0%）、中国（8.0%）、美国（6.5%）、刚果（金）（6.5%）和澳大利亚（4.8%）等。2019年世界主要国家矿山铜产量如表4.5所示。

表4.5　　　　　　　　　2019年世界主要国家矿山铜产量

国家	产量（万吨）	占比（%）	国家	储量（万吨）	占比（%）
智利	560	28.0	澳大利亚	96	4.8
秘鲁	240	12.0	赞比亚	79	4.0

续表

国家	产量（万吨）	占比（%）	国家	储量（万吨）	占比（%）
中国	160	8.0	墨西哥	77	3.9
美国	130	6.5	俄罗斯	75	3.8
刚果（金）	130	6.5	哈萨克斯坦	70	3.5

资料来源：美国地质调查局。

（2）精炼铜生产现状。

精炼铜主要是由铜精矿冶炼出来的。随着世界铜精矿产量的不断增长，世界精炼铜的产量也呈增长趋势，从 2001 年的 1564 万吨增长至 2018 年的 2411 万吨，年均增长率为 2.43%（见图 4.5）。

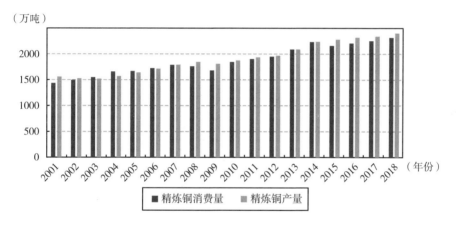

图 4.5　2001～2018 年世界精炼铜消费量、产量

资料来源：英国商品研究所（CRU）、中国报告网和前瞻产业研究院。

从 2018 年各洲精炼铜的产量来看，亚洲精炼铜产量遥遥领先，为 1350 万吨，占全球精炼铜产量的 56.01%；其次为美洲（19.92%）和欧洲（16.43%），分别生产精炼铜 480 万吨和 396 万吨。2018 年世界各洲精炼铜产量占比如图 4.6 所示。

从国家来看，虽然精炼铜生产国众多，但由于其生产活动是高耗能的，因此发达国家一般提倡进口消费，而不鼓励发展冶炼项目。如美国、德国、俄罗斯等每年生产精炼铜的产量较为稳定，2018 年精炼铜产量占世界总产量的比重分别为 5%、4% 和 3%。然而，多数发展中国家为满足自身发展或出口需要，精炼铜产量不断增加。如中国作为铜资源需求大国，精炼铜产量占世界总产量的 35%。2018 年世界主要国家精炼铜产量占比如图 4.7 所示。

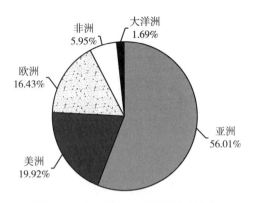

图 4.6　2018 年各洲精炼铜产量占比

资料来源：前瞻产业研究院。

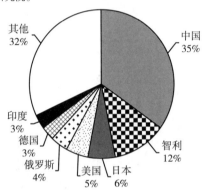

图 4.7　2018 年世界主要国家精炼铜产量占比

资料来源：华经情报网。

（3）精炼铜消费现状。

世界精炼铜消费量整体呈增长趋势，由 2001 年 1456 万吨增长至 2018 年 2328 万吨，年均增长率为 2.64%。从地区来看，世界精炼铜消费主要集中在亚洲，2018 年亚洲精炼铜消费量 1732 万吨，占世界精炼铜消费总量的 70.65%。亚洲地区精炼铜供不应求，需大量进口。2018 年主要进口国有中国、韩国、菲律宾、印度和泰国，进口量分别占世界精炼铜进口总量的 12.10%、7.01%、4.56%、3.17% 和 1.79%。欧洲精炼铜消费量 418 万吨，占世界精炼铜消费量的 17.03%，2018 年主要进口国有斯洛伐克、德国和意大利，分别占世界精炼铜进口总量的 7.16%、7.14% 和 1.95%。美洲精炼铜消费量占世界精炼铜消费量的 11.45%，其中墨西哥是世界精炼铜进口第一大国，占世界精炼铜进口总量的 28.14%。2018 年世界各洲精炼铜消费量占比如图 4.8 所示。

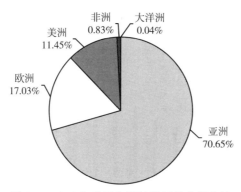

图 4.8　2018 年世界各洲精炼铜消费量占比

资料来源：前瞻产业研究院。

2. 中国铜资源供需现状分析

（1）铜资源生产现状。

20 世纪 90 年代以来，中国铜资源生产和消费一直保持着高速增长态势，为典型的消费驱动模式。2016 年中国铜矿产量达 190 万吨，2017 年开始产量明显下降；2018 年中国铜矿产量 160 万吨，同比下降 6.43%；2019 年铜矿产量达到 172 万吨，同比增长 7.50%。

对于精炼铜而言，2001～2018 年中国精炼铜产量总体呈上升趋势，年均增长率为 10.89%，尤其 2004 年精炼铜产量首次突破 200 万吨，同比增长 19.69%；2018 年精炼铜产量达 978.42 万吨。中国精炼铜产量主要集中在华中、华东及西部等铜矿产资源比较丰富的地区，如江西、甘肃、安徽、浙江和湖北等地区，产量分别为 130.45 万吨、105.49 万吨、93.70 万吨、58.80 万吨和 50.83 万吨，占全国总产量比重近 50%[①]。

（2）铜资源消费现状。

2001～2018 年，中国精炼铜消费呈现波动上升趋势，年均增长率达 9.14%。中国精炼铜产销几乎同步增长，但供需缺口不断增大，逆差从 86.73 万吨增加到 347.60 万吨，增大了将近 4 倍（见图 4.9）。

从消费结构来看，电力行业是中国精炼铜消费最大的行业，占总消费量的 52%，其次为空调制冷、交通运输、电子产品和建筑等行业，精炼铜消费占比分别为 15%、9%、7% 和 8%（张峰等，2012）。中国精炼铜消费的快速增长未来还将持续较长时间，国内铜工业原料的保障问题仍十分严峻。

---

① 资料来源于国家统计局网站。

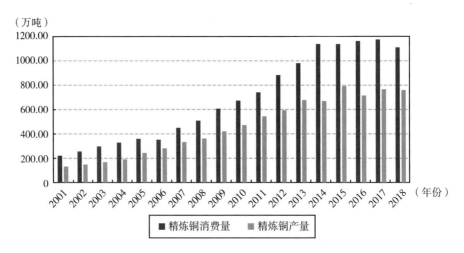

图 4.9　2001～2018 年中国精炼铜消费量、产量
资料来源：国家统计局、《中国有色金属工业年鉴》。

（3）铜资源贸易现状。

中国作为铜资源消费大国，因本国资源禀赋限制，长期不能满足国内需求，铜资源供需矛盾日益突出，需要大量进口。2001～2008 年，铜资源进口依存度由 2001 年的 51.44% 上升至 2008 年的 60.23%。且随着国内需求的进一步增加，2009～2018 年，中国铜资源进口依存度持续攀升，2018 年高达 76.83%。2001～2018 年中国铜资源进口依存度和进口集中度如图 4.10 所示。

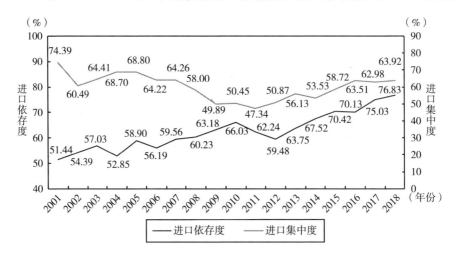

图 4.10　中国铜资源进口依存度和进口集中度
资料来源：联合国商品贸易统计数据库。

中国铜资源前四大进口来源国分别为智利、秘鲁、蒙古国和澳大利亚，2012～2018 年中国铜资源进口来源国及地区情况如表 4.6 所示。

表 4.6　　　　2012～2018 年中国铜资源主要进口来源国及地区情况

排名	2012 年	2013 年	2014 年	2015 年	2016 年	2017 年	2018 年
1	美国 （13.73%）	智利 （15.22%）	智利 （15.18%）	智利 （18.32%）	智利 （20.14%）	秘鲁 （20.17%）	智利 （23.79%）
2	智利 （10.87%）	美国 （13.21%）	美国 （11.18%）	秘鲁 （12.73%）	秘鲁 （19.16%）	智利 （18.93%）	秘鲁 （21.97%）
3	中国香港 （9.24%）	秘鲁 （10.26%）	秘鲁 （10.40%）	美国 （9.99%）	澳大利亚 （7.63%）	澳大利亚 （7.24%）	蒙古国 （5.69%）
4	秘鲁 （8.54%）	澳大利亚 （8.54%）	澳大利亚 （9.13%）	澳大利亚 （7.80%）	美国 （6.49%）	美国 （6.17%）	澳大利亚 （5.35%）
5	澳大利亚 （7.06%）	中国香港 （5.00%）	蒙古国 （6.92%）	蒙古国 （6.90%）	蒙古国 （6.33%）	蒙古国 （5.67%）	墨西哥 （5.16%）
6	德国 （4.68%）	马来西亚 （4.34%）	中国香港 （5.94%）	中国香港 （5.37%）	中国香港 （5.61%）	中国香港 （5.13%）	美国 （4.08%）
7	墨西哥 （4.19%）	德国 （4.00%）	墨西哥 （4.50%）	墨西哥 （3.66%）	墨西哥 （4.58%）	墨西哥 （4.23%）	西班牙 （4.02%）
8	西班牙 （3.86%）	墨西哥 （3.70%）	马来西亚 （3.34%）	马来西亚 （3.05%）	西班牙 （2.52%）	西班牙 （3.45%）	日本 （3.59%）
9	日本 （3.23%）	加拿大 （3.45%）	加拿大 （3.21%）	加拿大 （2.64%）	加拿大 （2.31%）	哈萨克斯坦 （3.04%）	哈萨克斯坦 （3.55%）
10	加拿大 （3.08%）	荷兰 （3.02%）	日本 （2.71%）	荷兰 （2.48%）	伊朗 （2.13%）	菲律宾 （2.03%）	中国香港 （2.80%）

注：（　）内为中国铜资源进口国及地区进口份额。
资料来源：联合国商品贸易统计数据库。

4.2　铜资源需求情景分析

4.2.1　铜资源需求影响因素分析

1. 中国经济发展水平

国内生产总值是影响铜资源需求变动的决定因素（张浩和谢玉玲，2018）。

自1974年以来，GDP每变化1%，铜消费量变化3.24%（徐曙光等，2010）。中国目前处于高质量工业化阶段，维持经济中高速发展趋势，仍需要依靠大量消费铜资源来支撑国民经济建设。基于中国地质科学院提出的铜需求增长的"S"型理论，中国目前处于"S"型曲线的中段，在现有经济发展水平下，尚未达到铜消费增幅的转折点，GDP越大，铜需求量越大（柳群义，2019）。2001~2018年中国GDP与精炼铜消费量如图4.11所示。

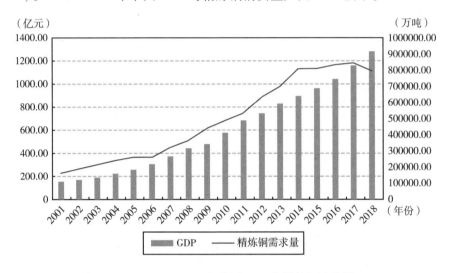

图4.11 2001~2018年中国GDP与精炼铜消费量
资料来源：国家统计局、《中国有色金属工业年鉴》。

2. 产业结构

产业结构是影响铜资源需求的重要因素（张浩和谢玉玲，2018）。铜资源广泛应用于电气、家电、机械制造、电子通信、建筑和交通运输等基础原材料产业，是推动第二产业发展的战略性矿产资源，其消费水平与产业结构的变化紧密相关。近年来，国家电网投资力度加大，家电和汽车下乡、以旧换新政策支持，建筑业井喷式发展，电子信息产品升级换代速度加快，均对铜消费的增长起到了推波助澜作用，高耗铜行业的快速发展很大程度上影响着未来中国铜需求量的变化。参考任忠宝等（2012）做法，选取2001~2018年第二产业对GDP贡献率（以下简称"二产比例"，下同）反映中国产业结构情况（见图4.12）。

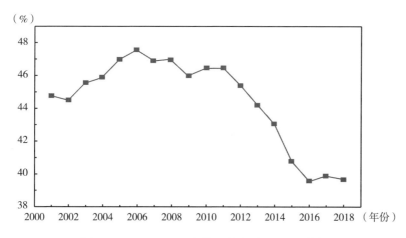

图 4.12　2001～2018 年第二产业对 GDP 贡献率

资料来源：国家统计局。

3. 城镇化率

长期来看，城镇化是促进铜资源消费增长的另一重要原因，铜资源消费增长也是城镇化步伐推进的必然结果（徐曙光等，2010）。中国目前处于城镇化建设中期阶段，并且正不断加速推动城镇化水平进一步提高。作为城镇化建设的主要原材料之一，相关城市建设、生活配套设施的投资与完善都将刺激铜资源消费需求的上涨，铜产品使用速度和频率也随之上升。2001～2018 年中国城镇化率如图 4.13 所示。

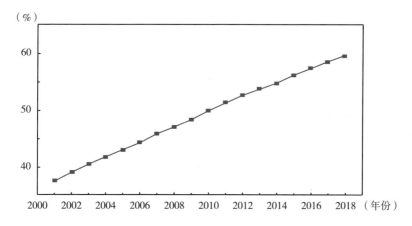

图 4.13　2001～2018 年中国城镇化率

资料来源：国家统计局。

4. 中国人口

自 1971 年开始，中国虽然一直实行计划生育政策，但人口基数相对过大、人口老龄化趋势明显以及新增人口多等问题，使得人口总数始终处于一种上升态势，铜消费总量也随之增加。2011 年，二孩政策实施进一步推动了人口数量的增长。在人口增加的同时，住房、家用电器以及交通工具等生活必需品的需求量也随之增加，吸引生产商大量生产上述商品，间接刺激了铜消费总量的上升（张浩，2013）。2001～2018 年中国人口数量如图 4.14 所示。

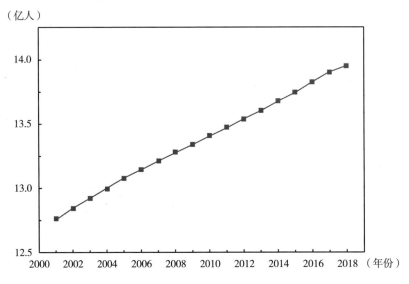

图 4.14　2001～2018 年中国人口数量

资料来源：国家统计局。

4.2.2　铜资源需求情景定义

以中国 GDP、产业结构、城镇化率和人口数量作为关键影响因素，设置以下三个铜资源需求情景。

情景 A（低情景）：2020 年，新冠肺炎疫情给全球经济带来较大影响，中国经济刺激计划作用有限，经济企稳回暖需要较长时间。预计未来 30 年（2021～2050），中国经济低速增长，产业结构调整和城镇化发展缓慢，人口增幅较小，铜资源供需缺口有所增大，进口量小幅增长。

情景 B（基准情景）：2020 年，新冠肺炎疫情给全球经济带来较大影响，但中国经济刺激计划作用初显成效，经济复苏持续向好。预计未来 30 年（2021～2050），中国经济中速增长，产业结构调整升级和城镇化稳步推进，人口增幅明显，铜资源供需缺口进一步增大，进口量较快增长。

情景 C（高情景）：2020 年，新冠肺炎疫情给全球经济带来较大影响，但中国经济刺激计划成效显著，经济已保持企稳回升态势。预计未来 30 年（2021～2050），中国经济中高速增长，产业结构调整升级加速推进，城镇化加快发展，人口增幅较大，铜资源供需缺口持续增大，进口量快速增长。

4.2.3　铜资源宏观情景设置及描述

铜资源宏观情景设置涉及四个驱动因素，分别见第 3 章"3.5 公共因素情景设置"中"中国 GDP 未来情景设置（2020～2050）""中国产业结构未来情景设置（2020～2050）""中国城镇化率未来情景设置（2020～2050）""中国人口未来情景设置（2020～2050）"有关内容。

4.2.4　铜资源需求情景测算及分析

1. 神经网络结构

构建一个三层 BP 神经网络：

（1）输入层神经元（I）：包括中国 GDP、产业结构、城镇化率、人口数量。

（2）输出层神经元（O）：包括中国铜资源需求量，中国铜资源进口量。

（3）隐含层神经元数目（n_h）：根据式（3.9）进行测算，取 $n_h = 3$。

2. 原始数据及其初始化

在进行测算前，需要把输入和输出的原始数据（见表4.7）进行初始化，使其数值在［0，1］范围内。初始化的方法是将原始值除以某个比例因子，比例因子一般选取某一项数据可能取的最大值。初始化后的数据如表4.8所示。

表 4.7   原始数据

年份	中国 GDP（亿元）	产业结构（%）	城镇化率（%）	人口数量（亿人）	需求量（万吨）	进口量（万吨）
2001	110863.10	44.80	37.66	12.76	120.96	62.22
2002	121717.40	44.50	39.09	12.85	124.57	67.76
2003	137422.00	45.60	40.53	12.92	140.66	80.22
2004	161840.20	45.90	41.76	13.00	157.39	83.17
2005	187318.90	47.00	42.99	13.08	185.31	109.15
2006	219438.50	47.60	44.34	13.14	199.26	111.97
2007	270092.30	46.90	45.89	13.21	229.47	136.67
2008	319244.60	47.00	46.99	13.28	270.57	162.96
2009	348517.70	46.00	48.34	13.35	283.71	179.26
2010	412119.30	46.50	49.95	13.41	340.24	224.66
2011	487940.20	46.50	51.27	13.47	336.86	209.66
2012	538580.00	45.40	52.57	13.54	382.89	227.74
2013	592963.20	44.20	53.73	13.61	463.84	295.71
2014	643563.10	43.10	54.77	13.68	536.09	361.96
2015	688858.20	40.80	56.10	13.75	563.53	396.82
2016	746395.10	39.60	57.35	13.83	619.49	434.42
2017	832035.90	39.90	58.52	13.90	663.40	497.76
2018	919281.10	39.70	59.58	13.95	649.93	499.33

注：表中所采用的铜资源需求量和进口量均为铜精矿（金属含量，下同）。因数据获取限制，根据王嫱（2020）做法，铜精矿需求量利用精炼铜产量折算而得；铜精矿出口数量较少，可忽略不计，因此铜精矿进口量利用本国铜精矿产量和消费量反推而得。

资料来源：中国 GDP、产业结构、城镇化率和人口数量来源于国家统计局（下表同）。

表 4.8   神经网络训练值

年份	中国 GDP	产业结构	城镇化率	人口数量	需求量	进口量
2001	0.022	0.448	0.377	0.255	0.060	0.041
2002	0.024	0.445	0.391	0.257	0.062	0.045
2003	0.027	0.456	0.405	0.258	0.070	0.053
2004	0.032	0.459	0.418	0.260	0.079	0.055
2005	0.037	0.470	0.430	0.262	0.093	0.073
2006	0.044	0.476	0.443	0.263	0.100	0.075
2007	0.054	0.469	0.459	0.264	0.115	0.091

续表

年份	中国GDP	产业结构	城镇化率	人口数量	需求量	进口量
2008	0.064	0.470	0.470	0.266	0.135	0.109
2009	0.070	0.460	0.483	0.267	0.142	0.120
2010	0.082	0.465	0.499	0.268	0.170	0.150
2011	0.098	0.465	0.513	0.269	0.168	0.140
2012	0.108	0.454	0.526	0.271	0.191	0.152
2013	0.119	0.442	0.537	0.272	0.232	0.197
2014	0.129	0.431	0.548	0.274	0.268	0.241
2015	0.138	0.408	0.561	0.275	0.282	0.265
2016	0.149	0.396	0.573	0.277	0.310	0.290
2017	0.166	0.399	0.585	0.278	0.332	0.332
2018	0.184	0.397	0.596	0.279	0.325	0.333

3. 铜资源需求情景测算

将经过初始化的神经网络训练数据输入 BP 网络预测系统，对网络加以训练学习。初始学习速率 $\eta = 0.01$，训练过程中学习速率的变化按式（3.20）计算，其中 $\beta = 1.1$，$\gamma = 0.9$。BP 预测系统参数设置如图 4.15 所示，最大学习步数为 50000，期望系统平均误差为 0.001，期望单个误差为 0.001，网络收敛。得出样本误差曲线（见图 4.16）。由此可知，样本误差达到了要求。

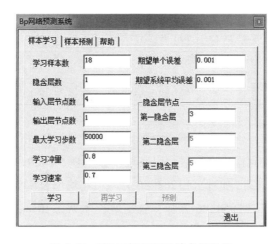

图 4.15　BP 网络预测系统参数设置

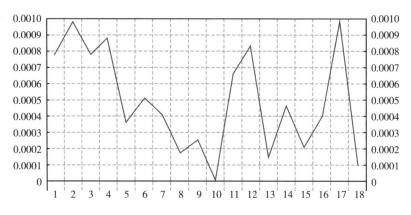

图4.16 样本误差曲线

根据铜资源宏观情景设置，利用训练好的 BP 神经网络分别对三个情景进行计算，得到中国铜资源未来需求情景（见表4.9）。

表4.9　　　　　　　中国铜资源未来需求情景预测值（2020~2050）

年份	情景 A			情景 B			情景 C		
	进口量（万吨）	需求量（万吨）	进口依存度（%）	进口量（万吨）	需求量（万吨）	进口依存度（%）	进口量（万吨）	需求量（万吨）	进口依存度（%）
2020	512.15	712.66	71.86	512.15	712.66	71.86	524.53	729.03	71.95
2025	602.24	831.04	72.47	627.52	864.11	72.62	651.94	895.98	72.76
2030	692.50	948.52	73.01	722.17	986.95	73.17	765.68	1043.13	73.40
2035	760.84	1036.81	73.38	806.38	1095.41	73.61	859.42	1163.45	73.87
2040	808.46	1097.98	73.63	870.75	1177.83	73.93	924.35	1246.29	74.17
2045	851.69	1153.39	73.84	919.87	1240.49	74.15	970.00	1304.26	74.37
2050	881.72	1191.75	73.99	954.06	1283.96	74.31	1001.47	1344.08	75.37

由表4.9可知，未来三十年，中国铜资源需求量和进口量整体呈上升趋势，增长幅度由快到慢逐渐减缓。以基准情景为例，2020~2050年中国铜资源需求量从712.66万吨增长到1283.96万吨，年均增长率为1.98%；进口量从512.15万吨增长到954.06万吨，年均增长率为2.10%；进口依存度总体呈上升趋势，至2050年仍高达74.31%，安全风险逐渐增大。

4.3 铜资源国家安全评估

4.3.1 数据与指标分级值

根据第 3 章构建的评估与预警指标体系，各指标数据来源于中国国家统计局、美国地质调查局（USGS）、CEIC 数据库、《中国有色金属工业年鉴》、联合国商品贸易统计数据库（UN Comtrade Database）和世界银行数据库等。由此，整理得到 2001～2018 年中国铜资源国家安全评估指标数据（见表 4.10）。

表 4.10　　　中国铜资源国家安全评估指标数据（2001～2018）

年份	储采比 I_{11}	储量指数（％）I_{12}	进口依存度（％）I_{21}	进口集中度（％）I_{22}	地缘政治风险 I_{23}	价格波动率（％）I_{31}	汇率 I_{32}	资源消耗强度（百吨/亿元）I_{41}
2001	30.51	25.69	51.44	74.39	0.61	-6.16	8.28	0.11
2002	44.44	26.45	54.39	60.49	0.55	8.31	8.28	0.10
2003	42.62	27.19	57.03	64.41	0.60	46.21	8.28	0.10
2004	41.94	27.37	52.85	68.70	0.66	30.45	8.28	0.10
2005	34.44	27.55	58.90	68.80	0.67	84.74	8.19	0.10
2006	29.21	27.17	56.19	64.22	0.60	7.45	7.97	0.09
2007	27.48	26.80	59.56	64.26	0.62	-2.29	7.60	0.08
2008	31.58	27.75	60.23	58.00	0.51	-25.09	6.95	0.08
2009	30.15	29.01	63.18	49.89	0.40	42.67	6.83	0.08
2010	25.21	24.58	66.03	50.45	0.41	17.56	6.77	0.08
2011	22.90	22.60	62.24	47.34	0.38	-10.93	6.46	0.07
2012	18.40	23.09	59.48	50.87	0.44	-3.87	6.31	0.07
2013	18.75	22.91	63.75	56.13	0.47	-7.93	6.19	0.08
2014	11.36	15.15	67.52	53.53	0.44	-18.03	6.14	0.08
2015	17.54	22.25	70.42	58.72	0.53	-12.46	6.23	0.08
2016	16.09	20.88	70.13	63.51	0.67	26.27	6.64	0.08
2017	15.79	18.46	75.03	62.98	0.71	5.92	6.75	0.08
2018	16.25	17.05	76.83	63.92	0.72	-10.32	6.62	0.07

由表 4.10 可知，2001～2018 年中国铜资源进口集中度呈缓慢下降趋势，地缘政治风险较小，资源利用强度有所下降。值得注意的是，储采比从 30.51 下降至 16.25，储量指数从 25.69 下降至 17.05，进口依存度从 52.44% 上升到 76.83%，且价格波动幅度较大。

根据表 3.5，并借鉴龚婷和郑明贵（2014）对资源消耗强度指标分级的研究，确定铜资源消耗强度指标分级（见表 4.11）。

表 4.11　　　　　　　　　　　　铜资源消耗强度指标分级规则

指标		分级				
一级指标	二级指标	0～2	2～4	4～6	6～8	8～10
资源消耗 I_4	资源消耗强度 I_{41}	≥0.30	[0.25, 0.30)	[0.20, 0.25)	[0.15, 0.20)	<0.15

根据表 3.5 和表 4.11，得到 2001～2018 年中国铜资源国家安全评估指标分级值（见表 4.12）。

表 4.12　　　　　　　铜资源国家安全评估指标分级值（2001～2018）

年份	I_{11}	I_{12}	I_{21}	I_{22}	I_{23}	I_{31}	I_{32}	I_{41}
2001	6	2	6	1	9	9	1	8
2002	8	2	6	3	9	9	1	8
2003	8	2	5	3	9	2	1	8
2004	8	2	6	2	9	4	1	8
2005	6	2	5	2	9	1	1	9
2006	5	2	5	3	9	9	2	9
2007	5	2	5	3	9	9	3	9
2008	6	2	4	4	9	5	6	9
2009	6	2	4	6	9	8	7	9
2010	5	2	3	5	9	7	7	9
2011	4	2	4	6	9	8	8	9
2012	3	2	5	5	9	9	9	9
2013	3	2	4	5	9	9	10	9
2014	2	1	3	5	9	7	10	9
2015	3	2	2	4	9	8	9	9
2016	3	2	2	3	9	5	7	9
2017	3	1	1	3	9	9	7	9
2018	3	1	1	3	9	8	7	9

4.3.2 一级指标评估

首先，根据表3.3、表4.12及式（3.1）分别对各一级指标进行常权评估；其次，选取 $\alpha = 0.75$ 并利用式（3.7）和式（3.8）对各一级指标进行惩罚型变权评估。

1. 资源禀赋评估

由表4.13变权评估结果可知，受储采比和储量指数下降影响，2001～2018年中国铜资源禀赋安全评估值总体呈现下降趋势，安全风险加大，由橙色预警等级——不安全转至红色预警等级——很不安全。

表4.13　　　　中国铜资源禀赋评估结果（2001～2018）

年份	常权评估		变权重		变权评估	
	评估值	预警等级	I_{11}	I_{12}	评估值	预警等级
2001	4.16	黄色预警	0.47	0.55	3.92	橙色预警
2002	5.24	黄色预警	0.45	0.55	4.72	黄色预警
2003	5.24	黄色预警	0.45	0.55	4.72	黄色预警
2004	5.24	黄色预警	0.45	0.53	4.69	黄色预警
2005	4.16	黄色预警	0.47	0.52	3.86	橙色预警
2006	3.62	橙色预警	0.48	0.52	3.45	橙色预警
2007	3.62	橙色预警	0.48	0.53	3.47	橙色预警
2008	4.16	黄色预警	0.47	0.53	3.89	橙色预警
2009	4.16	黄色预警	0.47	0.52	3.86	橙色预警
2010	3.62	橙色预警	0.48	0.50	3.42	橙色预警
2011	3.08	橙色预警	0.50	0.49	2.96	橙色预警
2012	2.54	橙色预警	0.51	0.49	2.51	橙色预警
2013	2.54	橙色预警	0.51	0.42	2.39	橙色预警
2014	1.54	红色预警	0.50	0.58	1.57	红色预警
2015	2.54	橙色预警	0.51	0.49	2.51	橙色预警
2016	2.54	橙色预警	0.51	0.44	2.43	橙色预警
2017	2.08	橙色预警	0.47	0.53	1.94	红色预警
2018	2.08	橙色预警	0.47	0.53	1.94	红色预警

2. 国际依赖评估

由表 4.14 变权评估结果可知，受进口依存度上升影响，2001～2018 年中国铜资源国际依赖安全评估值总体呈下降趋势，安全风险加大，由蓝色预警等级——安全转至橙色预警等级——不安全。

表 4.14　　　　中国铜资源国际依赖评估结果（2001～2018）

年份	常权评估		变权重			变权评估	
	评估值	预警等级	I_{21}	I_{22}	I_{23}	评估值	预警等级
2001	6.72	蓝色预警	0.44	0.34	0.22	6.67	蓝色预警
2002	6.72	蓝色预警	0.44	0.34	0.22	6.67	蓝色预警
2003	5.96	黄色预警	0.44	0.34	0.21	5.86	黄色预警
2004	6.39	蓝色预警	0.43	0.35	0.22	6.31	蓝色预警
2005	5.96	黄色预警	0.44	0.34	0.21	5.86	黄色预警
2006	5.96	黄色预警	0.44	0.34	0.21	5.86	黄色预警
2007	6.29	蓝色预警	0.45	0.33	0.22	6.20	蓝色预警
2008	5.86	黄色预警	0.47	0.32	0.21	5.71	黄色预警
2009	6.19	蓝色预警	0.47	0.31	0.21	6.02	蓝色预警
2010	5.76	黄色预警	0.49	0.30	0.21	5.46	黄色预警
2011	6.19	蓝色预警	0.47	0.31	0.21	6.02	蓝色预警
2012	6.62	蓝色预警	0.46	0.32	0.22	6.53	蓝色预警
2013	6.19	蓝色预警	0.47	0.31	0.21	6.02	蓝色预警
2014	5.76	黄色预警	0.49	0.30	0.21	5.46	黄色预警
2015	5.00	黄色预警	0.51	0.30	0.19	4.55	黄色预警
2016	5.00	黄色预警	0.51	0.30	0.19	4.55	黄色预警
2017	4.57	黄色预警	0.55	0.27	0.18	3.77	橙色预警
2018	4.24	黄色预警	0.54	0.28	0.18	3.52	橙色预警

3. 获取成本评估

由表 4.15 变权评估结果可知，受汇率上升影响，2001～2018 年中国铜资源获取成本安全评估值总体呈上升趋势，安全风险减小，由黄色预警等级——基本安全转至蓝色预警——安全。其中，2003～2005年因全球经济回暖，铜需求快速增长，随之铜产能和产量也大幅增加，出现供需缺口增大，其间罢工事件也不断发生，国际铜价持续飙升，刷新历史高点。该时期预警评估等级达到了红色预警。

表4.15　　　　　中国铜资源获取成本评估结果（2001～2018）

年份	常权评估		变权重		变权评估	
	评估值	预警等级	I_{31}	I_{32}	评估值	预警等级
2001	6.04	蓝色预警	0.50	0.50	4.97	黄色预警
2002	6.04	蓝色预警	0.50	0.50	4.97	黄色预警
2003	1.63	红色预警	0.59	0.41	1.59	红色预警
2004	2.89	橙色预警	0.55	0.45	2.64	橙色预警
2005	1.00	红色预警	0.63	0.37	1.00	红色预警
2006	6.41	蓝色预警	0.54	0.46	5.77	黄色预警
2007	6.78	蓝色预警	0.56	0.44	6.38	蓝色预警
2008	5.37	黄色预警	0.64	0.36	5.36	黄色预警
2009	7.63	蓝色预警	0.62	0.38	7.62	蓝色预警
2010	7.00	蓝色预警	0.63	0.37	7.00	蓝色预警
2011	8.00	绿色预警	0.63	0.37	8.00	绿色预警
2012	9.00	绿色预警	0.63	0.37	9.00	绿色预警
2013	9.37	绿色预警	0.64	0.36	9.36	绿色预警
2014	8.11	绿色预警	0.65	0.35	8.05	绿色预警
2015	8.37	绿色预警	0.64	0.36	8.36	绿色预警
2016	5.74	黄色预警	0.65	0.35	5.70	黄色预警
2017	8.26	绿色预警	0.62	0.38	8.23	绿色预警
2018	7.63	蓝色预警	0.62	0.38	7.62	蓝色预警

4. 资源消耗评估

由表4.16评估结果可知，2001～2018年中国铜资源消耗安全评估值总体呈上升趋势，安全风险减小，皆处于绿色预警等级——很安全。

表 4.16　　　　　　　中国铜资源消耗评估结果（2001~2018）

年份	评估值	预警等级	年份	评估值	预警等级
2001	8.00	绿色预警	2010	9.00	绿色预警
2002	8.00	绿色预警	2011	9.00	绿色预警
2003	8.00	绿色预警	2012	9.00	绿色预警
2004	8.00	绿色预警	2013	9.00	绿色预警
2005	9.00	绿色预警	2014	9.00	绿色预警
2006	9.00	绿色预警	2015	9.00	绿色预警
2007	9.00	绿色预警	2016	9.00	绿色预警
2008	9.00	绿色预警	2017	9.00	绿色预警
2009	9.00	绿色预警	2018	9.00	绿色预警

4.3.3　综合评估

1. 常权综合评估

根据表 3.3、表 4.12 及式（3.1）对 2001~2018 年中国铜资源国家安全进行常权评估，结果如表 4.17 所示。

表 4.17　　　　　　　常权综合评估结果（2001~2018）

年份	评估值	预警等级	年份	评估值	预警等级	年份	评估值	预警等级
2001	6.01	蓝色预警	2007	5.94	黄色预警	2013	5.93	黄色预警
2002	6.36	蓝色预警	2008	5.76	黄色预警	2014	5.27	黄色预警
2003	5.45	黄色预警	2009	6.20	蓝色预警	2015	5.34	黄色预警
2004	5.78	黄色预警	2010	5.78	黄色预警	2016	4.97	黄色预警
2005	5.17	黄色预警	2011	5.91	黄色预警	2017	5.02	黄色预警
2006	5.77	黄色预警	2012	6.04	蓝色预警	2018	4.80	黄色预警

由此可知，2001~2018 年中国铜资源国家安全常权评估值整体呈波动下降趋势，安全风险加大，由蓝色预警等级——安全转至黄色预警等级——基本安全。

2. 变权综合评估

选取 $\alpha = 0.75$ 进行惩罚型变权评估，运用式（3.7）计算得出各指标变权权重（见表 4.18）。再通过式（3.8）得出变权综合评估值，结果如表 4.19 所示。

表 4.18 变权权重计算结果

年份	I_{11}	I_{12}	I_{21}	I_{22}	I_{23}	I_{31}	I_{32}	I_{41}
2001	0.1654	0.1853	0.1530	0.1191	0.0756	0.0770	0.0781	0.1465
2002	0.1557	0.1874	0.1548	0.1205	0.0764	0.0779	0.0790	0.1482
2003	0.1485	0.1788	0.1545	0.1203	0.0729	0.1082	0.0754	0.1413
2004	0.1522	0.1832	0.1513	0.1233	0.0747	0.0933	0.0772	0.1448
2005	0.1553	0.1740	0.1504	0.1171	0.0710	0.1253	0.0734	0.1336
2006	0.1725	0.1846	0.1595	0.1242	0.0753	0.0767	0.0655	0.1417
2007	0.1746	0.1868	0.1615	0.1201	0.0762	0.0777	0.0599	0.1434
2008	0.1661	0.1860	0.1700	0.1196	0.0759	0.0896	0.0501	0.1428
2009	0.1688	0.1891	0.1728	0.1170	0.0771	0.0810	0.0490	0.1452
2010	0.1726	0.1848	0.1814	0.1143	0.0753	0.0818	0.0479	0.1418
2011	0.1838	0.1861	0.1700	0.1151	0.0759	0.0797	0.0466	0.1428
2012	0.1974	0.1859	0.1607	0.1150	0.0758	0.0773	0.0453	0.1427
2013	0.1958	0.1844	0.1685	0.1141	0.0752	0.0767	0.0437	0.1416
2014	0.2019	0.2043	0.1687	0.1063	0.0701	0.0761	0.0407	0.1319
2015	0.1883	0.1774	0.1928	0.1140	0.0723	0.0759	0.0432	0.1361
2016	0.1860	0.1752	0.1904	0.1126	0.0714	0.0844	0.0454	0.1345
2017	0.1759	0.1970	0.2141	0.1065	0.0676	0.0689	0.0429	0.1272
2018	0.1746	0.1956	0.2126	0.1107	0.0671	0.0704	0.0426	0.1263

表 4.19 变权综合评估结果 (2001~2018)

年份	评估值	预警等级	年份	评估值	预警等级	年份	评估值	预警等级
2001	5.62	黄色预警	2007	5.63	黄色预警	2013	5.51	黄色预警
2002	5.93	黄色预警	2008	5.48	黄色预警	2014	4.62	黄色预警
2003	5.00	黄色预警	2009	5.89	黄色预警	2015	4.86	黄色预警
2004	5.39	黄色预警	2010	5.44	黄色预警	2016	4.56	黄色预警
2005	4.66	黄色预警	2011	5.57	黄色预警	2017	4.25	黄色预警
2006	5.42	黄色预警	2012	5.64	黄色预警	2018	4.09	黄色预警

由表4.19可知，2001~2018年中国铜资源国家安全变权评估值整体呈下降趋势，安全风险加大，皆处于黄色预警等级——基本安全。

3. 对比分析

将常权与变权综合评估结果进行对比（见表4.20）。

表 4.20   常权和变权评估结果对比（2001~2018）

年份	综合评估值		预警等级		年份	综合评估值		预警等级	
	常权	变权	常权	变权		常权	变权	常权	变权
2001	6.01	5.62	蓝色预警	黄色预警	2010	5.78	5.44	黄色预警	黄色预警
2002	6.36	5.93	蓝色预警	黄色预警	2011	5.91	5.57	黄色预警	黄色预警
2003	5.45	5.00	黄色预警	黄色预警	2012	6.04	5.64	蓝色预警	黄色预警
2004	5.78	5.39	黄色预警	黄色预警	2013	5.93	5.51	黄色预警	黄色预警
2005	5.17	4.66	黄色预警	黄色预警	2014	5.27	4.62	黄色预警	黄色预警
2006	5.77	5.42	黄色预警	黄色预警	2015	5.34	4.86	黄色预警	黄色预警
2007	5.94	5.63	黄色预警	黄色预警	2016	4.97	4.56	黄色预警	黄色预警
2008	5.76	5.48	黄色预警	黄色预警	2017	5.02	4.25	黄色预警	黄色预警
2009	6.20	5.89	蓝色预警	黄色预警	2018	4.80	4.09	黄色预警	黄色预警

由表 4.20 可知，受极端指标值影响，进行惩罚型变权后，2001~2018 年安全评估值均有所下降，处于 4.09~5.93 内，安全风险加大。其中，2001 年、2002 年、2009 年和 2012 年，预警评估等级发生变化，由蓝色预警等级——安全转至黄色预警等级——基本安全。主要原因在于：首先，2001 年和 2002 年，受全球经济震荡影响，铜资源价格波动幅度加大；其次，2002 年铜资源需求增加，资源消耗强度提高，导致安全评估值降低，安全风险加剧。2009 年，铜资源需求进一步增加，国内资源消耗强度提升，同时进口依存度上升至 63.18%，严重威胁着资源进口安全。2012 年，铜资源储采比下降至 18.40，资源禀赋状况恶化，但需求仍保持上升趋势，资源消耗强度继续提升，安全风险进一步加大。

4.4 铜资源国家安全预警

4.4.1 预警系统训练学习

1. 神经网络结构

构建一个三层 BP 神经网络：

（1）输入层神经元（I）：包括中国铜资源储采比（I_{11}）、储量指数

（I_{12}）、进口依存度（I_{21}）、进口集中度（I_{22}）、地缘政治风险（I_{23}）、价格波动率（I_{31}）、汇率（I_{32}）、资源消耗强度（I_{41}）。

（2）输出层神经元（O）：中国铜资源国家安全评估值。

（3）隐含层神经元数目（n_h）：根据式（3.9）进行测算，取 $n_h = 8$。

2. 原始数据及其初始化

运用 MATLAB2016a 中的 BP 神经网络工具箱进行测算。在测算前，需要将预警输入和输出原始数据（见表 4.21）进行初始化，初始化的方法是极差法。初始化后的数据如表 4.22 所示。

表 4.21　　中国铜资源国家安全预警原始数据（2001~2018）

年份	I_{11}	I_{12}	I_{21}	I_{22}	I_{23}	I_{31}	I_{32}	I_{41}	变权综合评估值
2001	30.51	25.69	51.44	74.39	0.61	−6.16	8.28	0.11	5.62
2002	44.44	26.45	54.39	60.49	0.55	8.31	8.28	0.10	5.93
2003	42.62	27.19	57.03	64.41	0.60	46.21	8.28	0.10	5.00
2004	41.94	27.37	52.85	68.70	0.66	30.45	8.28	0.10	5.39
2005	34.44	27.55	58.90	68.80	0.67	84.74	8.19	0.10	4.66
2006	29.21	27.17	56.19	64.22	0.60	7.45	7.97	0.09	5.42
2007	27.48	26.80	59.56	64.26	0.62	−2.29	7.60	0.08	5.63
2008	31.58	27.75	60.23	58.00	0.51	−25.09	6.95	0.08	5.48
2009	30.15	29.01	63.18	49.89	0.40	42.67	6.83	0.08	5.89
2010	25.21	24.58	66.03	50.45	0.41	17.56	6.77	0.08	5.44
2011	22.90	22.60	62.24	47.34	0.38	−10.93	6.46	0.07	5.57
2012	18.40	23.09	59.48	50.87	0.44	−3.87	6.31	0.07	5.64
2013	18.75	22.91	63.75	56.13	0.47	−7.93	6.19	0.08	5.51
2014	11.36	15.15	67.52	53.53	0.44	−18.03	6.14	0.08	4.62
2015	17.54	22.25	70.42	58.72	0.53	−12.46	6.23	0.08	4.86
2016	16.09	20.88	70.13	63.51	0.67	26.27	6.64	0.08	4.56
2017	15.79	18.46	75.03	62.98	0.71	5.92	6.75	0.08	4.25
2018	16.25	17.05	76.83	63.92	0.72	−10.32	6.62	0.07	4.09

表 4.22　　　　　　　　　　　预警系统训练值（2001~2018）

年份	I_{11}	I_{12}	I_{21}	I_{22}	I_{23}	I_{31}	I_{32}	I_{41}	变权综合评估值
2001	0.16	0.52	-1.00	1.00	0.35	-0.66	1.00	1.00	0.66
2002	1.00	0.63	-0.77	-0.03	0.00	-0.39	1.00	0.50	1.00
2003	0.89	0.74	-0.56	0.26	0.29	0.30	1.00	0.50	-0.01
2004	0.85	0.76	-0.89	0.58	0.65	0.01	1.00	0.50	0.41
2005	0.40	0.79	-0.41	0.59	0.71	1.00	0.92	0.50	-0.38
2006	0.08	0.73	-0.63	0.25	0.29	-0.41	0.71	0.00	0.45
2007	-0.03	0.68	-0.36	0.25	0.41	-0.58	0.36	-0.50	0.67
2008	0.22	0.82	-0.31	-0.21	-0.24	-1.00	-0.24	-0.50	0.51
2009	0.14	1.00	-0.08	-0.81	-0.88	0.23	-0.36	-0.50	0.96
2010	-0.16	0.36	0.15	-0.77	-0.82	-0.22	-0.41	-0.50	0.47
2011	-0.30	0.08	-0.15	-1.00	-1.00	-0.74	-0.70	-1.00	0.61
2012	-0.57	0.15	-0.37	-0.74	-0.65	-0.61	-0.84	-1.00	0.68
2013	-0.55	0.12	-0.03	-0.35	-0.47	-0.69	-0.95	-0.50	0.54
2014	-1.00	-1.00	0.27	-0.54	-0.65	-0.87	-1.00	-0.50	-0.42
2015	-0.63	0.02	0.50	-0.16	-0.12	-0.77	-0.92	-0.50	-0.16
2016	-0.71	-0.17	0.47	0.20	0.71	-0.06	-0.53	-0.50	-0.49
2017	-0.73	-0.52	0.86	0.16	0.94	-0.44	-0.43	-0.50	-0.83
2018	-0.70	-0.73	1.00	0.23	1.00	-0.73	-0.55	-1.00	-1.00

3. 预警系统训练学习

将经过初始化的神经网络训练数据输入神经网络，设置最大运算次数为50000，误差平方和为0.001。经过训练，达到目标精度，网络收敛。BP 神经网络训练误差曲线和仿真图分别如图 4.17 和图 4.18 所示。

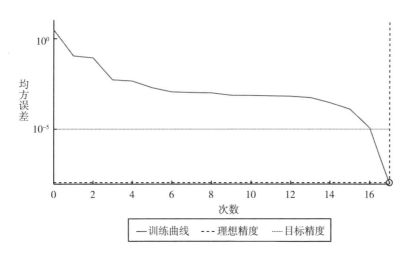

图 4.17　铜资源国家安全预警系统训练误差精度曲线

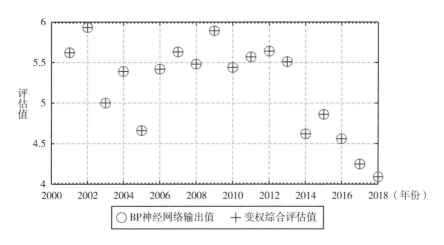

图 4.18　铜资源国家安全预警 BP 神经网络学习与测试对比

4.4.2　国家安全预警

1. 资源禀赋

根据周平（2015）、樊礼军（2019）、第 3 章 3.4.2 中（世界银行和联合国）对世界和中国人口未来情景预测数据，结合 2001～2018 年中国铜资源禀赋情况，得到 2020～2050 年中国铜资源禀赋预测数据（见表 4.23）。

表 4.23 中国铜资源禀赋预测数据（2020～2050）

年份	国内产量 （万吨）	国内储量 （万吨）	世界储量 （亿吨）	储采比 I_{11}	储量指数 I_{12}
2020	175.00	2699.74	9.72	15.43	15.20
2025	200.00	2966.15	11.37	14.83	14.79
2030	270.00	3258.84	13.31	12.07	14.44
2035	320.00	3580.42	15.58	11.19	14.13
2040	360.00	3933.74	18.24	10.93	13.85
2045	410.00	4321.92	21.35	10.54	13.59
2050	420.00	4404.03	25.00	10.49	12.38

2. 国际依赖

根据表 4.9 得到 2020～2050 年中国铜资源进口依存度预测数据，并运用 BP 滚动建模测算进口集中度及地缘政治风险未来情景。2020～2050 年中国铜资源国际依赖预测数据如表 4.24 所示。

表 4.24 中国铜资源国际依赖预测数据（2020～2050）

年份	进口依存度 I_{21}	进口集中度 I_{22}	地缘政治风险 I_{23}
2020	71.86	51.36	0.40
2025	72.62	50.06	0.20
2030	73.17	35.39	0.37
2035	73.61	51.40	0.26
2040	73.93	33.37	0.29
2045	74.15	51.40	0.18
2050	74.31	32.36	0.23

3. 获取成本

运用 BP 滚动建模测算并参考王晓敏（2020）、尤喆（2019）对铜价格变动影响因素和传导机制的研究，合理预测铜资源价格未来情景，结合表 3.9 得到汇率预测数据。2020～2050 年中国铜资源获取成本预测数据如表 4.25 所示。

表 4. 25 中国铜资源获取成本预测数据（2020～2050）

年份	价格波动率 I_{31}	汇率 I_{32}
2020	－5. 37	6. 98
2025	2. 69	6. 95
2030	3. 01	7. 22
2035	2. 97	7. 08
2040	－6. 66	6. 73
2045	－0. 14	6. 43
2050	15. 53	6. 87

4. 资源消耗强度

根据表 4.9 和表 3.7，得到 2020～2050 年中国铜资源消耗预测数据（见表 4.26）。

表 4. 26 中国铜资源消耗预测数据（2020～2050）

年份	消费量（万吨）	中国 GDP（亿元）	资源消耗强度 I_{41}（百吨/亿元）
2020	512. 15	1000773. 75	0. 05
2025	627. 52	1308825. 76	0. 05
2030	722. 17	1660577. 83	0. 04
2035	806. 38	2056140. 49	0. 04
2040	870. 75	2491748. 48	0. 03
2045	919. 87	2930910. 23	0. 03
2050	954. 06	3343298. 47	0. 03

利用训练好的 BP 神经网络，对 2020～2050 年中国铜资源国家安全状况进行预警，结果如表 4.27 所示。

表 4. 27 中国铜资源国家安全预警结果（2020～2050）

年份	评估值	预警等级	增加风险提示
2020	4. 03	黄色预警	储采比、储量指数、对外依存度
2025	4. 16	黄色预警	储采比、储量指数、对外依存度
2030	3. 72	橙色预警	储采比、储量指数、对外依存度

续表

年份	评估值	预警等级	增加风险提示
2035	4.83	黄色预警	储采比、储量指数、对外依存度、进口集中度
2040	3.77	橙色预警	储采比、储量指数、对外依存度
2045	4.86	黄色预警	储采比、储量指数、对外依存度、进口集中度
2050	3.72	橙色预警	储采比、储量指数、对外依存度、价格波动率

由表4.27可知，随着储采比、储量指数、进口依存度、进口集中度、价格波动率等风险因素的增加，2020~2050年中国铜资源安全评估值整体处于下降趋势，安全风险逐渐加大，由黄色预警等级——基本安全转至橙色预警等级——不安全。其中，储采比由15.43持续下跌至10.49，至2050年，预计我国铜资源保障年限不到11年；储量指数由15.20持续下跌至12.38；受制于本国资源禀赋，进口依存度持续上升，预计2050年将达到74.31%。储采比、储量指数、进口依存度为各个阶段均有的风险因素，需要特别关注。除此之外，应注意的是，2035~2045年，受进口依存度上升影响，安全评估值下降，由黄色预警等级——基本安全转至橙色预警等级——不安全。2045~2050年，铜资源价格波动幅度加大，恐进一步影响铜资源安全状况。总体来看，未来三十年，我国铜资源安全状况不容乐观。

4.5 铜资源安全恢复战略与政策建议

根据上述研究结论，提出以下安全恢复战略及建议。

1. 针对储采比和储量指数风险的建议

第一，如何保障国内铜矿资源的有效供给是制定中国铜矿资源战略的首要问题。目前，中国大部分铜矿山资源储量已接近枯竭。基于此现状，国家可参照粮食政策的"十八亿亩红线"，结合国情划定国内铜矿资源供应的"红线"，确保"红线"内铜资源的基础供应。

第二，提高铜矿资源的综合利用率，实现铜矿资源可持续发展。应大力发展循环经济，引进先进的技术和设备，提高铜矿资源中主要元素的回收率，加大对铜矿资源的二次回收利用，提高资源综合利用水平，走可持续发展道路。

2. 针对对外依存度风险的建议

第一，提高国内铜资源供应是降低对外依存度的关键举措，加大国内铜矿资源的勘查力度是应长期坚持的战略任务。应进一步加大对新发现的大型和超大型铜矿资源基地的勘查力度，争取尽可能多地开发国内优质铜资源，保障国内铜资源的供应力度，从而降低对外依存度，减轻国际依赖风险。

第二，加强与智利、秘鲁等主要资源进口国关系，统筹国际国内两大资源市场，与主要资源国在经济、技术、政治领域加强合作，以降低进口风险。鼓励中国企业整合资源，组建具备垄断优势的大型矿业公司，加大对国外铜矿资源的勘探和投资开发，建立可靠的铜矿资源国外供给基地。

3. 针对进口集中度风险的建议

采取多元化、分散化的进口优化策略，利用"一带一路"契机，积极与中国周边铜资源丰富的国家开展资源外交，如哈萨克斯坦、巴基斯坦、印度尼西亚等国家，以及与中国外交关系基础较好的非洲国家如刚果（金）、赞比亚等，形成多元化的铜资源供应格局。

4. 针对价格波动率风险的建议

为有效应对价格波动对铜资源安全的负面冲击，需结合经济新常态背景，依据价格波动对铜产业影响的时变性，实施动态防控。从供给层面来看，应进一步健全铜资源战略储备体系，利用资源储备减轻供需矛盾，以平抑价格带来的影响。从需求层面来看，积极应对铜金融化，加快完善铜期货市场，建立良好的供需预期机制，提供便利的套期保值工具，以有效对冲金融投机和特定需求冲击所引起的价格波动。

第5章
铝资源国家安全评估与预警系统

5.1 铝资源概况及供需分析

5.1.1 铝资源概况

1. 铝资源用途

铝及其化合物在自然界中分布极广，地壳中铝资源约为 400 亿～500 亿吨，仅次于氧、硅，居第三位。在金属种类中，铝是仅次于钢铁的第二大金属材料，具有质量轻、易加工、耐腐蚀、导热导电及可回收性强等优良性能，是国民经济发展的重要基础原料，被广泛用于建筑、交通运输、电力、包装和机械制造等领域，是现代高技术产业发展的关键支撑材料。

（1）建筑业。由于铝在空气中的稳定性和阳极处置后的极佳外观，使铝在建筑业中具有非常广泛的用途，主要用于制作铝合金门窗、铝塑管、装修板、铝板幕墙、扶梯阶梯和大型建筑结构件等。

（2）交通运输业。铝和铝合金目前已成为制造飞机、汽车、船舶、拖拉机和机动车辆等不可缺少的材料。为减轻交通工具自身重量，减少废气排放对环境污染，摩托车、汽车、火车、地铁、飞机和船舶等交通运输工具较多采用铝及铝合金作为构件和装修件。此外，随着铝合金加工材料的硬度和强度不断提高，航空航天领域的运用份额也逐年增加。

（3）电子电力行业。电子行业中铝主要用于民用产品收音机、电视机、电容、电位器和扬声器等，军用产品雷达、雷达侦察干扰设备、战术导弹加套设备和卫星地面站加套设备等。电力行业中铝主要用于电线电缆、变压器线圈、感应电动机转子、母线及其他输配电设备等，同时是计算机、通信设备和个人电子消费品等重要电子产品领域的原材料。

（4）包装材料行业。铝主要用于制造各类软包装用铝箔、全铝易拉罐、各类瓶盖及易拉盖、药用包装及香烟、糖果、化妆品等包装。

（5）机械制造业。由于铝及铝合金质量轻、强度高，能降低机械部件在运转中的能量消耗，提高机器寿命，因此铝及铝合金被广泛运用于制造车轮、滑轮、离心机、通风机、起重机及泵的零部件、活塞发动机气缸等。

（6）其他领域。铝也用于家用电器（冰箱、空调）、文体器材和日用五金等方面。此外，随着研发投入的加大、政策的引导和支持、逐渐成熟的技术等使铝得以在应用潜力较大的传统消费领域和具有显著社会效益亟待推广的新兴产品应用领域进行运用和推广，如全铝挂车、铝合金敞篷运煤车、轿车高精铝合金薄板、铝合金托盘、铝合金人行天桥和公路桥、铝合金建筑模板、铝空气电池、铜铝复合导体、铝合金防洪墙以及零甲醛、零污染、健康环保的全铝家具等。2020年全球铝资源应用领域分布如图5.1所示。

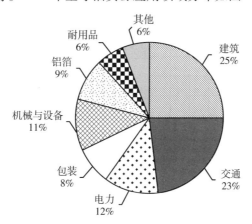

图 5.1　2020 年全球铝资源应用领域分布

资料来源：Statista、东方证券研究所。

2. 铝土矿分类

1930 年，J. 拉帕兰在研究法国铝土矿矿床时，根据主要铝矿物的含量，把铝土矿划分为四种类型：一水硬铝石型、一水软铝石型、三水铝石型和高岭石型。1940 年，别洛乌索夫将铝土矿分为三种类型：一水型、三水型和混合型（一水和三水）。1947 年，罗日科娃和索波列娃将铝土矿进一步细分成以下类型：

（1）含一水氧化铝的铝土矿。

该类型的铝土矿包含以下几种：一水软铝——一水硬铝石型（一水硬铝石居多），高岭石——一水硬铝石型，绿泥石——一水硬铝石型，一水软铝石型，高岭石———水软铝石型。一水氧化铝的铝土矿常为一水软铝石、一水硬铝石或混合成分，大部分含有铁质矿物，含高岭石、绿泥石的混合物，少数混入方解石、菱铁矿、黄铁矿和刚玉。西伯利亚、中亚、南欧和土耳其等地铝土矿床大部分是这种类型。有的以一水软铝石为主，有的以一水硬铝石为主，但只有一水软铝石或一水硬铝石的矿床非常少见。

（2）含三水氧化铝的铝土矿。

该类型的铝土矿包含以下几种：三水铝石型（石质和疏松的），高岭石——三水铝石型（疏松的和黏土质的），多水高岭石——三水铝石型，水铝英石——三水铝石型。三水氧化物的铝土矿多为铁质或弱铁质，通常含一定数量的高岭石或刚玉，有的含有菱铁矿或方解石。铁质三水铝石型铝土矿分布范围广，热带地区、西伯利亚、哈萨克斯坦的许多矿床多为该种类型；贫铁的三水铝石型铝土矿多分布在苏里南矿床，另外在印度、中国及其他国家也有少量分布。

（3）含一水和三水氧化铝的铝土矿。

该类型的铝土矿主要是三水铝石——一水软铝石型。三水铝石型矿床中有大量的一水软铝石，如牙买加、印度、非洲等地的铝土矿。该类矿石由于混入一些磁赤铁矿和磁铁矿，因此一般为磁性铝土矿。

3. 铝土矿矿床类型

按照铝土矿床赋存状态不同及下伏基岩性质的区别，大致可分为三种类型：红土型铝土矿床、岩溶型铝土矿床和沉积型铝土矿床。其中红土型和岩溶型铝土矿床中的三水铝石型和三水铝石或一水软铝石混合型铝土矿合计资源储量占世界总资源储量的90％以上[①]。

（1）红土型铝土矿床。

红土型铝土矿床，即产于硅酸盐岩之上的三水铝石铝土矿床，是在热带

---

① 王贤伟. 中国铝土矿资源产品需求预测及对策研究［D］. 北京：中国地质大学硕士学位论文，2018.

和亚热带气候条件下，由下伏硅酸盐岩（如玄武岩、花岗岩、粒玄岩、长石砂岩、麻粒岩等）经深度化学风化（即红土化）作用而形成的与基岩呈渐变过渡关系的残积矿床（含就近搬移沉积的铝土矿床）。红土型矿床，特别是新生代热带地区的红土矿床工业价值很大。红土型铝土矿矿床的矿石主要是三水铝石或三水铝石及一水软铝石混合型矿石，特点为中铝、低硅、高铝硅比、高铁，是优质的铝工业原料，易采易溶。此类型矿床储量约占世界的86%，铝土矿产量约占世界的65%，主要分布在大洋洲、拉丁美洲、非洲和东南亚地区[①]。

（2）岩溶型铝土矿床。

岩溶型铝土矿床，是覆盖在灰岩、白云岩等碳酸盐岩凹凸不平岩溶面上的铝土矿床。此类矿床与基岩呈不整合或假整合关系，其矿体系古红土风化壳被剥蚀、长距离（30～40公里）搬用、沉积于岩溶地形中的产物。此类矿床储量占世界总储量的14%左右，产量约占世界的35%，主要分布在地中海地区和加勒比海地区[②]。

（3）沉积型铝土矿床。

沉积型铝土矿床，是覆盖在铝硅酸盐岩剥蚀面上的碎屑沉积铝土矿床。矿床在下伏基岩一般呈不整合接触，与下伏基岩没有直接的成因联系，成矿物质从远方红土风化壳搬运而来。此类铝土矿矿床由于控矿时代和所处地域不同而呈现多样性的矿石类型，如中国岩溶铝土矿矿床以一水硬铝石型为主，矿石特征为高铝、高硅、中低铝硅比、低铁。此类矿床赋存于温带，典型的沉积型铝土矿床产于俄罗斯齐赫文市附近。常见于俄罗斯地台、乌拉尔山脉，中国、美国也有分布。沉积型矿床规模较小，矿石质量较差，其储量仅占世界总储量的1%左右，工业意义不大[③]。

世界铝土矿资源分布及矿床类型具有以下特点：第一，铝土矿分布较为集中。储量和规模最大的近代铝土矿（占总储量90%以上）主要分布在南北纬30度线附近，地理位置多赋存于大陆边缘的近海平原、中低高地、台地和岛屿上[④]。第二，世界铝土矿在各个地质历史时期（从晚元古代到新生代）都有产出。但主要成矿期有三个：晚古代成矿期、中生代成矿期和新生代成

---

① 魏宝亮. 我国氧化铝进口分析及接卸港选择问题研究［D］. 辽宁：大连海事大学硕士学位论文，2010.

②③④ 王贤伟. 中国铝土矿资源产品需求预测及对策研究［D］. 北京：中国地质大学硕士学位论文，2018.

矿期。其中以新生代成矿期最为重要，经济意义也最大。第三，世界铝土矿资源丰富的国家主要包括几内亚、澳大利亚、巴西、越南、牙买加和印度尼西亚等 14 个国家。矿床类型以红土型为主。除中国外，其他国家的铝土矿石类型以三水铝石型和一水软铝石—三水铝石型矿石为主，质量好，经济价值高。世界主要铝土矿国家铝土矿床类型如表 5.1 所示。

表 5.1　　　　　　　　　世界主要铝土矿国家铝土矿床类型

序号	国家	主要矿床类型	矿石类型	Al_2O_3（%）	SiO_2（%）	A/S
1	几内亚	红土型	三水铝石一水软铝石	40.0 ~ 60.2	0.8 ~ 6.0	7 ~ 10
2	澳大利亚	红土型	三水铝石一水软铝石	25.0 ~ 58.0	0.5 ~ 38	5 ~ 7
3	巴西	红土型	三水铝石	32 ~ 60	0.95 ~ 25.75	
4	越南	红土型	三水铝石一水软铝石	44.4 ~ 53.2	1.6 ~ 5.1	
5	牙买加	岩溶型	三水铝石一水软铝石	45 ~ 50	0.5 ~ 0.2	
6	印度尼西亚	红土型	三水铝石	38.1 ~ 59.7	1.5 ~ 13.9	
7	印度	红土型	三水铝石	40 ~ 80	0.3 ~ 18	
8	圭亚那	红土型	三水铝石	50 ~ 60	0.7 ~ 17	
9	中国	沉积型	一水硬铝石	60.54	9 ~ 15	6.29
10	希腊	沉积型	一水硬铝石一水软铝石	35 ~ 65	0.4 ~ 3	
11	苏里南	红土型	三水铝石一水软铝石	37.3 ~ 61.7	1.6 ~ 3.5	
12	委内瑞拉	红土型	三水铝石	35.5 ~ 60	0.9 ~ 9.3	
13	俄罗斯	沉积型	一水硬铝石一水软铝石三水铝石	36 ~ 65	1 ~ 32	
14	塞拉利昂	红土型	三水铝石	47 ~ 55	2.5 ~ 30	

注："A/S"为 Al_2O_3 和 SiO_2 的质量比。
资料来源：根据王贤伟（2018）和魏宝亮（2010）文献以及公开资料整理而得。

4. 世界铝土矿资源储量及分布

世界铝土矿资源丰富，铝土矿静态保证年限在 100 年以上，保障程度较高。美国地质调查局数据显示，2020 年世界铝土矿资源量为 550 亿 ~ 750 亿吨，已探明储量约为 300 亿吨，主要分布在非洲（32%）、大洋洲（23%）、南美及加勒比海地区（21%）、亚洲（18%）及其他地区（6%）。从国家来看，几内亚铝土矿储量 74 亿吨，居世界第一位；澳大利亚铝土矿储量 51 亿吨，居世界第二位，上述两国铝土矿储量占世界总储量的42.09%。其他铝土矿储量较大的国家有越南（37亿吨）、巴西（27亿吨）、牙买加（20亿吨）、印度尼西亚（12亿吨）、中国（10亿吨）、印度（6.6亿吨）、俄罗斯（5亿吨）。上述九大国家铝土矿储量合计占世界总储量的81.68%。2020年世界铝土矿资源储量分布如图5.2所示。2012～2020年世界主要国家铝土矿资源储量如表5.2所示。

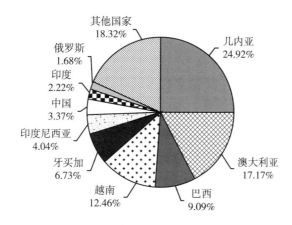

图5.2 2020年世界铝土矿资源储量分布

资料来源：美国地质调查局。

表5.2　　　　　　2012～2020年世界主要国家铝土矿资源储量情况　　　　单位：亿吨

国家	2012年	2013年	2014年	2015年	2016年	2017年	2018年	2019年	2020年
几内亚	74	74	74	74	74	74	74	74	74
澳大利亚	60	60	65	62	62	60	60	60	51
巴西	26	26	26	26	26	26	26	26	27
越南	21	21	21	21	21	37	37	37	37
牙买加	20	20	20	20	20	20	20	20	20
印度尼西亚	10	10	10	10	10	10	12	12	12
中国	8.3	8.3	8.3	8.3	9.8	10	10	10	10
印度	9	5.4	5.4	5.9	5.9	8.3	6.6	6.6	6.6
圭亚那	8.5	8.5	8.5	8.5	8.5	8.5	—	—	—
希腊	6	6	6	2.5	1.3	2.5	—	—	—
苏里南	5.8	5.8	5.8	5.8	5.8	—	—	—	—
俄罗斯	2	2	2	2	2	5	5	5	5
委内瑞拉	3.2	3.2	3.2	3.2	—	—	—	—	—

续表

国家	2012 年	2013 年	2014 年	2015 年	2016 年	2017 年	2018 年	2019 年	2020 年
沙特阿拉伯	—	—	—	—	2.1	2.1	—	2	1.9
马来西亚	—	—	—	0.4	1.1	1.1	1.1	1.1	1.7
哈萨克斯坦	1.6	1.6	1.6	1.6	1.6	1.6	—	—	1.6
美国	0.2	0.2	0.2	0.2	0.2	0.2	0.2	0.2	0.2
其他国家	21	24	24	24	27	32	52	50	49
世界总计	276.6	276.0	281.0	275.4	278.3	298.3	303.9	303.9	297.0

资料来源：美国地质调查局。

几内亚高品位铝土矿资源储量约占世界总储量的 1/4，铝土矿资源分布广泛，尤其是下几内亚自然区，该区被认为是全几内亚最好的铝土矿矿区，矿产主要分布在福里亚（Fria）、金迪亚（Kindia）和博凯（Boke）地区；中几内亚自然区内铝土矿主要分布在拉贝（Labe）、高瓦尔（Gaoual）以及图盖（Tougue）地区。澳大利亚铝资源主要分布在西澳州、昆士兰州和北领地，韦帕和戈夫铝土矿床既是世界上两个具有最高品位的铝土矿矿床之一，也是两个特大型铝土矿床，而亨特利矿山则是世界级规模的铝土矿矿山之一。世界主要铝土矿资源国储量分布情况如表 5.3 所示。

表 5.3　　　　　　　　世界主要铝土矿资源国储量分布情况

序号	国家	铝土矿储量及分布
1	几内亚	铝土矿品位高达 58%~62%（Al$_2$O$_3$ 含量，下同）。铝土矿资源主要分布：下几内亚的金迪亚和博克地区约 50 亿吨；中几内亚的拉贝大区约 5 亿吨、高乌尔地区约 5 亿吨；上几内亚的达博拉省约 19 亿吨
2	澳大利亚	铝矾土资源主要集中在三个地区：昆士兰北部的卡奔塔利亚湾、韦帕和戈夫；西澳珀斯南面的达令山脉；西澳北部的米切尔高地和布干维尔角。其中昆士兰州韦帕铝土矿是世界级矿区
3	巴西	铝土矿资源丰富，90% 以上的铝土矿资源分布在巴西北部地区的巴拉州
4	越南	主要分布在中南部的多乐、多农、昆嵩、林同 4 省，北部地区也有少量分布。矿床类型主要有红土型和沉积型。其中：红土型铝土矿品位 36%~39%，沉积型铝土矿品位 39%~65%
5	牙买加	铝资源主要为铝矾土，储量约 20 亿吨，世界主要铝矾土生产国之一，铝矾土的开采冶炼是该国重要的工业生产领域

序号	国家	铝土矿储量及分布
6	印度尼西亚	铝土矿资源主要分布在邦加岛和勿里洞岛、西加里曼丹省和廖内省。目前主要由印度尼西亚国营矿业公司进行铝土矿的开采工作，开采地点主要在廖内省宾坦岛和西加里曼丹省
7	印度	铝土矿属于风化残积型，分布十分广泛，主要集中于东海岸奥里萨邦和安得拉邦，占印度全国铝土矿探明储量的60%以上，主要是三水型铝土矿石，铝土矿品位为45%~55%

资料来源：中商碳素研究院. 全球铝土矿储量分布情况. 铝云汇网站，2019 - 9 - 26.

5. 中国铝资源储量及分布

目前中国铝土矿资源储量为10亿吨，约占世界铝土矿储量的3%。2001~2018年中国铝土矿储量及其占比变化如图5.3所示。

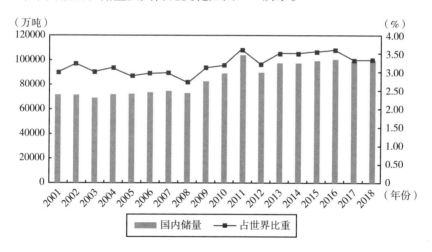

图5.3 2001~2018年中国铝土矿储量及占世界比重趋势

资料来源：国家统计局。

从查明资源储量来看，自然资源部公布的《中国矿产资源报告》数据显示，2008~2017年，中国铝土矿查明资源储量呈逐年增长。截至2017年底，中国铝土矿查明资源储量为50.89亿吨，比上年净增加2.37亿吨，同比增长4.9%。中国铝土矿资源分布广且相对集中，分布于19个省（区）中，资源和生产都比较集中在山西、广西、贵州和河南四省（区），该四省（区）查明资源储量合计46.93亿吨，占全国查明资源储量的92.22%。

从地区分布来看。2020 年，中国铝土矿资源储量 10 亿吨，主要分布在广西（39%）、贵州（19%）、山西（17%）和河南（15%）等省份，尤其广西以三水铝石为主，资源禀赋最好。中国铝土矿资源地区分布如表 5.4 所示。

表 5.4   中国铝土矿资源分布

省份	分布地区
山西	孝义、交口、汾阳、阳泉、盂县、宁武、原平、兴县、保德、平陆等五大片 42 个县境内，面积约 6.7 万平方公里，资源总量估计可达 20 亿吨
广西	平果、田东、田阳、德保、靖西、桂县、那坡、果化、隆安、邕宁、崇左等县境内
贵州	"黔中隆起"南北两侧的遵义、息烽、开阳、瓮安、正安、道真、修文、清镇、贵阳、平坝、织金、苟江、黄平等十几个县境内
河南	黄河以南、京广线以西的巩义市、登封、偃师、新安、三门峡、陕县、宝丰、鲁山、临汝、禹县等三大片 10 多个县境内
其他	海南、广东、福建、云南、江西、湖北、湖南、陕西、四川、新疆、宁夏、河北等省（区）

资料来源：自然资源部网站。

6. 中国铝土矿资源特点

（1）铝土矿矿床有古风化壳沉积型、堆积型和红土型三大类型。其中，首先古风化壳沉积型铝土矿是最主要的类型，储量占比高于 80%，广泛分布于山西、河南、贵州和广西等 19 个省区；其次是堆积型铝土矿矿床，主要分布于广西和云南；红土型铝土矿矿床最少，主要分布于广西中南部、海南北部和广东南部。

（2）相较于其他铝土矿资源丰富的国家，中国铝土矿矿床规模小，矿山产能规模均在 1000 万吨/年以下；并且适合露天开采的矿床比例小，只占全国总储量的 34%，且矿体薄、采矿难度大、矿石品位变化大和竞争力较低。

（3）铝土矿石质量较差，冶炼难度大。世界铝土矿按照冶炼难度由低到高：三水铝石型、一水软铝石型和一水硬铝石型，而中国铝土矿以第三种为主（占比高达 90% 以上），需要在高温高压条件下才能溶出，最难冶炼。已发现的三水铝石型铝土矿占全国总量不足 1%，且由于品位低、规模小、尚不具备工业开采意义。中国铝土矿普遍高铝、高硅、低铁、低硫、难溶、含硅矿物形态复杂，但铝硅比偏低，各级储量中铝硅比 4~6 的占 49%，大于 8

的较少；矿石 Al_2O_3 品位在 40%～60% [①]。

（4）铝土矿资源量多，但基础储量少；贫矿多，富矿少；共生和伴生组分多，可综合开发利用。铝土矿多与耐火黏土、石灰岩和铁矿等矿产共生，伴生组分主要有铌、钽、镓、钒、锂、钛和钪等元素，综合利用价值大。

7. 铝资源价格

国际铝价深受全球经济周期以及铝供应量等因素影响。2012～2013 年，由于世界宏观经济不稳定，欧债危机的继续演化升级使市场避险情绪攀升，铝生产商通过减产来应对产能过剩问题，但效果并不明显，全球铝产能实际仍保持扩张趋势。在铝行业未能摆脱产能过剩的局面之下，铝价持续受到压制，整体维持低位下行的格局。2014～2015 年，全球经济持续复苏令铝产品消费保持了较快增长，而众多国外铝生产商维持减产，推动全球铝业市场进一步向供需平衡靠拢。2015 年全球铝供应增速十分可观，受宏观风险以及基本面双重压力，铝价表现较为低迷。2016～2017 年，大宗商品价格有所回暖，全球铝行业产品需求旺盛，国际铝价稳步上升。2018 年 4 月，美国政府宣布将俄铝等 12 家公司列入制裁名单，受此影响 LME 铝价大涨，价格从最低点 1977 美元/吨上涨至最高点 2242 美元/吨，幅度高达 13.4%。2001～2018 年国际铝价如图 5.4 所示。

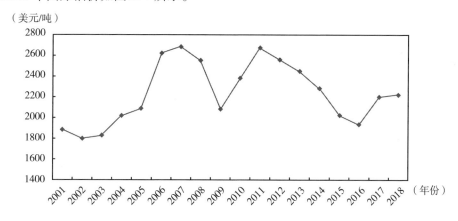

（美元/吨）

图 5.4　2001～2018 年国际铝土矿价格

资料来源：国家发改委价格监测中心。

---

① 陈喜峰. 中国铝土矿资源勘查开发现状及可持续发展建议 [J]. 资源与产业，2016，3. 李好月，李飞，龚元翔. 铝土矿市场行情分析及展望 [J]. 世界有色金属，2019，16.

5.1.2　铝资源供需现状分析

1. 铝资源生产现状

美国地质调查局数据显示，全球铝土矿产量稳步增长。2019 年全球铝土矿产量 3.58 亿吨，同比增长 9.48%。从产量分布格局来看，全球铝土矿产量主要集中在澳大利亚、几内亚以及中国，三大国产量占全球 60% 以上。其中澳大利亚产量全球第一，2019 年铝土矿产量 1.05 亿吨，占全球产量比重 29.33%。2012~2019 年世界主要国家铝土矿产量如表 5.5 所示。与其他国家相比，中国铝土矿储量并不丰富，但近年来产量却一直居世界前列。美国地质调查局数据显示，中国铝土矿年均产量约为 0.62 亿吨，约占全球总产量的 21.13%。从长期来看，相对较高的开采量以及较少的资源储量，将使中国铝土矿供给存在短缺问题。

表 5.5　　　　　　　　　2012~2019 年世界主要国家铝土矿产量　　　　　单位：万吨/年

国家	2012 年	2013 年	2014 年	2015 年	2016 年	2017 年	2018 年	2019 年
澳大利亚	7630	8110	7860	8090	8200	8790	8640	10500
巴西	3400	3250	3480	3390	3440	3850	2900	3400
中国	4700	4600	5500	6500	6500	7000	7900	7000
几内亚	1780	1880	1730	1810	3150	4620	5700	6700
印度	1900	1540	1650	2380	2390	2290	2300	2300
印度尼西亚	2900	5570	255	20.2	140	290	1100	1700
牙买加	934	944	968	963	854	825	1010	902
哈萨克斯坦	517	540	520	468	500	—	—	580
俄罗斯	572	532	559	590	543	552	565	557
越南	10	25	109	115	120	240	410	400
马来西亚	—	—	326	3500	100	200	50	90
沙特阿拉伯	—	—	—	160	384	—	389	405
苏里南	340	270	300	160	—	—	—	—
希腊	210	210	190	182	180	—	—	—
圭亚那	221	171	160	170	170	—	—	—
委内瑞拉	200	216	150	—	—	—	—	—
其他国家	502	457	720	758	782	2250	1700	1200
世界总计	25800	28300	24500	29300	27500	30900	32700	35800

资料来源：美国地质调查局。

2. 铝资源消费现状

全球铝资源消费增长拉动了铝土矿和氧化铝的需求，其中消费量最多、增速最快的国家是中国，2001～2018 年中国铝土矿消费量如图 5.5 所示。其中，铝土矿消费量参考任晓娟等（2019）做法，按原铝消费量进行折算（铝土矿：原铝 = 4∶1）。据全球金属统计局统计数据显示，2011 年全球铝消费量为 4240 万吨，同比增长 5.5%。其中，中国铝消费量高达 1762.9 万吨，占全球消费总量的 41.6%；美国铝消费量排名第二，占全球消费总量的 9.6%，但消费量由 2006 年的 615.0 万吨降至 2011 年的 406 万吨，年均下降 8.0%。消费量超过 100 万吨的国家还有德国、日本、印度、韩国和巴西。分行业来看，电解铝下游需求高度分散，其中建筑、交通运输、包装和机械等是电解铝主要下游消费行业。2016 年，建筑和交通运输行业消费占比最大，分别为33% 和 12%；其次是包装、通信、机械和耐用品消费等行业，占比分别为10%、12%、8% 和 9%。

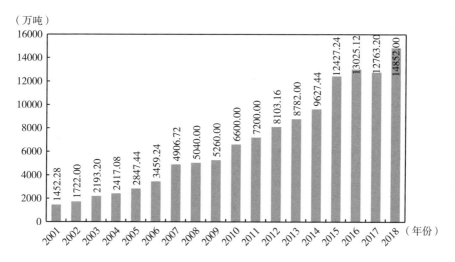

图 5.5　2001～2018 年中国铝土矿消费量

资料来源：中国有色金属工业年鉴。

世界金属统计局数据显示，2019 年全球原铝需求为 6227 万吨，同比减少 103.2 万吨；市场供应过剩 68.5 万吨，产量同比减少 46.5 万吨。目前中国原铝产量和消费量均居世界第一位，但产能利用率不足 80%，铝资源处于过剩状态。

3. 铝资源进口现状

2018 年全球主要国家铝土矿进口情况如表 5.6 所示。

表 5.6 　　　　　　　2018 年全球主要国家铝土矿进口情况统计

国家	进口金额（亿美元）	进口量（万吨）	国家	进口金额（亿美元）	进口量（万吨）
中国	44.35	8271.62	印度	1.62	188.66
乌克兰	2.07	508.89	罗马尼亚	0.85	181.93
爱尔兰	2.63	459.64	克罗地亚	0.08	109.67
美国	2.00	445.72	希腊	0.37	71.50
德国	1.42	263.61	韩国	0.28	40.73

资料来源：联合国商品贸易统计数据库。

由于中国铝土矿下游市场消费规模庞大，同时受环保政策限制，中国铝土矿进口规模一直处于全球高位。自 2017 年始，中国铝土矿进口量出现了快速增长。2018 年，中国铝土矿进口量 8271.62 万吨，2019 年增长至 1 亿吨。2001～2019 年中国铝土矿进口量如图 5.6 所示。

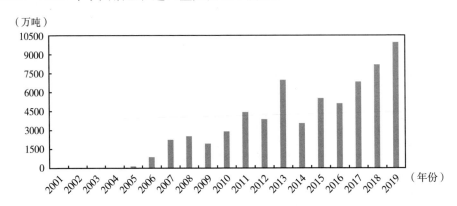

（万吨）

图 5.6　2001～2019 年中国铝土矿进口量
资料来源：联合国商品贸易统计数据库。

中国铝土矿进口来源国主要包括几内亚、澳大利亚和印度尼西亚等国家，2019 年进口来源占比依次为几内亚（45%）、澳大利亚（35%）、印度尼西亚（14%）、巴西（2%）、马来西亚（1%）等，主要进口来源国及其进口量如图 5.7 所示。

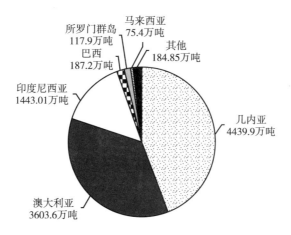

图 5.7　2019 年中国铝土矿主要进口来源国

资料来源：联合国商品贸易统计数据库。

5.2　铝资源需求情景分析

5.2.1　铝资源需求影响因素分析

1. 中国经济发展水平

经济发展水平是影响铝资源需求变动的根本因素（程春艳，2013）。2001～2018 年，中国经济始终保持稳步增长，GDP 年均增速达 12.47%。国民经济建设需要是促进铝资源需求增长的主要动力。从增速来看，除 2015 年外，中国铝资源消费增速与 GDP 增速几乎同步变动，并逐渐领跑于 GDP 增速，2018 年铝资源消费增速约是 GDP 增速的两倍。2001～2018 年中国铝资源消费增速和 GDP 增速如图 5.8 所示。

2. 产业结构

铝具有较好的延展性，在家电通信、电力、机械制造、包装、交通运输以及建筑等行业应用较为广泛，其消费量仅次于钢铁，是中国工业化进程中必不可少的基础性材料。铝资源消费水平与国家工业化进程中产业结构的调整密切相关（薛亚洲，2012）。当处于工业化初期时，因国家基础设施建设的需要，第二产业比重增加，铝资源需求也迅速提升；随着工业化进程的推

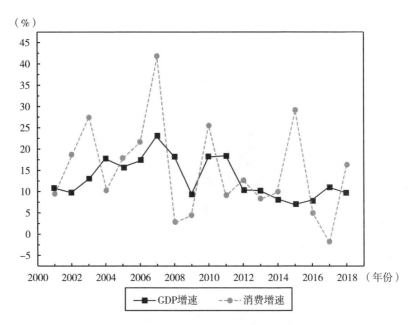

图5.8　2001~2018年中国铝资源消费增速和GDP增速
资料来源：《中国统计年鉴2002—2019》《中国有色金属工业年鉴2002—2019》。

进，第二产业比重下降，技术进步、节能环保力度加强，再生铝产量增长率和资源利用效率也随之提升，且高新技术产业铝资源消耗相对较低，因此该阶段铝资源消费增速将逐渐减缓甚至出现负增长，进而导致工业化阶段后期对铝资源的需求趋向减弱。参考任忠宝等（2012）做法，选取2001~2018年第二产业对GDP贡献率反映不同工业化水平下中国产业结构变动情况。

3. 城镇化率

城镇化也是影响铝资源消费水平变动的重要因素之一，城镇化水平的提高将进一步带动铝资源消费的增加（熊慧，2013）。目前，中国处于城镇化建设中期阶段，并且正不断加速推动城镇化水平进一步提高。城镇化进程的推进需要大规模城市基础设施、住房和交通体系的完善，居民生活水平的提高也推动着家用电器、日用消费品的应用升级，而这些正是铝消费的集中领域。

4. 中国人口

人口数量的增加将进一步推动铝资源消费（熊慧，2013）。2001~

2018 年，中国人口数量始终呈现正增长，年均增长率为 0.50%。在人口增加的同时，家电通信、电力、机械制造、交通运输等行业的铝需求量也随之增加，吸引投资商大量生产相关铝产品，间接刺激了铝消费总量的上升。

5.2.2　铝资源需求情景定义

以中国 GDP、产业结构、城镇化率和人口作为关键控制因素，设置以下三个铝资源需求情景。

情景 A（低情景）：2020 年，新冠肺炎疫情致使全球经济遭受到巨大冲击，中国经济刺激计划作用有限，疫情的负面影响将持续一段时间。预计未来 30 年（2021～2050），中国经济低速增长，产业结构调整和城镇化发展缓慢，人口增幅较小，铝资源供需缺口有所增大，进口量小幅增长。

情景 B（基准情景）：2020 年，新冠肺炎疫情致使全球经济遭受到巨大冲击，但中国经济刺激计划作用初显成效，逐渐摆脱疫情的负面影响，经济复苏持续向好。预计未来 30 年（2021～2050），中国经济中速增长，产业结构调整升级和城镇化稳步推进，人口增幅明显，铝资源供需缺口进一步增大，进口量较快增长。

情景 C（高情景）：2020 年，新冠肺炎疫情致使全球经济遭受到巨大冲击，但中国经济刺激计划成效显著，较快摆脱疫情的负面影响，经济将保持明显企稳回升态势。预计未来 30 年（2021～2050），中国经济中高速增长，产业结构调整升级加速推进，城镇化进程加快，人口增幅较大，铝资源供需缺口持续增大，进口量快速增长。

5.2.3　铝资源宏观情景设置及描述

铝资源宏观情景设置共涉及四个因素，分别见第 3 章 "3.5 公共因素情景设置" 中 "中国 GDP 未来情景设置（2020～2050）" "中国产业结构未来情景设置（2020～2050）" "中国城镇化率未来情景设置（2020～2050）" "中国人口未来情景设置（2020～2050）" 有关内容。

5.2.4 铝资源需求情景测算及分析

1. 神经网络结构

构建一个三层 BP 神经网络：

（1）输入层神经元（I）：包括中国 GDP、产业结构、城镇化率、人口数量。

（2）输出层神经元（O）：包括中国铝资源需求量、中国铝资源进口量。

（3）隐含层神经元数目（n_h）：根据式（3.9）进行测算，取 $n_h = 3$。

2. 原始数据及其初始化

在进行测算前，需要把输入和输出的原始数据（见表5.7）进行初始化，使其数值在［0，1］范围内。初始化的方法是将原始值除以某个比例因子，该比例因子一般选取某一项数据可能取的最大值。初始化后的数据如表5.8所示。

表 5.7　　　　　　　　　　　原始数据

年份	中国 GDP（亿元）	产业结构（%）	城镇化率（%）	人口数量（亿人）	需求量（万吨）	进口量（万吨）
2001	110863.10	44.80	37.66	12.76	1452.28	32.08
2002	121717.40	44.50	39.09	12.85	1722.00	40.28
2003	137422.00	45.60	40.53	12.92	2193.20	61.70
2004	161840.20	45.90	41.76	13.00	2417.08	88.20
2005	187318.90	47.00	42.99	13.08	2847.44	216.61
2006	219438.50	47.60	44.34	13.14	3459.24	925.23
2007	270092.30	46.90	45.89	13.21	4906.72	2326.02
2008	319244.60	47.00	46.99	13.28	5040.00	2579.04
2009	348517.70	46.00	48.34	13.35	5260.00	1969.19
2010	412119.30	46.50	49.95	13.41	6600.00	3006.96
2011	487940.20	46.50	51.27	13.47	7200.00	4484.49
2012	538580.00	45.40	52.57	13.54	8103.16	3961.10
2013	592963.20	44.20	53.73	13.61	8782.00	7070.28

续表

年份	中国 GDP（亿元）	产业结构（%）	城镇化率（%）	人口数量（亿人）	需求量（万吨）	进口量（万吨）
2014	643563.10	43.10	54.77	13.68	9627.44	3628.10
2015	688858.20	40.80	56.10	13.75	12427.24	5588.73
2016	746395.10	39.60	57.35	13.83	13025.12	5177.93
2017	832035.90	39.90	58.52	13.90	12763.20	6860.47
2018	919281.10	39.70	59.58	13.95	14852.00	8256.97

表 5.8　　　　　　　　　　　　　　　神经网络训练值

年份	中国 GDP	产业结构	城镇化率	人口数量	需求量	进口量
2001	0.022	0.448	0.377	0.255	0.029	0.151
2002	0.024	0.445	0.391	0.257	0.034	0.161
2003	0.027	0.456	0.405	0.258	0.044	0.179
2004	0.032	0.459	0.418	0.260	0.048	0.195
2005	0.037	0.470	0.430	0.262	0.057	0.234
2006	0.044	0.476	0.443	0.263	0.069	0.297
2007	0.054	0.469	0.459	0.264	0.098	0.337
2008	0.064	0.470	0.470	0.266	0.101	0.341
2009	0.070	0.460	0.483	0.267	0.105	0.329
2010	0.082	0.465	0.499	0.268	0.132	0.348
2011	0.098	0.465	0.513	0.269	0.144	0.365
2012	0.108	0.454	0.526	0.271	0.162	0.360
2013	0.119	0.442	0.537	0.272	0.176	0.385
2014	0.129	0.431	0.548	0.274	0.193	0.356
2015	0.138	0.408	0.561	0.275	0.249	0.375
2016	0.149	0.396	0.573	0.277	0.261	0.371
2017	0.166	0.399	0.585	0.278	0.255	0.384
2018	0.184	0.397	0.596	0.279	0.297	0.392

资料来源：因 2001~2018 年铝土矿进口量数据波动较大，因此取对数后再进行归一化。

3. 铝资源需求情景测算

因 2001~2018 年铝土矿进口量数据波动程度过大，为避免数据波动性对 BP 神经网络结构的预测结果造成干扰，将需求量和进口量分开预测。将经过初始化的神经网络训练数据输入各个神经网络，对网络加以训练学习。初始学习速率 $\eta = 0.01$，训练过程中学习速率的变化按式（3.20）计算，其中 $\beta = 1.1$，$\gamma = 0.9$。BP 网络预测系统参数设置如图 5.9 所示，最大学习步数为 50000 次，期望系统平均误差取 0.001，期望单个误差取 0.001，网络收敛。得出样本误差曲线（见图 5.10）。由此可知，样本误差达到了要求。

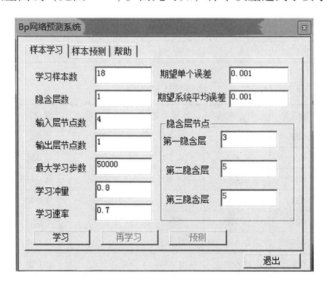

图 5.9　BP 网络预测系统参数设置

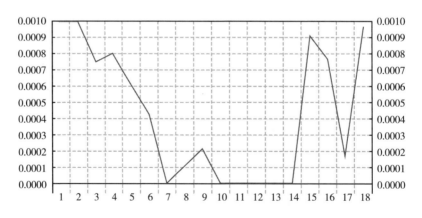

图 5.10　样本误差曲线

根据铝资源宏观情景设置及描述，利用训练好的 BP 神经网络对三种情景分别进行计算，得到中国铝土矿未来需求情景（见表 5.9）。由此可知，未来三十年，中国铝土矿需求量和进口量整体呈上升趋势，增长幅度由快到慢逐渐减缓。以基准情景为例，2020～2050 年中国铝土矿需求量从 13646.21 万吨增长到 29495.75 万吨，年均增长率达 2.6%；进口量从 8967.08 万吨增长到 11331.81 万吨，年均增长率为 0.78%；进口依存度虽然从 65.71% 下降至 38.42%，但仍然比较高，进口风险不容忽视。

表 5.9 中国铝土矿未来需求情景预测值（2020～2050）

年份	情景 A			情景 B			情景 C		
	进口量（万吨）	需求量（万吨）	进口依存度（%）	进口量（万吨）	需求量（万吨）	进口依存度（%）	进口量（万吨）	需求量（万吨）	进口依存度（%）
2020	8967.08	13646.21	65.71	8967.08	13646.21	65.71	8967.08	13972.81	64.18
2025	9517.01	16131.10	59.00	9630.78	16895.69	57.00	9630.78	17657.45	54.54
2030	10005.28	18841.10	53.10	10131.76	19834.93	51.08	10131.76	21358.22	47.44
2035	10335.11	21131.97	48.91	10564.70	22827.47	46.28	10564.70	25030.58	42.21
2040	10564.50	22818.22	46.30	10880.16	25448.40	42.75	10880.16	28044.00	38.80
2045	10756.34	24561.31	43.79	11131.72	27708.01	40.18	11131.72	30469.13	36.53
2050	10914.50	25819.05	42.27	11331.81	29495.75	38.42	11331.81	32389.06	34.99

5.3 铝资源国家安全评估

5.3.1 数据与指标分级值

根据第 3 章构建的评估与预警指标体系，各指标数据来源于中国国家统计局、美国地质调查局（USGS）、CEIC 数据库、《中国有色金属工业年鉴》、联合国商品贸易数据库（UN Comtrade Database）和世界银行数据库等。由此，整理得到 2001～2018 年中国铝资源国家安全评估指标数据（见表 5.10）。

表 5.10 中国铝资源国家安全评估指标数据（2001～2018）

年份	储采比 I_{11}	储量指数（%）I_{12}	进口依存度（%）I_{21}	进口集中度（%）I_{22}	地缘政治风险 I_{23}	价格波动率（%）I_{31}	汇率 I_{32}	资源消耗强度（万吨/亿元）I_{41}
2001	75.79	14.56	2.21	99.68	3.95	17.75	8.28	0.01
2002	59.63	15.88	2.34	99.78	6.50	-4.38	8.28	0.01

续表

年份	储采比 I_{11}	储量指数（％）I_{12}	进口依存度（％）I_{21}	进口集中度（％）I_{22}	地缘政治风险 I_{23}	价格波动率（％）I_{31}	汇率 I_{32}	资源消耗强度（万吨/亿元）I_{41}
2003	55.56	14.84	2.81	99.95	6.67	1.77	8.28	0.02
2004	48.05	15.50	3.65	99.99	5.86	10.54	8.28	0.01
2005	40.59	14.55	7.61	98.60	5.59	3.07	8.19	0.02
2006	35.32	14.88	26.75	98.18	5.09	25.96	7.97	0.02
2007	25.02	15.17	47.40	98.81	2.92	2.09	7.60	0.02
2008	21.00	13.85	51.17	99.24	2.76	−4.86	6.95	0.02
2009	20.98	15.93	37.44	99.26	3.21	−18.29	6.83	0.02
2010	20.39	16.54	45.56	99.85	3.53	14.35	6.77	0.02
2011	23.35	18.83	62.28	99.78	3.78	11.85	6.46	0.02
2012	19.27	16.93	48.88	97.68	2.95	−4.28	6.31	0.02
2013	21.37	18.50	80.51	95.42	2.68	−4.19	6.19	0.01
2014	17.88	18.63	37.68	80.93	0.77	−6.65	6.14	0.01
2015	15.35	19.02	44.97	91.96	1.09	−11.37	6.23	0.02
2016	15.53	19.36	39.75	78.52	0.82	−4.12	6.64	0.02
2017	14.29	18.01	53.75	84.44	1.29	13.54	6.75	0.02
2018	14.29	18.14	55.60	91.34	0.93	0.81	6.62	0.02

　　由表5.10可知，2001~2018年中国铝资源储量指数呈现小幅上升态势，地缘政治风险波动下降，价格波动幅度趋缓，汇率下降，进口风险有所改善。但值得注意的是，储采比从75.79下降至14.29，进口依存度从2.21%上升到55.60%，除2014年、2016年和2017年外，进口集中度持续高于90%，资源消耗强度有所提升，以上因素将造成铝资源国家安全风险加大。

　　借鉴邓光君（2006）对资源消耗强度指标分级的研究，确定铝资源消耗强度指标分级（见表5.11）。

表5.11　　　　　　　　　铝资源消耗强度指标分级规则

指标		分级				
一级指标	二级指标	0~2	2~4	4~6	6~8	8~10
资源消耗 I_4	资源消耗强度 I_{41}	≥0.45	[0.40, 0.45)	[0.35, 0.40)	[0.30, 0.35)	<0.30

　　根据表3.5和表5.11，得到2001~2018年中国铝资源国家安全评估指标

分级值（见表5.12）。

表5.12 铝资源国家安全评估指标分级值（2001～2018）

年份	I_{11}	I_{12}	I_{21}	I_{22}	I_{23}	I_{31}	I_{32}	I_{41}
2001	9	1	10	1	6	6	1	9
2002	9	1	10	1	3	9	1	9
2003	8	1	10	1	3	9	1	9
2004	8	1	10	1	4	7	1	9
2005	8	1	10	1	4	9	1	9
2006	7	1	9	1	5	4	2	9
2007	5	1	8	1	7	9	3	9
2008	4	1	6	1	7	9	6	9
2009	4	1	9	1	6	6	7	9
2010	4	1	8	1	6	7	7	9
2011	4	1	4	1	6	7	8	9
2012	3	1	7	1	7	9	9	9
2013	4	1	1	1	7	9	10	9
2014	3	1	9	2	9	8	10	9
2015	3	1	8	1	9	7	9	9
2016	3	1	8	3	9	9	7	9
2017	2	1	6	2	9	7	7	9
2018	2	1	6	1	9	9	7	9

5.3.2 一级指标评估

首先，根据表3.3、表5.12及式（3.1）分别对各一级指标进行常权评估；其次，选取 $\alpha = 0.75$ 并利用式（3.7）和式（3.8）对各一级指标进行惩罚型变权评估。

1. 资源禀赋评估

由表5.13变权评估结果可知，受储采比和储量指数下降影响，2001～2018年中国铝资源禀赋安全评估值总体呈下降趋势，安全风险加大，由黄色预警等级——基本安全转至红色预警等级——很不安全。

表 5.13　　　　　　　　中国铝资源禀赋评估结果（2001~2018）

年份	常权评估		变权重		变权评估	
	评估值	预警等级	I_{11}	I_{12}	评估值	预警等级
2001	5.32	黄色预警	0.40	0.60	4.23	黄色预警
2002	5.32	黄色预警	0.40	0.59	4.22	黄色预警
2003	4.78	黄色预警	0.41	0.59	3.88	橙色预警
2004	4.78	黄色预警	0.41	0.59	3.88	橙色预警
2005	4.78	黄色预警	0.41	0.58	3.87	橙色预警
2006	4.24	黄色预警	0.42	0.56	3.49	橙色预警
2007	3.16	橙色预警	0.44	0.55	2.75	橙色预警
2008	2.62	橙色预警	0.45	0.55	2.36	橙色预警
2009	2.62	橙色预警	0.45	0.55	2.36	橙色预警
2010	2.62	橙色预警	0.45	0.55	2.36	橙色预警
2011	2.62	橙色预警	0.45	0.53	2.34	橙色预警
2012	2.08	橙色预警	0.47	0.55	1.96	红色预警
2013	2.62	橙色预警	0.45	0.53	2.34	橙色预警
2014	2.08	橙色预警	0.47	0.53	1.94	红色预警
2015	2.08	橙色预警	0.47	0.53	1.94	红色预警
2016	2.08	橙色预警	0.47	0.50	1.92	红色预警
2017	1.54	红色预警	0.50	0.50	1.50	红色预警
2018	1.54	红色预警	0.50	0.50	1.50	红色预警

2. 国际依赖评估

由表 5.14 变权评估结果可知，受进口依存度、进口集中度上升影响，2001~2018 年中国铝资源国际依赖安全评估值总体呈下降趋势，安全风险加大，除 2006 年、2011 年、2013 年和 2016 年以外，其余年份皆处于橙色预警等级——不安全。其中，2006 年和 2011 年铝资源进口集中度均在 99% 以上，进口来源过于集中，严重威胁着铝资源进口安全，处于红色预警等级——很不安全；2013 年，进口依存度上升至 80.51%，进口集中度也高达 95.42%，安全风险仍然较高，仍处于红色预警等级——很不安全；2016 年，受进口依存度和进口集中度下降影响，安全风险有所减弱，处于黄色预警等级——基本安全。

表 5.14　　　　　　　　中国铝资源国际依赖评估结果（2001～2018）

年份	常权评估		变权重			变权评估	
	评估值	预警等级	I_{21}	I_{22}	I_{23}	评估值	预警等级
2001	6.07	蓝色预警	0.33	0.46	0.21	3.06	橙色预警
2002	5.35	黄色预警	0.32	0.44	0.24	2.12	橙色预警
2003	5.35	黄色预警	0.32	0.44	0.24	2.45	橙色预警
2004	5.59	黄色预警	0.33	0.45	0.23	2.66	橙色预警
2005	5.59	黄色预警	0.33	0.45	0.23	2.34	橙色预警
2006	5.40	黄色预警	0.34	0.45	0.22	1.87	红色预警
2007	5.45	黄色预警	0.35	0.45	0.20	2.21	橙色预警
2008	4.59	黄色预警	0.37	0.44	0.20	2.18	橙色预警
2009	5.64	黄色预警	0.34	0.45	0.21	2.05	橙色预警
2010	5.21	黄色预警	0.35	0.45	0.21	2.04	橙色预警
2011	3.49	橙色预警	0.39	0.42	0.19	1.97	红色预警
2012	5.02	黄色预警	0.36	0.44	0.20	2.55	橙色预警
2013	2.44	橙色预警	0.47	0.36	0.16	1.98	红色预警
2014	6.69	蓝色预警	0.37	0.42	0.21	4.58	黄色预警
2015	5.93	黄色预警	0.35	0.46	0.19	3.24	橙色预警
2016	6.59	蓝色预警	0.40	0.39	0.21	4.69	黄色预警
2017	5.40	黄色预警	0.40	0.40	0.20	3.80	橙色预警
2018	5.07	黄色预警	0.37	0.44	0.19	3.60	橙色预警

3. 获取成本评估

由表 5.15 变权评估结果可知，受价格波动趋缓、汇率小幅上升的影响，2001～2018 年中国铝资源获取成本安全评估值总体呈上升趋势，安全风险减小，由橙色预警等级——不安全转至绿色预警——很安全。

表 5.15　　　　　　　　中国铝资源获取成本评估结果（2001～2018）

年份	常权评估		变权重		变权评估	
	评估值	预警等级	I_{31}	I_{32}	评估值	预警等级
2001	4.15	黄色预警	0.52	0.48	3.61	橙色预警
2002	6.04	蓝色预警	0.50	0.50	4.97	黄色预警
2003	6.04	蓝色预警	0.50	0.50	4.97	黄色预警

续表

年份	常权评估		变权重		变权评估	
	评估值	预警等级	I_{31}	I_{32}	评估值	预警等级
2004	4.78	黄色预警	0.51	0.49	4.07	黄色预警
2005	6.04	蓝色预警	0.50	0.50	4.97	黄色预警
2006	3.26	橙色预警	0.59	0.41	3.18	橙色预警
2007	6.78	蓝色预警	0.56	0.44	6.38	蓝色预警
2008	7.89	蓝色预警	0.61	0.39	7.82	蓝色预警
2009	6.37	蓝色预警	0.64	0.36	6.36	蓝色预警
2010	7.00	蓝色预警	0.63	0.37	7.00	蓝色预警
2011	7.37	蓝色预警	0.64	0.36	7.36	蓝色预警
2012	9.00	绿色预警	0.63	0.37	9.00	绿色预警
2013	9.37	绿色预警	0.64	0.36	9.36	绿色预警
2014	8.74	绿色预警	0.64	0.36	8.71	绿色预警
2015	7.74	蓝色预警	0.64	0.36	7.71	蓝色预警
2016	8.26	绿色预警	0.62	0.38	8.23	绿色预警
2017	7.00	蓝色预警	0.63	0.37	7.00	蓝色预警
2018	8.26	绿色预警	0.62	0.38	8.23	绿色预警

4. 资源消耗评估

由表5.16评估结果可知，2001～2018年中国铝资源消耗安全评估值总体呈上升趋势，安全风险小，皆处于绿色预警等级——很安全。

表5.16　　　　　中国铝资源消耗评估结果（2001～2018）

年份	评估值	预警等级	年份	评估值	预警等级
2001	9.00	绿色预警	2010	9.00	绿色预警
2002	9.00	绿色预警	2011	9.00	绿色预警
2003	9.00	绿色预警	2012	9.00	绿色预警
2004	9.00	绿色预警	2013	9.00	绿色预警
2005	9.00	绿色预警	2014	9.00	绿色预警
2006	9.00	绿色预警	2015	9.00	绿色预警
2007	9.00	绿色预警	2016	9.00	绿色预警
2008	9.00	绿色预警	2017	9.00	绿色预警
2009	9.00	绿色预警	2018	9.00	绿色预警

5.3.3 综合评估

1. 常权综合评估

根据表3.3、表5.12及式（3.1）对2001～2018年中国铝资源安全状况进行常权评估，结果如表5.17所示。

表5.17 常权综合评估结果（2001～2018）

年份	评估值	预警等级	年份	评估值	预警等级	年份	评估值	预警等级
2001	5.70	黄色预警	2007	4.32	黄色预警	2013	4.06	黄色预警
2002	5.54	黄色预警	2008	4.48	黄色预警	2014	5.37	黄色预警
2003	5.21	黄色预警	2009	4.66	黄色预警	2015	4.29	黄色预警
2004	5.28	黄色预警	2010	4.42	黄色预警	2016	4.78	黄色预警
2005	5.29	黄色预警	2011	4.17	黄色预警	2017	4.31	黄色预警
2006	4.65	黄色预警	2012	4.63	黄色预警	2018	4.20	黄色预警

由表5.17可知，2001～2018年中国铝资源国家安全常权评估值整体呈下降趋势，安全风险有所加大，皆处于黄色预警等级——基本安全。

2. 变权综合评估

选取 $\alpha = 0.75$ 进行惩罚型变权评估，运用式（3.7）计算各指标变权权重（见表5.18），再通过式（3.8）计算变权综合评估值，结果如表5.19所示。

表5.18 变权重计算结果

年份	I_{11}	I_{12}	I_{21}	I_{22}	I_{23}	I_{31}	I_{32}	I_{41}
2001	0.1372	0.2023	0.1236	0.1711	0.0768	0.0782	0.0717	0.1390
2002	0.1355	0.1998	0.1221	0.1690	0.0902	0.0698	0.0708	0.1427
2003	0.1381	0.1977	0.1208	0.1673	0.0892	0.0691	0.0701	0.1478
2004	0.1393	0.1993	0.1218	0.1687	0.0837	0.0742	0.0707	0.1424
2005	0.1390	0.1989	0.1216	0.1683	0.0835	0.0695	0.0705	0.1487
2006	0.1426	0.1974	0.1238	0.1670	0.0784	0.0845	0.0588	0.1476
2007	0.1510	0.1922	0.1242	0.1626	0.0702	0.0672	0.0518	0.1807

续表

年份	I_{11}	I_{12}	I_{21}	I_{22}	I_{23}	I_{31}	I_{32}	I_{41}
2008	0.1642	0.1976	0.1372	0.1672	0.0722	0.0691	0.0448	0.1477
2009	0.1650	0.1986	0.1246	0.1680	0.0753	0.0768	0.0433	0.1484
2010	0.1634	0.1967	0.1271	0.1664	0.0747	0.0732	0.0429	0.1555
2011	0.1622	0.1952	0.1500	0.1652	0.0741	0.0727	0.0412	0.1395
2012	0.1759	0.1971	0.1317	0.1668	0.0720	0.0689	0.0403	0.1473
2013	0.1541	0.1855	0.2016	0.1569	0.0677	0.0648	0.0370	0.1325
2014	0.1841	0.2063	0.1294	0.1468	0.0707	0.0743	0.0411	0.1473
2015	0.1702	0.1907	0.1232	0.1613	0.0654	0.0710	0.0390	0.1792
2016	0.1807	0.2024	0.1308	0.1301	0.0694	0.0707	0.0441	0.1719
2017	0.1947	0.1971	0.1368	0.1402	0.0676	0.0733	0.0430	0.1473
2018	0.1889	0.1912	0.1328	0.1618	0.0656	0.0668	0.0417	0.1512

表 5.19　　　　　　　　　　变权综合评估结果（2001~2018）

年份	评估值	预警等级	年份	评估值	预警等级	年份	评估值	预警等级
2001	4.82	黄色预警	2007	3.72	橙色预警	2013	3.38	橙色预警
2002	4.64	黄色预警	2008	3.98	橙色预警	2014	4.74	黄色预警
2003	4.38	黄色预警	2009	4.11	黄色预警	2015	3.64	橙色预警
2004	4.48	黄色预警	2010	3.92	橙色预警	2016	4.27	黄色预警
2005	4.47	黄色预警	2011	3.73	橙色预警	2017	3.85	橙色预警
2006	4.06	黄色预警	2012	4.04	黄色预警	2018	3.62	橙色预警

由表 5.19 可知，2001~2018 年中国铝资源国家安全变权评估值整体呈下降趋势，安全风险加大，由黄色预警等级——基本安全转至橙色预警等级——不安全。

3. 对比分析

将常权与变权综合评估结果进行对比（见表 5.20）。由此可知，受极端指标值影响，进行惩罚型变权后，2001~2018 年中国铝资源国家安全评估值均有所下降，处于 3.62~4.82 区间内，安全风险加大。其中，2007 年、2008 年、2010 年、2011 年、2013 年、2015 年、2017 年和 2018 年预警评估等级均发生变化，由黄色预警等级——基本安全转至橙色预警等级——不安全。2007 年和 2008 年，铝资源储采比、储量指数均下降，进口依存度突破

50%，进口集中度连续高达 98% 以上，安全评估值降低，安全风险加大。2010 年和 2011 年，进口依存度和进口集中度继续上升。至 2013 年，进口依存度已高达 80.51%，安全风险进一步加大。2015 年、2017 年和 2018 年，储采比持续下降至 14.29，进口依存度和进口集中度仍较高，安全评估值呈下降趋势，安全状况继续恶化。

表 5.20　　　　　　　常权和变权评估结果对比（2001～2018）

年份	综合评估值		预警等级		年份	综合评估值		预警等级	
	常权	变权	常权	变权		常权	变权	常权	变权
2001	5.70	4.82	黄色预警	黄色预警	2010	4.42	3.92	黄色预警	橙色预警
2002	5.54	4.64	黄色预警	黄色预警	2011	4.17	3.73	黄色预警	橙色预警
2003	5.21	4.38	黄色预警	黄色预警	2012	4.63	4.04	黄色预警	黄色预警
2004	5.28	4.48	黄色预警	黄色预警	2013	4.06	3.38	黄色预警	橙色预警
2005	5.29	4.47	黄色预警	黄色预警	2014	5.37	4.74	黄色预警	黄色预警
2006	4.65	4.06	黄色预警	黄色预警	2015	4.29	3.64	黄色预警	橙色预警
2007	4.32	3.72	黄色预警	橙色预警	2016	4.78	4.27	黄色预警	黄色预警
2008	4.48	3.98	黄色预警	橙色预警	2017	4.31	3.85	黄色预警	橙色预警
2009	4.66	4.11	黄色预警	黄色预警	2018	4.20	3.62	黄色预警	橙色预警

5.4　铝资源国家安全预警

5.4.1　预警系统训练学习

1. 神经网络结构

构建一个三层 BP 神经网络：

（1）输入层神经元（I）：包括中国铝资源储采比（I_{11}）、储量指数（I_{12}）、进口依存度（I_{21}）、进口集中度（I_{22}）、地缘政治风险（I_{23}）、价格波动率（I_{31}）、汇率（I_{32}）、资源消耗强度（I_{41}）。

（2）输出层神经元（O）：包括中国铝资源国家安全评估值。

（3）隐含层神经元数目（n_h）：根据式（3.9）进行测算，取 $n_h = 6$。

表 5.21   中国铝资源国家安全预警原始数据（2001~2018）

年份	I_{11}	I_{12}	I_{21}	I_{22}	I_{23}	I_{31}	I_{32}	I_{41}	变权综合评估值
2001	75.79	14.56	2.21	99.68	3.95	17.75	8.28	0.01	4.82
2002	59.63	15.88	2.34	99.78	6.50	-4.38	8.28	0.01	4.64
2003	55.56	14.84	2.81	99.95	6.67	1.77	8.28	0.02	4.38
2004	48.05	15.50	3.65	99.99	5.86	10.54	8.28	0.01	4.48
2005	40.59	14.55	7.61	98.60	5.59	3.07	8.19	0.02	4.47
2006	35.32	14.88	26.75	98.18	5.09	25.96	7.97	0.02	4.06
2007	25.02	15.17	47.40	98.81	2.92	2.09	7.60	0.02	3.72
2008	21.00	13.85	51.17	99.24	2.76	-4.86	6.95	0.02	3.98
2009	20.98	15.93	37.44	99.26	3.21	-18.29	6.83	0.02	4.11
2010	20.39	16.54	45.56	99.85	3.53	14.35	6.77	0.02	3.92
2011	23.35	18.83	62.28	99.78	3.78	11.85	6.46	0.01	3.73
2012	19.27	16.93	48.88	97.68	2.95	-4.28	6.31	0.02	4.04
2013	21.37	18.50	80.51	95.42	2.68	-4.19	6.19	0.01	3.38
2014	17.88	18.63	37.68	80.93	0.77	-6.65	6.14	0.01	4.74
2015	15.35	19.02	44.97	91.96	1.09	-11.37	6.23	0.02	3.64
2016	15.53	19.36	39.75	78.52	0.82	-4.12	6.64	0.02	4.27
2017	14.29	18.01	53.75	84.44	1.29	13.54	6.75	0.02	3.85
2018	14.29	18.14	55.60	91.34	0.93	0.81	6.62	0.02	3.62

2. 原始数据及其初始化

运用 MATLAB2016a 中的 BP 神经网络工具箱进行测算。在测算前，需要将预警输入和输出原始数据（见表 5.21）进行初始化，初始化的方法是极差法。初始化后的数据如表 5.22 所示。

表 5.22   预警系统训练值

年份	I_{11}	I_{12}	I_{21}	I_{22}	I_{23}	I_{31}	I_{32}	I_{41}	变权综合评估值
2001	1.00	-0.74	-1.00	0.97	0.08	0.63	1.00	-1.00	1.00
2002	0.47	-0.26	-1.00	0.98	0.94	-0.37	1.00	-1.00	0.75
2003	0.34	-0.64	-0.98	1.00	1.00	-0.09	1.00	1.00	0.39
2004	0.10	-0.40	-0.96	1.00	0.73	0.30	1.00	-1.00	0.53

续表

年份	I_{11}	I_{12}	I_{21}	I_{22}	I_{23}	I_{31}	I_{32}	I_{41}	变权综合评估值
2005	−0.14	−0.75	−0.86	0.87	0.63	−0.03	0.92	1.00	0.51
2006	−0.32	−0.63	−0.37	0.83	0.46	1.00	0.71	1.00	−0.06
2007	−0.65	−0.52	0.15	0.89	−0.27	−0.08	0.36	1.00	−0.53
2008	−0.78	−1.00	0.25	0.93	−0.33	−0.39	−0.24	1.00	−0.17
2009	−0.78	−0.25	−0.10	0.93	−0.17	−1.00	−0.36	1.00	0.01
2010	−0.80	−0.02	0.11	0.99	−0.06	0.48	−0.41	1.00	−0.25
2011	−0.71	0.81	0.53	0.98	0.02	0.36	−0.70	−1.00	−0.51
2012	−0.84	0.12	0.19	0.78	−0.26	−0.37	−0.84	1.00	−0.08
2013	−0.77	0.69	1.00	0.57	−0.35	−0.36	−0.95	−1.00	−1.00
2014	−0.88	0.74	−0.09	−0.78	−1.00	−0.47	−1.00	−1.00	0.89
2015	−0.97	0.88	0.09	0.25	−0.89	−0.69	−0.92	1.00	−0.64
2016	−0.96	1.00	−0.04	−1.00	−0.98	0.36	−0.53	1.00	0.24
2017	−1.00	0.51	0.32	−0.45	−0.82	0.44	−0.43	1.00	−0.35
2018	−1.00	0.56	0.36	0.19	−0.95	−0.14	−0.55	1.00	−0.67

3. 预警系统训练学习

将经过初始化的神经网络训练数据输入神经网络预警系统中，设置最大运算次数为50000，误差平方和为0.001。经过训练，达到目标精度，网络收敛。BP 神经网络训练误差曲线和仿真图分别如图 5.11 和图 5.12 所示。

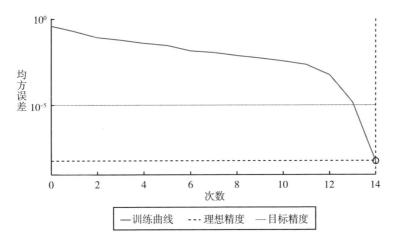

图 5.11 铝资源国家安全预警系统训练误差精度曲线

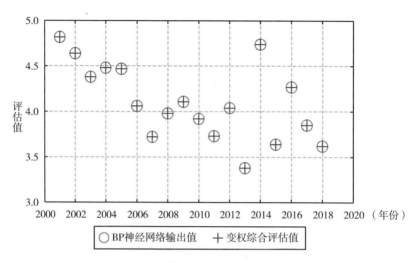

图 5.12　铝资源国家安全预警 BP 神经网络学习与测试对比

5.4.2　国家安全预警

1. 资源禀赋

根据美国地质调查局（USGS）及程春艳（2013）、张超（2017）对铝土矿资源世界储量以及国内储量、产量的预测，依据第 3 章 3.4.2 中（世界银行和联合国）对世界和中国人口未来情景预测数据，并结合 2001 ~ 2018 年中国铝资源禀赋情况，得到 2020 ~ 2050 年中国铝资源禀赋预测数据（见表 5.23）。

表 5.23　　　　　　　　中国铝资源禀赋预测数据（2020 ~ 2050）

年份	国内产量 （万吨）	国内储量 （万吨）	世界储量 （亿吨）	储采比 I_{11}	储量指数 I_{12}
2020	7140.70	102010.00	306.03	14.29	0.18
2025	7883.91	118257.55	321.64	15.00	0.21
2030	8704.47	143878.39	355.12	16.53	0.24
2035	9610.44	166794.49	392.08	17.36	0.26
2040	10100.67	193360.52	412.08	19.14	0.30
2045	10615.91	213485.64	433.10	20.11	0.33
2050	11157.42	235705.40	455.19	21.13	0.36

2. 国际依赖

根据表5.9得到2020～2050年中国铝资源进口依存度预测数据，运用BP滚动建模测算并参考贾祥英（2020）的研究，得到进口集中度及地缘政治风险未来预测数据。2020～2050年中国铝资源国际依赖预测数据如表5.24所示。

表5.24 中国铝资源国际依赖预测数据（2020～2050）

年份	进口依存度 I_{21}	进口集中度 I_{22}	地缘政治风险 I_{23}
2020	65.71	84.62	1.03
2025	57.00	94.73	0.93
2030	51.08	93.98	0.74
2035	46.28	87.96	1.51
2040	42.75	83.97	0.91
2045	40.18	89.78	1.13
2050	38.42	92.48	0.68

3. 获取成本

运用BP滚动建模测算并参考成金华等（2017）对铝资源价格影响因素和传导机制的研究，合理对未来铝价进行预测，结合表3.9得到汇率预测数据。2020～2050年中国铝资源获取成本预测数据如表5.25所示。

表5.25 中国铝资源获取成本预测数据（2020～2050）

年份	价格波动率 I_{31}	汇率 I_{32}
2020	16.58	6.98
2025	24.62	6.95
2030	10.82	7.22
2035	−5.55	7.08
2040	−12.11	6.73
2045	−4.76	6.43
2050	−20.97	6.87

4. 资源消耗强度

根据表5.9及表3.7，得到2020～2050年中国铝资源消耗预测数据（见

表5.26）。

表5.26　　　　　中国铝资源消耗预测数据（2020~2050）

年份	消费量（万吨）	中国GDP（亿元）	资源消耗强度 I_{41}
2020	13646.21	1000773.75	0.01
2025	16895.69	1308825.76	0.01
2030	19834.93	1660577.83	0.01
2035	22827.47	2056140.49	0.01
2040	25448.40	2491748.48	0.01
2045	27708.01	2930910.23	0.01
2050	29495.75	3343298.47	0.01

利用训练好的BP神经网络，对2020~2050年中国铝资源国家安全状况进行预警，结果见表5.27。由此可知，2020~2050年中国铝资源安全评估值总体呈小幅上升态势，由橙色预警等级——不安全转至黄色预警等级——基本安全。但值得注意的是，储采比、储量指数、进口依存度、进口集中度等风险因素依然存在，安全评估值仍较低，位于3.75~4.83区间内，安全风险较大。具体来看，一方面，2020~2050年，虽然中国铝资源储采比有小幅回升，由14.29上升至21.13，但资源可保障年限仍较低；同时，储量指数虽然由0.18上升至0.37，但国内人均铝资源仍低于世界平均水平。另一方面，2020~2050年中国铝资源进口集中度居高不下，由84.62%上升至92.48%。储采比、储量指数、进口集中度为各阶段公共风险因素，需要特别关注。除此之外，2020~2030年，进口依存度持续高于50%以上，是主要风险因素。总体来看，未来三十年，中国铝资源安全状况仍旧不容乐观。

表5.27　　　　　中国铝资源国家安全预警结果（2020~2050）

年份	评估值	预警等级	增加风险提示
2020	3.94	橙色预警	储采比、储量指数、进口依存度、进口集中度
2025	3.75	橙色预警	储采比、储量指数、进口依存度、进口集中度
2030	3.80	橙色预警	储采比、储量指数、进口依存度、进口集中度
2035	4.31	黄色预警	储采比、储量指数、进口集中度
2040	4.34	黄色预警	储采比、储量指数、进口集中度
2045	4.61	黄色预警	储采比、储量指数、进口集中度
2050	4.83	黄色预警	储采比、储量指数、进口集中度

5.5　铝资源安全恢复战略与政策建议

根据上述研究结论，提出以下安全恢复战略及建议。

1. 针对储采比和储量指数风险的建议

第一，提高铝资源储采比、延长铝资源应急保障年限，减少铝资源供应风险。建议进一步加大铝资源勘探力度，提高铝资源开发水平，采用新技术、新方法、新理论，力争实现找矿重大突破，增加铝资源探明储量，从源头保障铝资源供应安全。

第二，提高铝资源利用率、加大再生铝产量。通过工艺技术提升与装备设施升级，提高铝土矿在采矿、选矿和冶炼过程中的资源利用率，保障铝资源的合理利用与有序开发；通过建立完整的二次回收体系，为废铝再次冶炼提供必要保障，从而降低铝资源供应风险。

2. 针对进口依存度风险的建议

第一，建立铝资源国家战略储备体系。根据国内外铝资源市场变化，在铝价相对较低时，大量购入铝产品，建立铝资源战略储备，以保障中短期供应中断或不足，平抑价格，缓解供应紧张局势。

第二，积极开拓海外资源，加快海外找矿、买矿步伐，加大与铝资源丰度较高但开发利用程度较低的国家或地区的资源勘探及开发合作，以筹备建立可靠、稳定的国外铝资源供应基地。

3. 针对进口集中度风险的建议

第一，加强与铝资源主要进口来源国的合作关系，如肯尼亚、澳大利亚、印度尼西亚和马来西亚等，保障铝资源进口供应需求。其中，非洲的肯尼亚作为"一带一路"的国家，可充分利用"一带一路"契机，加强两国在经济、技术、政治领域的合作，开展资源外交，防范进口风险。

第二，采取多元化、分散化的进口优化策略。一方面可增加进口国数量，加强与其他铝资源丰富国家的关系，分散进口风险，形成多元化的铝资源供应格局；另一方面，适当均衡从各国进口铝土矿的比例，缩小各进口国家占据的市场份额差距。

6 Chapter

第6章
铁矿资源国家安全评估与预警系统

6.1 铁矿资源概况及供需分析

6.1.1 铁矿资源概况

1. 铁矿资源用途

铁矿石是指含有铁单质或铁化合物可经济利用的矿石总称，是钢铁生产企业的重要原材料。其种类较多，主要包括磁铁矿（Fe_3O_4）、赤铁矿（Fe_2O_3）、菱铁矿（$FeCO_3$）和褐铁矿（$mFe_2O_3 \cdot nH_2O$）等。天然铁矿石经过破碎、磨碎、磁选、浮选和重选等多道程序逐渐选出铁。相较于其他矿种而言，铁矿石在用途上较为单一，主要用于钢铁工业，冶炼含碳量不同的生铁（含碳量一般在2%以上）和钢（含碳量一般在2%以下）。铁和其化合物还用作磁铁、染料（墨水、蓝晒图纸、胭脂颜料）和磨料（红铁粉），还原铁粉大量用于冶金。按不同种类细分，铁矿石还可用作合成氨的催化剂（纯磁铁矿），天然矿物颜料（赤铁矿、镜铁矿、褐铁矿）、饲料添加剂（磁铁矿、赤铁矿、褐铁矿）、化肥原料（黄铁矿）和名贵药石（磁石）等。

自19世纪中期发明转炉炼钢法以来，钢铁工业大生产逐步形成，钢铁成为重要结构性原料，并一直在国民经济发展中占据着关键性地位。现代工业化的发展，使得钢铁运用越来越广泛，其数量、质量、品种往往反映和标志着一个国家工业、农业、国防和科技发展水平。而铁矿石作为重要大宗矿产资源、钢铁工业基本原料，深刻关联着钢铁行业及其下游众多产业的生存与可持续发展，在整个经济发展布局中占有举足轻重的地位。

2. 世界铁矿资源分布现状

世界铁矿资源总量丰富，分布广泛但不均衡，其中大型及超大型矿床96%分布于大洋洲、亚洲、北美洲及南美洲，尤其以澳大利亚、巴西、俄罗斯、中国和印度等国较为集中（朱春华，2018）。美国地质调查局（USGS）数据显示，截至2018年底，世界铁矿石储量约为1700亿吨，其中铁金属含量为840亿吨。由于各国铁矿石品质差异较大，使得世界铁金属储量分布情况与铁矿石分布情况并不一致。按铁金属储量计，2018年澳大利亚、巴西、俄罗斯、中国铁金属储量分别为240亿吨、170亿吨、140亿吨和69亿吨，四国铁金属储量合计占世界总量的73.69%。其中，澳大利亚、巴西、俄罗斯三国铁金属储量之和约占世界总量的65.48%，且铁矿资源品位较好。其他铁矿资源丰富的国家还有印度、乌克兰、加拿大、伊朗、玻利维亚、几内亚和智利等。中国铁矿石储量虽然较大，但资源品位低，铁金属储量不突出，仅占世界总量的8.21%。2018年世界铁矿资源储量分布情况如表6.1所示。

表6.1　　　　　　　　　2018年世界铁矿资源储量分布情况　　　　单位：亿吨

国家或地区	铁矿石储量	铁矿石储量各国占比（%）	铁金属储量	铁金属储量各国占比（%）
澳大利亚	500	29.41	240	28.57
巴西	320	18.82	170	20.24
俄罗斯	250	14.71	140	16.67
中国	200	11.76	69	8.21
乌克兰	65	3.82	23	2.74
加拿大	60	3.53	23	2.74
印度	54	3.18	32	3.81
美国	29	1.71	7.6	0.90
伊朗	27	1.59	15	1.79
哈萨克斯坦	25	1.47	9	1.07
瑞典	13	0.76	6	0.71
南非	12	0.71	7.7	0.92
其他国家	145	8.83	97.7	11.63
总计	1700	100	840	100

资料来源：US Geological Survey. Mineral Commodity Summaries 2019，Reston：US Department of the Interior and US Geological Survey，2020.

3. 中国铁矿资源分布现状

目前，中国已形成了鞍山矿区、邯邢矿区、迁滦矿区、大冶矿区、芜宁矿区、攀枝花矿区和石碌矿区七大铁矿区，分别分布于华北、东北、华中、华东、西南及海南地区，主要用于供应下游各大钢厂，各矿区分布及特点如表6.2所示。

表6.2　　　　　　　　　中国主要铁矿矿区分布及其特点

主要矿区	分布地点	矿区特点
鞍山矿区	辽宁鞍山、本溪，吉林通化	中国最大的铁矿开采区，储量98%均为贫矿，含铁量仅20%~40%左右，精选后含铁量可达60%
邯邢矿区	河北邢台、邯郸	成分单一、品位较高（矿石含铁在40%~55%），储量可观，易选、易炼、效益高
迁滦矿区	河北迁安、滦县	探明储量50亿吨左右，为特大铁矿带之一，埋藏较浅，易露天开采
大冶矿区	湖北大冶	矿石含铁量40%~50%，最高可达54%~60%
芜宁矿区	安徽芜湖至江苏南京一带	矿石品位较高，部分含铁量为50%~60%的富矿，可直接用于冶炼
攀枝花矿区	四川攀枝花	西南地区最大的铁矿石原料基地
石碌矿区	海南昌江	大型优质富铁矿床之一，平均品位为51.2%，其中最高品位可达68%

资料来源：华经情报网①。

中国铁矿资源分布广泛但又相对集中，按各省市铁矿石基础储量数据来看，除天津、北京、上海、宁夏等地外，中国大部分地区均有铁矿分布，但主要集中在辽宁、四川、河北、内蒙古、山西和山东等地，2017年上述六省（区）铁矿石储量占全国总量的73.97%，其他地区占26.03%（见图6.1）。总体上，中国铁矿资源大体分散、局部集中；贫矿多、富矿少；中小型矿床多，大型、超大型矿床少；矿石共伴生组分多，成矿条件复杂；矿石类型多样，找矿潜力较大（刘军和靳淑韵，2009；崔立伟等，2012）。

---

① 2018年中国铁矿石储量、产量及竞争格局分析［EB/OL］．华经情报网，2019-1-30.

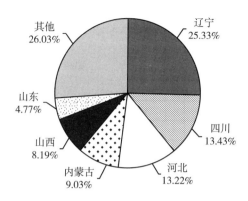

图6.1 2017年中国铁矿资源储量分布
资料来源：中国国家统计局、兴业证券经济与金融研究院。

4. 世界铁矿床类型及分布特点

世界铁矿床按成因类型一般分为沉积变质型、岩浆型、接触交代－热液型（矽卡岩型）、火山成因型和沉积型五大类（张承帅等，2011）。其中以沉积变质型铁矿床最为重要，经济意义较大。在全球铁矿资源中，60%～70%为沉积变质型铁矿床，而与其有关的富铁矿储量约占全球富铁矿总量的70%以上，占全球铁矿产量的90%以上。世界铁矿石类型详如表6.3所示。

表6.3　　　　　　　　　　　世界铁矿床类型

矿床类型	矿床构成	矿床价值或分布
沉积变质型	亦被称为含铁石英岩型铁矿床。该类矿床的含铁矿石英岩常常由薄层状的二氧化硅及含铁矿物组成，因此也被称为"条带状铁建造"，含铁量通常在15%以上（许英霞等，2015）	该类矿床一般具有规模大、产地集中、成分简单、易于分选的特点，是目前富铁矿石的主要来源。澳大利亚、巴西、印度、俄罗斯、美国、加拿大、中国均有分布
岩浆型	亦被称为钒钛磁铁矿床。该类矿床矿体有透镜状、脉状，矿石一般为浸染状的钒钛磁铁矿和钛铁矿，还有部分金红石（周久龙等，2013）	该类矿床储量占比7%左右，矿石品位较低，但常伴生有钒、钛等金属。虽其铁矿产出较低，但综合利用价值和经济价值较高
接触交代－热液型（矽卡岩型）	该类矿床通常按照形成条件也被分为接触交代型和热液型，前者多产生于接触带上，后者则产出自接触交代围岩（宗信德等，2011）	该类矿床是中国富铁矿石的重要来源之一。主要分布于南亚、东南亚、地中海地区，以及中国的东北、东南沿海、鲁中、鄂东等地区

矿床类型	矿床构成	矿床价值或分布
火山成因型	该类矿床的形成与火山活动有着密切关系，其矿物质全部或部分来源于火山作用。按其形成环境还可进一步分为海相火山岩型铁矿床和陆相成因铁矿床	该类矿床还常伴生有铜、铅、锌、磷、稀土元素等，甚至部分还会形成磷灰石矿体，因此综合利用价值和经济价值较高，在俄罗斯、美国、加拿大以及中国等均有分布
沉积型	其形成方式多样，海相沉积、陆相沉积、火山沉积均可形成。其矿石多为鲕状，这是很典型的沉积成因特征（李良旭和包又先，2015）	其储量占比15%左右，矿石品位平均为30.5%。因其具有分布广泛和易开采的特点，早期铁矿石开采都是以此类型为主，对世界钢铁工业起到了较大促进作用

5. 中国铁矿床分布及特点

中国国土面积较大，地理环境复杂多样，因此铁矿床类型也较为丰富，世界主要铁矿床类型中国基本均有分布。比较典型的铁矿床主要有六种，其中大多数为沉积变质型和接触交代－热液型铁矿床，其次就是火山成因型和沉积型铁矿床，还有一小部分风化淋滤型铁矿床。形成年代从太古代到新生代均有，但主要形成于晚太古代至元古代。矿床规模多数为中小型，超大型和大型矿床较少。矿床分布较广，但又有相应的铁矿床成矿区带，呈现出总体广泛、局部集中的特点（崔立伟等，2012；吴晗，2018）。中国主要矿床类型及特点如表6.4所示。

表6.4　　　　　　　　　　　中国主要铁矿床类型及特点

矿床类型	特点	分布
沉积变质型	按矿物组成特点可分为变质铁硅质建造型铁矿床和变质碳酸盐建造型铁矿床。矿床规模较大	辽宁、河北冀东、山西、内蒙古中部
岩浆型	矿床形成与铁质基性－超基性岩浆入侵有关，常伴生有丰富的钛和钒，也被称为钒钛磁铁矿矿床。矿床规模大型、中小型均有	四川攀枝花地区，河北承德大庙、黑山
接触交代－热液型	也被称为矽卡岩型铁矿床，其形成和酸性侵入岩、碳酸盐岩接触交代作用。中小型矿床为主，大型较少	河北、黑龙江、内蒙古、浙江等地均有分布
火山成因型	形成与火山活动密切相关，常产自火山岩及其侵入体中	西藏、四川、云南、新疆
沉积型	由含铁矿石或矿体经过风化作用和沉积作用形成	河北、湖南、川东、滇北等地

续表

矿床类型	特点	分布
风化淋滤型	由含铁矿石或者含铁多金属经过风化淋滤形成，常常形成于原生铁矿的风化淋滤带上。规模中小型为主，埋藏浅	广东、广西、福建、贵州、江西等地

6.1.2 铁矿资源供需现状分析

1. 世界铁矿石生产与消费状况

（1）世界铁矿石生产状况。

21世纪以来，世界（尤其是亚洲地区）钢铁工业的迅速发展，带动了铁矿石消费量的大幅提高，进而促进了全球铁矿石的生产。2001年世界铁矿石产量仅9.3亿吨，但2001~2008年产量呈逐年飞速攀升的趋势。2009年，受全球金融危机影响，世界铁矿石产量出现连续7年增长后的首次下降，同比2008年下降约7.39%。世界主要铁矿石生产国中，除澳大利亚和南非等少数国家铁矿石产量保持增长外，大部分国家铁矿石产量均出现下滑（张亮等，2016）。2010年后，随着世界经济的逐渐复苏，世界铁矿石产量开始恢复上升，虽部分年份出现小幅下降，但总体呈增长趋势，2018年铁矿石总产量为22.28亿吨，与2001年相比增长近2.4倍（见图6.2）。

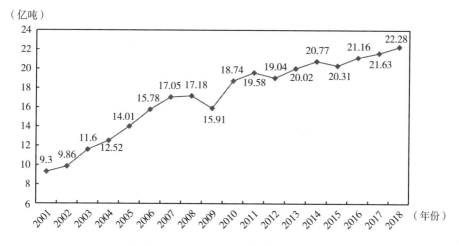

图6.2 2001~2018年世界铁矿石产量

资料来源：世界钢铁协会（WSA）。

从各国产量来看，世界铁矿石的生产较为集中，主要铁矿石生产国为：澳大利亚、巴西、印度、中国、俄罗斯、乌克兰、南非和美国。其中，澳大利亚产量一直居于世界前列，从 2001 年的 1.82 亿吨增长至 2018 年的 9.01 亿吨，占世界总产量的比例也从 19.53% 增加至 40.44%。巴西铁矿石产量在 2008 年前甚至排在澳大利亚之前，但 2008 年开始退居世界第二并一直保持该地位，但其产量整体呈稳步上升趋势，2001 年产量为 2.10 亿吨，世界占比 22.58%，2018 年产量达到 4.48 亿吨，世界占比 20.11%。按世界铁矿石平均含铁量水平进行折算，中国铁矿石产量大多数年份排在世界第三的位置，但近几年位居世界第四，尤其 2015~2018 年铁矿石产量占世界比例仅为 5%~6% 的水平，与澳大利亚、巴西两国相比差距较大。2001~2018 年，印度产量有增有减，但作为发展速度较快的发展中国家，未来几年印度对铁矿石的勘探开发投入仍将加大，铁矿石产量预计将不断增加。此外，俄罗斯、乌克兰、南非和美国等从 2001 年起铁矿石产量基本稳定，变化幅度不大。2001~2018 年世界主要铁矿石生产国产量变化及 2001 年和 2018 年各国铁矿石产量占比分别如图 6.3 和图 6.4 所示。

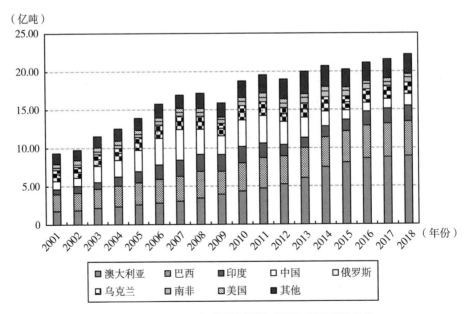

图 6.3 2001~2018 年世界主要铁矿石生产国产量变化

注：2018 年俄罗斯、乌克兰产量数据缺失，以美国地质调查局数据代替；2001~2018 年中国铁矿石产量为转换成世界平均含铁量后的铁矿石产量，下同。

资料来源：世界钢铁协会（WSA）。

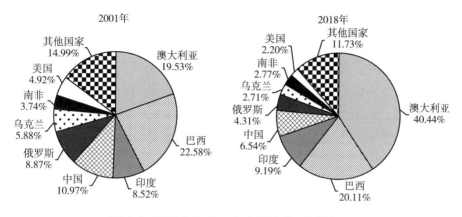

图 6.4　2001 年和 2018 年各国铁矿石产量占比

资料来源：世界钢铁协会（WSA）。

从生产商来看，巴西淡水河谷、英国力拓、澳大利亚必和必拓及 FMG 集团是全球四大铁矿石生产巨头，在世界铁矿石市场占据绝对地位。多年来，四大铁矿石生产商逆势扩产，不断释放产能，且利用自身生产成本较低的优势，通过"以量养价"挤占高成本铁矿资源的生存空间，以占据更多市场份额，形成垄断态势，控制铁矿石市场。自 2003 年始，四大铁矿石生产商产量整体呈上升趋势。2018 年，淡水河谷作为世界最大的铁矿石生产商，产量为 7.50 亿吨，占世界总产量的 35.70%；力拓铁矿石产量为 2.92 亿吨，占世界总产量的 13.90%；必和必拓铁矿石产量为 2.21 亿吨，占世界总产量的 10.50%；FMG 集团铁矿石产量为 1.53 亿吨，占世界总产量的 7.30%。2018 年世界前十大铁矿石生产商产量及其占比如表 6.5 所示。

表 6.5　　　　　　　　2018 年世界前十大铁矿石生产商产量及其占比

排名	生产商	产量（亿吨）	占比（%）
1	淡水河谷	7.50	35.70
2	力拓集团	2.92	13.90
3	必和必拓集团	2.21	10.50
4	FMG 集团	1.53	7.30
5	Hancock Prospecting Pty Ltd.	0.64	3.00
6	安赛乐米塔尔	0.54	2.60
7	三井物产株式会社	0.43	2.00
8	AO Holding Co. Metalloinvest	0.39	1.80
9	英美资源集团	0.33	1.60
10	Metinvest B. V.	0.27	1.30

资料来源：全球矿业发展报告 2019。

从矿石品位上看，南半球富铁矿较多，北半球富铁矿较少。巴西、澳大利亚等国高品位矿分布较广，且大都具备露天开采条件，开采成本低。中国虽矿石储量较为丰富，但已探明的铁矿绝大部分是贫矿，需要经过选矿富集后才能使用。从世界主要国家铁矿石储量平均品位来看，中国铁矿石储量平均品位较低，低于全球平均水平 13.44%[①]。

（2）世界铁矿石消费状况。

世界铁矿石的消费量并无直接统计数据，但作为钢铁工业主要原料，铁矿石主要用于生产生铁。世界 71% 的钢铁产量是由铁矿石先冶炼成生铁，再由生铁进一步冶炼成钢形成，相较于粗钢产量及铁矿石进口量等其他铁矿石消费量的替代指标，生铁产量更具有直观性。由此，可用生铁产量来衡量一国或地区铁矿石的消费量（马建明，2019；贺永飞，2020）。

2001 年以来，新兴市场国家（尤其是中国）经济增速加快，大规模基础设施建设需求使得世界生铁产量呈现平稳增长趋势。2008 年和 2009 年受世界金融危机影响，生铁产量出现小幅下降，此后继续保持波动上升的趋势，到 2018 年世界生铁产量达到 12.50 亿吨，为历史最高水平。总体上，世界铁矿石消费呈稳步上升趋势如图 6.5 所示。

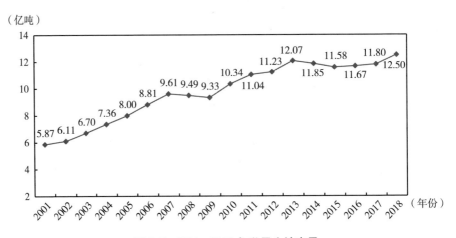

图 6.5　2001～2018 年世界生铁产量

资料来源：世界钢铁协会（WSA）。

当前世界铁矿石的消费主要集中在中国、日本、印度、俄罗斯、韩国、

---

① 全球铁矿石供需现状发展分析：供给集中，需求分散图 [EB/OL]. 产业信息网，2019 - 5 - 31.

美国、德国和巴西等国家，这些国家既包括完成工业化的发达国家，也包括新兴崛起的发展中国家。发达国家铁矿石消费已逐步趋于稳定，需求增量较少，而处于快速工业化过程中的发展中国家，由于对矿产资源消耗的增加，正迅速成为铁矿石需求的主要集聚区。

中国作为世界第一大铁矿石消费国，2001 年生铁产量仅为 1.56 亿吨，占世界生铁产量的 26.58%；2014 年生铁产量为 7.14 亿吨，较 2013 年产量有所下降，中国钢铁工业发展对铁矿石的消耗自此进入了一个稳定的低速增长发展阶段；到 2018 年，中国生铁产量为 7.68 亿吨，占世界生铁产量的61.46%。日本是世界铁矿石第二大消费国，其生铁产量一直较为稳定，2018年为 0.77 亿吨，占世界生铁产量的 6.18%。印度作为主要发展中国家，自2001 年起生铁产量一直保持着增长趋势，未来将有很大潜力超过日本成为世界第二大铁矿石消费大国。此外，世界钢铁协会统计数据显示，2018 年 38个国家和地区高炉生铁产量为 12.39 亿吨，同比增长 2.2%。其中，亚洲高炉生铁产量同比增长 2.8% 达到 9.82 亿吨；欧盟 28 国产量为 9129 万吨，同比下降 2.1%；独联体国家产量为 7520 万吨，同比基本持平；北美高炉生铁产量为 3491.5 万吨，同比增长 6%。从近十多年生铁产量数据来看，中国、印度、韩国等国家对铁矿石的需求总体呈逐年递增趋势，2018 年，三国生铁产量占世界总产量的比重达 71.04%。2008～2018 年世界主要国家或地区生铁产量如表 6.6 所示。

表 6.6　　　　2008～2018 年世界主要国家或地区生铁产量　　　单位：亿吨

国家/地区	2008年	2009年	2010年	2011年	2012年	2013年	2014年	2015年	2016年	2017年	2018年	2018 年产量世界占比（%）
中国	4.83	5.69	5.96	6.45	6.70	7.48	7.14	6.91	6.98	7.11	7.68	61.46
日本	0.86	0.67	0.82	0.81	0.81	0.84	0.84	0.81	0.80	0.78	0.77	6.18
印度	0.37	0.38	0.40	0.44	0.48	0.51	0.55	0.58	0.64	0.67	0.73	5.81
俄罗斯	0.48	0.44	0.48	0.48	0.51	0.50	0.51	0.53	0.52	0.52	0.52	4.14
韩国	0.31	0.27	0.35	0.42	0.42	0.41	0.47	0.48	0.46	0.47	0.47	3.77
美国	0.34	0.19	0.27	0.30	0.32	0.30	0.29	0.25	0.22	0.22	0.24	1.93
德国	0.29	0.20	0.28	0.28	0.26	0.27	0.27	0.28	0.27	0.28	0.27	2.18
巴西	0.35	0.25	0.31	0.33	0.27	0.26	0.26	0.26	0.26	0.28	0.29	2.30
乌克兰	0.31	0.26	0.27	0.29	0.29	0.29	0.25	0.22	0.24	0.20	0.21	1.65

续表

国家/地区	2008年	2009年	2010年	2011年	2012年	2013年	2014年	2015年	2016年	2017年	2018年	2018年产量世界占比（%）
法国	0.11	0.08	0.10	0.10	0.10	0.10	0.11	0.10	0.10	0.11	0.11	0.84
中国台湾地区	0.10	0.08	0.09	0.13	0.12	0.13	0.14	0.14	0.15	0.14	0.15	1.18
其他	1.14	0.82	1.01	1.01	0.96	0.96	1.00	1.00	1.02	1.02	1.07	8.57
世界总计	9.49	9.33	10.34	11.04	11.23	12.07	11.85	11.58	11.67	11.80	12.50	100

资料来源：世界钢铁协会（WSA）。

2. 中国铁矿石生产与消费状况

（1）中国铁矿石生产状况。

2001~2014年，中国铁矿石产量基本保持上升趋势，从2001年的2.11亿吨增加到2014年的15.27亿吨，14年增长了7倍多，年均增长率为16.44%。自2014年铁矿石产量达到历史最高点后，受国际铁矿石持续低价运行影响，国内高成本矿山停工，部分海外权益矿也处于冻结状态，中国铁矿石产量开始下降。此外，在供给侧结构性改革背景下，工信部指出"十三五"期间，中国将把钢铁产能进一步压减1.4亿吨。由此，国内对铁矿石的需求减少，铁矿石生产规模进一步下降，产量持续回落，到2018年底，中国铁矿石产量降至7.63亿吨，约为2014年产量的一半。2001~2018年中国铁矿石原矿产量如图6.6所示。

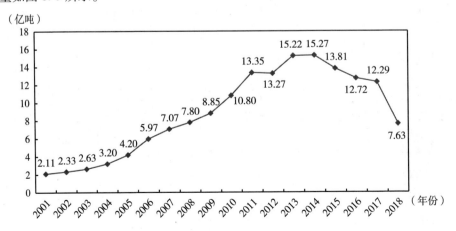

图6.6　2001~2018年中国铁矿石原矿产量
资料来源：中国钢铁工业年鉴（2002~2019）。

按各省统计，中国铁矿石生产区域较为集中，除天津、上海、重庆和宁夏等地区受资源限制无铁矿石开采外，其他各省区均有铁矿石生产，尤其以北方居多。其中，河北、辽宁、四川和山西产量较多，2018 年分别为 10288.53 万吨、4234.51 万吨、3490.40 万吨和 1545.26 万吨；内蒙古和山东产量次之，分别为 1147.29 万吨和 839.19 万吨。上述前五大省区 2018 年铁矿石产量均位于千万吨以上，合计占全国总产量的 78.81%，2018 年全国铁矿石原矿产量地区分布如表 6.7 所示。

表 6.7　　　　　　　　　2018 年全国铁矿石原矿产量地区分布

地区	铁矿石原矿产量（万吨）	占比（%）	地区	铁矿石原矿产量（万吨）	占比（%）
河北	10288.53	39.16	云南	652.96	2.49
辽宁	4234.51	16.12	福建	648.14	2.47
四川	3490.40	13.28	陕西	469.80	1.79
山西	1545.26	5.88	北京	460.40	1.75
内蒙古	1147.29	4.37	新疆	361.33	1.38
山东	839.19	3.19	甘肃	302.36	1.15
安徽	745.22	2.84	其他	1088.34	4.14

资料来源：中商产业研究院。

尽管中国铁矿石产量历年均达亿吨以上，尤其 2010 年后超过 10 亿吨，且生产地区分布较为集中。但从生产规模来看，国内铁矿石生产商多为小型矿山企业，铁矿行业集中度较低，生产状况还有待进一步改善。

（2）中国铁矿石消费状况。

进入 21 世纪，中国加强对基础设施的投资力度，房地产及汽车工业等耗钢产业得到较快发展，国外一些发达国家、欧元经济区、新兴亚太工业国的钢铁、汽车、石化、有色金属、装备制造等加工制造业逐渐向中国转移，中国各地区纷纷出台政策引进外资、承接和吸收产业转移，这些均导致新一轮以重工业为核心的加工制造业蓬勃发展，进而加速了对铁矿石、钢铁产品的消费需求。

由于国内铁矿石品位远低于世界平均水平，传统以铁矿石净进口量加上国内产量计算得到的铁矿石表观消费量，并不能较准确地反映中国铁矿石实际消费状况，因此，借鉴刘冲昊和柳群义（2018）、范松梅等（2018）的研究，以生铁产量×1.6计算铁矿石消费量。2001年中国铁矿石消费量为2.42亿吨，2013年增加至11.97亿吨，是2001年的近5倍。2013年后，随着中国钢铁行业去产能力度的逐渐加大，铁矿石消费量减少，但2017年又呈缓慢增长趋势，2018年消费量达到12.34亿吨。2001~2018年中国铁矿石消费量变化趋势如图6.7所示。

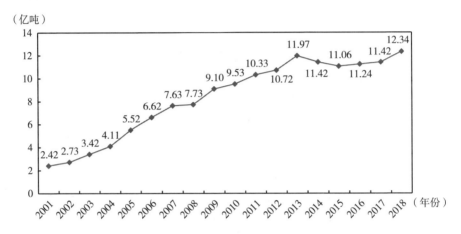

图 6.7 **2001~2018年中国铁矿石消费量变化趋势**
资料来源：根据《中国钢铁工业年鉴》（2002~2019）生铁产量数据整理得到。

6.2 铁矿资源需求情景分析

6.2.1 铁矿资源需求影响因素分析

1. 中国经济发展水平

一国经济发展水平直接影响其矿产资源的消费需求。发达国家的发展历程表明，经济发展对矿产资源需求具有阶段性（李多勇，2009）。自改革开放以来，中国经济发展迅速，工业化进程随之加快，对能源和原材料的依赖程度明显提高。作为钢铁工业炼钢基础原料，铁矿石需求与国民经济密切相关，2001~2018年中国铁矿石消费量与GDP走势如图6.8所示。由此可知，铁矿石消费量总体随经济发展水平的上升而增加，两者呈现正相关关系。

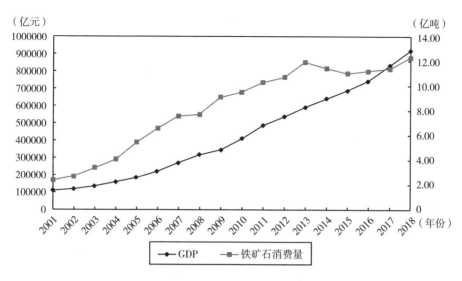

图 6.8　2001～2018 年中国铁矿石消费量与 GDP 走势

资料来源：国家统计局、《中国钢铁工业年鉴》（2002～2019）。

2. 粗钢需求量

粗钢需求量在一定程度上可以体现铁矿石的消费需求，是影响铁矿石需求的重要因素。中国作为世界钢铁大国，1996 年粗钢产量突破 1 亿吨，位居世界第一，需求量为 1.71 亿吨。此后，粗钢需求量继续保持增长态势，2018年达到 8.71 亿吨。受粗钢需求增长拉动，中国铁矿石进口量呈逐年上升趋势。2008～2018 年中国粗钢需求量和铁矿石进口量如表 6.8 所示。

表 6.8　　　　　　　　**2008～2018 年中国粗钢需求量和铁矿石进口量**　　　　　单位：亿吨

项目	各年份数量										
	2008	2009	2010	2011	2012	2013	2014	2015	2016	2017	2018
粗钢需求量	4.65	5.74	6.12	6.68	6.87	7.72	7.40	7.00	7.09	7.68	8.71
铁矿石进口量	4.43	6.28	6.18	6.85	7.43	8.19	9.32	9.52	10.24	10.75	10.65

资料来源：世界钢铁协会、联合国商品贸易统计数据库。

3. 铁矿资源回收利用率

生产粗钢的铁元素主要来自铁矿石及废钢，因此分析铁矿石需求，除考虑粗钢需求外，还应考虑废钢回收利用因素。以回收利用废钢占粗钢产量的比例（以下简称"废钢比"）衡量铁矿资源回收利用率，回收利用率越高，铁矿石消耗越少（朱春华，2018）。随着废钢产业的快速发展、中国钢铁积蓄量的增加，废钢回收利用将得到更大的提升，对铁矿石需求的影响也将更为显著。

6.2.2 铁矿资源需求情景定义

将中国经济发展水平、粗钢需求量、铁矿资源回收利用率三个因素作为中国铁矿资源需求情景定义的主要驱动变量，设置以下三个情景。

情景 A（低情景）：2020 年受新冠肺炎疫情影响，全球经济受到重创后严重下滑，中国经济增速大幅下降，随着国内采取的经济刺激计划，经济增速反弹，但反弹幅度较小。预计未来 30 年（2021~2050）中国经济减速增长，国内粗钢需求保持稳定，废钢回收利用成效一般，铁矿资源回收利用率缓慢提高。

情景 B（基准情景）：2020 年受新冠肺炎疫情影响，抑制了世界经济的复苏，中国经济增速下降明显，但随着国内疫情的有效防控，经济增速逐渐回升至正常水平。预计未来 30 年（2021~2050）中国经济中速增长，国内粗钢需求缓慢下降，废钢回收利用成效较好，铁矿资源回收利用率稳步提高。

情景 C（高情景）：2020 年受新冠肺炎疫情影响，全球经济受到较大冲击，中国经济增速下降较为明显。随着国内疫情的有效防控以及经济刺激政策有力推动，国内经济逐渐企稳回升。预计未来 30 年（2021~2050）中国经济中高速增长，国内粗钢需求明显下降，废钢回收利用成效显著，铁矿资源回收利用率加快提高。

6.2.3 铁矿资源宏观情景设置及描述

1. 中国经济发展水平未来情景设置

见第 3 章 "3.5 公共因素情景设置" 中 "中国 GDP 未来情景设置（2020~2050）" 有关内容。

2. 粗钢需求量未来情景设置

王海军和张国华（2013）预测 2020 年中国粗钢需求为 9.3 亿吨。哈桑贝吉等（Hasanbeigi et al., 2017）预测 2025 年和 2030 年中国粗钢需求量分别为 7.93 亿吨和 7.25 亿吨。杨和唐（Yang & Teng, 2016）对 2020～2050 年中国粗钢需求进行预测，结果显示粗钢需求越过 2020 年 10.66 亿吨后开始下降，需求量保持在 6.46 亿～9.66 亿吨。由此，设置中国粗钢需求 2020～2050 年情景如表 6.9 所示。

表 6.9　　　　　　　中国粗钢需求量未来情景设置（2020～2050）

年份	情景 A		情景 B		情景 C	
	需求增长率（%）	粗钢需求量（亿吨）	需求增长率（%）	粗钢需求量（亿吨）	需求增长率（%）	粗钢需求量（亿吨）
2020	1.80	9.03	1.20	8.92	-0.30	8.66
2025	-0.15	8.96	-0.20	8.83	-0.50	8.44
2030	-0.23	8.86	-0.40	8.66	-0.70	8.15
2035	-0.30	8.72	-0.60	8.40	-0.90	7.79
2040	-0.46	8.53	-0.80	8.07	-1.00	7.41
2045	-0.55	8.29	-0.98	7.68	-1.10	7.01
2050	-0.86	7.94	-1.00	7.30	-1.20	6.60

3. 铁矿资源回收利用率未来情景设置

世界著名管理咨询机构麦肯锡 2017 年和 2019 年对中国未来废钢资源量的预测结果显示，2020 年中国废钢资源量为 2.0 亿～2.25 亿吨，2025 年为 2.5 亿～2.85 亿吨，2030 年为 3.0 亿～3.4 亿吨（Vercammen et al., 2017; Chalabyan et al., 2019）。上官方钦等（2020）按 90% 废钢资源用于钢铁工业，预测 2020 年、2025 年、2030 年废钢比分别为 29%、42%～45% 和 52%～56%。张艳飞等（2015）平稳估计 2020～2040 年中国废钢供应比例保持在 16%～30% 水平。由此，设置中国铁矿资源回收利用率 2020～2050 年情景（见表 6.10）。

表 6.10　　　中国铁矿资源回收利用率未来情景设置（2020～2050）

年份	情景 A	情景 B	情景 C
2020	18.0%	20.5%	23.0%
2025	20.0%	22.5%	25.0%

年份	情景 A	情景 B	情景 C
2030	22.5%	25.0%	27.5%
2035	27.5%	30.0%	32.5%
2040	31.0%	33.5%	36.0%
2045	32.5%	35.0%	37.5%
2050	37.5%	40.0%	42.5%

6.2.4　铁矿资源需求情景测算及分析

1. 原始数据及其初始化

以 2001~2018 年中国 GDP、粗钢需求量、铁矿资源回收利用率、铁矿石进口量、铁矿石需求量数据作为训练样本。根据神经网络计算规则，采用最大最小值法对原始数据（见表 6.11）进行归一化处理，使输入输出值位于 [-1，1] 范围内，归一化后的训练数据如表 6.12 所示。

表 6.11　　　　　　　　　　　　原始数据

年份	中国 GDP（亿元）	粗钢需求量（亿吨）	资源回收利用率（%）	进口量（亿吨）	需求量（亿吨）
2001	110863.10	1.71	27.90	0.92	2.42
2002	121717.40	2.06	24.21	1.11	2.73
2003	137422.00	2.59	25.59	1.48	3.42
2004	161840.20	2.87	21.93	2.08	4.11
2005	187318.90	3.62	19.42	2.75	5.52
2006	219438.50	3.93	16.84	3.26	6.62
2007	270092.30	4.36	15.01	3.83	7.63
2008	319244.60	4.65	14.48	4.43	7.73
2009	348517.70	5.74	14.40	6.28	9.10
2010	412119.30	6.12	13.57	6.18	9.53
2011	487940.20	6.68	12.96	6.85	10.33
2012	538580.00	6.87	11.49	7.43	10.72

续表

年份	中国 GDP（亿元）	粗钢需求量（亿吨）	资源回收利用率（%）	进口量（亿吨）	需求量（亿吨）
2013	592963.20	7.72	10.43	8.19	11.97
2014	643563.10	7.40	10.74	9.32	11.42
2015	688858.20	7.00	10.36	9.52	11.06
2016	746395.10	7.09	11.16	10.24	11.24
2017	832035.90	7.68	17.79	10.75	11.42
2018	919281.10	8.71	20.21	10.65	12.34

资料来源：废钢回收利用量数据来自《中国矿产资源年报》和中国废钢协会。

表6.12　　　　　　　　　　　神经网络训练值

年份	中国 GDP（亿元）	粗钢需求量（亿吨）	资源回收利用率（%）	进口量（亿吨）	需求量（亿吨）
2001	-1.00	-1.00	1.00	-1.00	-1.00
2002	-0.97	-0.92	0.58	-0.94	-0.96
2003	-0.93	-0.82	0.74	-0.80	-0.89
2004	-0.87	-0.68	0.32	-0.66	-0.76
2005	-0.81	-0.47	0.03	-0.38	-0.63
2006	-0.73	-0.31	-0.26	-0.15	-0.52
2007	-0.61	-0.13	-0.47	0.05	-0.41
2008	-0.48	-0.07	-0.53	0.07	-0.29
2009	-0.41	0.10	-0.54	0.35	0.09
2010	-0.25	0.25	-0.63	0.43	0.07
2011	-0.07	0.42	-0.70	0.59	0.21
2012	0.06	0.49	-0.87	0.67	0.32
2013	0.19	0.72	-0.99	0.93	0.48
2014	0.32	0.72	-0.96	0.81	0.71
2015	0.43	0.68	-1.00	0.74	0.75
2016	0.57	0.69	-0.91	0.78	0.90
2017	0.78	0.85	-0.15	0.81	1.00
2018	1.00	1.00	0.12	1.00	0.98

2. 铁矿资源需求情景测算

采用 MATLAB2016a 软件构建一个三层神经网络，分别对中国铁矿石进口量和铁矿石需求量进行训练。以中国 GDP、粗钢需求量、铁矿资源回收利用率为训练的输入层神经元，以铁矿石进口量和需求量分别为输出层神经元。经测试，隐含层节点数最优数量分别为 6 和 2；设置学习步数为 20000，学习速率为 0.001，最大误差为 0.001，由此建立 3 - 6 - 1 和 3 - 2 - 1[①] 的 BP 神经网络模型，得到训练误差精度曲线，如图 6.9 和图 6.10 所示。

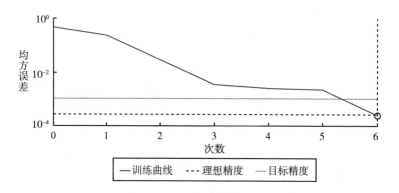

图 6.9　铁矿石进口量训练误差精度曲线

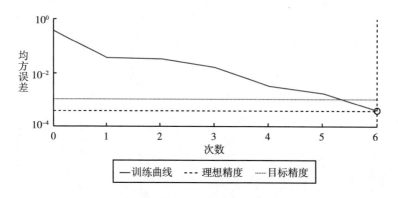

图 6.10　铁矿石需求量训练误差精度曲线

图 6.9 和图 6.10 表明，训练误差均达到理想精度，网络建立有效。进一

---

① "3 - 6 - 1 和 3 - 2 - 1"是第 3 章中提及的 BP 神经网络模型建立过程中，输入层、隐含层和输出层神经元（节点）数，与附录中代码相对应（下同）。

步对中国铁矿石进口量和需求量进行预测，得出 BP 神经网络预测值与实际
值接近程度较高，如图 6.11 和图 6.12 所示。

图 6.11　铁矿石进口量 BP 神经网络学习与测试对比

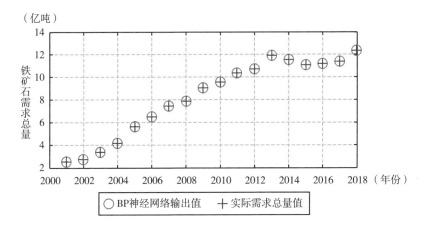

图 6.12　铁矿石需求量 BP 神经网络学习与测试对比

3. 铁矿资源未来需求分析

根据表 3.10、表 6.9 和表 6.10，利用训练好的神经网络分别对情景 A、
情景 B 和情景 C 进行测算，并对输出结果反归一化，得到 2020～2050 年中国
铁矿资源未来需求情景预测值（见表 6.13）。

表 6.13　　　　　中国铁矿资源未来需求情景预测值（2020~2050）

年份	情景 A			情景 B			情景 C		
	进口量（亿吨）	需求量（亿吨）	进口依存度（%）	进口量（亿吨）	需求量（亿吨）	进口依存度（%）	进口量（亿吨）	需求量（亿吨）	进口依存度（%）
2020	10.29	12.41	82.95	10.66	12.43	85.75	11.53	12.47	92.53
2025	8.93	12.22	73.04	10.65	12.30	86.59	11.43	12.42	92.04
2030	8.77	11.93	73.52	9.96	12.08	82.44	11.19	12.35	90.60
2035	8.51	11.32	75.19	9.22	11.88	77.62	10.89	12.15	89.66
2040	7.95	10.65	74.61	8.68	11.45	75.82	9.45	11.98	78.87
2045	6.88	10.00	68.80	7.20	10.50	68.60	8.35	11.87	70.38
2050	5.72	8.76	65.26	6.62	10.05	65.87	7.52	11.40	65.97

由表 6.13 可知，2020~2050 年中国铁矿石进口量和需求量整体呈下降趋势。从需求量来看，2020 年中国铁矿石需求量预测最低值为 12.41 亿吨，最高值为 12.47 亿吨，平均预测值为 12.44 亿吨；2035 年中国铁矿石需求量预测最低值为 11.32 亿吨，最高值为 12.15 亿吨，平均预测值为 11.78 亿吨；2050 年中国铁矿石需求量预测最低值为 8.76 亿吨，最高值为 11.40 亿吨，平均预测值为 10.07 亿吨。从进口依存度来看，2020~2050 年三种情景下中国铁矿石进口依存度基本位于 65%~93%，且随着时间增加，进口依存度逐渐降低。中国工业化进入中后期，随着经济增速逐步放缓、钢铁工业去产能及绿色转型进一步深入、废钢使用量大量增加，铁矿石需求将逐渐减小，进口依存度有所下降，但受制于资源禀赋，未来中国铁矿石进口依存度仍高于 50% 的国际警戒水平，说明未来中国铁矿石供需矛盾依然尖锐，中国铁矿资源国家安全仍需特别关注。

6.3　铁矿资源国家安全评估

6.3.1　数据与指标分级值

根据第 3 章构建的评估与预警指标体系（见表 3.1），各指标数据来源于《中国钢铁工业年鉴》（2002-2019）、《全国矿产资源储量通报》（2001-

2018）、美国地质调查局（USGS）、联合国商品贸易数据库（UN Comtrade Database）、世界银行数据库和中国国家统计局。由此，整理得到2001～2018年中国铁矿资源国家安全评估指标数据（见表6.14）。

表 6.14　　　中国铁矿资源国家安全评估指标数据（2001～2018）

年份	储采比 I_{11}	储量指数（%）I_{12}	进口依存度（%）I_{21}	进口集中度（%）I_{22}	地缘政治风险 I_{23}	价格波动率（%）I_{31}	汇率 I_{32}	资源消耗强度（万吨/亿元）I_{41}
2001	102.09	52.58	38.16	86.10	0.85	2.12	8.28	0.22
2002	91.81	48.83	40.80	85.29	0.86	−8.39	8.28	0.22
2003	80.84	49.15	43.30	86.95	0.86	32.00	8.28	0.25
2004	68.05	43.30	50.65	83.80	0.81	86.15	8.28	0.25
2005	51.38	44.13	49.90	85.53	0.83	9.42	8.19	0.29
2006	37.00	44.44	49.30	85.03	0.83	−4.02	7.97	0.30
2007	31.62	48.44	50.19	84.20	0.81	37.74	7.60	0.28
2008	29.02	48.79	57.35	84.53	0.76	55.07	6.95	0.24
2009	24.08	47.93	69.00	81.49	0.71	−41.66	6.83	0.26
2010	20.55	42.72	64.90	79.65	0.67	61.39	6.77	0.23
2011	14.44	46.78	66.37	74.70	0.60	27.24	6.46	0.21
2012	14.68	47.10	69.33	74.82	0.64	−21.57	6.31	0.20
2013	13.09	46.84	68.43	75.07	0.67	0.77	6.19	0.20
2014	13.53	43.90	81.63	81.80	0.76	−22.68	6.14	0.18
2015	15.03	45.23	86.09	88.62	0.94	−39.88	6.23	0.16
2016	15.82	47.15	91.07	87.82	0.92	−5.94	6.64	0.15
2017	16.02	46.87	93.65	87.72	0.96	25.60	6.75	0.14
2018	25.70	44.70	85.40	89.69	1.00	−1.02	6.62	0.13

注：储量指数中，国内储量与世界储量部分均按照含铁量进行计算。

由表6.14所知，2001～2018年中国铁矿石储采比整体呈下降趋势，储量指数自2002年起始终低于50%，铁矿资源禀赋状况不断恶化。进口依存度波动上升、进口集中度和地缘政治风险先降后升，铁矿资源国际依赖程度加深、风险加剧。汇率和资源消耗强度逐渐下降且趋于平稳，价格波动率近年来相对稳定，铁矿资源获取成本和资源消耗总体呈降低趋势。

根据2001年以来中国铁矿资源消耗强度的变化情况，参考张晓平和孙磊

（2010）关于资源消耗强度指标分级的研究以及王凤波（2014）对未来中国铁矿资源消耗强度趋势的分析，确定铁矿资源消耗强度指标分级（见表 6.15）。

表 6.15 铁矿资源消耗强度指标分级

指标		分级				
一级指标	二级指标	0~2	2~4	4~6	6~8	8~10
资源消耗 I_4	资源消耗强度 I_{41}	≥0.25	[0.2, 0.25)	[0.15, 0.2)	[0.1, 0.15)	<0.1

根据表 3.5 及表 6.15 的指标分级规则，得到 2001~2018 年中国铁矿资源国家安全评估指标分级值（见表 6.16）。

表 6.16 中国铁矿资源国家安全评估指标分级值（2001~2018）

年份	I_{11}	I_{12}	I_{21}	I_{22}	I_{23}	I_{31}	I_{32}	I_{41}
2001	10	4	8	1	9	9	1	4
2002	9	4	8	1	9	10	1	4
2003	9	4	7	1	9	3	1	2
2004	8	4	6	2	9	1	1	2
2005	8	4	6	1	9	8	1	1
2006	7	4	6	1	9	10	2	1
2007	6	4	6	2	9	3	3	1
2008	6	4	4	2	9	1	6	2
2009	5	4	2	2	9	10	7	1
2010	4	4	3	2	10	1	7	3
2011	3	4	2	3	10	5	8	4
2012	3	4	2	3	10	10	9	4
2013	2	4	2	3	10	9	10	4
2014	3	4	1	2	10	10	10	5
2015	3	4	1	1	9	10	9	6
2016	3	4	1	1	9	10	7	6
2017	3	4	1	1	9	5	7	7
2018	5	4	1	1	9	10	7	7

6.3.2 一级指标评估

根据式（3.1）、式（3.7）、式（3.8），结合表6.16，取 $\alpha = 0.75$ 进行惩罚型变权，计算得到各一级指标变权重结果以及常权、变权评估结果。

1. 资源禀赋评估

2001～2018年中国铁矿资源禀赋常权、变权评估结果如表6.17所示。

表6.17　　　　　　中国铁矿资源禀赋评估结果（2001～2018）

年份	常权评估		变权重		变权评估	
	评估值	预警等级	I_{11}	I_{12}	评估值	预警等级
2001	7.24	蓝色预警	0.48	0.52	6.90	蓝色预警
2002	6.70	蓝色预警	0.49	0.51	6.45	蓝色预警
2003	6.70	蓝色预警	0.49	0.51	6.45	蓝色预警
2004	6.16	蓝色预警	0.50	0.50	5.99	黄色预警
2005	6.16	蓝色预警	0.50	0.50	5.99	黄色预警
2006	5.62	黄色预警	0.51	0.49	5.52	黄色预警
2007	5.08	黄色预警	0.51	0.49	5.03	黄色预警
2008	5.08	黄色预警	0.51	0.49	5.03	黄色预警
2009	4.54	黄色预警	0.53	0.47	4.53	黄色预警
2010	4.00	黄色预警	0.54	0.46	4.00	黄色预警
2011	3.46	橙色预警	0.56	0.44	3.44	橙色预警
2012	3.46	橙色预警	0.56	0.44	3.44	橙色预警
2013	2.92	橙色预警	0.58	0.42	2.83	橙色预警
2014	3.46	橙色预警	0.56	0.44	3.44	橙色预警
2015	3.46	橙色预警	0.56	0.44	3.44	橙色预警
2016	3.46	橙色预警	0.56	0.44	3.44	橙色预警
2017	3.46	橙色预警	0.56	0.44	3.44	橙色预警
2018	4.54	黄色预警	0.53	0.47	4.53	黄色预警

由表6.17可知，从变权评估结果来看，安全评估值位于2.83～6.90范围内，预警等级整体呈上升趋势，经历了蓝色预警（2001～2003年）——黄色预警（2004～2010年）——橙色预警（2011～2017年）——黄色预警

（2018 年）的变化过程。

2. 国际依赖评估

2001~2018 年中国铁矿资源国际依赖常权、变权评估结果如表 6.18 所示。

表 6.18　　　　中国铁矿资源国际依赖评估结果（2001~2018）

年份	常权评估		变权重			变权评估	
	评估值	预警等级	I_{21}	I_{22}	I_{23}	评估值	预警等级
2001	5.93	黄色预警	0.35	0.46	0.19	5.00	黄色预警
2002	5.93	黄色预警	0.35	0.46	0.19	5.00	黄色预警
2003	5.50	黄色预警	0.36	0.45	0.19	4.68	黄色预警
2004	5.40	黄色预警	0.40	0.40	0.20	4.99	黄色预警
2005	5.07	黄色预警	0.37	0.44	0.19	4.34	黄色预警
2006	5.07	黄色预警	0.37	0.44	0.19	4.34	黄色预警
2007	5.40	黄色预警	0.40	0.40	0.20	4.99	黄色预警
2008	4.54	黄色预警	0.42	0.39	0.19	4.19	黄色预警
2009	3.68	橙色预警	0.46	0.36	0.18	3.25	橙色预警
2010	4.35	黄色预警	0.44	0.38	0.18	3.90	橙色预警
2011	4.25	黄色预警	0.48	0.34	0.18	3.78	橙色预警
2012	4.25	黄色预警	0.48	0.34	0.18	3.78	橙色预警
2013	4.25	黄色预警	0.48	0.34	0.18	3.78	橙色预警
2014	3.25	橙色预警	0.51	0.33	0.16	2.64	橙色预警
2015	2.92	橙色预警	0.48	0.37	0.15	2.23	橙色预警
2016	2.92	橙色预警	0.48	0.37	0.15	2.23	橙色预警
2017	2.92	橙色预警	0.48	0.37	0.15	2.23	橙色预警
2018	2.92	橙色预警	0.48	0.37	0.15	2.23	橙色预警

由表 6.18 可知，从变权评估结果来看，2001~2018 年中国铁矿资源国际依赖评估值位于 2.23~5.00 范围内，预警等级总体呈上升趋势，由 2001~2008 年的黄色预警上升至 2009~2018 年的橙色预警，铁矿资源国际依赖程度加深、安全风险加剧。

3. 获取成本评估

2001~2018 年中国铁矿资源获取成本常权、变权评估结果如表 6.19 所示。

表6.19　　　　　　中国铁矿资源获取成本评估结果（2001～2018）

年份	常权评估		变权重		变权评估	
	评估值	预警等级	I_{31}	I_{32}	评估值	预警等级
2001	6.04	蓝色预警	0.50	0.50	4.97	黄色预警
2002	6.67	蓝色预警	0.49	0.51	5.40	黄色预警
2003	2.26	橙色预警	0.56	0.44	2.13	橙色预警
2004	1.00	红色预警	0.63	0.37	1.00	红色预警
2005	5.41	黄色预警	0.50	0.50	4.52	黄色预警
2006	7.04	蓝色预警	0.53	0.47	6.26	蓝色预警
2007	3.00	橙色预警	0.63	0.37	3.00	橙色预警
2008	2.85	橙色预警	0.73	0.27	2.36	橙色预警
2009	8.89	绿色预警	0.61	0.39	8.83	绿色预警
2010	3.22	橙色预警	0.73	0.27	2.59	橙色预警
2011	6.11	蓝色预警	0.66	0.34	6.03	蓝色预警
2012	9.63	绿色预警	0.62	0.38	9.62	绿色预警
2013	9.37	绿色预警	0.64	0.36	9.36	绿色预警
2014	10.00	绿色预警	0.63	0.37	10.00	绿色预警
2015	9.63	绿色预警	0.62	0.38	9.62	绿色预警
2016	8.89	绿色预警	0.61	0.39	8.83	绿色预警
2017	5.74	黄色预警	0.65	0.35	5.70	黄色预警
2018	8.89	绿色预警	0.61	0.39	8.83	绿色预警

由表6.19可知，从变权评估结果来看，2001～2018年中国铁矿资源获取成本评估值位于1.00～10.00范围内，预警等级整体呈波动下降趋势。其中，2011年之前铁矿资源获取成本不稳定，个别年份甚至为红色预警；2011年之后铁矿资源获取成本较为稳定，预警等级基本处于绿色预警状态。

4. 资源消耗评估

由于资源消耗仅包含资源消耗强度指标，因此，2001～2018年中国铁矿资源消耗常权和变权评估值及其预警等级相同（见表6.20）。由此可知，2001～2018年中国铁矿资源消耗评估值位于1.00～7.00范围内，预警等级波动下降。其中，2001～2010年由于资源消耗强度较大，大多数年份预警等级呈红色—橙色预警状态；2010 年之后由于资源消耗强度降低，预警等级由黄色预警转变为蓝色预警，安全状况逐渐好转。

表 6. 20　　　　　　中国铁矿资源消耗评估结果（2001 ~ 2018）

年份	评估值	预警等级	年份	评估值	预警等级
2001	4. 00	黄色预警	2010	3. 00	橙色预警
2002	4. 00	黄色预警	2011	4. 00	黄色预警
2003	2. 00	橙色预警	2012	4. 00	黄色预警
2004	2. 00	橙色预警	2013	4. 00	黄色预警
2005	1. 00	红色预警	2014	5. 00	黄色预警
2006	1. 00	红色预警	2015	6. 00	蓝色预警
2007	1. 00	红色预警	2016	6. 00	蓝色预警
2008	2. 00	橙色预警	2017	7. 00	蓝色预警
2009	1. 00	红色预警	2018	7. 00	蓝色预警

6.3.3　综合评估

1. 常权综合评估

根据表 3. 3 和表 6. 16，采用常权评估式（3. 1）进行计算，得到 2001 ~ 2018 年中国铁矿资源国家安全常权综合评估结果（见表 6. 21）。

表 6. 21　　　　　　常权综合评估结果（2001 ~ 2018）

年份	评估值	预警等级	年份	评估值	预警等级
2001	6. 03	蓝色预警	2010	3. 84	橙色预警
2002	5. 95	黄色预警	2011	4. 21	黄色预警
2003	4. 84	黄色预警	2012	4. 70	黄色预警
2004	4. 45	黄色预警	2013	4. 49	黄色预警
2005	4. 78	黄色预警	2014	4. 55	黄色预警
2006	4. 84	黄色预警	2015	4. 54	黄色预警
2007	4. 22	黄色预警	2016	4. 43	黄色预警
2008	4. 04	黄色预警	2017	4. 15	黄色预警
2009	4. 24	黄色预警	2018	4. 94	黄色预警

由表6.21可知，2001～2018年中国铁矿资源国家安全常权评估值总体呈先降后升趋势，预警等级经历了蓝色预警（2001年）——黄色预警（2002～2009年）——橙色预警（2010年）——黄色预警（2011～2018年）的变化过程。

2. 变权综合评估

与一级指标评估类似，在对中国铁矿资源国家安全进行变权综合评估前，首先取 $\alpha = 0.75$ 按照式（3.7）进行惩罚型变权，计算得到2001～2018年中国铁矿资源国家安全评估指标变权重，结果如表6.22所示。在变权重基础上，根据表6.16指标分级值和式（3.8）计算得到2001～2018年中国铁矿资源国家安全变权综合评估结果，如表6.23所示。由此可知，2001～2018年中国铁矿资源国家安全评估值位于3.56～5.36范围内，预警等级基于处于黄色预警——基本安全或橙色预警——不安全状态。

表6.22 变权重计算结果

年份	I_{11}	I_{12}	I_{21}	I_{22}	I_{23}	I_{31}	I_{32}	I_{41}
2001	0.1406	0.1505	0.1376	0.1801	0.0730	0.0744	0.0755	0.1683
2002	0.1441	0.1503	0.1373	0.1798	0.0729	0.0723	0.0753	0.1680
2003	0.1357	0.1415	0.1337	0.1693	0.0686	0.0921	0.0710	0.1881
2004	0.1382	0.1399	0.1374	0.1408	0.0678	0.1198	0.0701	0.1860
2005	0.1364	0.1381	0.1356	0.1652	0.0669	0.0703	0.0692	0.2183
2006	0.1425	0.1395	0.1370	0.1669	0.0676	0.0672	0.0588	0.2205
2007	0.1485	0.1399	0.1374	0.1408	0.0678	0.0910	0.0533	0.2212
2008	0.1486	0.1399	0.1521	0.1408	0.0679	0.1198	0.0448	0.1861
2009	0.1529	0.1376	0.1779	0.1385	0.0667	0.0663	0.0424	0.2176
2010	0.1635	0.1391	0.1625	0.1400	0.0657	0.1191	0.0429	0.1672
2011	0.1823	0.1444	0.1866	0.1313	0.0682	0.0827	0.0431	0.1614
2012	0.1850	0.1465	0.1894	0.1332	0.0692	0.0705	0.0424	0.1638
2013	0.2006	0.1436	0.1855	0.1305	0.0678	0.0710	0.0405	0.1605
2014	0.1775	0.1406	0.2161	0.1415	0.0682	0.0677	0.0397	0.1487
2015	0.1739	0.1377	0.2116	0.1648	0.0668	0.0663	0.0399	0.1391
2016	0.1734	0.1373	0.2111	0.1643	0.0666	0.0661	0.0423	0.1387
2017	0.1722	0.1364	0.2096	0.1632	0.0661	0.0781	0.0420	0.1325
2018	0.1567	0.1410	0.2167	0.1687	0.0684	0.0679	0.0435	0.1371

表 6.23   变权综合评估结果（2001 ~ 2018）

年份	评估值	预警等级	年份	评估值	预警等级
2001	5.36	黄色预警	2010	3.56	橙色预警
2002	5.30	黄色预警	2011	3.98	橙色预警
2003	4.23	黄色预警	2012	4.35	黄色预警
2004	3.94	橙色预警	2013	4.10	黄色预警
2005	4.07	黄色预警	2014	4.02	黄色预警
2006	4.16	黄色预警	2015	3.91	橙色预警
2007	3.82	橙色预警	2016	3.83	橙色预警
2008	3.71	橙色预警	2017	3.64	橙色预警
2009	3.73	橙色预警	2018	4.29	黄色预警

3. 对比分析

将 2001 ~ 2018 年中国铁矿资源国家安全常权、变权综合评估结果进行对比，结果如表 6.24 所示。由此可知，在进行惩罚型变权后，2001 ~ 2018 年中国铁矿资源国家安全综合评估值整体小幅下降，预警等级也出现一定变化。其中，2001 年预警等级由蓝色预警转变为黄色预警。2004 年、2007 ~ 2009 年受进口集中度、价格波动率、汇率、资源消耗强度等极端指标影响，预警等级由黄色预警转变为橙色预警。2011 年和 2015 ~ 2017 年受储采比、储量指数、对外依存度等极端指标影响，预警等级由黄色预警转变为橙色预警。

表 6.24   常权和变权综合评估结果对比（2001 ~ 2018）

年份	综合评估值		预警等级		年份	综合评估值		预警等级	
	常权	变权	常权	变权		常权	变权	常权	变权
2001	6.03	5.36	蓝色预警	黄色预警	2010	3.84	3.56	橙色预警	橙色预警
2002	5.95	5.30	黄色预警	黄色预警	2011	4.21	3.98	黄色预警	橙色预警
2003	4.84	4.23	黄色预警	黄色预警	2012	4.70	4.35	黄色预警	黄色预警
2004	4.45	3.94	黄色预警	橙色预警	2013	4.49	4.10	黄色预警	黄色预警
2005	4.78	4.07	黄色预警	黄色预警	2014	4.55	4.02	黄色预警	黄色预警
2006	4.84	4.16	黄色预警	黄色预警	2015	4.54	3.91	黄色预警	橙色预警
2007	4.22	3.82	黄色预警	橙色预警	2016	4.43	3.83	黄色预警	橙色预警
2008	4.04	3.71	黄色预警	橙色预警	2017	4.15	3.64	黄色预警	橙色预警
2009	4.24	3.73	黄色预警	橙色预警	2018	4.94	4.29	黄色预警	黄色预警

6.4　铁矿资源国家安全预警

6.4.1　预警系统训练学习

采用 MATLAB2016a 软件构建一个三层神经网络进行预警系统训练与学习，其中系统输入层神经元为 8 个，分别是储采比 I_{11}、储量指数 I_{12}、进口依存度 I_{21}、进口集中度 I_{22}、地缘政治风险 I_{23}、价格波动率 I_{31}、汇率 I_{32} 和资源消耗强度 I_{41}。输出层神经元为 1 个，即中国铁矿资源国家安全变权综合评估值，预警原始数据如表 6.25 所示。

表 6.25　中国铁矿资源国家安全预警原始数据（2001~2018）

年份	I_{11}	I_{12}	I_{21}	I_{22}	I_{23}	I_{31}	I_{32}	I_{41}	变权综合评估值
2001	102.09	52.58	38.16	86.10	0.85	2.12	8.28	0.22	5.36
2002	91.81	48.83	40.80	85.29	0.86	-8.39	8.28	0.22	5.30
2003	80.84	49.15	43.30	86.95	0.86	32.00	8.28	0.25	4.23
2004	68.05	43.30	50.65	83.80	0.81	86.15	8.28	0.25	3.94
2005	51.38	44.13	49.90	85.53	0.83	9.42	8.19	0.29	4.07
2006	37.00	44.44	49.30	85.03	0.83	-4.02	7.97	0.30	4.16
2007	31.62	48.44	50.19	84.20	0.81	37.74	7.60	0.28	3.82
2008	29.02	48.79	57.35	84.53	0.76	55.07	6.95	0.24	3.71
2009	24.08	47.93	69.00	81.49	0.71	-41.66	6.83	0.26	3.73
2010	20.55	42.72	64.90	79.65	0.67	61.39	6.77	0.23	3.56
2011	14.44	46.78	66.37	74.70	0.60	27.24	6.46	0.21	3.98
2012	14.68	47.10	69.33	74.82	0.64	-21.57	6.31	0.20	4.35
2013	13.09	46.84	68.43	75.07	0.67	0.77	6.19	0.20	4.10
2014	13.53	43.90	81.63	81.80	0.76	-22.68	6.14	0.18	4.02
2015	15.03	45.23	86.09	88.62	0.94	-39.88	6.23	0.16	3.91
2016	15.82	47.15	91.07	87.82	0.92	-5.94	6.64	0.15	3.83
2017	16.02	46.87	93.65	87.72	0.96	25.60	6.75	0.14	3.64
2018	25.70	44.70	85.40	89.69	1.00	-1.02	6.62	0.13	4.29

　　基于 BP 神经网络特点，在进行预警系统的训练与学习之前，需先对系统的输入与输出值进行归一化处理，使其位于［-1，1］范围内，以满足系统训练与学习要求，归一化后的训练值如表 6.26 所示。

表 6.26　　　　　　　　　　　　　　预警系统训练值

年份	I_{11}	I_{12}	I_{21}	I_{22}	I_{23}	I_{31}	I_{32}	I_{41}	变权综合评估值
2001	1.00	1.00	-1.00	0.52	0.25	-0.31	1.00	0.06	1.00
2002	0.77	0.24	-0.90	0.41	0.30	-0.48	1.00	0.06	0.93
2003	0.52	0.30	-0.81	0.63	0.30	0.15	1.00	0.41	-0.26
2004	0.24	-0.88	-0.55	0.21	0.05	1.00	1.00	0.41	-0.58
2005	-0.14	-0.71	-0.58	0.44	0.15	-0.20	0.92	0.88	-0.43
2006	-0.46	-0.65	-0.60	0.38	-0.41	0.71	1.00	-0.33
2007	-0.58	0.16	-0.57	0.27	0.05	0.24	0.36	0.76	-0.71
2008	-0.64	0.23	-0.31	0.31	-0.20	0.51	-0.24	0.29	-0.83
2009	-0.75	0.06	0.11	-0.09	-0.45	-1.00	-0.36	0.53	-0.81
2010	-0.83	-1.00	-0.04	-0.34	-0.65	0.61	-0.41	0.18	-1.00
2011	-0.97	-0.18	0.02	-1.00	-1.00	0.08	-0.70	-0.06	-0.53
2012	-0.96	-0.11	0.12	-0.98	-0.80	-0.69	-0.84	-0.18	-0.12
2013	-1.00	-0.16	0.09	-0.95	-0.65	-0.34	-0.95	-0.18	-0.40
2014	-0.99	-0.76	0.57	-0.05	-0.20	-0.70	-1.00	-0.41	-0.49
2015	-0.96	-0.49	0.73	0.86	0.70	-0.97	-0.92	-0.65	-0.61
2016	-0.94	-0.10	0.91	0.75	0.60	-0.44	-0.53	-0.76	-0.70
2017	-0.93	-0.16	1.00	0.74	0.80	0.05	-0.43	-0.88	-0.91
2018	-0.72	-0.60	0.70	1.00	1.00	-0.36	-0.55	-1.00	-0.19

　　利用 MATLAB2016a 软件的神经网络工具箱进行训练学习。隐含层最优节点数为 7，设置最大学习步数为 50000，学习速率为 0.001，最大误差为 0.00001，建立 8-7-1 的 BP 神经网络模型，将处理好的样本数据输入网络进行训练，得到预警系统训练误差精度曲线如图 6.13 所示。

　　由图 6.13 可知，训练误差达到理想精度，网络建立有效。BP 神经网络训练样本仿真输出值与实际值接近程度较高，可以用此模型对中国铁矿资源国家安全进行预警分析，预警学习与测试对比如图 6.14 所示。

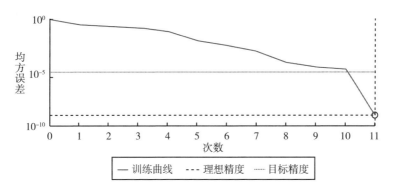

图 6.13　铁矿资源国家安全预警系统训练误差精度曲线

图 6.14　铁矿资源国家安全预警 BP 神经网络学习与测试对比

6.4.2　国家安全预警

在对中国铁矿资源国家安全进行预警前,需先对各预警输入指标进行预测。

1. 资源禀赋

资源禀赋包括储采比和储量指数两个二级指标。根据计算要求,储采比和储量指数又进一步细分为铁矿石国内储量、国内产量、世界储量(含铁量)、国内储量(含铁量)、国内人口和世界人口六部分。国内储量方面,根据自然资源部《中国矿产资源报告 2019》对潜在铁矿资源的预测以及中国铁矿石储量多年来一直位于 200 亿吨左右的历史趋势,预计未来 30 年铁矿石基础储量短期将继续维持在 200 亿吨左右，但长期随着开采程度加深而有所下降。国内产量方面，根据表 6.13，以基准情景为准，结合 2001 ~ 2018 年进口依存度数据，预测未来 30 年中国铁矿石产量大致为进口量的 0.8 倍。世界储量（含铁量）方面，参照 2001 ~ 2018 年美国地质调查局数据，参考李然和李文兴（2018）观点，预计未来随着全球铁矿勘查投资增加以及勘探技术提升，全球铁矿石储量整体将保持小幅增长趋势。国内储量（含铁量）方面，依据 2001 ~ 2018 年国内储量（含铁量）与世界储量（含铁量）数值变动不大的趋势，且后者数值平均为前者 11.07 倍，以此倍数关系设置未来铁矿石国内储量（含铁量）预测值。

综合上述分析，结合表 3.8 世界人口及中国人口的预测，得到 2020 ~ 2050 年中国铁矿资源禀赋预测数据（见表 6.27）。

表 6.27　　　　　　　　中国铁矿资源禀赋预测数据（2020 ~ 2050）

年份	国内储量（亿吨）	国内产量（亿吨）	世界储量（含铁量）（亿吨）	国内储量（含铁量）（亿吨）	储采比 I_{11}	储量指数 I_{12}
2020	208.43	8.53	850.11	76.79	24.43	49.42
2025	203.12	8.52	875.92	79.13	23.84	51.24
2030	192.52	7.97	902.52	81.53	24.16	53.29
2035	186.71	7.38	929.92	84.00	25.30	55.55
2040	182.24	6.95	958.15	86.55	26.22	58.02
2045	179.66	5.76	987.24	89.18	31.19	60.65
2050	170.10	5.30	1017.22	91.89	32.09	63.49

2. 国际依赖

国际依赖包括进口依存度、进口集中度、地缘政治风险三个二级指标。其中进口依存度通过铁矿资源未来需求情景中进口量与需求量数值计算得到（见表 6.13），以基准情景数值作为铁矿石进口依存度 2020 ~ 2050 年各节点预测值。进口集中度和地缘政治风险由于未来进口国别及国家风险的不确定性，采用 BP 神经滚动预测法进行预测。由此，得到 2020 ~ 2050 年中国铁矿资源国际依赖预测数据（见表 6.28）。

表 6.28 中国铁矿资源国际依赖预测数据 (2020~2050)

年份	进口依存度 I_{21}	进口集中度 I_{22}	地缘政治风险 I_{23}
2020	85.75	89.20	0.99
2025	86.59	86.29	0.85
2030	82.44	81.41	0.63
2035	77.62	88.70	0.96
2040	75.82	88.19	0.65
2045	68.60	85.93	0.95
2050	65.87	79.31	0.60

3. 获取成本

获取成本包括价格波动率和汇率两个二级指标。根据张艳飞等 (2015) 对国际铁矿石价格的预测, 2015~2022 年国际铁矿石价格维持在 60~80 美元/吨, 2022 年后逐渐恢复至 80~90 美元/吨的合理水平, 未来再度出现大幅上升的可能性较低。从当前国际政策不确定性突出、铁矿石运输成本增加、国际供应环境不稳定性因素增多等情况来看, 未来短期内国际铁矿石价格 (FOB 价) 可能位于 80~100 美元/吨, 长期将降至 60~70 美元/吨。由此, 设置 2020~2050 年铁矿石价格预测数据, 并结合表 3.9 汇率预测结果, 得到 2020~2050 年中国铁矿资源获取成本预测数据 (见表 6.29)。

表 6.29 中国铁矿资源获取成本预测数据 (2020~2050)

年份	价格波动率 I_{31}	汇率 I_{32}
2020	3.77	6.98
2025	-4.01	6.95
2030	-2.60	7.22
2035	1.34	7.08
2040	0.56	6.73
2045	-2.48	6.43
2050	-1.55	6.87

4. 资源消耗

铁矿资源消耗以资源消耗强度进行表征。其中铁矿石消费量数据通过需求情景测算得到，以基准情景数值为准（见表6.13）。GDP预测值如表3.7所示。由此，得到2020~2050年中国铁矿资源消耗预测数据（见表6.30）。

表6.30　　　　　　中国铁矿资源消耗预测数据（2020~2050）

年份	消费量（万吨）	中国GDP（亿元）	资源消耗强度 I_{41}
2020	124332.56	1000773.75	0.12
2025	122995.35	1308825.76	0.09
2030	120831.94	1660577.83	0.07
2035	118833.51	2056140.49	0.06
2040	114536.33	2491748.48	0.05
2045	104952.01	2930910.23	0.04
2050	100514.60	3343298.47	0.03

将表6.27至表6.30中数据进行归一化处理，得到预警系统输入数据（见表6.31）。

表6.31　　　　中国铁矿资源国家安全预警输入数据（2020~2050）

年份	I_{11}	I_{12}	I_{21}	I_{22}	I_{23}	I_{31}	I_{32}	I_{41}
2020	-0.86	-1.00	0.92	1.00	1.00	1.00	0.39	1.00
2025	-1.00	-0.74	1.00	0.41	0.28	-1.00	0.32	0.33
2030	-0.92	-0.45	0.60	-0.58	-0.85	-0.64	1.00	-0.11
2035	-0.65	-0.13	0.13	0.90	0.85	0.38	0.65	-0.33
2040	-0.42	0.22	-0.04	0.80	-0.74	0.17	-0.24	-0.56
2045	0.78	0.60	-0.74	0.34	0.79	-0.61	-1.00	-0.78
2050	1.00	1.00	-1.00	-1.00	-1.00	-0.37	0.11	-1.00

利用训练好的铁矿资源国家安全预警系统，对2020~2050年中国铁矿资源国家安全状况进行预警，结果如表6.32所示。

表 6.32　　　　　　　中国铁矿资源国家安全预警结果（2020～2050）

年份	评估值	预警等级	增加风险提示
2020	4.44	黄色预警	储量指数、进口依存度、进口集中度、价格波动率
2025	4.03	黄色预警	储量指数、进口依存度、进口集中度
2030	4.69	黄色预警	储量指数、进口依存度、进口集中度、汇率
2035	5.26	黄色预警	进口依存度、进口集中度、价格波动率、汇率
2040	4.86	黄色预警	进口依存度、进口集中度、价格波动率
2045	5.82	黄色预警	进口依存度、进口集中度
2050	5.02	黄色预警	进口依存度、进口集中度

由表 6.32 可知，2020～2050 年各节点铁矿资源国家安全评估值位于
4.03～5.82 范围内，预警等级均为黄色预警（基本安全）。总体来看，受储
量指数、进口依存度、进口集中度、价格波动率和汇率等因素影响，2020～
2050 年中国铁矿资源国家安全风险依然较大。其中，进口依存度、进口集中
度和地缘政治风险为各年份共同风险因素，需特别注意防范。

6.5　铁矿资源安全恢复战略与政策建议

根据中国铁矿资源国家安全评估与预警研究结果，以未来中国铁矿资源
国家安全风险提示为依据，借鉴国外相关经验，提出中国铁矿资源国家安全
恢复战略与政策建议。

1. 针对国内优质铁矿石储量不足的建议

优质铁矿石储量不足加大了中国铁矿资源国家安全风险，尤其 2020～
2030 年较为明显，因此，建议采取以下措施提高中国铁矿资源储量水平。

第一，加大铁矿资源勘查开发力度，着力提高铁矿地质工作进程。采用
地质勘查基金上下联动机制，进一步调动企业和地质勘查单位，加强对国内
富铁矿资源的勘查力度，力争形成一批新的资源基地，提高铁矿资源供应保
障能力。对于找矿潜力较大、探索性较强，但社会资金不愿介入或难以独立
承担找矿风险的勘查项目，中央和省级地质勘查基金应给予重点支持。

第二，加快建立铁矿资源战略储备体系。一方面，制定铁矿产品与产地

相结合的国内铁矿资源战略储备体系，通过国家力量调控和管理铁矿资源供应，以减缓铁矿资源供需矛盾和价格剧烈波动，同时建立由国家主导、企业和民间共同参与保护的铁矿资源战略储备基地。另一方面，充分合理利用国外铁矿资源，采取积极有效措施，鼓励企业走出去，积极开展国际合作和国际化经营，稳步推进优质、低成本的铁矿资源境外生产基地建设和海外优质矿山资源股权投资，建立海外铁矿资源战略储备。

2. 针对铁矿石进口依存度过高的建议

2020～2050年中国铁矿石进口依存度较高，是导致未来中国铁矿资源安全风险较大的重要原因，因此，降低铁矿石进口依存度对保障中国铁矿资源国家安全至关重要。

第一，改进铁矿石采选技术，加强低品位矿的开发力度，从而进一步提高国内铁矿石生产能力和利用效率，逐渐降低对国外市场的依赖。

第二，利用废钢作为钢铁生产原料中铁矿石良好替代品的优势，加强废钢回收利用体系建设，完善废钢领域相关法律法规，通过加大政策扶持力度，从而提高废钢资源回收利用水平，实现铁矿资源的循环供应，减少铁矿石的海外进口。

3. 针对铁矿石进口来源国比较集中的建议

2020～2050年中国铁矿石进口集中度较高，进口市场风险较大，由此，建议采取以下措施分散铁矿石进口来源风险。

第一，扩大中国铁矿石进口来源渠道，实施铁矿石进口来源多元化战略。除了从澳大利亚、巴西、南非和印度等主要铁矿石生产国进口外，还应拓宽进口来源渠道，与其他国家开展铁矿资源开发合作项目，不断与伊朗、秘鲁、乌克兰、智利、加拿大等国家建立稳定的铁矿石贸易往来关系。

第二，借助"金砖国家"合作机制、"一带一路"合作平台，积极发展与邻近的俄罗斯、蒙古国、哈萨克斯坦、越南等铁矿资源丰富国家的外交和经贸关系，利用现有地缘政治优势，在铁矿石领域加强战略合作，进一步降低中国铁矿资源进口集中度，分散进口来源风险。

4. 针对国际铁矿石价格不稳定的建议

国际铁矿石价格波动较大，尤其2020～2035年和2035～2040年，可采取以下措施应对铁矿石价格波动风险。

第一，构建中国铁矿石金融战略体系，进一步完善铁矿石金融产品机制，并加强监管力度，综合运用经济、金融等多种手段，有效参与国际矿业市场治理，提升中国国际矿业市场影响力和话语权，有效规避价格波动风险，保障铁矿石价格体系平稳合理运行。

第二，通过提高钢铁行业集中度、加强行业协会建设、完善铁矿石期货、现货市场交易，以增强中国在国际贸易中对铁矿石价格的谈判能力，争取铁矿石贸易价格定价权，以稳定国际铁矿石进口价格。

7 Chapter

第7章
稀土资源国家安全评估与预警系统

7.1 稀土资源概况及供需分析

7.1.1 稀土资源概况

1. 稀土资源用途

稀土是化学元素周期表中 15 个镧系元素以及与镧系元素化学性质相似的钪（Sc）、钇（Y）共 17 种金属元素的总称，又称稀土金属，素有"工业维生素"的美称，也被誉为"新世纪高科技及功能材料的宝库"。随着科技的不断进步以及稀土新用途不断被发现，稀土的应用领域不断被拓展，目前已从冶金工业、石油化工、玻璃陶瓷、国防军事、农业轻纺和能源方面拓展至永磁体、农业、医学等多个新兴领域。稀土主要应用领域如表 7.1 所示。

表 7.1 稀土主要应用领域

应用领域	稀土用途
冶金工业	稀土金属或其氟化物、硅化物加入钢中能发挥精炼、脱硫、中和低熔点有害杂质的作用，并能改善钢的加工性能；稀土硅铁合金、稀土硅镁合金作为球化剂生产稀土球墨铸铁；稀土金属添加至镁、铝、铜、锌、镍等有色合金中，可以改善合金的物理化学性能，并提高合金室温及高温机械性能
石油化工	用稀土制成的分子筛催化剂，具有活性高、选择性好、抗重金属中毒能力强的优点，因而取代了硅酸铝催化剂用于石油催化裂化过程；在合成氨生产过程中，用少量的硝酸稀土作助催化剂，其处理气量比镍铝催化剂大 1.5 倍；复合稀土氧化物可用作内燃机尾气净化催化剂，环烷酸铈还可用作油漆催干剂等

续表

应用领域	稀土用途
玻璃陶瓷	稀土氧化物或经过加工处理的稀土精矿，可作为抛光粉广泛用于光学玻璃、眼镜片、显像管、示波管、平板玻璃、塑料及金属餐具的抛光；添加稀土氧化物可以制得不同用途的光学玻璃和特种玻璃，其中包括能通过红外线、吸收紫外线的玻璃、耐酸及耐热的玻璃、防X-射线的玻璃等；在陶釉和瓷釉中添加稀土，可以减轻釉的碎裂性，并能使制品呈现不同的颜色和光泽，被广泛用于陶瓷工业
国防军事	稀土的加入可以大幅提高用于制造坦克、飞机、导弹的钢材、铝合金、镁合金、钛合金的战术性能
电光源工业	稀土元素铕、钬、铒、铥等具有独特的光电性质，能制造不同功能的荧光粉和复印灯粉，使产品性能改善，发光效率高、节能环保、使用寿命延长
现代农业	稀土盐类是高效微量元素肥料，稀土可作为农作物的生长调节剂，使其产量增长、品质提高，还可使某些作物抗病、抗旱、抗寒能力增强，且对环境无害
永磁体	稀土永磁体具有高剩磁密度、高矫顽力、高磁能积的优异磁性能，已广泛应用于计算机、车用电动机及电声器件等电子及航天领域中
医学	稀土元素如铈、钇等可制成化学治疗剂，用于对抗某些特殊疾病；铥可制成轻便的X-射线放射源

2. 世界稀土资源概况

（1）世界稀土资源现状。

世界稀土资源丰富，但分布不均。美国地质调查局（USGS）数据显示，2019年世界稀土资源储量（REO）为12000万吨，其中中国储量4400万吨，占世界总储量的36.67%，居世界第一位；巴西与越南并列第二，储量均为2200万吨，分别占世界总储量的18.33%；俄罗斯排名第四，储量为1200万吨，占世界总储量的10.00%。此外，稀土资源储量较为丰富的国家（地区）还有印度、澳大利亚、格陵兰岛、美国、坦桑尼亚、加拿大和南非等，这些国家和地区的稀土资源储量占世界总储量的16.67%。2019年世界稀土资源储量分布情况如表7.2所示。

表7.2　　　　　　　　2019年世界稀土资源储量分布情况

国家/地区	储量(万吨)	占比(%)	国家/地区	储量(万吨)	占比(%)
中国	4400	36.67	美国	140	1.17
巴西	2200	18.33	坦桑尼亚	89	0.74

续表

国家/地区	储量（万吨）	占比（%）	国家/地区	储量（万吨）	占比（%）
越南	2200	18.33	加拿大	83	0.69
俄罗斯	1200	10.00	南非	79	0.66
印度	690	5.75	其他国家	439	3.66
澳大利亚	330	2.75	世界总计	12000	100
格陵兰岛	150	1.25			

资料来源：US Geological Survey. Mineral commodity summaries 2020, Reston：US Department of the Interior and US Geological Survey，2021.

（2）世界稀土资源分布及特点。

世界主要稀土国家的矿石类型、资源分布和矿床特点如表 7.3 所示。

表 7.3　　　　　　　　　世界主要稀土国家资源分布及特点

国家	稀土矿物	分布区域	主要稀土矿床及特点
中国	氟碳铈矿、独居石、风化壳淋积型稀土矿、磷钇矿	内蒙古包头、四川冕宁、江西南部、广东、广西和福建等	白云鄂博铁-铌-稀土矿床是中国乃至全球查明资源量最大的矿床，以轻稀土为主，镧、铈、镨和钕四种元素占98%以上；赣南地区离子吸附型矿床虽查明资源总量不大，但稀缺的重稀土含量相对较高，个别矿区重稀土含量超过60%
巴西	以独居石为主	集中分布在东部沿海，从里约热内卢到北部福塔莱萨，长达约643公里的地区	阿拉沙碳酸岩型铌—稀土矿床是目前世界上最大的铌矿床；莫鲁杜费鲁发现含有钍脂铅铀矿、氟碳铈矿和褐铈石等重要稀土矿床，稀土氧化物品位为4%
越南	以独居石为主	莱州、安沛、义安、老街等中北部山区省份	茂塞碳酸岩稀土矿床是世界著名超大规模稀土矿；辛归大型氧化铁型铜-金-铁-稀土矿床稀土（REO）储量约33万吨，平均品位0.63%
俄罗斯	主要有钛铌酸盐（如铈、铌钙钛矿）、磷灰石及氟碳酸盐等	科拉半岛、赫列比特和森内尔	Tomtor稀土矿是俄罗斯雅库特地区重大稀土矿，稀土探明储量约为1.54亿吨
印度	以独居石为主	安德拉邦、泰米尔纳得邦、奥里萨邦以及喀拉拉邦	特拉范科大矿床在1911~1945年的供矿量占世界的一半，现在仍是重要产地；兰契高原大矿床是一个独居石和钛铁矿矿床，规模巨大

国家	稀土矿物	分布区域	主要稀土矿床及特点
澳大利亚	以独居石为主，也产磷钇矿和磷灰石	澳大利亚西部地区、昆士兰州、南澳大利亚州、北领地	韦尔德山（Mount Weld）稀土矿床以品位高著称，平均品位高达11.9%，该区稀土矿体在风化的圆形碳酸岩体内，开采相对容易；诺兰稀土矿床（Nolans）不仅含稀土矿，还伴生磷和铀，其矿石矿物主要为富钍独居石和含氟的磷灰石；南澳州的Olympic Dam矿床资源量高达4500万吨，但品位过低
美国	氟碳铈矿、独居石和用于选其他矿物时可作为副产品而回收的硅铍钇矿、黑稀金矿以及磷钇矿	加利福尼亚、怀俄明、爱达荷和阿拉斯加等12个州	芒廷帕斯矿（Mountain Pass）是世界最大的单一氟碳铈矿，稀土氧化物平均品位为8%～9%；贝诺杰稀土矿（Bear Lodge）中矿石矿物为磷锶铬矿、氟碳铈矿和氟磷钙铈矿，主要是轻稀土，稀土氧化物平均品位4.1%，折合稀土金属量36.3万吨
加拿大	氟碳铈矿、独居石、磷钇矿、褐钇铌矿和磷灰石等	西北领地州麦肯锡、萨斯喀彻温省北部、安大略省布来恩德里弗－埃利特湖地区、加拿大魁北克省北部	内查拉口（Nechalacho）稀土矿发现于1976年，已探明储量及远景储量总计达6521万吨，平均品位2.05% REO；霍益达斯湖（Hoidas Lake）稀土矿床矿体长超过1000米，倾向延深350米以上，厚3～12米，矿体两端和深部延伸都未封闭，稀土金属主要赋存在磷灰石、褐帘石等矿物中
南非	独居石、氟碳铈矿、磷灰石等，以独居石为主	开普省斯廷坎普斯克拉尔、东海岸查兹贝、布法罗	位于开普省斯坎普斯克拉尔的磷灰石矿，伴生有独居石，是世界上唯一单一脉状型独居石稀土矿

资料来源：金属百科网站。

3. 中国稀土资源分布现状

截至目前，全国共有22个省（市、区）发现了上千处稀土矿床、矿点和矿化产地（季根源等，2018）。除内蒙古包头的白云鄂博、江西赣南、广东粤北、四川凉山等地稀土资源分布较为集中外，山东、湖南、广西、云南、贵州、福建、浙江、湖北、河南、山西、辽宁、陕西和新疆等省区亦有稀土矿床发现，但资源量较少。总体来看，中国稀土资源整体呈"北轻南重"的分布特点。轻稀土矿主要分布在内蒙古的包头、山东济宁和四川凉山，重稀土矿集中分布在江西、广东、福建、湖南和广西等南方省区。各地区稀土资源储量如表7.4所示。

表 7.4　　　　　　　　中国各地区稀土资源储量　　　　　　单位：REO，万吨

地区	工业储量	探明储量	远景储量	地区	工业储量	探明储量	远景储量
内蒙古白云鄂博	4350	10600	>13500	南方七省	150	840	5000
山东微山	400	1270	>1300	其他	150	220	>400
四川凉山	150	240	>500	总计	5200	13170	>21000

资料来源：中国稀土网。

从矿物类型来看，中国稀土矿物种类丰富、品种齐全，包括氟碳铈矿、独居石矿、离子型稀土矿、磷钇矿和褐钇铌矿等。其中，氟碳铈矿主产区为内蒙古、四川和山东；离子型稀土矿主产区为江西、湖南、福建、广西和广东等南方地区；磷钇矿主产区为河南、江西、广东和广西；独居石主产区为湖南、福建、广西、广东、海南和台湾等地；稀土磷矿区位于贵州织金和云南昆阳；长江沿岸重庆段淤砂中多见钪矿，海滨砂矿则在中国漫长的海岸线上广为分布。

7.1.2　稀土资源供需现状分析

1. 稀土资源生产状况

（1）世界稀土生产状况。

世界稀土产量自 1998 年以来整体呈增长趋势。其中，1998 年世界稀土产量为 7.66 万吨，到 2011 年缓慢增长至 13 万吨，年均增速为 4.15%；2011 ~ 2014 年，受中国稀土政策出台影响，中国稀土减产造成世界稀土产量明显下滑；2015 年，因中国取消稀土出口配额限制，世界稀土产量出现恢复性增长，2019 年达到 21 万吨，年均增速为 14.08%。1998 ~ 2019 年世界稀土产量变化情况如图 7.1 所示。

从供应格局演变来看，20 世纪 60 年代以前，巴西、印度、马来西亚和澳大利亚都曾在稀土原料领域占据重要地位。20 世纪 60 年代中期美国在稀土生产上居主导地位。80 年代起，中国逐渐进入国际稀土市场，稀土产量不断增加，并于 1986 年超越美国占据绝对领先地位。目前，世界上进行稀土开采、生产的国家主要有：中国、印度、俄罗斯、马来西亚、美国、澳大利亚和巴西等。近年来，一些新兴稀土资源国，如缅甸、布隆迪和马达加斯加等也加入了稀土开采、生产的行列。中国在世界稀土产量中的份额有所下降，未来世界稀土供应格局或将有所改变。

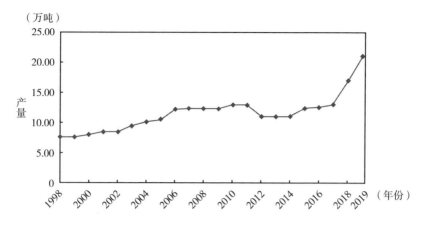

（万吨）

图 7.1　世界稀土产量变化情况（1998～2019）

资料来源：美国地质调查局。

　　中国作为世界稀土生产的主要供应国，2001 年稀土产量为 7.5 万吨，2019 年达到 13.2 万吨，年均增速 3.19%，占世界稀土总产量的比重由 87.72% 降至 62.86%。印度 2001～2019 年稀土产量基本保持在 0.27 万吨/年，占世界总产量比重整体呈下降趋势，由 2001 年的 3.16% 降至 2019 年的 1.43%。马来西亚稀土产量相对较少，2001～2018 年平均产量为 0.028 万吨/年，占世界总产量比重位于 0.09%～0.53% 范围内。由于国际市场上中国稀土价格相对较低且供应充裕，许多稀土资源国纷纷关闭本国稀土矿山，转而进口稀土资源，或将本国稀土资源储备起来。如 2001～2011 年俄罗斯、美国和澳大利亚稀土产量基本为零，2012 年后才开始恢复生产，2019 年三国稀土产量占世界总产量的比重分别为 1.29%、12.38% 和 10%，排名分别为世界第五位、第二位和第三位。此外，巴西 2019 年稀土产量为 0.1 万吨，越南和泰国由于近年来大型稀土矿床的发现以及与他国进行合作开发，产量开始逐渐增加。2001～2019 年世界主要国家稀土产量如表 7.5 所示，2001 年和 2019 年各国稀土产量世界占比情况如图 7.2 所示。

表 7.5　　　　　　　　　　　**2001～2019 年世界主要国家稀土产量**　　　　　　　单位：万吨

年份	中国	印度	俄罗斯	马来西亚	美国	澳大利亚	巴西	越南	泰国	世界总计（大约）
2001	7.500	0.270	0.200	0.045	0.500	—	0.020	—	—	8.550
2002	7.500	0.270	0.200	0.045	0.500	—	0.020	—	—	8.550
2003	9.000	0.270	—	0.045	—	—	—	—	—	9.500

续表

年份	中国	印度	俄罗斯	马来西亚	美国	澳大利亚	巴西	越南	泰国	世界总计（大约）
2004	9.500	0.270	—	0.025	—	—	—	—	0.200	10.200
2005	9.800	0.270	—	0.025	—	—	—	—	0.220	10.500
2006	12.000	0.270	—	0.020	—	—	—	—		12.300
2007	12.000	0.270	—	0.020	—	—	0.073	—		12.400
2008	12.000	0.270	—	0.038	—	—	0.065	—		12.400
2009	12.000	0.270	—	0.038	—	—	0.065	—		12.400
2010	13.000	0.270	—	0.035	—	—	0.055	—		13.000
2011	13.000	0.300	—	0.003	—	—	0.055	—		13.000
2012	9.500	0.280	—	0.035	0.700	0.400	0.030	—		11.000
2013	10.000	0.290	0.240	0.010	0.400	0.200	0.014	0.022	—	11.000
2014	9.500	0.300	0.250	0.020	0.700	0.250	—	0.020	0.110	11.000
2015	10.500	—	0.250	0.020	0.410	1.000	—	—	0.200	12.400
2016	10.500	0.170	0.300	0.030	—	1.400	0.110	0.030	0.080	12.600
2017	10.500	0.150	0.300	0.030	—	2.000	0.200	0.010	0.160	13.000
2018	12.000	0.180	0.260	0.020	1.500	2.000	0.100	0.040	0.100	17.000
2019	13.200	0.300	0.270	—	2.600	2.100	0.100	0.090	0.180	21.000

注："—"表示产量为0。

资料来源：美国地质调查局（USGS）。

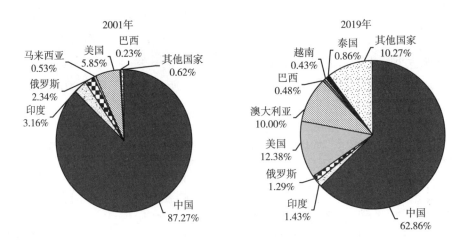

图 7.2　2001 年和 2019 年各国稀土产量世界占比情况

（2）中国稀土生产状况。

中国是稀土生产大国，勘探开采和冶炼技术居世界前列。依据稀土产品类型和生产布局，目前已形成三大稀土生产基地和南北两大稀土生产体系：一是以包头出产的混合型稀土矿为原料的北方稀土生产基地，二是以南方七省出产的离子型稀土矿为原料的中重稀土生产基地，三是以四川冕宁出产的氟碳铈矿为原料的氟碳铈矿生产基地；按照轻稀土原料和中重稀土原料划分，又分为北方工艺体系和南方工艺体系（王珺之，2011）。

从稀土开采量（以 REO 计）来看，2001～2010 年中国稀土产量呈增长趋势，从 7.3 万吨升至 13.0 万吨，10 年产量提高了 78.08%，其中 2005 年增长最快，为 25.56%。2011 年中国稀土产量呈下降趋势，2014 年降至 9.5 万吨，但占世界总产量的比重仍保持在 80% 以上。2015～2017 年中国稀土产量均为 10.5 万吨，2018～2019 年又开始呈增长趋势，其中 2018 年中国稀土产量为 12.0 万吨，包括北方轻稀土矿 10.085 万吨，南方重稀土矿 1.915 万吨；2019 年相对 2018 年稀土产量增加了 1.2 万吨，同比增长 10%，总产量达到 13.2 万吨（见图 7.3）。

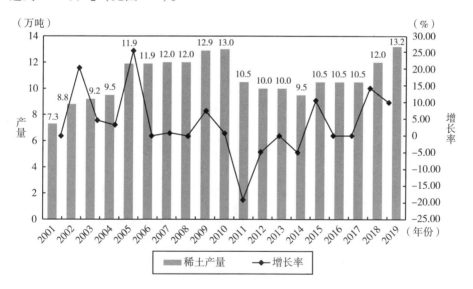

图 7.3　2001～2019 年中国稀土（REO）产量及增长情况

资料来源：CBC 金属网。

从图 7.3 可以看出，中国稀土供应能力较强，但在稀土资源开采过程中普遍存在主体过多、采富弃贫、乱采滥挖、资源综合利用率低、水土流失和生态环境破坏等问题（王成行，2013）。随着稀土产量的逐年增加，中国稀土资源储量正在急剧减少，稀土资源保护意识也在不断加强，不仅对稀土资源开采总量实行严格控制，而且加强了对稀土冶炼分离环节的管理。2011～2019 年中国稀土开采总量控制指标和 2017～2019 年中国稀土冶炼分离总量控制指标分别如图 7.4 和图 7.5 所示。

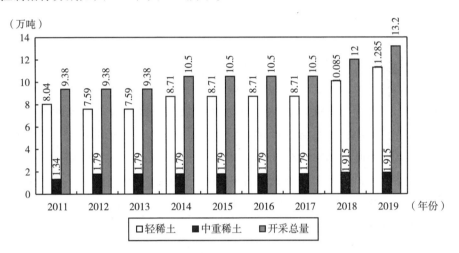

图 7.4　2011～2019 年中国稀土开采总量控制指标

资料来源：中华人民共和国自然资源部网站。

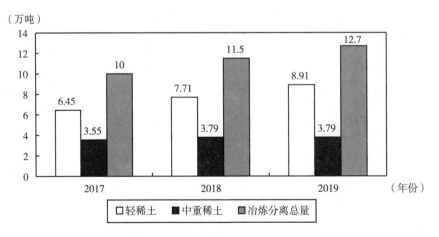

图 7.5　2017～2019 年中国稀土冶炼分离总量控制指标

资料来源：中华人民共和国工业和信息化部网站。

2018 年，工业和信息化部、自然资源部向六大稀土集团下达了第一批和第二批稀土产品的生产总量控制计划（见表 7.6）。

表 7.6　　　　　　2018 年第一批和第二批稀土产品生产总量控制计划

序号	六大稀土集团	2018 年第一批		2018 年第二批	
		冶炼分离产品	矿产品	冶炼分离产品	矿产品
1	中国稀有稀土股份有限公司	12165	8645	7214	5705
	其中：中国钢研科技集团有限公司	420	1820	580	1780
2	五矿稀土集团有限公司	3960	1582	1698	428
3	中国北方稀土（集团）高科技股份有限公司	35059	41650	24425	27600
4	厦门钨业股份有限公司	1865	1358	2098	2082
5	中国南方稀土集团有限公司	9878	18725	6034	9525
	其中：四川江铜稀土参控股企业	4564	12425	3756	7325
6	广东省稀土产业集团有限公司	7073	1540	3531	1160
	其中：中国有色金属建设股份有限公司	2527	0	1083	0
	合计	70000	73500	45000	46500

资料来源：工业和信息化部 自然资源部关于下达 2018 年第一批稀土开采、生产总量控制计划的通知（工信部联原〔2018〕76 号）［EB/OL］. 中华人民共和国中央人民政府网，2018－4－23。工业和信息化部 自然资源部关于下达 2018 年第二批稀土开采、冶炼分离总量控制计划的通知（工信部联原〔2018〕139 号）［EB/OL］. 中华人民共和国中央人民政府网，2018－8－28。

2. 稀土资源消费状况

（1）世界稀土消费状况。

随着世界各国对稀土经济价值和战略意义认识的提升以及稀土资源在各国国民经济、军事国防中的广泛使用，世界稀土需求逐年提高。2001～2010年世界稀土（REO）消费量处于缓慢增长阶段，年均增长率为 5.81%；2011年和 2013 年，稀土消费出现较大幅度下降；此后，2014～2018 年，随着科学技术不断进步，稀土应用领域不断拓宽，推动着稀土消费的逐年增加，2018 年世界稀土消费量达到 14.37 万吨（见图 7.6）。

分国家来看，世界稀土消费市场主要在亚洲。首先 2017 年中国和日本稀土消费量分别占全球消费量的 57% 和 21%，其次是北美洲（美国）和欧洲，均占 8%，东南亚及其他国家（地区）占 6%（见图 7.7）。各国稀土下游分布存在较大差异，中国最大的稀土消费领域是永磁材料，占比 42%；日本以抛光粉和永磁材料为主，最大的稀土消费领域是电子行业的抛光粉，占比 26%；美国稀土消费领域占比较大的是催化剂，主要包括化学催化剂、石油催化剂和汽车尾气催化剂，分别占比 22%、14% 和 13%；欧洲国家众多，稀土消费领域以催化剂、玻璃陶瓷、合金为主（见图7.8）。

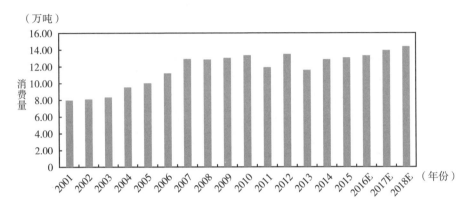

图7.6 世界稀土（REO）消费量（2001~2018）
资料来源：CBC金属网、智研咨询。

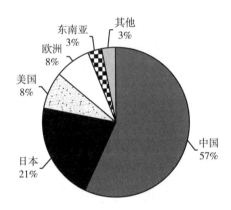

图7.7 2017年各国稀土消费量占比
资料来源：中国产业信息网。

（2）中国稀土消费状况。

中国是世界稀土生产大国，也是世界稀土消费大国，稀土消费量（REO）长期占世界消费总量的60%左右。2001~2018年中国稀土消费量整体呈波动上升趋势，部分年份有所下降。其中，2008年受世界金融危机影响，稀土消费量较2007年下降6.71%；2011年由于稀土市场价格暴涨，稀土消费量大幅下降，到2012年消费量仅为6.48万吨；2015年较之2014年消费量下降0.58万吨。2001~2018年中国稀土消费量变化趋势如图7.9所示。

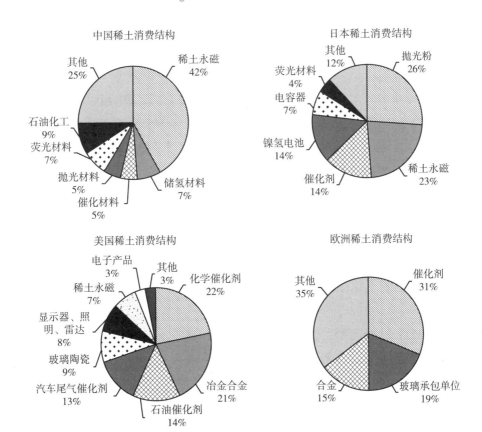

图7.8　2017年中国、日本、美国、欧洲稀土消费结构

资料来源：中国产业信息网。

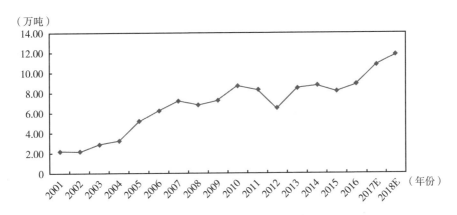

图7.9　中国稀土消费量变化趋势（2001～2018）

资料来源：《稀土信息》、中国有色金属工业协会。

在消费领域，目前中国稀土消费主要分为传统领域和新材料领域。近年来随着中国工业化进程的不断加快、经济发展方式的转变以及全社会对清洁能源需求的快速增长，国内稀土在传统领域的消费逐渐减少，在新材料领域的消费不断增加，尤其以稀土永磁为代表的新材料在稀土应用中所占的比重越来越大。2018年，中国稀土在传统领域的消费占34%，在新材料领域的消费占66%，未来随着"中国制造2025"战略的推进，稀土产业将获得日益广阔的发展空间和新的增长动力，在功能材料和稀土高端应用产品上将获得更多发展机遇，稀土新材料领域的消费将持续旺盛。

在进口方面，根据中国海关统计数据显示，2017年中国稀土进口量（实物总量）约3.52万吨，进口金额约1.83亿美元。2018年中国稀土进口总量约9.84万吨，首次超过出口量，成为世界最大稀土进口国。其中，2018年中国实际进口稀土化合物约6.95万吨，进口额2.03亿美元；进口稀土金属约6.4吨，进口额98万美元。稀土原矿进口急剧增加，2018年稀土金属矿进口（REO）2.89万吨，增长了37.30倍。由此可见，中国稀土资源供给格局发生了较大变化，海外稀土资源已成为中国稀土消费市场的重要供给。2017年和2018年中国稀土产品进口统计情况如表7.7所示。

表7.7　　　　　　2017年和2018年中国稀土产品进口统计情况

类别	数量（吨）		增长率（%）	金额（万美元）		增长率（%）
	2017年	2018年		2017年	2018年	
稀土化合物	34321	69486	102.46	17437	20295	16.39
稀土金属矿	755	28918	3730.20	240	5190	2060.50
稀土金属	81	6.4	-92.10	658	98	-85.11
合计	35157	98411	179.92	18335	25583	39.53

资料来源：中国海关、《稀土信息》。

7.2　稀土资源需求情景分析

7.2.1　稀土需求影响因素分析

影响中国稀土需求的主要因素有：

（1）中国稀土氧化物出口平均价格（REO 均价，以下简称"稀土价格"）。

稀土价格是影响稀土需求必不可少的重要因素之一。李振民等（2017）指出稀土需求主要受两个因素制约，一个是宏观经济发展的影响，另一个是稀土价格的变化。稀土价格反映了中国稀土市场变动情况及稀土价格调整机制对稀土需求量的影响。根据需求规律，在其他条件不变的情况下，一种商品的需求量与其自身价格呈反方向变动关系，即中国 REO 需求会随稀土价格的上升而减少，因稀土价格的下降而增加。

（2）中国制造业增加值占工业增加值的比重（以下简称"制造业增加值比重"）。

王佳男（2018）指出，中国制造业目前细分的 31 个子行业中有 22 个均为稀土密集应用行业。制造业增加值比重反映了与稀土应用息息相关的行业变动情况。郑明贵等（2018）指出制造业增加值在工业增加值中的比重用于反映经济结构的变化。中国工业已从改革开放初期的高耗能、高污染、高排放的重工业主导结构，转变为以高、精、尖为目标的制造业升级路线上，工业结构持续良性变化，高端装备制造业、高新技术产业以及新材料研发产业在工业体系中所占的比重越来越大。稀土作为"工业味精"，在以稀土永磁材料为首的制造业中应用量大且广泛，即使是轻微的工业结构调整都会导致稀土行业供需情况的大幅波动。长期来看，工业结构的正向变动将引起稀土产品需求量的大幅增加。

（3）中国经济发展水平。

国内生产总值（GDP）反映国民经济发展与稀土需求量之间的影响关系，GDP 增长是导致稀土需求增长的重要因素之一。经济的快速发展能拉动国内需求，因此，在分析稀土需求时，宏观经济形势必不可少。中国稀土行业长期以来采取的是开采后出售原矿、冶炼分离后出售精矿、初级稀土原材料加工后出口贸易的发展模式，稀土行业处于产业链的前端和稀土利益分配的弱势地位，这种经济增长方式导致了稀土需求量的居高不下。近年来，稀土行业整体结构持续良性变化，稀土生产以及市场需求逐渐规范，稀土需求量得到管控。对稀土行业来说，受整体经济发展形势影响，稀土需求的收入弹性较高，稀土产品需求量未来将逐年稳定增长。

7.2.2 稀土需求情景定义

以稀土价格、制造业增加值比重和中国经济发展水平三个因素作为中国稀土需求情景定义的主要驱动变量，设置以下三个情景。

情景A（低情景）：2020年全球新冠肺炎疫情的反复进一步抑制了世界经济复苏，预计未来30年（2021~2050）全球经济增长长期持续低迷。中国在加强疫情防控的同时，国外疫情会通过贸易、投资、金融、产业链、人员跨境流动等渠道，对中国产生多重不利影响，并给全球经济增长带来更大压力，严重影响中国经济的高速发展。因此，未来三十年中国经济年均增长3%左右，其中2021~2030年4%左右，2031~2040年3%左右，2041~2050年2%左右。中国经济刺激计划作用有限，经济增速下滑对稀土需求的增幅较小。

情景B（基准情景）：2020年受新冠肺炎疫情的影响，全球经济受到重创，也对中国经济增长产生较大影响。但随着国内疫情得到有效控制，中国经济复苏持续向好，2020年6月，世界银行和国际货币基金组织均预测中国是2020年全球主要经济体中唯一正增长的国家。大多数学者认为中国经济中长期向好趋势不会改变，经济潜在增速不会出现系统性偏离，且疫情结束后中国经济将回归潜在增长轨道，世界经济将再出现稳定增长，生产要素配置将更加合理。因此，未来30年（2021~2050）中国经济年均增长4%左右，其中2021~2030年4%~5%，2031~2040年3%~4%，2041~2050年2%~3%。中国经济刺激计划作用有效，经济增速回升对稀土需求的增幅较大。

情景C（高情景）：2020年虽然新冠肺炎疫情给全球经济造成重大影响，稀土需求进一步受到影响，但随着中国长效性常态化的疫情防控体系的建立，复工、复产等政策的大力推进和落实，中国经济已保持明显企稳回升态势，各行各业逐渐恢复正常生产，推进全社会的经济高速恢复。预计在全球疫情得到有效控制后，经济刺激计划将有力地推动全球经济复苏，在稳定增长的同时，生产要素流动加速。因此，未来30年（2021~2050）中国经济年均增长5%左右，其中2021~2030年5%~6%，2031~2040年4%~5%，2041~2050年3%~4%。中国经济刺激计划作用比较显著，经济转型成功，对稀土需求的增幅也更大。

7.2.3　稀土宏观情景设置及描述

1. 稀土价格未来情景设置

稀土价格受全球及中国经济发展影响很大，2001～2019 年稀土价格波动率与中国 GDP 增长率变化趋势如图 7.10 所示。2001～2009 年稀土价格先升后降。其中，2005 年国内加大对稀土产业政策调整力度，稀土管控越来越规范，稀土价格出现短期上涨；2008 年受国际金融危机影响，稀土价格持续下跌。2010～2011 年稀土价格快速上涨，原因在于：2010 年国家开展稀土勘查、开发秩序专项整治行动，稀土市场运行情况渐趋好转，稀土价格稳步回升。2011 年稀土相关政策的出台严厉打击了非法开采、违规超采、非法出口和走私等行为，造成稀土价格短期内大幅上涨。2011 年稀土产品价格达到历史最高点，但过高的稀土价格抑制了下游需求，市场竞争激烈，导致 2012～2016 年稀土价格持续震荡下行。其中，2012 年受国家限制稀土开采额度、实行稀土专用发票等政策影响，经销商大幅抛售前期囤货，致使稀土价格呈持续震荡走低态势。2015 年中国取消了稀土出口配额和出口关税。受中国稀土政策的影响，稀土价格发生了剧烈变化。2016 年，由于"稀土打黑"低于预

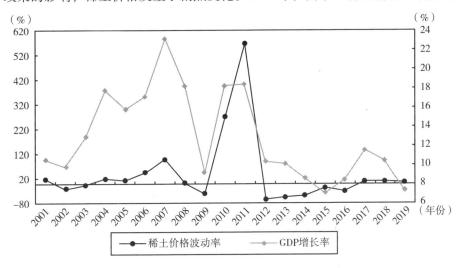

图 7.10　GDP 增长率与稀土价格变化关系（2001～2019）

资料来源：国家统计局和联合国商品贸易数据库。

期，稀土收储及稀土大集团整合工作未及时到位，造成稀土行业产能明显过剩，导致稀土价格持续下跌。2017~2019年，随着国家加大对稀土等战略资源的重视，在"稀土集团整合＋供给收缩＋监管趋严＋下游需求旺盛"背景下，稀土价格波动幅度较小，具有充足的向上驱动力，预计未来稀土价格有望持续稳步上涨。

根据中国GDP增长率与稀土价格的波动关系，设置2020~2050年稀土价格未来情景（见表7.8）。

表7.8　　　　　　　　稀土价格未来情景设置（2020~2050）

年份	情景A		情景B		情景C	
	增长率（%）	稀土价格（美元/公斤）	增长率（%）	稀土价格（美元/公斤）	增长率（%）	稀土价格（美元/公斤）
2020	11.21	9.13	20.83	9.92	27.41	10.46
2025	1.96	10.06	1.79	10.84	1.34	11.18
2030	2.48	11.37	2.32	12.16	5.66	14.72
2035	-7.94	7.52	-6.71	8.59	-8.44	9.47
2040	9.04	11.59	10.18	13.95	10.71	15.75
2045	6.14	15.61	4.73	17.58	2.79	18.07
2050	-6.79	10.98	-8.19	11.47	-6.90	12.64

2. 制造业增加值比重未来情景设置

制造业增加值比重代表着工业结构的变化，其调整是一个微调的过程，短期内制造业增加值比重大幅度变动的可能性很小。2001~2009年制造业增加值比重变化率相对较大，变化幅度在-2.37%~2.44%。2010~2014年，稀土应用广泛的制造业产业结构变化，使得制造业增加值比重变化率呈阶梯式上升，变化幅度在-1.02%~2.55%。此后，随着供给侧结构性改革的提出，中国经济结构整体调整升级，2015~2019年制造业增加值比重的变化率在-0.43%~1.54%，整体呈上升趋势（见图7.11）。

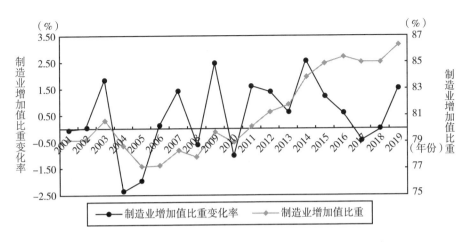

图7.11 制造业增加值比重及其变化率趋势(2001~2019)

资料来源:国家统计局网站。

根据制造业增加值比重变化趋势,设置未来情景如表7.9所示。

表7.9 制造业增加值比重未来情景设置(2020~2050) 单位:%

年份	情景 A		情景 B		情景 C	
	增长率	制造业增加值比重	增长率	制造业增加值比重	增长率	制造业增加值比重
2020	-13.67	73.39	-8.33	77.93	-5.20	80.59
2025	0.85	76.57	0.15	78.50	0.70	83.46
2030	2.07	84.83	1.73	85.52	0.65	86.21
2035	-1.63	78.15	-1.51	79.27	-0.92	82.3
2040	1.01	82.19	1.38	84.90	0.76	85.49
2045	-1.70	75.45	-1.51	78.68	-1.15	80.69
2050	0.57	77.64	0.29	79.83	0.15	81.29

3. 中国经济发展水平未来情景设置

见第3章"3.5 公共因素情景设置"中"中国GDP未来情景设置(2020~2050)"有关内容。

7.2.4 稀土需求情景测算及分析

1. 神经网络结构

根据第 3 章人工神经网络原理，构造一个三层神经网络：

（1）输入层神经元。包括稀土价格、制造业增加值比重和中国经济发展水平。

（2）输出层神经元。包括稀土（REO）需求量和进口量。

（3）隐含层神经元数目的确定。根据式（3.9）确定隐含层节点数为 5。

2. 数据来源

"稀土价格"和"稀土进口量"数据来源于联合国商品贸易数据库（UN Comtrade Database），"中国 GDP"数据来源于中国国家统计局，"稀土需求量"数据来源于 CBC 金属网、《稀土信息》和中国有色金属工业协会。"制造业增加值比重"根据中国国家统计局、《中国统计年鉴》和《中国工业统计年鉴》数据整理得到，其中，"制造业增加值比重"中"工业增加值"数据来源于中国国家统计局，"制造业增加值"数据来源于《中国统计年鉴》和《中国工业统计年鉴》。由于《中国统计年鉴》对制造业增加值的统计只有 2004~2018 年，因此参考吴秋阳（2016）的做法，根据《中国工业统计年鉴》中分行业工业增加值计算得到 2001~2003 年制造业增加值数据。

3. 原始数据及其初始化

根据神经网络计算规则，应对原始数据（见表 7.10）进行初始化。为了使网络收敛速度更快，初始化后的数据应尽可能在 0.1~0.9。通常将实际值除以一个比例因子，该比例因子是该项数据可能取得的最大值。初始化后的训练数据如表 7.11 所示。

表 7.10　　　　　　　　　　　原始数据

年份	稀土价格 （美元/公斤）	制造业增加值 比重（%）	中国 GDP （亿元）	进口量 （吨）	需求量 （吨）
2001	3.98	79.10	110863.10	708.95	22600
2002	3.12	79.13	121717.40	2246.33	22000

续表

年份	稀土价格 （美元/公斤）	制造业增加值 比重（%）	中国 GDP （亿元）	进口量 （吨）	需求量 （吨）
2003	2.93	80.59	137422.00	1158.62	29500
2004	3.43	78.68	161840.20	2470.75	33411
2005	3.85	77.12	187318.90	2194.58	51900
2006	5.55	77.21	219438.50	5543.69	62793
2007	10.90	78.31	270092.30	4518.65	72550
2008	10.86	77.84	319244.60	2673.72	67680
2009	6.15	79.74	348517.70	1572.09	73000
2010	22.68	78.93	412119.30	1948.39	87025
2011	151.53	80.18	487940.20	1078.24	83110
2012	53.42	81.29	538580.00	1284.90	64797
2013	23.97	81.80	592963.20	3315.09	85144
2014	12.40	83.89	643563.10	3308.95	87800
2015	9.93	84.88	688858.20	10428.88	82000
2016	6.78	85.37	746395.10	16440.25	89000
2017	7.36	85.01	832035.90	34299.59	109000[e]
2018	8.01	85.00	919281.10	69336.00	118000[e]

注：e 为估计值。

表 7.11 神经网络训练值

年份	稀土价格 （美元/公斤）	制造业增加值 比重（%）	中国 GDP （亿元）	进口量 （吨）	需求量 （吨）
2001	0.0248	0.7910	0.0246	0.0018	0.0377
2002	0.0195	0.7913	0.0270	0.0056	0.0367
2003	0.0183	0.8059	0.0305	0.0029	0.0492
2004	0.0214	0.7868	0.0360	0.0062	0.0557
2005	0.0240	0.7712	0.0416	0.0055	0.0865
2006	0.0347	0.7721	0.0488	0.0139	0.1047
2007	0.0681	0.7831	0.0600	0.0113	0.1209
2008	0.0679	0.7784	0.0709	0.0067	0.1128
2009	0.0385	0.7974	0.0774	0.0039	0.1217
2010	0.1418	0.7893	0.0916	0.0049	0.1450

续表

年份	稀土价格 （美元/公斤）	制造业增加值 比重（%）	中国GDP （亿元）	进口量 （吨）	需求量 （吨）
2011	0.9471	0.8018	0.1084	0.0027	0.1385
2012	0.3339	0.8129	0.1197	0.0032	0.1080
2013	0.1498	0.8180	0.1318	0.0083	0.1419
2014	0.0775	0.8389	0.1430	0.0083	0.1463
2015	0.0621	0.8488	0.1531	0.0261	0.1367
2016	0.0424	0.8537	0.1659	0.0411	0.1483
2017	0.0460	0.8501	0.1849	0.0857	0.1817
2018	0.0501	0.8500	0.2043	0.1733	0.1967

4. 稀土需求情景测算

将经过初始化的神经网络训练数据（见表7.11）输入BP网络预测系统中，设定期望单个误差0.001，期望系统平均误差0.001，最大学习步数50000步，学习样本数18，输入层节点数3，输出层节点2，对样本数据加以训练学习。BP网络预测系统参数设置和样本误差曲线分别如图7.12和图7.13所示。

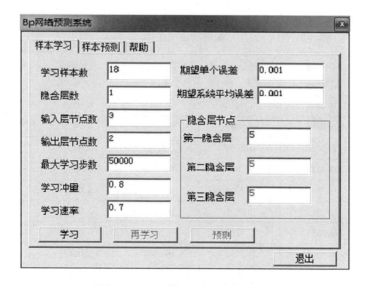

图7.12　BP网络预测系统参数设置

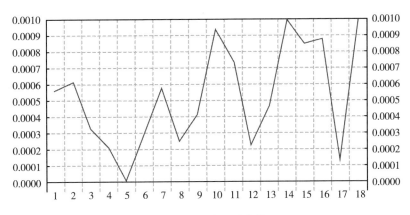

图 7.13 样本误差曲线

由图 7.13 可知，样本训练误差精度达到目标精度，网络建立有效。分别将情景 A、情景 B 和情景 C 中各输入层神经元预测值（见表 7.8、表 7.9、表 3.10）归一化并代入已训练好的神经网络，并对输出结果进行反归一化处理，得到 2020~2050 年中国稀土未来需求情景预测值（见表 7.12）。

表 7.12　中国稀土未来需求情景预测值（2020~2050）

年份	情景 A			情景 B			情景 C		
	进口量（吨）	需求量（吨）	进口依存度（%）	进口量（吨）	需求量（吨）	进口依存度（%）	进口量（吨）	需求量（吨）	进口依存度（%）
2020	26821.64	145410.95	18.45	28696.43	148066.14	19.38	30025.96	150038.99	20.01
2025	51604.19	187174.72	27.57	57911.02	196025.70	29.54	66533.92	206379.51	32.24
2030	88437.32	234937.39	37.64	101905.41	252756.72	40.32	114525.02	270776.41	42.30
2035	119500.34	276986.94	43.14	137483.56	304165.88	45.20	152918.14	330843.92	46.22
2040	145085.95	317282.57	45.73	161975.69	350520.29	46.21	173075.75	378815.00	45.69
2045	158265.33	345197.42	45.85	173486.29	381481.82	45.48	181915.65	408776.92	44.50
2050	168619.42	366955.58	45.95	180676.48	403292.11	44.80	186344.16	426770.32	43.66

由表 7.12 可知，2020~2050 年中国稀土进口量和需求量整体呈上升趋势，但增速逐渐放缓。从稀土需求量来看，2020 年由于新冠肺炎疫情影响，全球经济受到重创，导致各类消费大幅下滑，特别是国外疫情蔓延后，需求进一步受到打击，从而减少了对稀土需求。2020 年稀土需求量预测最低值为 14.54 万吨，最高值为 15.00 万吨，平均预测值为 14.78 万吨；2035 年预测最低值为 27.70 万吨，最高值为 33.08 万吨，平均预测值为 30.40 万吨；

2050 年预测最低值为 36.70 万吨，最高值为 42.68 万吨，平均预测值为 39.90 万吨。从进口依存度来看，2020~2050 年三种情景下中国稀土进口依存度在 18.45%~46.22%，基准情景下均值为 38.70%。未来随着中国稀土替代品的开发、稀土应用领域拓展、稀土产业链延伸、稀土需求结构的变化、产业方向的调整以及稀土管制的规范化，稀土价格波动、供需结构变化等均会对稀土产品消费量产生影响。因此，在一定程度上，对中国稀土需求量进行长期预测具有重要意义。

7.3　稀土资源国家安全评估

7.3.1　指标体系构建与数据来源

1. 评估与预警指标体系的构建

基于第 2 章中"中国战略性矿产资源国家安全的内涵"及第 3 章中"评估与预警指标体系构建原则"，考虑稀土的特殊性，同时借鉴已有研究成果（邓楚楚等，2016；高思宇等，2017），构建以资源禀赋、市场状态、技术保障为一级指标，包括储采比、储量指数和进口依存度等 7 个二级指标的中国稀土资源国家安全评估与预警指标体系，各指标的计算及解释如表 7.13 所示。

表 7.13　中国稀土资源国家安全评估与预警指标体系

一级指标	二级指标	指标解释	指标计算
资源禀赋	储采比	反映资源可供使用年限。储采比越大，服务年限越长，安全度越高	国内储量/国内产量
	储量指数	反映国内资源人均储量丰裕程度。储量指数越大，安全度越高	国内人均储量/世界人均储量
市场状态	进口依存度	反映对国外资源的依赖程度。对外依存度越高，供应风险越大，安全度越低	进口量/消费量
	进口集中度	反映从国外进口资源的集中程度。进口集中度越高，防控和分散风险难度越大，安全度越低	前三位国家（地区）进口量之和/总进口量

续表

一级指标	二级指标	指标解释	指标计算
市场状态	价格波动率	反映市场供需均衡情况。市场价格波动越大，供应越不稳定	（当年出口均价 – 上年出口均价）/上年出口均价
	地缘政治风险	反映主要进口国国家风险水平。地缘政治风险越高，安全度越低	$\sum$（进口来源国进口份额）$^2 \times$ 国家风险指数
技术保障	应用技术竞争力	反映稀土资源核心技术竞争力的安全水平。应用技术竞争力越大，技术保障能力越强	稀土高端应用领域授权专利数/国内稀土专利授权总数

资料来源：稀土高端应用领域授权专利数参考宋莹颖（2018）的研究，主要采用稀土永磁、稀土催化、稀土发光、稀土储氢和稀土抛光 5 个方向专利数进行统计。

2. 数据来源

综合考虑指标数据的可获性和同类研究的可比性，研究数据来源于 CBC 金属网、美国地质调查局（USGS）、联合国商品贸易数据库（UN Comtrade Database）、《稀土信息》、中国有色金属工业协会、世界银行（Word Bank）、中国国家统计局和国家知识产权局。由此，整理得到 2001 ~ 2018 年中国稀土资源国家安全评估与预警指标数据（见表 7.14）。

表 7.14　　　中国稀土资源国家安全评估与预警指标数据（2001 ~ 2018）

年份	储采比	储量指数	进口依存度（%）	进口集中度（%）	价格波动率（%）	地缘政治风险	应用技术竞争力（%）
2001	589.04	2.09	3.14	75.73	16.32	0.61	2.68
2002	306.82	1.50	10.21	94.88	– 21.56	1.11	4.48
2003	293.48	1.51	3.93	85.25	– 6.02	1.13	3.32
2004	284.21	1.52	7.40	83.53	16.91	0.83	6.20
2005	226.89	1.53	4.23	83.92	12.29	0.77	3.70
2006	226.89	1.54	8.83	89.45	44.14	1.23	3.09
2007	225.00	1.55	6.23	86.89	96.50	1.01	2.78
2008	225.00	1.56	3.95	68.96	– 0.32	0.70	3.52
2009	279.07	1.86	2.15	61.09	– 43.35	0.43	6.14
2010	423.08	2.58	2.24	62.15	268.58	0.46	5.34
2011	523.81	2.60	1.30	86.29	568.02	1.22	3.01

续表

年份	储采比	储量指数	进口依存度（%）	进口集中度（%）	价格波动率（%）	地缘政治风险	应用技术竞争力（%）
2012	550.00	2.62	1.98	72.72	−64.75	0.63	7.37
2013	550.00	2.07	3.89	83.53	−55.13	0.66	6.16
2014	578.95	2.24	3.77	80.53	−48.28	0.89	5.52
2015	523.81	2.26	12.72	89.22	−19.88	1.21	6.15
2016	419.05	1.97	18.47	93.34	−31.72	1.96	8.11
2017	419.05	1.98	31.47	96.32	8.50	2.77	7.59
2018	366.67	2.00	58.76	98.90	8.93	2.04	7.16

7.3.2 指标权重确定

指标权重的确定方法一般包括主观赋权法、客观赋权法和主客观结合的组合赋权法三种，将采用主客观结合的组合赋权法来确定指标权重。专家调查法是一种较为常用的主观赋权法，主观影响较大；熵权法是根据指标的变异程度及其提供的信息量大小来说明其重要程度，客观性较强，但没有考虑专家经验和决策者的意愿，甚至有时会出现不重要的指标却有较大权值的情况。将专家调查法和熵权法组合平均值确定为指标权重，既利用了客观信息，又满足了决策者的主观意愿，使结果更趋合理与可靠。具体计算过程如下：

首先，运用专家调查法向高等院校、设计院和矿山企业等单位矿业工程和经济管理领域的50位专家发出了"中国稀土资源国家安全评估与预警指标体系专家赋权函"（见附录Ⅱ.2），收回有效赋权函43份，整理得到各指标的主观权重，记为 $W_{1j} = (W_{11}, W_{12}, \cdots, W_{1j})$。

其次，运用熵权法计算各评估指标的客观权重 $W_{2j} = (W_{21}, W_{22}, \cdots, W_{2j})$，计算步骤如下：

第一步：采用极差法对各指标数据进行无量纲化处理，得到各评估与预警指标的标准化值 X'_{ij}：

$$X'_{ij} = \frac{X_{ij} - \min(X_j)}{\max(X_j) - \min(X_j)} （适用于正向指标） \tag{7.1}$$

$$X'_{ij} = \frac{\max(X_j) - X_{ij}}{\max(X_j) - \min(X_j)} （适用于负向指标） \tag{7.2}$$

式（7.2）中：X_{ij}表示第i年第j项指标值；$\max(X_j)$和$\min(X_j)$分别表示第j项指标的最大值与最小值。

第二步：计算第j项指标第i年的指标值比重Y_{ij}（$0 < Y_{ij} < 1$）：

$$Y_{ij} = X'_{ij} \Big/ \sum_{i=1}^{m} X'_{ij} \tag{7.3}$$

第三步：计算第j项指标信息熵e_j（$0 < e_j < 1$）：

$$e_j = -k \sum_{i=1}^{m} (Y_{ij} \ln Y_{ij}) \tag{7.4}$$

式（7.4）中：k为常数，$k = 1/\ln m$。

第四步：计算第j项指标权重W_{2j}：

$$W_{2j} = \frac{(1 - e_j)}{\sum_{j=1}^{n} (1 - e_j)} \tag{7.5}$$

最后，取两种方法指标权重均值，得综合权重$W_j = 0.5W_{1j} + 0.5W_{2j}$。各指标主观权重、客观权重、综合权重计算结果如表7.15所示。

表7.15　　　　　　　　　　各指标权重计算结果

一级指标	二级指标	客观权重	主观权重	综合权重
资源禀赋	储采比	0.2431	0.1985	0.2208
	储量指数	0.2764	0.1674	0.2219
市场状态	进口依存度	0.0419	0.1400	0.0909
	进口集中度	0.1469	0.1246	0.1357
	价格波动率	0.0410	0.1235	0.0823
	地缘政治风险	0.0566	0.0977	0.0772
技术保障	应用技术竞争力	0.1941	0.1483	0.1712

7.3.3　评估方法

TOPSIS法是系统工程中有限方案多目标决策的一种常用分析方法，通过找出各指标的最优值和最劣值，分别构成正理想解和负理想解，测算各评估对象距离正/负理想解的大小，得到其与正理想解的相对接近程度，以此为依据对各备选方案进行优劣排序（王磊等，2017）。该方法对样本大小、指标多少、数据分布等均无严格限制（徐美等，2017），具有计算量小、信息失真少、几何意义直观、运用范围广等特点（孙涵等，2018），可较好运用于中国稀土资源国家安全评估。主要步骤如下。

（1）加权规范化矩阵的构建。

在数据标准化和指标权重确定的基础上，建立加权规范化矩阵 V：

$$V = (V_{ij})_{mn} = (W_j X'_{ij})_{mn} = \begin{bmatrix} W_1 X'_{11} & \cdots & W_n X'_{1n} \\ \vdots & & \vdots \\ W_1 X'_{m1} & \cdots & W_n X'_{mn} \end{bmatrix} \qquad (7.6)$$

（2）正/负理想解的确定。

从加权规范化矩阵中找出各指标的最大值和最小值，分别将其作为正理想解和负理想解，设为 V^+、V^-：

$$V^+ = \{ \max V_{ij} | i = 1, 2, \cdots, m \} = \{ V_1^+, V_2^+, \cdots, V_n^+ \} \qquad (7.7)$$

$$V^- = \{ \min V_{ij} | i = 1, 2, \cdots, m \} = \{ V_1^-, V_2^-, \cdots, V_n^- \} \qquad (7.8)$$

（3）欧氏距离的计算。

计算各评估对象到正理想解 V^+、负理想解 V^- 的欧式距离 D_i^+、D_i^-：

$$D_i^+ = \sqrt{\sum_{j=1}^{n} (V_{ij} - V_j^+)^2}, (i = 1, 2, \cdots, m) \qquad (7.9)$$

$$D_i^- = \sqrt{\sum_{j=1}^{n} (V_{ij} - V_j^-)^2}, (i = 1, 2, \cdots, m) \qquad (7.10)$$

（4）相对贴近度的计算。

在求得 D_i^+、D_i^- 的基础上，算出历年各评估对象与正理想解的接近程度 C_i，即中国稀土资源国家安全贴近度，公式为：

$$C_i = \frac{D_i^-}{D_i^+ + D_i^-} \qquad (7.11)$$

式（7.11）中：$C_i \in [0, 1]$，其值越大，表明第 i 年中国稀土资源国家安全水平越高，反之则安全水平越低。

7.3.4 预警评估等级划分

根据 TOPSIS 法计算原理，参考徐美等（2017）、任晓娟等（2019）的研究，划分中国稀土资源国家安全预警评估等级（见表 7.16）。

表 7.16　　　　　中国稀土资源国家安全预警评估等级划分

预警评估等级	预警颜色	预警安全等级	划分标准
高	红色	很不安全	[0，0.2]
较高	橙色	不安全	(0.2，0.4]
一般	黄色	基本安全	(0.4，0.6]
较低	蓝色	安全	(0.6，0.8]
低	绿色	很安全	(0.8，1.0]

7.3.5　评估结果分析

1. 一级指标评估

根据式（7.1）和式（7.2）、式（7.6）至式（7.11），结合表 7.14 和表 7.15，得到 2001～2018 年中国稀土资源国家安全各一级指标评估值及其预警等级。

（1）资源禀赋评估。

2001～2018 年中国稀土资源禀赋评估结果如表 7.17 所示。

表 7.17　　　　　中国稀土资源禀赋评估结果（2001～2018）

年份	评估值	预警等级	年份	评估值	预警等级
2001	0.70	蓝色预警	2010	0.71	蓝色预警
2002	0.15	红色预警	2011	0.88	绿色预警
2003	0.13	红色预警	2012	0.93	绿色预警
2004	0.11	红色预警	2013	0.67	蓝色预警
2005	0.02	红色预警	2014	0.78	蓝色预警
2006	0.03	红色预警	2015	0.74	蓝色预警
2007	0.03	红色预警	2016	0.48	黄色预警
2008	0.04	红色预警	2017	0.48	黄色预警
2009	0.25	橙色预警	2018	0.42	黄色预警

由表 7.17 可知，2001～2018 年中国稀土资源禀赋评估值位于 0.02～0.93 范围内，预警等级呈先升后降再升的变化趋势。其中，2001～2008 年受储采比下降影响，稀土资源禀赋质量降低，预警等级由蓝色预警上升为红色

预警，安全程度由安全转向很不安全。2009~2012 年，随着储采比和储量指数的增加，稀土资源禀赋状况改善，预警等级由橙色预警降为绿色预警。2013~2018 年，稀土资源禀赋评估值逐年降低，预警等级由蓝色预警变为黄色预警。

（2）市场状态评估。

2001~2018 年中国稀土资源市场状态评估结果如表 7.18 所示。由此可知，2001~2018 年中国稀土市场状态评估值位于 0.31~0.98 范围内，预警等级呈先升后降再升的变化趋势，由 2001~2014 年的蓝色——绿色预警上升至 2015~2018 年的黄色——橙色预警，由安全——很安全向基本安全——不安全方向转变。其中，由于进口集中度、地缘政治风险和价格波动率的增加，2002 年、2006 年、2007 年和 2011 年预警等级也呈现黄色预警状态。

表 7.18　　　　　中国稀土资源市场状态评估结果（2001~2018）

年份	评估值	预警等级	年份	评估值	预警等级
2001	0.75	蓝色预警	2010	0.81	绿色预警
2002	0.50	黄色预警	2011	0.48	黄色预警
2003	0.60	蓝色预警	2012	0.80	绿色预警
2004	0.62	蓝色预警	2013	0.65	蓝色预警
2005	0.63	蓝色预警	2014	0.68	蓝色预警
2006	0.53	黄色预警	2015	0.54	黄色预警
2007	0.56	黄色预警	2016	0.45	黄色预警
2008	0.85	绿色预警	2017	0.35	橙色预警
2009	0.98	绿色预警	2018	0.31	橙色预警

（3）技术保障评估。

2001~2018 年中国稀土资源技术保障评估结果如表 7.19 所示。

表 7.19　　　　　中国稀土技术保障评估结果（2001~2018）

年份	评估值	预警等级	年份	评估值	预警等级
2001	0.00	红色预警	2006	0.08	红色预警
2002	0.33	橙色预警	2007	0.02	红色预警
2003	0.12	红色预警	2008	0.16	红色预警
2004	0.65	蓝色预警	2009	0.64	蓝色预警
2005	0.19	红色预警	2010	0.49	黄色预警

续表

年份	评估值	预警等级	年份	评估值	预警等级
2011	0.06	红色预警	2015	0.64	蓝色预警
2012	0.86	绿色预警	2016	1.00	绿色预警
2013	0.64	蓝色预警	2017	0.90	绿色预警
2014	0.52	黄色预警	2018	0.82	绿色预警

由表 7.19 可知，2001~2018 年中国稀土技术保障评估值位于 0~1 范围内，预警等级呈波动下降趋势，大致经历了红色预警——蓝色预警——绿色预警的变化过程，安全程度由很不安全转向很安全状态，说明稀土高端应用领域专利数占比在不断增加，稀土应用技术竞争力增强，技术保障水平在不断提高。

2. 综合评估

根据表 7.14 和表 7.15、运用式（7.6）至式（7.11），对 2001~2018 年中国稀土资源国家安全进行综合评估，结果如表 7.20 所示。由此可知，2001~2018 年中国稀土资源国家安全综合评估值位于 0.25~0.87 范围内，预警等级先降再升，由 2001~2009 年的黄色——橙色预警降至 2010~2015 年的绿色——蓝色预警，再上升至 2016~2018 年的黄色预警，安全程度由基本安全——不安全到很安全——安全再转至基本安全。

表 7.20　　中国稀土资源国家安全综合评估结果（2001~2018）

年份	评估值	预警等级	年份	评估值	预警等级
2001	0.59	黄色预警	2010	0.69	蓝色预警
2002	0.31	橙色预警	2011	0.60	黄色预警
2003	0.30	橙色预警	2012	0.87	绿色预警
2004	0.37	橙色预警	2013	0.66	蓝色预警
2005	0.29	橙色预警	2014	0.70	蓝色预警
2006	0.25	橙色预警	2015	0.66	蓝色预警
2007	0.26	橙色预警	2016	0.55	黄色预警
2008	0.34	橙色预警	2017	0.51	黄色预警
2009	0.49	黄色预警	2018	0.45	黄色预警

7.4 稀土资源国家安全预警

7.4.1 预警方法与步骤

鉴于 BP 神经网络模型在中长期预测中的较好适用性，运用其对 2020 ~ 2050 年中国稀土资源国家安全进行预警分析，原理及步骤详见第 3 章。

7.4.2 预警系统训练学习

采用 MATLAB2016a 软件的神经网络工具箱进行预警系统的训练学习。其中，系统输入层神经元共 7 个，分别为储采比、储量指数、进口依存度、进口集中度、价格波动率、地缘政治风险和应用技术竞争力，输出层神经元为中国稀土资源国家安全综合评估值。原始数据如表 7.21 所示。根据 BP 神经网络的特点，在预警系统训练学习之前，需对样本数据进行归一化处理，使其位于 [-1, 1] 范围内，以满足系统训练学习要求，归一化后的训练数据如表 7.22 所示。

表 7.21　　　　中国稀土资源国家安全预警原始数据（2001 ~ 2018）

年份	储采比	储量指数	进口依存度	进口集中度	价格波动率	地缘政治风险	应用技术竞争力	综合评估值
2001	589.04	2.09	3.14	75.73	16.32	0.61	2.68	0.59
2002	306.82	1.50	10.21	94.88	-21.56	1.11	4.48	0.31
2003	293.48	1.51	3.93	85.25	-6.02	1.13	3.32	0.30
2004	284.21	1.52	7.40	83.53	16.91	0.83	6.20	0.37
2005	226.89	1.53	4.23	83.92	12.29	0.77	3.70	0.29
2006	226.89	1.54	8.83	89.52	44.14	1.23	3.09	0.25
2007	225.00	1.55	6.23	86.89	96.50	1.01	2.78	0.26
2008	225.00	1.56	3.95	68.96	-0.32	0.70	3.52	0.34
2009	279.07	1.86	2.15	61.09	-43.35	0.43	6.14	0.49
2010	423.08	2.58	2.24	62.15	268.58	0.46	5.34	0.69
2011	523.81	2.60	1.30	86.29	568.02	1.22	3.01	0.60

续表

年份	储采比	储量指数	进口依存度	进口集中度	价格波动率	地缘政治风险	应用技术竞争力	综合评估值
2012	550.00	2.62	1.98	72.72	−64.75	0.63	7.37	0.87
2013	550.00	2.07	3.89	83.53	−55.13	0.66	6.16	0.66
2014	578.95	2.24	3.77	80.53	−48.28	0.89	5.52	0.70
2015	523.81	2.26	12.72	89.22	−19.88	1.21	6.15	0.66
2016	419.05	1.97	18.47	93.34	−31.72	1.96	8.11	0.55
2017	419.05	1.98	31.47	96.32	8.50	2.77	7.59	0.51
2018	366.67	2.00	58.76	98.90	8.93	2.04	7.16	0.45

表 7.22 预警系统训练值

年份	储采比	储量指数	进口依存度	进口集中度	价格波动率	地缘政治风险	应用技术竞争力	综合评估值
2001	1.00	0.05	−0.94	−0.23	−0.74	−0.85	−1.00	0.08
2002	−0.55	−1.00	−0.69	0.79	−0.86	−0.42	−0.34	−0.83
2003	−0.62	−0.98	−0.91	0.28	−0.81	−0.40	−0.76	−0.85
2004	−0.67	−0.96	−0.79	0.19	−0.74	−0.66	0.30	−0.61
2005	−0.99	−0.95	−0.90	0.21	−0.76	−0.71	−0.62	−0.87
2006	−0.99	−0.93	−0.74	0.50	−0.66	−0.32	−0.85	−1.00
2007	−1.00	−0.91	−0.83	0.36	−0.49	−0.50	−0.96	−0.98
2008	−1.00	−0.89	−0.91	−0.58	−0.80	−0.77	−0.69	−0.72
2009	−0.70	−0.35	−0.97	−1.00	−0.93	−1.00	0.27	−0.23
2010	0.09	0.94	−0.97	−0.94	0.05	−0.98	−0.02	0.42
2011	0.64	0.97	−1.00	0.33	1.00	−0.32	−0.88	0.11
2012	0.79	1.00	−0.98	−0.39	−1.00	−0.83	0.73	1.00
2013	0.79	0.02	−0.91	0.19	−0.97	−0.81	0.28	0.31
2014	0.94	0.33	−0.91	0.03	−0.95	−0.60	0.05	0.45
2015	0.64	0.36	−0.60	0.49	−0.86	−0.33	0.28	0.32
2016	0.07	−0.16	−0.40	0.71	−0.90	0.31	1.00	−0.06
2017	0.07	−0.14	0.05	0.86	−0.77	1.00	0.81	−0.18
2018	−0.22	−0.11	1.00	1.00	−0.77	0.38	0.65	−0.36

设置输入层节点数为 7，输出层节点数为 1，确定隐含层最优节点数为 5，设置最大学习步数为 50000，学习速率为 0.001，最大误差为 0.00001，建

立7-5-1的 BP 神经网络模型。将处理好的样本数据输入网络进行训练，得到误差精度曲线如图 7.14 所示。

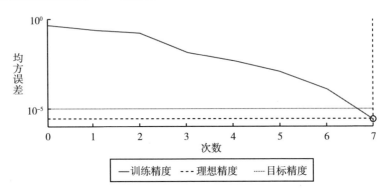

图 7.14　稀土资源国家安全预警系统样本误差精度曲线

由图 7.14 可知，训练误差达到理想精度，网络建立有效。训练样本仿真输出值与实际值接近程度高，可用此模型对中国稀土资源国家安全进行预警分析。学习与测试对比如图 7.15 所示。

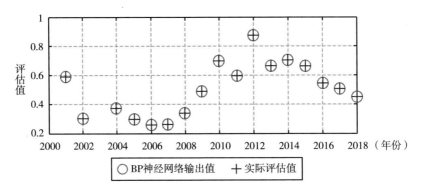

图 7.15　稀土资源国家安全预警 BP 神经网络学习与测试对比

7.4.3　国家安全预警

在对中国稀土资源国家安全进行预警前，需先对各预警输入指标进行预测。

1. 资源禀赋

在国内产量方面，随着稀土战略价值越来越受重视，中国政府采取相应措施，反对盲目和不受控制地开采稀土，严格限制产量，加之疫情影响，预计未来几年中国稀土产量将呈下降趋势。根据王熙博等（2017）对中国稀土产量的预测，2040 年左右中国稀土产量将达到峰值，估计为 23.24 万 ~ 30.21 万吨，此后产量缓慢下降。

在世界储量及国内储量方面，张博等（2018）指出，近年来，世界各国加大了对稀土矿山的勘探力度，东南亚、非洲、南美洲各国新稀土矿床不断被发现。李童斐等（2018）对中国稀土矿的预测结果显示，在 2000 米以浅的找矿深度范围内预测资源量较大，超大型矿床（如白云鄂博）附近也依然有很大找矿潜力。未来随着勘探开采的持续深入，更多新的稀土矿床将被发现，中国及世界稀土储量将持续增加。

综合上述分析，结合 2020 ~ 2050 年世界人口和中国人口预测数据（见表 3.8），设置中国稀土资源禀赋预测数据（见表 7.23）。

表 7.23　　　　　　中国稀土资源禀赋预测数据（2020 ~ 2050）

年份	国内储量（万吨）	国内产量（万吨）	世界储量（万吨）	储采比	储量指数
2020	4400	12.00	12000	366.67	2.01
2025	5200	14.60	14000	356.16	2.11
2030	5500	17.80	15000	308.99	2.16
2035	4600	21.60	13000	212.96	2.18
2040	5900	26.30	16000	224.33	2.37
2045	6900	23.80	19000	289.92	2.44
2050	7700	21.50	21000	358.14	2.58

2. 市场状态

市场状态包括进口依存度、进口集中度、价格波动率、地缘政治风险四个层面，其中 2020 ~ 2050 年中国稀土进口依存度预测数据以表 7.12 中基准情景为准。根据表 7.8 中稀土价格基准情景数据，可得 2020 ~ 2050 年稀土价格波动率预测数据。进口集中度和地缘政治风险由于未来进口国别及国家风险较难确定，采用 BP 神经网络滚动预测法进行预测。由此，得到 2020 ~ 2050 年中国稀土市场状态预测数据（见表 7.24）。

表 7.24 中国稀土市场状态预测数据（2020~2050）

年份	进口依存度（%）	进口集中度（%）	价格波动率（%）	地缘政治风险
2020	19.38	94.99	20.83	0.81
2025	29.54	92.51	1.79	0.54
2030	40.32	61.25	2.32	2.00
2035	45.20	78.01	−6.71	1.28
2040	46.21	90.57	10.18	1.09
2045	45.48	90.36	4.73	0.33
2050	44.80	60.81	−8.19	2.37

3. 技术保障

技术保障以应用技术竞争力进行表征，应用技术竞争力受国家政策、研发投入、创新水平等影响，具有不确定性，故采用 BP 神经网络滚动预测法进行预测，结果如表 7.25 所示。

表 7.25 中国稀土技术保障预测数据（2020~2050）

年份	2020	2025	2030	2035	2040	2045	2050
应用技术竞争力（%）	10.96	13.61	14.02	16.21	17.96	18.33	18.35

将表 7.23 至表 7.25 中 2020~2050 年中国稀土资源储采比、储量指数、进口依存度、进口集中度、价格波动率、地缘政治风险和应用技术竞争力预测值进行归一化，并代入训练好的中国稀土资源国家安全预警系统，对 2020~2050 年中国稀土资源国家安全状况进行预警分析，结果如表 7.26 所示。

表 7.26 中国稀土资源国家安全预警结果（2020~2050）

年份	评估值	预警等级	增加风险提示
2020	0.61	蓝色预警	进口集中度、价格波动率、应用技术竞争力
2025	0.71	蓝色预警	进口集中度、应用技术竞争力
2030	0.55	黄色预警	储采比、进口依存度、地缘政治风险、应用技术竞争力
2035	0.55	黄色预警	储采比、进口依存度、进口集中度
2040	0.53	黄色预警	储采比、进口依存度、进口集中度
2045	0.75	蓝色预警	储采比、进口依存度、进口集中度
2050	0.53	黄色预警	进口依存度、地缘政治风险

由表 7.26 可知，2020~2050 年中国稀土资源国家安全评估值位于 0.53~0.75 范围内，预警等级为蓝色——黄色预警状态。从影响稀土资源国家安全的风险因素来看，储采比、进口依存度、进口集中度为较普遍性因素，各时期其他风险因素如表 7.26 所示。

7.5　稀土资源安全恢复战略与政策建议

中国是世界稀土资源大国，但长期以来存在的资源过度开采、市场供需失衡、技术研发不足等问题，严重影响中国稀土资源国家安全水平。根据评估与预警结果，结合 2020~2050 年主要风险提示，借鉴国内外相关经验，从勘探、开采、储备和研发等多方面提出中国稀土资源国家安全恢复战略与政策建议。

1. 整顿和规范稀土资源开采秩序

对稀土资源开采秩序进行全面整顿、规范，有利于严控源头资源配置，减少资源浪费，保障资源安全。

第一，坚持科学开发与合理开采的原则，加快取缔非法稀土开采企业，坚决抵制无序开采行为；淘汰落后产能，关闭关停开采技术和环保条件不达标的企业，对存在问题但有条件改进的企业进行勒令整改；建立区域或企业集团内部稀土采矿权轮换制度，将近年来新发现的大中型稀土矿产地和稀土资源集中区划分为稀土国家规划矿区，新设采矿权必须考虑是否达到可轮换条件。

第二，继续实施稀土矿开采总量控制，同时建立与市场需求联动的论证、评估和调整的动态机制，避免指标与市场需求相脱节，按照市场需求调整稀土矿种结构，确保高效、合理利用中国已有或已开发的稀土资源，保护新开发的资源。

第三，加强对稀土行业的监管工作，强化市、县国土资源部门监管职责，重点加强基层矿产资源管理队伍建设，加大对稀土开采企业的监管力度；加强多方协作，建立自然资源部与商务部、安全监管总局之间的联席会议制度，加强地方各级政府与监察、工商、环保部门间的联系；充分发挥稀土行业协会的监管职能，协同配合政府部门工作的开展。

2. 加强稀土资源勘查及储备工作

稀土资源储量不足、进口依存度较高对中国稀土国家安全的影响较大，因此，应重点从勘查和储备两方面出发，增加稀土资源储量，降低稀土海外市场依赖。

第一，增加稀土勘探的资金投入，拓宽稀土勘查投资、融资渠道，鼓励社会资金的参与。强化稀土成矿理论研究，采用新技术、新方法，实现找矿重大突破，增加稀土资源探明储量。加强对稀土耗竭矿区周边和深部的资源勘查，增加稀土资源供应，提高稀土资源自给率。

第二，完善稀土资源储备制度，由政府部门牵头制定相关法律法规，使稀土资源战略储备法制化。建立专门的稀土资源国家储备中心机构，统一协调管理国家稀土资源储备工作。设立稀土储备专项资金，明确和规范其使用权限，发挥好对国家、地方政府和企业开展稀土资源储备的支撑作用。采取产地储备和产品储备相结合的形式，构建集产地储备和产品储备为一体的稀土资源储备体系，实现稀土资源的可持续利用。

3. 拓宽海外稀土资源获取渠道

随着中国稀土资源进口的不断增加，进口风险也逐渐突出。2020~2025年、2035~2045年中国稀土资源进口集中度较高，严重影响了稀土资源国家安全，因此，建议采取以下措施降低稀土资源进口集中度。

第一，利用共建"一带一路"的机遇，积极加强与周边稀土资源丰富国家的经贸合作关系，创造相互信任、长期稳定的稀土资源交易环境，夯实资源采购基础，实行稀土进口的多元化，尽可能分散稀土进口风险。

第二，鼓励中国大型矿业企业走出去，加大对海外稀土资源的投资开发。一方面，采取参股为主、购买矿权为辅的方式进入矿业发展程度较高的地区开展合作，建立长期稳固的贸易关系，分享矿业发展红利；另一方面，加大与具备优势稀土资源但开发程度较低国家的经营合作，建立稳定可靠的稀土资源海外供应基地，提高海外权益资源供应量比重。

4. 开展稀土高端材料与应用技术研发

2020~2030年稀土应用技术竞争力水平较低是导致中国稀土资源国家安全风险较大的一个重要原因，因此，提高稀土应用技术竞争力，对维护中国稀土资源国家安全具有重要意义。

第一，采取研发补贴、制定稀土新材料产业规划等，鼓励、引导稀土产业向高端领域发展，强化新材料和高端应用领域的技术创新，增加稀土在高新技术领域中的应用，增强中国稀土产业市场竞争力。

第二，完善人才培养体系，整合优势资源，依托高等院校和科研院所，对稀土材料研发及应用进行全方面研究，突破核心专利限制，抢占技术制高点。

第三，瞄准国际先进水平，健全稀土产品标准、技术规范、检测方法和认证机制，积极参与稀土国际标准制定，加强稀土专利技术和产品的知识产权保护。

第四，积极开展国际合作，鼓励境外企业和科研机构在中国设立稀土新材料研发机构，引导外商投资企业投资稀土高端应用领域。

第8章
天然气资源国家安全评估与预警系统

8.1 天然气资源概况及供需分析

8.1.1 天然气资源概况

1. 天然气资源用途

天然气在广义上是指自然界中天然存在的一切气体，包括大气圈、水圈和岩石圈中各种自然过程形成的气体，如油田气、气田气、泥火山气、煤层气和生物生成气等；狭义上是指一种主要由甲烷组成的气态化石燃料，主要存在于油田和天然气田，也有少量存在于煤层。天然气主要成分为烷烃，其中甲烷占比较大，另有少量的乙烷、丙烷和丁烷，此外还含有硫化氢、二氧化碳、氮、水气、一氧化碳及微量稀有气体（如氦、氩）等。

天然气具有绿色环保、经济实惠、安全可靠的优点，在提高能源效率、保障能源安全方面有着多重优势（贾承造等，2014）。其主要用途包括：

（1）城市燃气和工业燃料。城市燃气领域用气主要包括居民生活、公共福利、商业、采暖和空调等；工业燃料领域用气主要用于各种工业锅炉和窑炉燃料。

（2）化工产品原料。化工领域用气主要以合成氨、甲醇及其衍生产品尿素、甲醛和醋酸等为主，同时还包括乙烯、乙炔、四氯化碳和二硫化碳等。以天然气为原料的生产装置不但单位产值能耗较低，而且占地面积较少、员工人数要求少、整体投资省、运营成本低。

（3）发电。发电领域用气是指天然气直接发电，包括纯天然气发电厂、天然气热电联产、天然气分布式能源等形式。

（4）车用燃料。交通运输领域用气主要包括公交车、出租车、载客汽车、载货汽车、私家车、内河船舶和近海船舶等。天然气燃烧后几乎不会产生二氧化硫、一氧化碳、粉尘或其他有害物质，用作车用燃料可大大减少对环境的污染，改善空气质量，且燃料燃烧完全、不结碳、无爆震、不磨损以及运营成本较低（黄艳，2015）。

2. 天然气资源分类

按照地下存在的相态，天然气资源可分为游离态、溶解态、吸附态和固态水合物。只有游离态的天然气经聚集形成天然气藏，才可以开发利用。按照矿藏特点，天然气资源又可分为气井气、凝析井气和油田气。前两者合称为非伴生气，后者称为油田伴生气。在世界天然气产量中，主要是气井气和油田气。

（1）气井气。即纯气田产出的天然气。在气藏中以气相存在，通过气井开采出来，主要成分为甲烷。

（2）凝析井气。即凝析气田产出的天然气，在气藏中以气相存在。凝析气田天然气从地层流出井口后，随着压力下降和温度升高，分离为气液两相，气相是凝析气田天然气，液相是凝析液，叫凝析油。主要成分除了甲烷、乙烷外，还含有一定量的丙烷、丁烷及 C_5 以上的烃类。

（3）油田气。即油田伴生气，伴随原油共生，包括游离气（气层气）和溶解在原油中的溶解气。在油井开采中，借助气层气保持井压，而溶解气则伴随原油采出。当油田气随原油一起被开采到地面后，由于油气分离条件（温度和压力）和分离方式（一级或多级）的不同，以及受气液平衡规律的限制，气相中除含有甲烷、乙烷、丙烷和丁烷外，还含有戊烷、己烷，甚至还有 C_9、C_{10} 成分。液相中除含有重烃外，仍含有一定的丁烷、丙烷，甚至甲烷。

按照成因与成藏机理，天然气资源可分为常规天然气和非常规天然气。

（1）常规天然气。由常规油气藏开发出的天然气，即勘探实践发现的并能够运用传统的油气生成理论解释的天然气，称为常规天然气。

（2）非常规天然气。由于各种原因在特定时期内还不能进行盈利性开采的天然气称为非常规天然气。非常规天然气在一定阶段可以转换为常规天然气。在现阶段，非常规天然气主要是指煤层气、页岩气、水溶气、天然气水合物、无机气、浅层生物气及致密砂岩气等。由于其成因、成藏机理与常规天然气不同，开发难度较大。在中国自产天然气结构中，非常规天然气占比仅为12%[①]。

按照存储和装运方式的不同，天然气资源可分为液化天然气和管道天然气。

（1）液化天然气（Liquefied Natural Gas，LNG）。主要成分是甲烷，体积约为同量气态天然气体积的1/625，液化天然气的质量仅为同体积水的45%左右。其制造过程是先将气田生产的天然气净化处理，经一连串超低温液化后，利用液化天然气船运送，使用时重新气化。液化天然气燃烧后对空气污染非常小，而且放出的热量大，是一种比较先进的能源。

（2）管道天然气。其是指利用管道进行输送的天然气，主要成分为甲烷。管道运输是陆地上大量输送天然气的主要方式。在世界管道总长中，天然气管道约占一半。天然气管道运输具有运输成本低、占地少、建设快、油气运输量大、安全性能高、运输损耗少、无"三废"排放、发生泄露危险小、对环境污染小、受恶劣气候影响小、设备维修量小、便于管理和易于实现远程集中监控等优势。

3. 世界天然气资源分布现状

2019年《BP世界能源统计年鉴》数据显示，2018年世界天然气探明储量为196.9万亿立方米，新增探明储量3.4万亿立方米。世界天然气具有地域分布不均匀的特点，中东和独联体属于资源密集区，占世界天然气资源70%以上。其中，中东75.5万亿立方米，占比38.34%；独联体62.8万亿立方米，占比31.89%。从国家来看，储量最丰富的是俄罗斯，占世界天然气资源的19.76%，其后依次为伊朗、卡塔尔、土库曼斯坦和美国，占比分别

---

① 国家能源局石油天然气司、国务院发展研究中心资源与环境政策研究所、自然资源部油气资源战略研究中心. 中国天然气发展报告（2020）［EB/OL］. 国家能源局网站，2020 - 9 - 22.

为 16.20%、12.54%、9.90% 和 6.04%。2018 年世界主要天然气国家探明储量如表 8.1 所示。

表 8.1　　　　　　　　　　　2018 年世界主要天然气国家探明储量

国家	储量 (万亿立方米)	占比 (%)	国家	储量 (万亿立方米)	占比 (%)
俄罗斯	38.9	19.76	中国	6.0	3.05
伊朗	31.9	16.20	沙特阿拉伯	5.9	3.00
卡塔尔	24.7	12.54	阿联酋	5.9	3.00
土库曼斯坦	19.5	9.90	尼日利亚	5.3	2.69
美国	11.9	6.04	阿尔及利亚	4.3	2.18

资料来源:《BP 世界能源统计年鉴 2019》。

4. 中国天然气资源分布现状

2018 年中国陆上天然气地质资源量约为 142 万亿立方米,已探明储量 57936.08 亿立方米,新增探明储量 8311.57 亿立方米,同比增长 49.7%[1]。中国天然气资源虽较为丰富,但地区分布不均衡,主要集中在四川、鄂尔多斯、塔里木、准噶尔、松辽、吐哈、渤海湾、柴达木和珠江口等盆地,所产天然气资源量达 1263.46 亿立方米,占全国比重为 89.3%[2]。其中,四川盆地是常规气、非常规气"双富集"区,资源量分别占全国比重为 23% 和 26%;鄂尔多斯盆地和塔里木盆地资源量分别占全国比重为 17% 和 12%[3]。但中国盆地的气田生产规模偏小、世界级大型气田较少、资源埋藏深度大、储量丰度低,开发难度和开采技术要求高(范照伟,2018)。中国陆上主要油气盆地天然气资源分布如图 8.1 所示。

---

[1]　中华人民共和国自然资源部. 中国矿产资源报告 2019 [EB/OL]. 中华人民共和国自然资源部网站,2019 − 10 − 22.

[2]　2018 年我国新增石油与天然气产量稳中有增 [EB/OL]. 上海证券网,2019 − 7 − 15.

[3]　2019 年中国天然气行业产量情况、面临挑战及产供储体系建设布局分析 [EB/OL]. 中国产业信息网,2020 − 3 − 2.

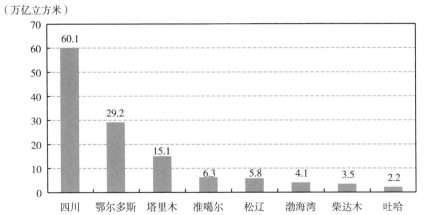

图 8.1　2018 年中国陆上主要油气盆地天然气资源分布

资料来源：李建忠．第四次油气资源评价［M］．北京：石油工业出版社，2019.

8.1.2　天然气资源供需现状分析

1. 天然气资源生产现状

（1）世界天然气生产现状。

2001 ~ 2018 年，世界天然气产量整体呈上升趋势，由 24586.31 亿立方米增长至 38575.05 亿立方米，年均增长率为 2.53%。世界天然气产量主要分布在北美、独联体、中东和亚太地区，2018 年产量分别占世界总产量的 27.22%、21.54%、17.65% 和 16.38%，其余各地区天然气产量约占 17.21%。2001 ~ 2018 年世界主要地区天然气产量分布如图 8.2 所示。

从增长速度来看，北美地区天然气产量增长动力主要来源美国。2018 年美国天然气打破了单一国家天然气产量年增长的历史记录，增量达到 860 亿立方米，增速为 11.5%。其增长主要来自马塞勒斯、海恩斯维尔和二叠盆地的页岩气。独联体地区天然气产量增长动力主要来源俄罗斯，截至 2018 年，俄罗斯天然气产量达到 6691.13 亿立方米，位居世界第二位。中东地区天然气产量稳步增长，由 2001 年 2222.91 亿立方米增长至 2018 年 6806.95 亿立方米，增长动力主要来自伊朗、卡塔尔、沙特阿拉伯和阿拉伯联合酋长国。亚太地区天然气产量增速也较快，由 2001 年 2854.96 亿立方米增长至 2018 年 6320.45 亿立方米，年均增速达 4.51%，增加的产量主要来自澳大利亚和

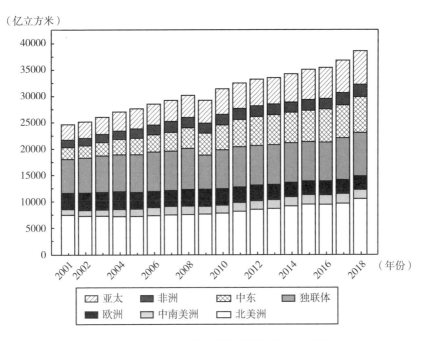

图 8.2 2001～2018 年世界主要地区天然气产量分布

资料来源：英国石油公司（https：//www. bp. com/）。

中国。欧洲、非洲和中南美洲地区因天然气储量相对不足，增产难度加大，欧洲地区甚至出现负增长，2001～2018 年年均增速分别为 -1.23%、2.96% 和 2.85%。

（2）中国天然气生产现状。

2001～2018 年中国天然气产量总体呈上升趋势，2018 年达 1601.59 亿立方米，同比增长 8.19%。从地域分布来看，生产地区相对集中，陕西、四川和新疆储量最为丰富，产量分别为 445 亿立方米、409 亿立方米和 321 亿立方米，占全国总产量比重 50% 以上[①]。从产量增速来看，2001～2010 年增速较快；2004～2007 年连续四年达 18% 以上；2011 年后，产量增速均低于 10%，并呈波动下降趋势。主要原因在于：一是宏观经济转型导致能源消费总量增速下行；二是"页岩油革命"带来宽松的油气资源供应环境，油气进口成本降低，导致近年来天然气进口依存度不断提升。2006 年天然气进口依存度仅为 1.74%，2018 年已达到 45.30%。2001～2018 年中国天然气消费增

---

① 前瞻产业研究院. 2019 年中国天然气产业全景［EB/OL］. 搜狐网，2019 - 7 - 22.

速、产量增速与 GDP 增速变化趋势如图 8.3 所示。

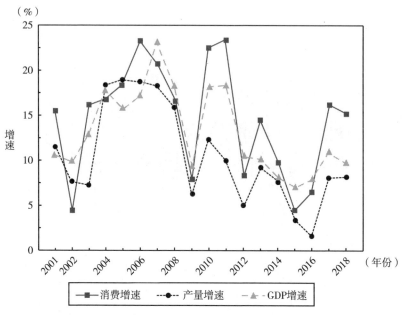

图 8.3　2001～2018 年中国天然气消费增速、产量增速和 GDP 增速

资料来源：《BP 世界能源统计年鉴》（2010～2019）。

2. 天然气资源消费现状

（1）世界天然气消费现状。

随着世界能源消费结构不断优化，天然气资源利用率也不断提高。2001～2018 年，世界天然气资源消费整体呈上升趋势，由 2001 年 24330.93 亿立方米增长至 2018 年 38516.62 亿立方米，年均增长率为 2.58%。其中，北美、亚太、独联体和欧洲地区天然气资源消费较多，分别占世界天然气资源消费总量的 26.63%、21.58%、15.12% 和 14.23%。从天然气资源消费增长率来看，2001～2018 年中东、亚太、非洲和南美洲地区增长速度较快，年均增长率分别为 5.89%、5.51%、4.78% 和 2.81%。从国别来看，2018 年世界十大天然气资源消费国分别为美国、俄罗斯、中国、伊朗、加拿大、日本、沙特阿拉伯、墨西哥、德国和英国，分别占世界消费总量的 21.29%、11.80%、7.35%、5.82%、3.07%、3.00%、2.91%、2.27%、2.23% 和 2.06%，合计占世界天然气消费总量的 61.80%，其中排名前五的国家天然气消费量占世界的 49.33%。2001～2018 年世界主要地区天然气消费量分布如图 8.4 所示。

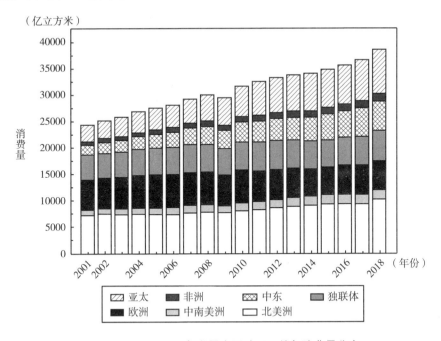

图 8.4 **2001～2018 年世界主要地区天然气消费量分布**

资料来源：英国石油公司（https：//www.bp.com/）。

从区域来看，2001～2018 年北美洲和亚太地区国家经济发展潜力较大，工业和电力需求成为主要增长动力，天然气消费总体呈上升趋势。尤其中国、日本和美国，2018 年天然气消费量分别为 8199.42 亿立方米、2829.96 亿立方米和 1157.08 亿立方米，年均增速分别为 13.79%、2.23% 和 1.74%。独联体地区和中东地区作为天然气主要产地之一，其天然气消费增速也较快。欧洲地区由于全球变暖影响，夏季和冬季气候温和，风能和核电利用增加，天然气消费需求受到抑制，2001～2018 年整体呈下降趋势，年均增速为 −0.21%。非洲和南美洲地区天然气消费占世界比重较低，但消费增长迅速，2001～2018 年年均增速分别为 4.78% 和 2.81%。

（2）中国天然气消费现状。

2001～2018 年，中国天然气消费呈波动上升趋势，自 2001 年 274.30 亿立方米增加至 2018 年 2818.59 亿立方米，年均增速为 13.81%，尤其自 2005 年始，中国天然气消费增速持续超过产量增速。除了 2005 年外，天然气消费增速几乎与 GDP 增速同步变动，逐渐领跑于 GDP 增速，且 2017～2018 年有扩大趋势，2018 年天然气消费增速约是 GDP 增速的 2 倍（见图 8.3），原因在于受市场需求拉动、节能减排推动以及天然气管道建设持续推进的影响（董康银等，2016）。同时，随着城市天然气管道系统的不断完善，天然气利用领域由工业用气向生活用气深入发展（杨建红，2018），用户类型多元化，由单一的天然气化工向城市燃气、天然气发电和工业燃气并存转变。

从消费结构来看，2018 年中国天然气消费结构中工业燃料占比 38.6%、城镇燃气占比 33.9%、发电用气占比 17.3%、化工用气占比 10.2%。其中工业燃料和城镇燃气增幅最大，合计用气增量 351 亿立方米，占年度增量的 84%。

从区域消费来看，各省天然气消费水平均有明显提升。2018 年京津冀地区天然气消费量为 439 亿立方米，占全国天然气消费量的 15.6%。浙江、河北、河南和陕西的天然气消费规模均首次超百亿立方米，全国天然气消费规模超过百亿立方米的省份增至 10 个[①]。天然气消费比重较高的广东、北京、山东和上海等地区几乎没有气田供应，天然气行业存在严重的地域错配问题。

3. 天然气资源进口现状

（1）世界天然气进口现状。

从液化天然气进口来看，2019 年世界液化天然气资源总进口量为 4851 亿立方米，主要进口国分别为日本、中国、韩国、印度、法国、西班牙、英国、意大利、土耳其和巴基斯坦等。其中，日本是世界上最大的液化天然气进口国，进口量达 1050 亿立方米，占世界总进口量的 21.65%。日本天然气资源禀赋条件不佳，2019 年天然气探明储量占世界比重不到 0.1%，但消费量却高达 1081 亿立方米，占世界天然气消费量的 2.8%，因此天然气资源基本依赖进口。2019 年中国液化天然气进口量为 848 亿立方米，为世界第二大液化天然气进口国，占世界总进口量的 17.48%。韩国液化天然气进口量为 556 亿立方米，占世界总进口量的 11.46%。前三大液化天然气进口国总进口份额为 50.59%。2019 年世界液化天然气资源主要进口国及其进口份额如图 8.5 所示。

---

① 国家能源局石油天然气司、国务院发展研究中心资源与环境政策研究所、自然资源部油气资源战略研究中心. 中国天然气发展报告（2019）[EB/OL]. 陆家嘴金融网，2019 - 9 - 2.

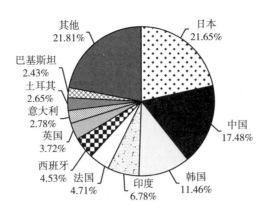

图 8.5　2019 年世界液化天然气资源主要进口国及其进口份额
资料来源：英国石油公司网站。

从管道天然气进口来看，2019 年世界管道天然气资源主要进口国分别为德国、意大利、中国、荷兰、法国、英国、土耳其、俄罗斯、阿拉伯联合酋长国和白俄罗斯等。其中，德国为世界第一大管道天然气进口国，进口管道天然气 1096 亿立方米，占世界总进口量的 13.68%，其主要进口来源国为俄罗斯、荷兰和挪威。2019 年世界管道天然气资源主要进口国及其进口份额如图 8.6 所示。

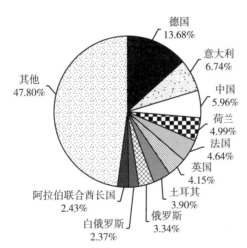

图 8.6　2019 年世界管道天然气资源主要进口国及其进口份额
资料来源：英国石油公司网站。

（2）中国天然气进口现状。

从天然气进口数量来看，2015～2019 年中国天然气进口量不断增长，

2019 年达到 1325 亿立方米，同比增长 9.14%。从天然气进口结构看，主要以进口液化天然气为主，2015~2019 年中国液化天然气进口比例不断增长，由 2015 年的 45% 增长至 2019 年的 64%。管道天然气占比则不断下降，由 2015 年的 55% 下降至 2019 年的 36%。从液化天然气进口国别或地区来看，澳大利亚是主要进口来源国。2019 年中国从澳大利亚进口液化天然气 398 亿立方米，占液化天然气总进口量的 46.93%；其次从卡塔尔、马来西亚和印度尼西亚等国家进口，进口量分别为 114 亿立方米、100 亿立方米和 62 亿立方米，占液化天然气总进口量的比重分别为 13.44%、11.79% 和 7.31%。2019 年中国天然气资源主要进口来源国及进口量如表 8.2 所示。

表 8.2　　　　　　2019 年中国天然气资源主要进口来源国及进口量

类别	国家	进口量（亿立方米）	占比（%）
液化天然气	澳大利亚	398	46.93
	卡塔尔	114	13.44
	马来西亚	100	11.79
	印度尼西亚	62	7.31
	巴布亚新几内亚	39	4.60
	俄罗斯	34	4.01
	尼日利亚	26	3.07
	阿曼	15	1.77
	文莱	8	0.94
	阿拉伯联合酋长国	2	0.24
	其他	50	5.90
	世界总计	848	100.00
管道天然气	土库曼斯坦	316	66.25
	哈萨克斯坦	65	13.63
	乌兹别克斯坦	49	10.27
	俄罗斯	3	0.63
	其他	0.39	9.22
	世界总计	477	100.00

资料来源：英国石油公司。

8.2　天然气资源需求情景分析

8.2.1　天然气资源需求影响因素分析

1. 中国经济发展水平

GDP 是反映经济发展水平的重要指标。利用通径分析法寻找影响天然气需求的核心因素，发现 GDP 与天然气需求量有着密切关系，是促进天然气消费增长的主要动力（卢全莹等，2015）。GDP 越大，天然气需求量越大。2001~2018 年中国天然气消费增速与 GDP 增速如图 8.3 所示。

2. 天然气价格

价格是影响天然气需求的重要因素之一。目前中国天然气价格主要采取政府定价（指导价）。随着国际化程度的不断提高，当国际天然气市场供求发生变动时，国内市场也会随之改变。国际天然气市场已形成以北美、欧洲和亚太为终端的三大地区性贸易中心，分别为美国亨利中心（Henry Hub，HH）、英国天然气交易中心（National Balancing Point，NBP）和日本液化天然气（Liquefied Natural Gas，LNG）交易中心。这三大中心的天然气价格是国际天然气价格水平的重要标尺和价格涨跌的风向标（吴东武和朱帮助，2017）。而美国亨利中心是全球市场流动性最高、影响力最大、最能反映市场供需关系的天然气交易中心。2002~2018 年美国亨利中心天然气价格增长率与中国天然气需求增长率变化关系如图 8.7 所示。

3. 能源消费结构

能源消费结构优化对天然气消费需求有正向影响，是影响天然气需求的另一重要因素。随着中国能源消费结构的不断优化，天然气在一次能源消费结构中的比重不断加大，消费需求逐步上升（王建良和李孥，2020）。参考王瑞莲等（2020）做法，选取 2001~2018 年中国天然气占一次能源消费总量的比重反映能源结构优化水平。2002~2018 年能源消费结构变化幅度与天然气需求增长率变化关系如图 8.8 所示。

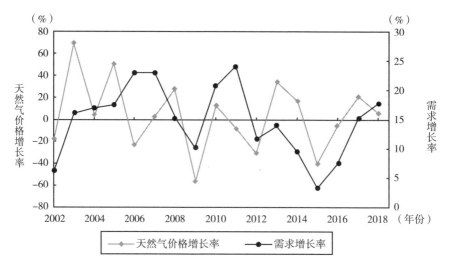

图 8.7   美国亨利中心天然气价格增长率与中国需求增长率（2002～2018）
资料来源：CEIC 数据库。

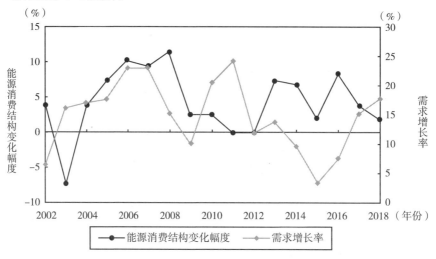

图 8.8   中国能源消费结构变化幅度与天然气需求增长率（2002～2018）
资料来源：《中国统计年鉴 2019》和 CEIC 数据库。

8.2.2   天然气资源需求情景定义

以中国经济发展水平、天然气价格和能源消费结构作为中国天然气资源需求的主要影响因素，设置以下三种情景。

情景 A（低情景）：2020 年新冠肺炎疫情给全球经济带来较大影响，中国经济刺激计划作用有限，经济企稳回暖需要较长时间。预计未来 30 年

（2021～2050），中国经济低速增长，天然气需求增长相对稳定，占一次能源消费总量比重稳步上升，供需缺口有所增大，进口量小幅增长。

情景 B（基准情景）：2020 年新冠肺炎疫情给全球经济带来较大影响，但中国经济刺激计划作用初显成效，经济复苏持续向好。预计未来 30 年（2021～2050），中国经济中速增长，天然气需求持续增长，占一次能源消费总量比重不断上升，供需缺口进一步增大，进口量较快增长。

情景 C（高情景）：2020 年新冠肺炎疫情给全球经济带来较大影响，但中国经济刺激计划成效显著，经济保持明显企稳回升态势。预计未来 30 年（2021～2050），中国经济中高速增长，天然气需求快速增长，占一次能源消费总量比重上升较快，供需缺口持续增大，进口量快速增长。

8.2.3 天然气资源宏观情景设置及描述

1. 中国经济发展水平

见第 3 章"3.5 公共因素情景设置"中"中国 GDP 未来情景设置（2020～2050）"有关内容。

2. 天然气价格未来情景设置

根据美国能源信息署（Energy Information Administration，EIA）对天然气价格情景预测，预计 2020～2050 年，天然气价格总体呈上升趋势，年均增长率为 1.2% 左右。其中，2021～2035 年增速较快，年均增长率为 1.2%～3.3%，2035～2050 年增速趋缓，年均增长率为 0.6%～1.2%。由此，设置 2020～2050 年天然气价格未来情景（见表 8.3）。

表 8.3　　　　　　　　天然气价格未来情景设置（2020～2050）

年份	情景 A		情景 B		情景 C	
	增长率（%）	天然气价格（美元/百万英热单位）	增长率（%）	天然气价格（美元/百万英热单位）	增长率（%）	天然气价格（美元/百万英热单位）
2020	3.0	2.0	3.3	2.4	3.6	2.8
2025	2.7	2.3	3.0	2.8	3.3	3.3
2030	2.4	2.6	2.7	3.2	3.0	3.8

年份	情景 A		情景 B		情景 C	
	增长率（%）	天然气价格（美元/百万英热单位）	增长率（%）	天然气价格（美元/百万英热单位）	增长率（%）	天然气价格（美元/百万英热单位）
2035	1.0	2.9	1.2	3.3	2.7	4.3
2040	0.4	3.0	0.6	3.4	0.8	4.4
2045	0.4	3.1	0.6	3.5	0.8	4.5
2050	0.4	3.2	0.6	3.6	0.8	4.6

3. 能源消费结构未来情景设置

根据中国石油经济技术研究院对能源消费结构情景预测，预计 2020 ~ 2050 年，中国能源消费结构不断优化，天然气占一次能源消费总量比重呈上升趋势，年均增长率为 1.3% 左右，至 2050 年，天然气占一次能源消费总量比重可达到 16.7%。由此，设置 2020 ~ 2050 年中国能源消费结构未来情景（见表 8.4）。

表 8.4　　　　　　　能源消费结构未来情景设置（2020 ~ 2050）　　　　单位:%

年份	情景 A		情景 B		情景 C	
	增长率	能源消费结构	增长率	能源消费结构	增长率	能源消费结构
2020	0.9	9.7	1.0	10.7	1.1	11.7
2025	1.0	10.7	1.1	11.7	1.2	12.7
2030	1.1	11.7	1.2	12.7	1.3	13.7
2035	1.2	12.7	1.3	13.7	1.4	14.7
2040	1.3	13.7	1.4	14.7	1.5	15.7
2045	1.4	14.7	1.5	15.7	1.6	16.7
2050	1.5	15.7	1.6	16.7	1.7	17.7

8.2.4　天然气资源需求情景测算及分析

1. 神经网络结构

构建一个三层 BP 神经网络：

（1）输入层神经元（I）。中国 GDP、天然气价格、中国能源消费结构。

（2）输出层神经元（O）。中国天然气需求量、中国天然气进口量。

（3）隐含层神经元数目（n_h）。根据式（3.9）进行测算，取 $n_h = 3$。

2. 原始数据及其初始化

根据神经网络计算规则，在进行测算前，应对原始数据（见表 8.5）进行初始化，使其数值在［0，1］范围内。初始化的方法是将原始值除以某个比例因子，该比例因子一般选取某一项数据可能取的最大值。初始化后的数据如表 8.6 所示。

表 8.5　　　　　　　　　　　　　原始数据

年份	中国 GDP（亿元）	天然气价格（美元/百万英热单位）	能源消费结构（％）	进口量（亿立方米）	需求量（亿立方米）
2001	110863.10	4.07	2.70	0.00	274.30
2002	121717.40	3.33	2.80	0.00	291.84
2003	137422.00	5.63	2.60	0.00	339.08
2004	161840.20	5.85	2.70	0.00	396.72
2005	187318.90	8.79	2.90	0.00	466.08
2006	219438.50	6.76	3.20	0.00	573.33
2007	270092.30	6.95	3.50	12.83	705.23
2008	319244.60	8.85	3.90	9.94	812.93
2009	348517.70	3.89	4.00	42.51	895.20
2010	412119.30	4.39	4.10	122.33	1080.24
2011	487940.20	4.01	4.10	287.71	1341.08
2012	538580.00	2.76	4.10	390.92	1497.00
2013	592963.20	3.71	4.40	496.79	1705.37
2014	643563.10	4.35	4.70	567.36	1868.93
2015	688858.20	2.60	4.80	585.60	1931.70
2016	746395.10	2.46	5.20	709.41	2078.06
2017	832035.90	2.96	5.40	913.34	2393.69
2018	919281.10	3.13	5.50	1217.00	2818.59

表 8.6 　　　　　　　　　　　神经网络训练值

年份	中国 GDP	天然气价格	能源消费结构	进口量	需求量
2001	0.022	0.407	0.090	0.034	0.000
2002	0.024	0.333	0.093	0.036	0.000
2003	0.027	0.563	0.087	0.042	0.000
2004	0.032	0.585	0.090	0.050	0.000
2005	0.037	0.879	0.097	0.058	0.000
2006	0.044	0.676	0.107	0.072	0.000
2007	0.054	0.695	0.117	0.088	0.003
2008	0.064	0.885	0.130	0.102	0.002
2009	0.070	0.389	0.133	0.112	0.009
2010	0.082	0.439	0.137	0.135	0.024
2011	0.098	0.401	0.137	0.168	0.058
2012	0.108	0.276	0.137	0.187	0.078
2013	0.119	0.371	0.147	0.213	0.099
2014	0.129	0.435	0.157	0.234	0.113
2015	0.138	0.260	0.160	0.241	0.117
2016	0.149	0.246	0.173	0.260	0.142
2017	0.166	0.296	0.180	0.299	0.183
2018	0.184	0.313	0.183	0.352	0.243

3. 天然气资源需求情景测算

将经过初始化的神经网络训练数据输入神经网络，对网络加以训练学习。初始学习速率 $\eta = 0.01$，训练过程中学习速率的变化按式（3.20）计算，其中 $\beta = 1.1$，$\gamma = 0.9$。BP 预测系统参数设置如图 8.9 所示，最大学习步数为 50000 次，期望系统平均误差取 0.001，期望单个误差取 0.001。样本误差曲线如图 8.10 所示。由此可知，样本误差达到了要求。

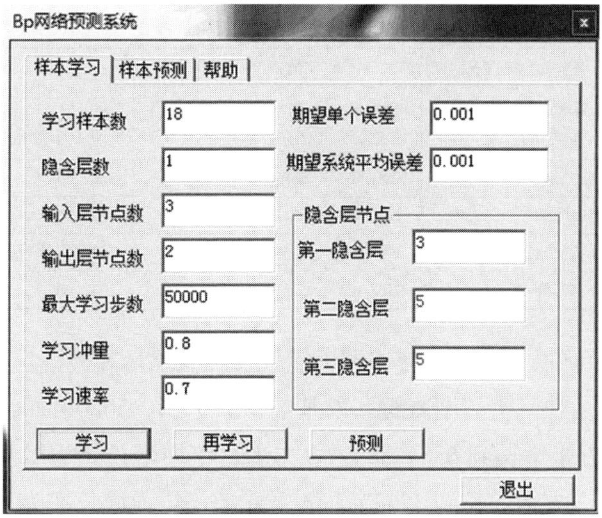

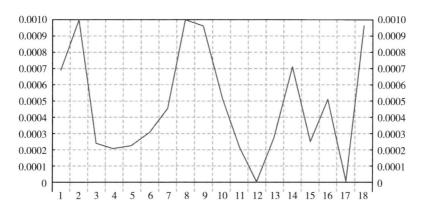

图 8.9 BP 网络预测系统参数设置

图 8.10 样本误差曲线

根据表 3.10、表 8.3 和表 8.4，利用训练好的 BP 神经网络分别对情景 A、B、C 三个情景进行测算，结果如表 8.7 所示。

表 8.7 中国天然气未来需求情景预测值（2020～2050）

年份	情景 A			情景 B			情景 C		
	进口量（亿立方米）	需求量（亿立方米）	进口依存度（%）	进口量（亿立方米）	需求量（亿立方米）	进口依存度（%）	进口量（亿立方米）	需求量（亿立方米）	进口依存度（%）
2020	1985.04	3799.19	52.25	1998.33	3928.84	50.86	2004.57	3955.02	50.68
2025	2396.64	4480.73	53.49	2354.42	4586.55	51.33	2429.32	4633.21	52.43
2030	2789.48	5074.22	54.97	2697.76	5171.92	52.16	2918.65	5280.07	55.28

年份	情景 A			情景 B			情景 C		
	进口量（亿立方米）	需求量（亿立方米）	进口依存度（%）	进口量（亿立方米）	需求量（亿立方米）	进口依存度（%）	进口量（亿立方米）	需求量（亿立方米）	进口依存度（%）
2035	3115.26	5533.42	56.30	3051.97	5687.73	53.66	3292.55	5715.30	57.61
2040	3425.95	5915.34	57.92	3296.49	6032.90	54.64	3606.55	6022.91	59.88
2045	3640.94	6173.74	58.97	3459.34	6250.61	55.34	3825.34	6239.67	61.31
2050	3781.40	6342.68	59.62	3568.82	6384.58	55.90	3938.96	6356.59	61.97

由表 8.7 可知，未来 30 年中国天然气资源需求量和进口量整体呈上升趋势，增长幅度由快到慢逐渐减缓。以基准情景为例，2020 ~ 2050 年需求量从 3928.84 亿立方米增长到 6384.58 亿立方米，年均增长率为 1.63%；进口量从 1998.33 亿立方米增长到 3568.82 亿立方米，年均增长率为 1.95%；进口依存度从 50.86% 增长到 55.90%，冲破 50% 的国际警戒线并持续增加，风险逐渐增大，安全程度持续降低。

8.3 天然气资源国家安全评估

8.3.1 数据与指标分级值

根据第 3 章构建的评估与预警指标体系，各指标数据来源中国国家统计局、石油输出国组织、联合国商品贸易统计数据库、《BP 能源统计年鉴》（2010—2018）、CEIC 数据库和世界银行数据库等。由此，整理得到 2001 ~ 2018 年中国天然气资源国家安全评估指标数据（见表 8.8）。

表 8.8　中国天然气资源国家安全评估指标数据（2001 ~ 2018）

年份	储采比 I_{11}	储量指数（%） I_{12}	进口依存度（%） I_{21}	进口集中度（%） I_{22}	地缘政治风险 I_{23}	价格波动率（%） I_{31}	汇率 I_{32}	资源消耗强度（百万立方米/亿元）I_{41}
2001	98.92	9.49	0.00	0.00	0.00	− 1.81	8.28	0.25
2002	61.75	6.36	0.00	0.00	0.00	− 7.85	8.28	0.24
2003	63.65	7.05	0.00	0.00	0.00	11.60	8.28	0.25
2004	61.00	8.03	0.00	0.00	0.00	8.66	8.28	0.25

年份	储采比 I_{11}	储量指数（%）I_{12}	进口依存度（%）I_{21}	进口集中度（%）I_{22}	地缘政治风险 I_{23}	价格波动率（%）I_{31}	汇率 I_{32}	资源消耗强度（百万立方米/亿元）I_{41}
2005	57.15	8.95	0.00	0.00	0.00	16.71	8.19	0.25
2006	51.25	9.54	0.00	0.00	0.00	18.03	7.97	0.26
2007	46.39	10.06	1.82	97.96	1.30	8.29	7.60	0.26
2008	42.40	10.21	1.22	92.36	1.15	62.33	6.95	0.25
2009	63.63	11.14	4.75	84.90	0.82	−27.81	6.83	0.26
2010	39.45	10.97	11.32	68.81	0.76	20.44	6.77	0.26
2011	38.17	11.12	21.45	79.52	1.78	35.01	6.46	0.27
2012	39.59	12.23	26.11	72.36	2.14	13.71	6.31	0.28
2013	38.42	12.97	29.13	73.61	1.82	−3.46	6.19	0.29
2014	37.73	13.81	30.36	68.35	1.60	0.99	6.14	0.29
2015	38.59	14.76	30.32	69.40	1.76	−36.89	6.23	0.28
2016	39.72	15.28	34.14	71.40	1.44	−1.81	6.64	0.28
2017	37.30	15.24	38.16	71.89	1.20	−7.85	6.75	0.29
2018	38.09	16.84	43.18	64.23	0.83	11.60	6.62	0.31

由表 8.8 可知，2001～2018 年中国天然气储采比呈逐年下降趋势，储量指数虽稍有上升，但幅度较小。2007～2018 年进口依存度从 1.82% 上升到 43.18%，进口集中度波动下降，地缘政治风险较小。价格波动逐渐趋于平稳，资源消耗强度变化较小。

根据表 3.5 并借鉴郭明晶等（2018）、李云鹤等（2020）对资源消耗强度指标分级的研究，确定天然气资源消耗强度指标分级（见表 8.9）。

表 8.9　　　　　　　　　天然气资源消耗强度指标分级规则

指标		分级				
一级指标	二级指标	0～2	2～4	4～6	6～8	8～10
资源消耗 I_4	资源消耗强度 I_{41}	>0.4	[0.35, 0.4)	[0.30, 0.35)	[0.25, 0.30)	<0.25

根据表 3.5、表 8.8 和表 8.9，得到 2001～2018 年中国天然气资源国家安全评估指标分级值（见表 8.10）。

表 8.10　　　中国天然气资源国家安全评估指标分级值（2001~2018）

年份	I_{11}	I_{12}	I_{21}	I_{22}	I_{23}	I_{31}	I_{32}	I_{41}
2001	10	1	10	10	10	9	1	8
2002	8	1	10	10	10	7	1	9
2003	8	1	10	10	10	1	1	8
2004	8	1	10	10	10	9	1	8
2005	8	1	10	10	10	1	1	8
2006	8	1	10	10	10	6	2	7
2007	8	1	10	1	9	9	3	7
2008	8	1	10	1	9	5	6	8
2009	8	1	9	2	9	1	7	8
2010	7	1	9	4	9	7	7	8
2011	7	1	9	3	9	8	8	8
2012	7	1	9	3	8	3	9	7
2013	7	1	9	3	9	3	10	7
2014	7	1	9	4	9	7	10	7
2015	7	1	9	4	9	2	9	7
2016	7	1	9	3	9	9	7	7
2017	7	1	9	3	9	6	7	7
2018	7	1	8	4	9	9	7	5

8.3.2　一级指标评估

根据式（3.1）、式（3.7）和式（3.8），并结合表 3.3 和表 8.10，得到各一级指标的常权评估值、变权重、变权评估值及预警等级。

1. 资源禀赋评估

2001~2018 年中国天然气资源禀赋常权和变权评估结果如表 8.11 所示。由变权评估结果可知，受储采比下降影响，2001~2018 年中国天然气资源禀赋安全评估值总体呈下降趋势，安全风险加大，由黄色预警等级——基本安全转至橙色预警等级——不安全。

表 8.11　　　　　　中国天然气资源禀赋评估结果（2001～2018）

年份	常权评估		变权重		变权评估	
	评估值	预警等级	I_{11}	I_{12}	评估值	预警等级
2001	5.86	黄色预警	0.40	0.59	4.57	黄色预警
2002	4.78	黄色预警	0.41	0.59	3.88	橙色预警
2003	4.78	黄色预警	0.41	0.59	3.88	橙色预警
2004	4.78	黄色预警	0.41	0.59	3.88	橙色预警
2005	4.78	黄色预警	0.41	0.59	3.88	橙色预警
2006	4.78	黄色预警	0.41	0.59	3.88	橙色预警
2007	4.78	黄色预警	0.41	0.59	3.88	橙色预警
2008	4.78	黄色预警	0.41	0.59	3.88	橙色预警
2009	4.78	黄色预警	0.41	0.58	3.87	橙色预警
2010	4.24	黄色预警	0.42	0.58	3.52	橙色预警
2011	4.24	黄色预警	0.42	0.58	3.52	橙色预警
2012	4.24	黄色预警	0.42	0.58	3.52	橙色预警
2013	4.24	黄色预警	0.42	0.58	3.52	橙色预警
2014	4.24	黄色预警	0.42	0.64	3.52	橙色预警
2015	4.24	黄色预警	0.46	0.54	3.52	橙色预警
2016	4.24	黄色预警	0.46	0.54	3.52	橙色预警
2017	4.24	黄色预警	0.46	0.54	3.52	橙色预警
2018	4.24	黄色预警	0.46	0.54	3.52	橙色预警

2. 国际依赖评估

2001～2018 年中国天然气资源国际依赖常权和变权评估结果如表 8.12 所示。由变权评估结果可知，受进口依存度上升影响，2001～2018 年中国天然气国际依赖安全评估值总体呈下降趋势，但相对比较安全，由绿色预警等级——很安全转至蓝色预警等级——安全。

表 8.12　　　　　中国天然气资源国际依赖评估结果（2001～2018）

年份	常权评估		变权重			变权评估	
	评估值	预警等级	I_{21}	I_{22}	I_{23}	评估值	预警等级
2001	10.00	绿色预警	0.43	0.33	0.24	10.00	绿色预警
2002	10.00	绿色预警	0.43	0.33	0.24	10.00	绿色预警

年份	常权评估		变权重			变权评估	
	评估值	预警等级	I_{21}	I_{22}	I_{23}	评估值	预警等级
2003	10.00	绿色预警	0.43	0.33	0.24	10.00	绿色预警
2004	10.00	绿色预警	0.43	0.33	0.24	10.00	绿色预警
2005	10.00	绿色预警	0.43	0.33	0.24	10.00	绿色预警
2006	10.00	绿色预警	0.43	0.33	0.24	10.00	绿色预警
2007	6.79	蓝色预警	0.34	0.46	0.20	5.62	黄色预警
2008	6.79	蓝色预警	0.34	0.46	0.20	5.62	黄色预警
2009	6.69	蓝色预警	0.37	0.42	0.21	6.08	蓝色预警
2010	7.35	蓝色预警	0.43	0.38	0.22	7.12	蓝色预警
2011	7.02	蓝色预警	0.43	0.39	0.22	6.64	蓝色预警
2012	6.78	蓝色预警	0.43	0.39	0.22	6.43	蓝色预警
2013	7.02	蓝色预警	0.43	0.39	0.22	6.64	蓝色预警
2014	7.35	蓝色预警	0.43	0.38	0.22	7.12	蓝色预警
2015	7.35	蓝色预警	0.43	0.38	0.22	7.12	蓝色预警
2016	7.02	蓝色预警	0.34	0.39	0.22	6.64	蓝色预警
2017	7.02	蓝色预警	0.34	0.39	0.22	6.64	蓝色预警
2018	6.92	蓝色预警	0.37	0.37	0.22	6.73	蓝色预警

3. 获取成本评估

2001~2018 年中国天然气资源获取成本常权和变权评估结果如表 8.13 所示。由变权评估结果可知，受价格波动趋缓、汇率上升的综合影响，2001~2018 年中国天然气资源获取成本安全评估值总体呈上升趋势，相对比较安全，由黄色预警等级——基本安全转至绿色预警等级——很安全。其中，2003 年非典型肺炎以及 2005 年原油价格高涨引起天然气价格波动幅度加大，这两年预警评估等级达到了红色预警，风险程度较高。

表 8.13　　　　　　中国天然气资源获取成本评估结果（2001~2018）

年份	常权评估		变权重		变权评估	
	评估值	预警等级	I_{31}	I_{32}	评估值	预警等级
2001	6.04	蓝色预警	0.50	0.50	4.97	黄色预警
2002	4.78	黄色预警	0.51	0.49	4.07	黄色预警

年份	常权评估		变权重		变权评估	
	评估值	预警等级	I_{31}	I_{32}	评估值	预警等级
2003	1.00	红色预警	0.63	0.37	1.00	红色预警
2004	6.04	蓝色预警	0.50	0.50	4.97	黄色预警
2005	1.00	红色预警	0.63	0.37	1.00	红色预警
2006	4.52	黄色预警	0.56	0.44	4.26	黄色预警
2007	6.78	蓝色预警	0.56	0.44	6.38	蓝色预警
2008	5.37	黄色预警	0.64	0.36	5.36	黄色预警
2009	3.22	橙色预警	0.73	0.27	2.59	橙色预警
2010	7.00	蓝色预警	0.63	0.37	7.00	蓝色预警
2011	8.00	绿色预警	0.63	0.37	8.00	绿色预警
2012	5.22	黄色预警	0.69	0.31	4.85	黄色预警
2013	5.59	黄色预警	0.70	0.30	5.12	黄色预警
2014	8.11	绿色预警	0.65	0.35	8.05	绿色预警
2015	4.59	黄色预警	0.71	0.29	4.01	黄色预警
2016	8.26	绿色预警	0.62	0.38	8.23	绿色预警
2017	6.37	蓝色预警	0.64	0.36	6.36	蓝色预警
2018	8.26	绿色预警	0.62	0.38	8.23	绿色预警

4. 资源消耗评估

由于一级指标资源消耗仅包含资源消耗强度一个二级指标，因此，中国天然气资源消耗常权和变权评估结果相同（见表8.14）。由此可知，2001～2018年中国天然气资源消耗安全评估值总体呈下降趋势，安全风险加大，由绿色预警等级——很安全转至蓝色预警等级——安全再转至黄色预警等级——基本安全。

表8.14　　　　中国天然气资源消耗评估结果（2001～2018）

年份	评估值	预警等级	年份	评估值	预警等级
2001	8.00	绿色预警	2005	8.00	绿色预警
2002	9.00	绿色预警	2006	7.00	蓝色预警
2003	8.00	绿色预警	2007	7.00	蓝色预警
2004	8.00	绿色预警	2008	8.00	绿色预警

年份	评估值	预警等级	年份	评估值	预警等级
2009	8.00	绿色预警	2014	7.00	蓝色预警
2010	8.00	绿色预警	2015	7.00	蓝色预警
2011	8.00	绿色预警	2016	7.00	蓝色预警
2012	7.00	蓝色预警	2017	7.00	蓝色预警
2013	7.00	蓝色预警	2018	5.00	黄色预警

8.3.3 综合评估

1. 常权综合评估

根据表 3.3 指标权重、表 8.10 指标分级值及式（3.1）对 2001~2018 年中国天然气资源国家安全状况进行常权评估，结果如表 8.15 所示。

表 8.15 　　　　　　　　常权综合评估结果（2001~2018）

年份	评估值	预警等级	年份	评估值	预警等级
2001	7.78	蓝色预警	2010	6.40	蓝色预警
2002	7.42	蓝色预警	2011	6.42	蓝色预警
2003	6.72	蓝色预警	2012	5.77	黄色预警
2004	7.44	蓝色预警	2013	5.91	黄色预警
2005	6.72	蓝色预警	2014	6.39	蓝色预警
2006	7.06	蓝色预警	2015	5.89	黄色预警
2007	6.17	蓝色预警	2016	6.29	蓝色预警
2008	6.13	蓝色预警	2017	6.02	蓝色预警
2009	5.79	黄色预警	2018	5.92	黄色预警

由表 8.15 可知，2001~2018 年中国天然气资源安全常权评估值整体呈下降趋势，但相对比较安全，由蓝色预警等级——安全转至黄色预警等级——基本安全。

2. 变权综合评估

选取 $\alpha = 0.75$ 进行惩罚型变权评估，运用式（3.7）计算各指标变权权重（见表8.16），再通过式（3.8）计算变权综合评估值（见表8.17）。

表8.16 变权重计算结果

年份	I_{11}	I_{12}	I_{21}	I_{22}	I_{23}	I_{31}	I_{32}	I_{41}
2001	0.1485	0.2247	0.1373	0.1069	0.0750	0.0516	0.0797	0.1494
2002	0.1555	0.2226	0.1361	0.1059	0.0744	0.0549	0.0789	0.1437
2003	0.1473	0.2108	0.1288	0.1003	0.0704	0.0893	0.0747	0.1401
2004	0.1556	0.2228	0.1362	0.1060	0.0744	0.0516	0.0790	0.1481
2005	0.1473	0.2108	0.1288	0.1003	0.0704	0.0893	0.0747	0.1401
2006	0.1555	0.2226	0.1361	0.1059	0.0744	0.0571	0.0664	0.1530
2007	0.1454	0.2081	0.1272	0.1761	0.0714	0.0516	0.0561	0.1430
2008	0.1457	0.2086	0.1275	0.1765	0.0715	0.0597	0.0472	0.1386
2009	0.1435	0.2054	0.1289	0.1461	0.0704	0.0893	0.0448	0.1365
2010	0.1589	0.2200	0.1380	0.1316	0.0754	0.0549	0.0480	0.1462
2011	0.1580	0.2188	0.1373	0.1406	0.0750	0.0531	0.0461	0.1454
2012	0.1538	0.2129	0.1336	0.1368	0.0752	0.0679	0.0436	0.1463
2013	0.1543	0.2136	0.1340	0.1373	0.0732	0.0679	0.0426	0.1468
2014	0.1588	0.2198	0.1379	0.1315	0.0754	0.0549	0.0438	0.1511
2015	0.1539	0.2131	0.1337	0.1275	0.0731	0.0751	0.0436	0.1465
2016	0.1574	0.2178	0.1367	0.1401	0.0747	0.0516	0.0475	0.1497
2017	0.1561	0.2161	0.1356	0.1389	0.0741	0.0571	0.0471	0.1485
2018	0.1562	0.2162	0.1397	0.1294	0.0741	0.0516	0.0471	0.1617

表8.17 变权综合评估结果（2001～2018）

年份	评估值	预警等级	年份	评估值	预警等级
2001	6.64	蓝色预警	2010	5.67	黄色预警
2002	6.39	蓝色预警	2011	5.61	黄色预警
2003	5.67	黄色预警	2012	5.12	黄色预警
2004	6.36	蓝色预警	2013	5.23	黄色预警
2005	5.67	黄色预警	2014	5.66	黄色预警
2006	6.18	蓝色预警	2015	5.23	黄色预警
2007	5.09	黄色预警	2016	5.49	黄色预警
2008	5.16	黄色预警	2017	5.32	黄色预警
2009	4.93	黄色预警	2018	5.21	黄色预警

由表 8.17 可知，2001～2018 年中国天然气资源国家安全变权评估值整体呈下降趋势，但相对比较安全，由蓝色预警等级——安全转至黄色预警等级——基本安全。

3. 对比分析

将常权与变权综合评估结果进行对比（见表 8.18）。

表 8.18　　　　常权和变权综合评估结果对比（2001～2018）

年份	综合评估值		预警等级		年份	综合评估值		预警等级	
	常权	变权	常权	变权		常权	变权	常权	变权
2001	7.78	6.64	蓝色预警	蓝色预警	2010	6.40	5.67	蓝色预警	黄色预警
2002	7.42	6.39	蓝色预警	蓝色预警	2011	6.42	5.61	蓝色预警	黄色预警
2003	6.72	5.67	蓝色预警	黄色预警	2012	5.77	5.12	黄色预警	黄色预警
2004	7.44	6.36	蓝色预警	蓝色预警	2013	5.91	5.23	黄色预警	黄色预警
2005	6.72	5.67	蓝色预警	黄色预警	2014	6.39	5.66	蓝色预警	黄色预警
2006	7.06	6.18	蓝色预警	蓝色预警	2015	5.89	5.23	黄色预警	黄色预警
2007	6.17	5.09	蓝色预警	黄色预警	2016	6.29	5.49	蓝色预警	黄色预警
2008	6.13	5.16	蓝色预警	黄色预警	2017	6.02	5.32	蓝色预警	黄色预警
2009	5.79	4.93	黄色预警	黄色预警	2018	5.92	5.21	黄色预警	黄色预警

由表 8.18 可知，受极端指标值影响，进行惩罚型变权后，2001～2018 年中国天然气资源国家安全变权评估值均有所下降。2001～2006 基本处于蓝色—黄色预警等级，2007～2018 均处于黄色预警等级，尤其 2016～2018 年变权评估值持续下降，说明影响安全的风险因素在加大。另外，2003 年、2005 年、2007 年、2008 年、2010 年、2011 年、2014 年、2016 年和 2017 年预警评估等级发生变化，由蓝色预警等级——安全转至黄色预警等级——基本安全。2003 年和 2005 年，天然气价格波动幅度加大、获取成本增加等因素导致评估值降低；2007 年、2008 年、2010 年、2011 年、2014 年、2016 年和 2017 年，受中国天然气进口集中度提升影响，安全评估值呈下降趋势；2018 年，天然气需求上升，资源消耗强度增加。这些极端指标需要特别关注。

8.4　天然气资源国家安全预警

8.4.1　预警系统训练学习

1. 神经网络结构

构建一个三层 BP 神经网络：

（1）输入层神经元（I）：包括中国天然气储采比（I_{11}）、储量指数（I_{12}）、进口依存度（I_{21}）、进口集中度（I_{22}）、地缘政治风险（I_{23}）、价格波动率（I_{31}）、汇率（I_{32}）、资源消耗强度（I_{41}）。

（2）输出层神经元（O）：包括中国天然气国家安全变权综合评估值。

（3）隐含层神经元数目（n_h）：根据式（3.9）进行测算，取 $n_h = 5$。

2. 原始数据及其初始化

运用 MATLAB2016a 中的 BP 神经网络工具箱进行测算。根据计算规则，在测算前，需将预警原始数据（见表 8.19）进行初始化，初始化的方法是极差法。初始化后的数据如表 8.20 所示。

表 8.19　　　　中国天然气国家安全预警原始数据（2001~2018）

年份	I_{11}	I_{12}	I_{21}	I_{22}	I_{23}	I_{31}	I_{32}	I_{41}	变权综合评估值
2001	98.92	9.49	0.00	0.00	0.00	−1.81	8.28	0.25	6.64
2002	61.75	6.36	0.00	0.00	0.00	−7.85	8.28	0.24	6.39
2003	63.65	7.05	0.00	0.00	0.00	11.60	8.28	0.25	5.67
2004	61.00	8.03	0.00	0.00	0.00	8.66	8.28	0.25	6.36
2005	57.15	8.95	0.00	0.00	0.00	16.71	8.19	0.25	5.67
2006	51.25	9.54	0.00	0.00	0.00	18.03	7.97	0.26	6.18
2007	46.39	10.06	1.82	97.96	1.30	8.29	7.60	0.26	5.09
2008	42.40	10.21	1.22	92.36	1.15	62.33	6.95	0.25	5.16
2009	63.63	11.14	4.75	84.90	0.82	−27.81	6.83	0.26	4.93
2010	39.45	10.97	11.32	68.81	0.76	20.44	6.77	0.26	5.67

续表

年份	I_{11}	I_{12}	I_{21}	I_{22}	I_{23}	I_{31}	I_{32}	I_{41}	变权综合评估值
2011	38.17	11.12	21.45	79.52	1.78	35.01	6.46	0.27	5.61
2012	39.59	12.23	26.11	72.36	2.14	13.71	6.31	0.28	5.12
2013	38.42	12.97	29.13	73.61	1.82	−3.46	6.19	0.29	5.23
2014	37.73	13.81	30.36	68.35	1.60	0.99	6.14	0.29	5.66
2015	38.59	14.76	30.32	69.40	1.76	−36.89	6.23	0.28	5.23
2016	39.72	15.28	34.14	71.40	1.44	−1.81	6.64	0.28	5.49
2017	37.30	15.24	38.16	71.89	1.20	−7.85	6.75	0.29	5.32
2018	38.09	16.84	43.18	64.23	0.83	11.60	6.62	0.31	5.21

表8.20 预警系统训练值

年份	I_{11}	I_{12}	I_{21}	I_{22}	I_{23}	I_{31}	I_{32}	I_{41}	变权综合评估值
2001	1.00	−0.40	−1.00	−1.00	−1.00	−0.29	1.00	−0.71	1.00
2002	−0.21	−1.00	−1.00	−1.00	−1.00	−0.41	1.00	−1.00	0.71
2003	−0.14	−0.87	−1.00	−1.00	−1.00	−0.02	1.00	−0.71	−0.13
2004	−0.23	−0.68	−1.00	−1.00	−1.00	−0.08	1.00	−0.71	0.67
2005	−0.36	−0.51	−1.00	−1.00	−1.00	0.08	0.92	−0.71	−0.13
2006	−0.55	−0.39	−1.00	−1.00	−1.00	0.11	0.71	−0.43	0.46
2007	−0.70	−0.29	−0.92	1.00	0.21	−0.09	0.36	−0.43	−0.81
2008	−0.83	−0.27	−0.94	0.89	0.07	1.00	−0.24	−0.71	−0.73
2009	−0.15	−0.09	−0.78	0.73	−0.23	−0.82	−0.36	−0.43	−1.00
2010	−0.93	−0.12	−0.48	0.40	−0.29	0.16	−0.41	−0.43	−0.13
2011	−0.97	−0.09	−0.01	0.62	0.66	0.45	−0.70	−0.14	−0.20
2012	−0.93	0.12	0.21	0.48	1.00	0.02	−0.84	0.14	−0.78
2013	−0.96	0.26	0.35	0.50	0.70	−0.33	−0.95	0.43	−0.65
2014	−0.99	0.42	0.41	0.40	0.50	−0.24	−1.00	0.43	−0.15
2015	−0.96	0.60	0.40	0.42	0.64	−1.00	−0.92	0.14	−0.65
2016	−0.92	0.70	0.58	0.46	0.35	−0.29	−0.53	0.14	−0.35
2017	−1.00	0.69	0.77	0.47	0.12	−0.41	−0.43	0.43	−0.54
2018	−0.97	1.00	1.00	0.31	−0.22	−0.02	−0.55	1.00	−0.67

3. 预警系统训练学习

将经过初始化的神经网络训练数据输入到神经网络，设置最大运算次数为 50000，误差平方和为 0.001。经过训练，达到目标精度，网络收敛。BP 神经网络训练误差精度曲线以及预警学习与测试对比分别如图 8.11 和图 8.12 所示。

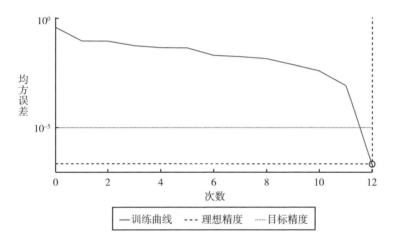

图 8.11　天然气资源国家安全预警系统训练误差精度曲线

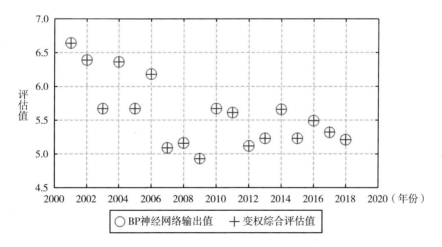

图 8.12　天然气资源国家安全预警 BP 神经网络学习与测试对比

8.4.2　国家安全预警

1. 资源禀赋

根据伍德麦肯兹（Wood Mackenzie）[1]，英国石油公司（BP）[2]，中国国家能源局、国务院发展研究中心和自然资源部（2019）以及贾爱林等（2021）对世界和中国天然气资源禀赋未来情景预测数据，结合 2001~2018 年中国天然气资源禀赋情况，计算得到 2020~2050 年中国天然气资源禀赋预测数据（见表 8.21）。

表8.21　　　　　　　中国天然气资源禀赋预测数据（2020~2050）

年份	国内产量 （亿立方米）	国内储量 （亿立方米）	世界储量 （万亿立方米）	储采比 I_{11}	储量指数 I_{12}
2020	1832.91	67252.50	200.75	36.69	18.33
2025	2124.85	70683.05	210.99	33.26	19.00
2030	2346.01	74288.60	221.75	31.67	19.76
2035	2590.18	82020.62	233.06	31.67	21.64
2040	2859.77	86204.49	238.95	30.14	23.17
2045	3157.42	90601.79	244.98	28.69	24.83
2050	3237.14	95223.39	251.17	29.42	26.65

2. 国际依赖

根据表 8.7 基准情景，可得 2020~2050 年中国天然气进口依存度预测数据。参考杨宇和何则（2020）的研究并运用 BP 滚动建模对天然气进口集中度及地缘政治风险进行预测，得到 2020~2050 年中国天然气国际依赖预测数据（见表 8.22）。

---

① 伍德麦肯兹. Wood Mackenzie Database [DB/OL]. 伍德麦肯兹网站，2020 – 8 – 30.
② 英国石油公司（bp）. BP 世界能源统计年鉴 2019 [EB/OL]. 英国石油公司网站，2019 – 7 – 30.

表 8.22 　　　　　　　中国天然气国际依赖预测数据（2020～2050）

年份	进口依存度 I_{21}	进口集中度 I_{22}	地缘政治风险 I_{23}
2020	50.86	61.95	1.42
2025	51.33	53.03	2.14
2030	52.16	51.36	1.83
2035	53.66	42.75	1.93
2040	54.64	51.86	1.77
2045	55.34	51.54	0.63
2050	55.90	56.89	0.98

3. 获取成本

根据表 8.3 天然气价格未来情景设置及表 3.9 汇率预测值，得到 2020～2050 年中国天然气资源获取成本预测数据（见表 8.23）。

表 8.23 　　　　　　　中国天然气获取成本预测数据（2020～2050）

年份	天然气价格 （美元/百万英热单位）	价格波动率 I_{31}	汇率 I_{32}
2020	2.4	-5.14	6.98
2025	2.8	8.49	6.95
2030	3.2	-1.37	7.22
2035	3.3	-0.15	7.08
2040	3.4	0.11	6.73
2045	3.5	0.62	6.43
2050	3.6	1.28	6.87

4. 资源消耗强度

根据表 8.7 中基准情景下中国天然气未来需求情景预测值及表 3.7 中国 GDP 预测值，得到 2020～2050 年中国天然气资源消耗预测数据（见表 8.24）。

表 8.24　　　　　中国天然气资源消耗预测数据（2020~2050）

年份	消费量（亿立方米）	中国 GDP（亿元）	资源消耗强度 I_{41}
2020	3928.84	1000773.75	0.39
2025	4586.55	1308825.76	0.35
2030	5171.92	1660577.83	0.31
2035	5687.73	2056140.49	0.28
2040	6032.90	2491748.48	0.24
2045	6250.61	2930910.23	0.21
2050	6384.58	3343298.47	0.19

利用训练好的 BP 神经网络，对 2020~2050 年中国天然气资源安全状况进行预警，结果如表 8.25 所示。

表 8.25　　　　中国天然气资源国家安全预警结果（2020~2050）

年份	评估值	预警等级	增加风险提示
2020	5.89	黄色预警	进口依存度、进口集中度、资源消耗强度
2025	4.94	黄色预警	进口依存度、进口集中度、资源消耗强度
2030	4.85	黄色预警	进口依存度、进口集中度、汇率、资源消耗强度
2035	5.11	黄色预警	进口依存度、汇率
2040	5.18	黄色预警	储采比、进口依存度、进口集中度
2045	5.88	黄色预警	储采比、进口依存度、进口集中度
2050	4.14	黄色预警	储采比、进口依存度、进口集中度

由表 8.25 可知，随着储采比、进口依存度、进口集中度和资源消耗强度等风险因素的增加，2020~2050 年中国天然气国家安全评估值整体呈下降趋势，安全风险加大。其中，未来 30 年进口依存度和进口集中度均超过 50%，为各阶段公共风险因素，需要特别关注。除这两个因素外，2020~2030 年，资源消耗强度为主要风险因素；2030~2035 年，汇率为主要风险因素；2035~2050 年，储采比为主要风险因素，总体呈下降趋势。2050 年，天然气储采比为 29.42，中国天然气资源保障年限不到 30 年，安全状况不容乐观。

8.5　天然气资源安全恢复战略与政策建议

根据上述研究结论，提出以下安全恢复战略及建议。

1. 针对进口依存度风险的建议

从国内来看，应全力建设储气库和 LNG 调峰站，力争中国未来储气库工作气量至少达到天然气消费量的 10%，并进一步形成天然气国家战略储备体系。从国外来看，加强与澳大利亚、卡塔尔和马来西亚等主要天然气进口来源国的合作关系，保障天然气资源进口供应安全。

2. 针对进口集中度和地缘政治风险的建议

一方面，采取多元化、分散化的进口优化策略，利用"一带一路"契机，在与周边主要天然气供应国建立良好供应关系的同时，适度拓展其他进口来源渠道。如俄罗斯正尝试实施天然气出口多元化战略，可加强中俄之间管道天然气贸易往来，保障天然气外部供给。另一方面，与伊朗、科威特和沙特阿拉伯等国家风险指数较高的国家进行天然气贸易合作时，需防备因突发政治或军事事件所导致的天然气外部供应中断。

3. 针对资源消耗强度风险的建议

从居民生活用气来看，可设立专题研究不同地区、不同时段的天然气需求情况，结合供应成本，适度提高天然气供应价格，增加阶梯价格差距，从而减少对天然气需求的依赖性。从工业用气来看，各工业部门应积极开展节能降耗研究，提高天然气利用效率，降低能源消耗。

4. 针对汇率风险的建议

提高人民币的国际地位，争取与主要天然气供应国进行贸易时以人民币结算，放松国际收支约束，缓解汇率风险。

5. 针对储采比风险的建议

进一步加大天然气资源勘探力度，提高资源开发水平。采用新理论、新方法、新技术，力争在 2040 年之前实现找矿重大突破，增加天然气资源探明储量，从源头保障天然气资源供应安全。

9

Chapter

第9章
石油资源国家安全评估与预警系统

9.1 石油资源概况及供需分析

9.1.1 石油资源概况

1. 石油资源用途

石油是一种非可再生资源，被称为"能源中的能源"，是国民经济发展中的"血液"供给，同时也是国防安全的重要战略保障资源。石油被广泛应用于工业、农业、交通运输业、建筑业和国防事业等领域。石油经过加工提炼，得到的产品可大致分为以下六大类。

（1）燃料。

燃料是用量最多的石油产品，其产量约占石油产品总产量的80%，主要包括汽油、柴油、煤油和燃料油等动力燃料，广泛用于各种现代交通工具、农用机械、动力机械、烧油电站、工业窑炉和民用燃气中。

（2）溶剂与化工原料。

溶剂与化工原料是石油产品应用中重要的一大类，占石油产品总产量的10%左右，其中包括制取乙烯的原料（轻油）以及石油芳烃和各种溶剂油。溶剂与化工原料广泛应用于金属加工、橡胶、塑料、油漆涂料、麻纺、医药、油脂和化妆品等行业。

（3）润滑油。

润滑油品种繁多，可分为内燃机油、车辆齿轮油、液压油、压缩机油、全损耗系统用油和润滑脂六大类，占石油产品总产量的3%左右，广泛用于各种机械、设备和仪表等的润滑，具有减少摩擦、降低磨损和延长机械设备使用寿命的作用。

（4）沥青。

石油沥青是原油加工过程中制得的一种沥青产品，其产量约占石油产品总产量的 2%～3%。石油沥青具有良好的黏结性、抗水性和防腐性，广泛用于公路、机场、码头等地面、建筑和水利工程。

（5）石油焦。

石油焦占石油产品总产量的 1%～2%，可用于高炉燃料、金属铸造用焦，制造各种电极以及原子反应堆、宇宙飞行器等高科技领域。

（6）石蜡。

从石油中生产出的石蜡，是国民经济和国防建设中必不可少的原料或重要的配套材料，其产量约占石油产品总产量的 1%，广泛应用于工业、农业、军工和科研等领域。

2. 世界石油资源分布现状

（1）世界石油资源概况。

20 世纪 80 年代以来，随着科学技术的进步，世界石油新增储量不断增长。由图 9.1 和附录Ⅲ.1 可知，1980～2019 年，世界石油探明储量不断增加，但增幅呈下降趋势。世界石油剩余探明储量由 1980 年的 6826 亿桶增至

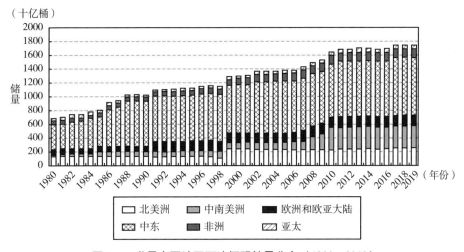

图 9.1 世界主要地区石油探明储量分布（1980～2019）

资料来源：《BP 世界能源统计年鉴 2020》。

2019 年的 17339 亿桶，年均增幅 2.42%。其中 1980～1999 年年均增幅 3.35%，2000～2019 年年均增幅 1.54%。从地区来看，增长最多的地区依次是中东、中南美洲和北美洲，以上地区 2019 年石油剩余探明储量分别占世界石油探明总量的 48.1%、18.7% 和 14.1%。

（2）世界石油资源分布特点。

① 石油资源地区分布极不平衡

世界石油资源较为丰富，但分布极不平衡。《BP 世界能源统计年鉴 2020》数据显示，截至 2019 年，中东地区占世界石油探明储量的 48.1%，而中南美洲、北美、欧洲及欧亚、非洲和亚太地区的石油探明储量，分别占世界石油探明储量的 18.7%、14.1%、9.2%、7.2% 和 2.6%。

长期以来，中东地区石油储量稳居世界第一。其中，沙特阿拉伯、伊朗、伊拉克、科威特和阿联酋分别占世界石油探明储量的 17.2%、9.0%、8.4%、5.9% 和 5.6%。中南美洲近年来石油探明储量迅速增长，目前居第二位，其中委内瑞拉和巴西分别占世界石油探明储量的 17.5% 和 0.7%。北美洲是石油探明储量增长较快的地区，加拿大、美国和墨西哥石油储量分别占世界储量的 9.8%、4.0% 和 0.3%。欧洲和欧亚大陆石油探明储量增长相对稳定，俄罗斯和哈萨克斯坦分别占世界储量的 6.2% 和 1.7%。非洲石油储量近些年增长相对较快，利比亚、尼日利亚、阿尔及利亚和安哥拉分别占世界探明储量的 2.8%、2.1%、0.7% 和 0.5%。亚洲太平洋地区石油资源相对贫乏，预计可采年限为 16.4 年。其中，中国石油储量相对较多，占世界探明储量的 1.5%；印度尼西亚作为石油输出国组织成员国之一，其探明储量仅占世界的 0.1%；印度、澳大利亚、马来西亚和越南等国石油分布较少，在世界探明储量中所占份额均不足 1%[1]。

② 不同经济体石油储量相差悬殊

《BP 世界能源统计年鉴 2020》数据显示，20 世纪 80 年代以来，石油输出国组织（欧佩克）的石油剩余探明储量大体保持较快增长，2019 年剩余探明储量为 12147 亿桶，占世界石油探明储量的 70.1%，预计可开采年限约 93.6 年。非欧佩克产油国的石油剩余探明储量小幅增长，石油储量有限，其中独联体国家占世界石油探明储量的 8.4%，预计可开采年限约 27.3 年。其余国家和地区的石油储量总和占世界储量的 21.5%，其中经济合作与贸易组

---

① BP Amoco. Statistical Review of World Energy 2020，2020 – 6 – 17.

织国家石油储量相对较多，截至 2019 年其石油探明储量为 2601 亿桶，占世界石油储量的 15% ，预计可开采年限 25.1 年[①]。

欧佩克的石油储量优势明显，除印度尼西亚石油储量在 1980～2019 年大幅下降外，其他欧佩克的石油储量变化不大。2000～2019 年，欧佩克石油储量平均增长率大于世界平均增长率，且变动趋势大致相同（见表 9.1）。

表 9.1 世界和欧佩克石油储量变化趋势（2000～2019）

年份	世界石油（十亿吨）	同比增长（%）	欧佩克石油（十亿吨）	同比增长（%）
2000	176.84	1.50	113.98	1.65
2001	177.63	0.45	114.92	0.82
2002	184.40	3.66	119.95	4.19
2003	185.39	0.54	121.27	1.09
2004	186.32	0.49	122.26	0.81
2005	187.32	0.53	123.24	0.80
2006	188.82	0.80	124.51	1.02
2007	193.89	2.62	126.42	1.51
2008	203.28	4.61	136.35	7.28
2009	208.94	2.71	141.97	3.95
2010	223.45	6.50	155.47	8.69
2011	228.54	2.23	160.02	2.84
2012	229.83	0.56	160.27	0.15
2013	230.93	0.47	161.02	0.47
2014	231.27	0.15	161.03	0.01
2015	229.45	-0.79	161.31	0.17
2016	230.49	0.45	162.18	0.54
2017	235.74	2.23	165.73	2.14
2018	236.78	0.44	165.70	-0.02
2019	236.50	-0.12	165.69	-0.01

资料来源：英国石油公司和《BP 世界能源统计年鉴 2020》数据整理得到。

③ 不同国家石油储量差别巨大

2019 年，石油探明储量排名前十的国家占世界石油探明储量的 86.4%。其中，中东地区占了 5 个，依次为沙特阿拉伯、伊朗、伊拉克、科威特和阿联酋，这五个国家约占世界石油储量的 46.1%。从储采比来看，委内瑞拉、

---

① BP Amoco. Statistical Review of World Energy 2020，2020 – 6 – 17.

伊朗和利比亚的石油开采年限超过 100 年，科威特、伊拉克、加拿大、沙特阿拉伯和阿联酋等国石油开采年限为 30 ~ 100 年，美国和俄罗斯可开采年限低于 30 年（见表 9.2）。

表 9.2　　　　　　　　　　　　2019 年世界石油探明储量前十国家

排名	国家	剩余探明储量（十亿吨）	占世界比重（%）	储采比
1	委内瑞拉	48.0	17.5	> 500
2	沙特阿拉伯	40.9	17.2	68.9
3	加拿大	27.3	9.8	82.9
4	伊朗	21.4	9.0	120.6
5	伊拉克	19.6	8.4	83.1
6	俄罗斯	14.7	6.2	25.5
7	科威特	14.0	5.9	92.8
8	阿联酋	13.0	5.6	67.0
9	美国	8.2	4.0	11.1
10	利比亚	6.3	2.8	107.9

资料来源：《BP 世界能源统计年鉴 2020》。

3. 中国石油资源分布现状

（1）中国石油资源概况。

中国石油资源储量丰富，但人均储量相对贫乏，远低于世界平均水平。中国石油资源地区分布不均、资源品质相对较差。同世界产油大国相比，中国目前已发现的世界级大油田较少、油田规模偏小。自新中国成立以来，中国石油资源储量从 1949 年的 0.29 亿吨增至 2019 年的 35.88 亿吨，增长 123 倍。2001 ~ 2019 年，中国石油储量呈逐年递增趋势，新增探明储量增长趋缓[①]。中国石油勘探开发连续十多年推动形成了储量增长高峰期，石油资源储采比整体呈上升趋势[②]（见图 9.2）。

从人均石油占有量来看，1980 ~ 2019 年中国人均石油占有量逐年增加，年均增幅为 1%。与世界人均占有量相比，仅为世界人均石油占有量的 7% 左右，远低于世界平均水平（见表 9.3）。

---

① 中国矿产资源报告（2011 ~ 2019）［EB/OL］. 中华人民共和国自然资源部网站.
② 全国石油天然气资源勘查开采通报（2019 年度）［EB/OL］. 中华人民共和国自然资源部网站，2020 - 7 - 28.

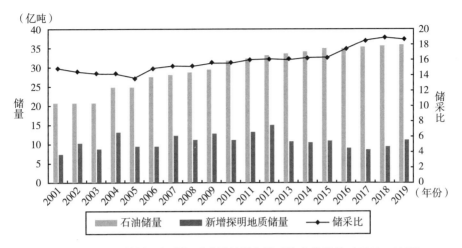

图 9.2　中国石油储量、新增探明地质储量和储采比变化趋势（2001～2019）

表 9.3　　　　　　　　中国与世界人均石油占有量（1980～2019）

年份	中国人均占有量（吨/人）	世界人均占有量（吨/人）	中国人均与世界人均占有比值（%）	年份	中国人均占有量（吨/人）	世界人均占有量（吨/人）	中国人均与世界人均占有比值（%）
1980	1.85	21.00	8.78	2000	1.63	28.92	5.64
1981	1.81	21.02	8.62	2001	1.65	28.68	5.75
1982	1.78	21.51	8.27	2002	1.65	29.40	5.61
1983	1.97	21.48	9.17	2003	1.63	29.19	5.58
1984	2.14	22.17	9.65	2004	1.92	28.97	6.63
1985	2.20	22.56	9.76	2005	1.90	28.77	6.60
1986	2.18	25.08	8.68	2006	2.10	28.64	7.33
1987	2.17	25.49	8.53	2007	2.14	29.05	7.37
1988	2.12	27.40	7.75	2008	2.18	30.08	7.25
1989	1.94	26.93	7.22	2009	2.21	30.55	7.23
1990	1.91	26.49	7.22	2010	2.37	32.28	7.34
1991	1.83	27.88	6.55	2011	2.40	32.63	7.36
1992	1.77	27.55	6.42	2012	2.46	32.44	7.58
1993	1.89	27.11	6.98	2013	2.47	32.21	7.67
1994	1.85	27.03	6.85	2014	2.51	31.88	7.87
1995	1.84	26.82	6.87	2015	2.54	31.26	8.13
1996	1.83	26.97	6.80	2016	2.53	31.04	8.15
1997	1.88	26.90	6.98	2017	2.55	31.39	8.12
1998	1.90	26.07	7.31	2018	2.56	31.19	8.21
1999	1.64	28.87	5.68	2019	2.55	30.82	8.27

资料来源：根据英国石油公司、国家统计局和世界银行数据整理得到。

中国石油资源分布极不平衡，目前剩余石油资源绝大部分分布在海域、沙漠、沼泽、高原和山地等开采条件极为恶劣地区。从三大经济带来看，东部和西部地区石油相对较为丰富，2015 年占全国石油资源储量的 66.1% 和 12.4%；中部地区相对较少，占比仅为 8.9%（白振瑞和张抗，2017）。从海陆分布来看，2017 年陆上石油资源占全国石油资源的 71%，海域占 29%（郑民等，2019）。从资源深度分布来看，石油可采资源 80% 集中分布在浅层（<2000 米）和中深层（2000~3500 米），深层（3500~4500 米）和超深层（<4500 米）分布较少。从地理环境分布来看，石油可采资源 76% 分布在平原、浅海、戈壁和沙漠。从资源品位来看，中国石油可采资源中优质资源占 63%，低渗透资源占 28%，重油占 9%[①]。

中国石油资源集中分布在渤海湾、松辽、塔里木、鄂尔多斯、准噶尔、珠江口、柴达木和东海陆架八大盆地。截至 2018 年底，八大盆地石油可采资源量 172 亿吨，占全国的 81.13%（刘立，2019）。中国油田年均产油量在 6000 万吨以下，远低于世界级大油田（萧芦，2020）。

（2）中国石油资源面临的问题。

第一，石油资源相对贫乏，储量接替不足。《中国矿产资源报告 2018》数据表明，2017 年，中国石油资源可采储量潜力约 301 亿吨，占世界石油资源可采储量的 13%，石油资源相对贫乏。中国陆地多数主力油田已进入中后期开采阶段，如截至 2018 年底，大庆油田、胜利油田等已采出可采储量 85% 左右，大部分油田产量逐年递减并在全国总产量中的占比不断下降。海域油田原油产量所占比重逐渐加大，但份额较低。海上油田开采存在成本高、采油技术复杂、气候条件恶劣以及与周边国家争端不断等问题，可供开采的石油资源增长有限，石油储量接替不足。

第二，勘探难度加大，技术成本费用高。随着全国勘探力度的加深，无论是新区还是老区，油藏类型日趋复杂，勘探工作难度加大。2020 年自然资源部公布的数据显示，目前中国石油探明率为 31%[②]，待探明石油资源 69% 以上主要分布在沙漠、黄土源和山地等，勘探开发难度较大，技术要求和成

---

① 2017 年中国石油资源开发概况、原油生产规模、石油供需状况及石油工业最新发展态势分析 [EB/OL]. 中国产业信息网.

② 中华人民共和国自然资源部. 自然资源部官宣了：我国将全面开放油气勘查开采市场 [EB/OL]. 中国政府网，2020 - 1 - 9。

本费用较高。

第三，采收率下降，储量品位劣质化。石油地质条件是影响采收率的主要因素。勘探开发后期，易于发现和开采的大而肥油田减少，新增储量主体向小且贫的油田转移，采收率随之降低，储量品位呈劣质化趋势。中国东部石油生成赋存的地质条件较简单，地质时代新、埋藏多较浅，采收率较高，而中、西部则相反。未来新增储量仍将以中、西部为主，深层和超深层、复杂岩性油藏和非常规油藏所占比例将持续提高，新增储量的采收率和品位下降。

9.1.2　石油资源供需现状分析

1. 石油资源生产现状

（1）世界石油生产现状。

1980～2019年世界石油产量基本保持逐年增长趋势，年均增长率为0.96%。进入21世纪后，世界石油产量增长加快，由2000年的36亿吨增加到2019年的44.85亿吨，年均增长率为1.15%，高于1980～1999年0.58%的年均增速。世界石油产量主要分布在中东、北美、欧洲和欧亚大陆地区，2019年产量分别占世界总产量的31.6%、24.9%和19.5%，其余各地区石油产量约占24%。石油产量增长较快的国家为美国、俄罗斯、沙特阿拉伯、加拿大和伊拉克，其总产量约占世界石油总产量的53.1%，其余国家占46.9%，如图9.3和附录Ⅲ.2所示。

根据英国石油公司《2020年世界能源统计评论》数据，从增长速度来看，北美地区和东欧地区主要产油国石油产量大幅增长，其中，美国因页岩油的大力开发，石油产量翻番，2018年成为世界第一大石油供应国。俄罗斯石油产量增长较快，2000～2019年年均增幅达3%，2019年石油产量居世界第二位。中东地区主要产油国石油产量稳步增长，由2000年11.29亿吨提高到2019年14.2亿吨，增加的产量主要来自沙特阿拉伯、伊朗、科威特和阿联酋。非洲和中南美洲石油产量总体稳定，基本维持在4亿吨左右，其中，非洲石油产量增速较快的国家依次为安哥拉、阿尔及利亚、尼日利亚和利比亚。中南美洲最重要的产油国委内瑞拉，因国内政治局势动荡和美国的经济制裁，石油产量显著下降，其中2015～2019年下降幅度最大，年均降幅

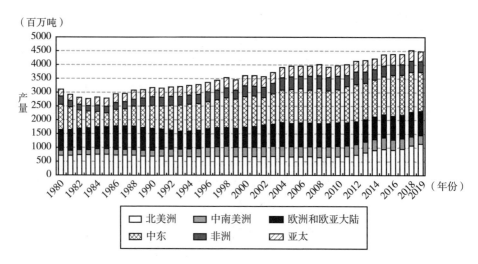

图 9.3 世界主要地区石油产量分布（1980~2019）

资料来源：《BP 世界能源统计年鉴 2020》。

23.4%。而亚太和欧洲石油储量不足，石油稳产难度加大，难以满足日益增长的需求。

（2）中国石油生产现状。

改革开放后，中国石油产量总体呈增长态势，2019 年居世界第七位。中国石油产量由 1980 年的 1.05 亿吨增加到 2019 年的 1.91 亿吨，年均增长率为 1.52%。其中，2015 年之后，受国内大型老旧油田资源枯竭以及部分油田维护成本过高影响，中国石油产量逐年下降（见图 9.4）。

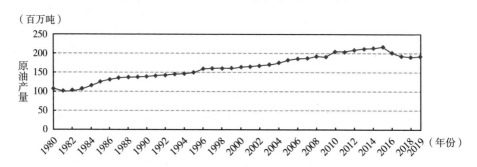

图 9.4 中国石油产量变化趋势（1980~2019）

资料来源：英国石油公司：《2020 年世界能源统计评论》。

从石油产量的地区构成来看，国内石油产量主要来自东部、西北和海域。东部地区石油产量占全国的 43%，主要分布在松辽盆地和渤海湾盆地内，分别占全国石油产量的 18.3% 和 22.6%。西北地区石油产量呈快速增长态势，占全国的 34%，其中石油产量最多的是陕甘宁盆地，占全国的 12.6%。海域石油产量增长较快，占全国的 23%，主要集中于渤海油田，占海域石油产量的 70%；其次是南海海域油田，石油产量占海域石油总产量的 30%。中部地区占全国石油产量的份额较低，仅为 1.7%。从油气田（生产企业）产量来看，2014～2019 年中国原油产量如表 9.4 所示。

表 9.4　　　　　　　　　中国原油产量（2014～2019）　　　　　　单位：万吨

油气田/生产企业	2014 年	2015 年	2016 年	2017 年	2018 年	2019 年
大庆油田有限责任公司	4000.0	3838.6	3656.0	3400.0	3204.4	3090.0
吉林油田分公司	493.0	466.2	404.5	390.0	393.7	396.7
辽河油田分公司	1021.9	1037.1	974.1	1000.1	995.1	1007.6
华北油田分公司	422.3	420.1	411.0	403.1	407.2	413.0
大港油田分公司	464.7	444.1	407.9	402.8	407.0	417.0
冀东油田分公司	170.0	160.0	135.0	136.0	130.0	137.0
浙江油田分公司	5.1	5.0	3.0	3.0	3.0	2.1
新疆油田分公司	1180.0	1180.0	1113.0	1131.0	1147.0	1247.0
吐哈油田分公司	200.0	210.0	200.0	190.0	185.0	165.0
塔里木油田分公司	590.2	590.0	550.0	520.2	551.5	576.0
长庆油田分公司	2505.0	2480.8	2392.0	2372.0	2377.0	2416.0
青海油田分公司	220.0	223.0	221.0	228.0	223.3	228.0
玉门油田分公司	49.0	44.0	38.0	40.0	41.0	45.2
西南油气田分公司	16.9	13.7	10.0	7.4	5.9	5.7
南方石油勘探开发公司	28.6	30.1	29.5	30.0	30.5	30.5
中国石油天然气集团有限公司合计	11366.9	11142.6	10545.0	10253.7	10101.7	10176.9
胜利油田分公司	2787.1	2710.0	2390.2	2341.6	2341.0	2340.5
中原油田分公司	231.0	182.6	147.8	127.3	126.0	130.0
河南油田分公司	241.0	231.0	169.1	156.5	136.0	124.0
江汉油田分公司	97.5	88.5	73.9	69.7	68.3	68.1
江苏油田分公司	171.0	155.5	133.0	120.1	113.2	106.1
西北油田分公司	735.5	703.0	594.3	630.0	650.0	662.0
西南油气分公司	2.3	1.7	0.7	1.3	2.2	2.7
华东油气分公司	35.0	35.0	33.0	36.0	42.2	45.3
华北油气分公司	53.5	39.7	9.5	10.0	13.1	16.3

续表

油气田/生产企业	2014 年	2015 年	2016 年	2017 年	2018 年	2019 年
东北油气分公司	19.3	14.7	3.5	1.8	3.0	5.1
中国石油化工集团有限公司合计①	4373.3	4161.7	3555.0	3494.3	3495.0	3500.1
中国海洋石油集团有限公司②	3963.7	4773.2	4565.4	4278.0	4200.7	4301.4
陕西延长石油（集团）有限责任公司	1255.5	1254.0	1105.6	1107.1	1120.1	1120.1
全国合计Ⅰ（公司口径）③	20959.4	21331.6	19771.1	19133.2	18917.5	19093.8
全国合计Ⅱ（国家统计局口径）④	21142.9	21455.6	19968.5	19150.6	18910.6	19101.4

注：表中的原油产量包括天然气凝析液产量。①中扣除了与中国海油在东海合资区块的权益产量（2016~2019 年权益产量分别为 10.5 万吨、11.0 万吨、10.6 万吨和 12.9 万吨）；另外，存续企业产量计入对应的油田分公司。②中包含了中国海上各合资区块的全部产量。③为公司数据累加。④为中国国家统计局公布的年度数据。

资料来源：中国石油天然气集团，中国石油化工集团，中国海洋石油集团，陕西延长石油（集团），中国石油和化学工业联合会，国家统计局。

　　国内石油需求强劲，但国内产量徘徊不前，自给率较低。东部主要产油区稳产增产难度加大、成本攀升，其资源接替问题严重威胁着油田正常生产。中国大西北的五大盆地成为战略接替区，但西北地区气候恶劣、地质情况复杂、生态环境脆弱，导致勘探开发成本高、投资风险大。长期来看，海域和中部地区石油勘探存在较大空间，未来石油开采具有较大潜力。但勘探难度越来越大，其主要特点是：新发现油藏趋于更深、更薄、更小且资源趋于劣质化，稠油、低渗透油藏比重增大；复杂断块油藏、隐蔽油藏逐渐成为主要勘探领域；新勘探区域多位于沙漠腹地、滩海和沼泽等地区。未来石油资源勘探基础的脆弱性仍将是影响中国石油生产和供应的主要限制性因素。

2. 石油资源消费现状

（1）世界石油资源消费现状。

　　由图 9.5 和附录Ⅲ.3 可知，1980~2019 年世界石油消费总体呈缓慢上升趋势，年均增长率为 1.03%。进入 21 世纪以来，世界石油年均消费增长速度加快，由 2000 年的 35.7 亿吨增加到 2019 年的 44.45 亿吨，年均增长率为 1.16%，显著高于 1980~1999 年 0.88% 的年均增幅。其中，亚太、北美、欧洲及欧亚大陆地区石油消费较多，分别占世界石油消费总量的 37.3%、22.9% 和 20.1%。

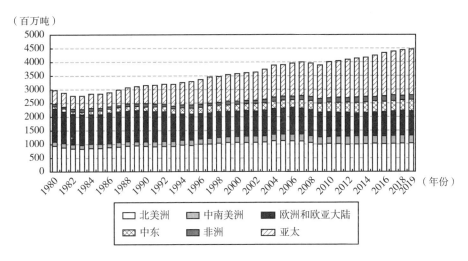

（百万吨）

图 9.5　世界主要地区石油消费量变化趋势（1980～2019）

资料来源：《BP 世界能源统计年鉴 2020》。

　　《BP 世界能源统计年鉴 2020》数据显示，从石油消费增长率来看，2000～2019 年中东、亚太、非洲和中美洲地区增长速度较快，年均增长率分别为2.86%、2.7%、2.53% 和 1.08%。从国家来看，2019 年世界十大石油消费国分别为美国、中国、印度、日本、沙特阿拉伯、俄罗斯、韩国、巴西、德国和加拿大，分别占世界石油消费总量的 18.9%、14.6%、5.4%、3.9%、3.6%、3.4%、2.7%、2.5%、2.4% 和 2.3%。这十个国家石油消费量之和占世界石油消费总量的 59.7%，而排名前五国家的石油消费量占世界的 46.4%。

　　英国石油公司《2020 年世界能源统计评论》表明，21 世纪以来，欧洲发达国家大力开发推广石油替代能源，石油消费呈递减趋势，从 2000 年的9.33 亿吨减少到 2019 年的 8.95 亿吨，下降了 0.38 亿吨。特别是德国、法国和意大利等发达国家，实行一系列节油政策，大力开发和推广替代能源，导致石油消费呈下降趋势。中东和非洲地区石油消费增长迅速，但占世界石油消费总量的比重较小。亚太地区和南美洲等发展中国家经济发展潜力较大，石油消费增长幅度较高，尤其是越南、中国和孟加拉国，2000～2019 年年均增速分别为 5.9%、5.76% 和 5.08%。

　　（2）中国石油资源消费状况。

　　随着中国经济的中高速发展，石油消费也大幅攀升，但国内石油生产年均增长率却远远低于经济和石油消费的年均增长率。1980～2019 年，中国石油消费呈跳跃式增长。从 20 世纪 80 年代中后期开始，石油消费增长速度明显加快；20 世纪 90 年代以来，石油消费从 1990 年的 1.13 亿吨增加到 2019 年的 6.5 亿吨，年均增速为 6%。2010 ~ 2019 年，石油消费年均增速 3.83%，增速明显放缓。1980 ~ 2019 年中国石油消费量如表 9.5 所示。

表 9.5　　　　　　　　　中国石油消费量（1980 ~ 2019）

年份	消费量（亿吨）	同比增长（%）	年份	消费量（亿吨）	同比增长（%）
1980	0.87	− 5.13	2000	2.24	6.64
1981	0.82	− 5.38	2001	2.29	2.12
1982	0.81	− 1.11	2002	2.48	7.58
1983	0.83	1.97	2003	2.76	10.29
1984	0.86	3.49	2004	3.23	14.36
1985	0.90	4.22	2005	3.28	1.62
1986	0.95	5.90	2006	3.52	6.78
1987	1.01	5.84	2007	3.69	4.72
1988	1.09	6.93	2008	3.76	1.89
1989	1.14	4.45	2009	3.91	3.76
1990	1.13	− 0.91	2010	4.46	12.38
1991	1.22	7.38	2011	4.62	3.48
1992	1.32	7.95	2012	4.84	4.51
1993	1.46	9.20	2013	5.05	4.11
1994	1.48	1.57	2014	5.24	3.71
1995	1.60	7.54	2015	5.58	6.07
1996	1.76	8.81	2016	5.71	2.31
1997	1.92	8.58	2017	5.96	4.18
1998	1.97	2.50	2018	6.20	3.78
1999	2.09	5.85	2019	6.50	4.66

资料来源：英国石油公司网站和《BP 世界能源统计年鉴 2020》。

从石油消费结构来看，中国石油消费目前主要集中在第二产业，第一产业和第三产业石油消费占比较低。2017 年，中国约 71% 的石油应用于工业、交通运输、仓储和邮政业等，反映出石油及其制成品在中国交通运输和化工等基础领域中的重要作用；建筑业石油消费约占全国石油消费的 7% 左右；而农、林、牧、渔、水利业，批发、零售业和住宿、餐饮业分别占全国石油消费的 3% 和 1%。

3. 石油资源贸易现状

（1）世界石油贸易现状。

在国际石油贸易中，石油输出地区主要集中在中东、东欧、北美洲、非洲和中南美洲；而亚太、欧洲和北美地区石油缺口大，是石油输入的主要地区。21世纪以来，世界石油贸易量增速加快，由2000年的44.5亿吨增长至2019年的71亿吨，年均增长2.36%，高于1980～2000年1.57%的增幅。1980～2019年世界石油贸易基本数据如表9.6所示。

表9.6　　　　世界石油贸易基本数据（1980～2019）　　　　单位：亿吨

贸易状态	进/出口国或地区	1980年	1990年	2000年	2010年	2015年	2016年	2017年	2018年	2019年	2019年占比（%）
进口	美国	3.4	4.0	5.5	5.8	4.7	5.0	5.1	5.0	4.5	12.8
	欧洲	6.1	4.9	5.6	6.2	7.0	7.1	7.3	7.4	7.4	21.0
	中国	n/a	n/a	0.9	2.9	4.1	4.6	5.1	5.5	5.9	16.7
	印度	n/a	n/a	0.8	1.9	2.2	2.5	2.4	2.6	2.7	7.6
	日本	2.5	2.4	2.7	2.3	2.2	2.1	2.1	2.0	1.9	5.3
	其他地区	4.3	4.6	6.6	8.5	11.0	11.8	12.8	13.0	12.9	36.6
	世界总计	16.2	15.8	22.1	27.6	31.1	33.1	34.8	35.4	35.3	100.0
出口	加拿大	0.2	0.5	0.8	1.3	1.9	1.9	2.1	2.2	2.3	6.6
	墨西哥	0.4	0.7	0.9	0.8	0.7	0.7	0.6	0.7	0.6	1.8
	美国	0.3	0.4	0.4	1.1	2.3	2.5	2.9	3.4	4.0	11.3
	中南美洲	1.5	1.2	1.5	1.8	2.0	2.1	2.0	1.9	1.7	4.8
	欧洲	n/a	n/a	1.0	1.0	1.5	1.5	1.7	1.7	1.6	4.5
	俄罗斯（苏联）	n/a	n/a	2.1	3.7	4.1	4.4	4.5	4.5	4.6	13.0
	其他独联体国家	n/a	n/a	0.3	1.0	1.0	1.0	1.1	1.1	1.1	3.2
	沙特阿拉伯	4.8	2.9	3.7	3.8	4.0	4.3	4.2	4.3	4.2	11.8
	中东（除沙特阿拉伯）	4.1[1]	4.3[1]	5.9	6.0	6.7	7.6	8.1	8.0	7.5	21.2
	北非	1.4[2]	1.3[2]	1.4	1.4	0.8	0.9	1.1	1.1	1.1	3.4
	西非	1.2[2]	1.1[2]	1.6	2.4	2.4	2.2	2.3	2.3	2.3	6.4
	亚太地区（除日本）	1.0[3]	1.1[3]	1.9	3.1	3.4	3.7	3.9	3.8		11.2
	其他地区	0.2	1.0	0.5	0.3	0.3	0.3	0.3	0.3	0.3	0.8
	世界总计	16.2	15.8	22.1	27.6	31.1	33.1	34.8	35.4	35.3	100.0

注：①不包括中东内部贸易；②不包括非洲内部贸易；③不包括其他亚太国家和新加坡之间的贸易；"n/a"表示不详。船用燃油不计入出口，区域内移动（如欧洲内部国家之间的移动）不包括在内。

资料来源：英国石油公司和《BP世界能源统计年鉴2020》。

从出口来看，中东地区石油资源在世界石油市场中占据着特殊地位，其石油产量直接影响国际石油市场价格。沙特阿拉伯、伊拉克和伊朗为中东地区最大的石油输出国。英国石油公司《2020年世界能源统计评论》中表明，截至2019年，中东地区所产石油75%以上用于出口，约占世界总出口量的34%。东欧地区是第二大石油出口地区，占世界石油总出口量的16.2%，其中俄罗斯和哈萨克斯坦为该地区主要石油出口国。非洲石油出口主要来自西非（以尼日利亚和安哥拉为主）和北非（以利比亚和阿尔及利亚为主），2019年西非和北非两地区石油出口量为3.5亿吨，占世界石油出口量的9.8%。

从进口来看，欧洲在世界石油进口贸易中长期占据重要地位，目前仍是世界石油进口量最多的地区，但占世界进口总量的比重呈递减趋势。《BP世界能源统计年鉴2020》数据显示，1980~2019年，欧洲石油进口量从6.1亿吨增加到7.4亿吨，但进口份额从37.6%下降到21%。中国和美国是世界两大石油进口国，两国石油进口量约占世界进口总量的30%。2017年之前，美国一直是世界第一大石油进口国，2017年之后，中国超过美国成为世界石油进口量最多的国家。

（2）中国石油贸易现状。

自1993年起，中国从石油净出口国转变为净进口国，净进口量逐年增加。1993~1996年，中国石油进口依存度基本保持在10%以内，1997年接近20%，同比提高了10%。1999年石油进口依存度超过20%（张麦花和张亚芬，2006）。2001~2003年中国石油进口依存度连年攀升，2004年达到54.55%，超过50%的国际警戒线；2017年达到83.65%，远超国际警戒线水平。为降低中国石油的进口风险，近两年国家加大对天然气等替代能源的使用，石油进口依存度逐渐下降。2019年中国石油进口依存度为77.79%，石油供应安全仍然存在较大风险。2000~2019年中国石油产量和进口依存度如表9.7所示。

表9.7　　　　中国石油产量和进口依存度（2000~2019）

年份	石油生产量（万吨）	石油进口量（万吨）	石油消费量（万吨）	进口依存度（%）
2000	16300.00	9748.50	22495.90	43.33
2001	16395.90	9118.20	22888.40	39.84
2002	16700.00	10269.30	24789.20	41.43

年份	石油生产量（万吨）	石油进口量（万吨）	石油消费量（万吨）	进口依存度（%）
2003	16960.00	13189.60	27125.80	48.62
2004	17587.30	17291.30	31700.50	54.55
2005	18135.30	17163.20	32547.00	52.73
2006	18476.60	19453.00	34876.20	55.78
2007	18631.80	21139.40	36658.70	57.67
2008	19044.00	23015.50	37302.90	61.70
2009	18949.00	25642.40	38384.50	66.80
2010	20301.40	29437.20	44101.00	66.75
2011	20287.60	31593.60	45378.50	69.62
2012	20747.80	33088.80	47797.30	69.23
2013	20991.90	34264.80	49970.60	68.57
2014	21142.90	36179.60	51814.40	69.83
2015	21455.60	39748.60	55160.20	72.06
2016	19968.50	44502.90	56402.90	78.90
2017	19150.60	49141.20	58744.80	83.65
2018	18910.60	49538.00	62500.00	79.26
2019	19101.40	50572.00	65014.60	77.79

注：石油生产量为原油产量。

资料来源：国家统计局。

在进口来源方面，中国石油进口来源地较为集中。由附录Ⅳ.1可知，首先，2018年，中国从中东地区进口的原油量最大，占进口总量的43.72%，其中沙特阿拉伯、伊拉克和阿曼为主要进口来源国。其次，从非洲地区进口原油占进口总量的18.92%，其中安哥拉、刚果和利比亚为主要进口来源国。最后，从欧洲或俄罗斯进口的原油量占中国石油进口总量的17.96%，其中俄罗斯是中国原油进口份额最多的国家，占中国原油进口量的15.48%。总之，从西半球进口的原油由2000年的33.34万吨增加到2018年的7619.92万吨，所占比例从0.47%增长到16.5%。此外，2018年来自欧佩克的原油进口量占中国原油进口的53.34%。

在进口运输渠道方面，中国石油进口除极小部分从俄罗斯远东地区和哈萨克斯坦的零星陆路和管道运输之外，90%以上的原油进口通过海运完成，而超过七成途经霍尔木兹海峡、马六甲海峡和苏伊士运河运至国内。其中，中东航线和非洲航线必须经由马六甲海峡，该海峡海盗十分猖獗，世界60%的海盗袭击都发生在这里，2016年，中国经该海峡进口石油数量占海上石油进口总量的83%（张轩诚和王国梁，2020）。马六甲海峡作为连接亚非欧三大洲的战略要道，是中国海上石油生命线，一旦被外部力量控制，中国的石油安全随时受到威胁，需要寻求多样化的运输途径和通道。

9.2　石油资源需求情景分析

9.2.1　石油资源需求影响因素分析

1. 中国经济发展水平

随着中国经济的快速增长，能源消费需求也快速增长。经济增长同能源消费之间的数量关系一般用"能源消费弹性系数"表示，即"能源消费年均增长速度"与"国民经济年均增长速度"之间的比例关系（梁文群等，2014），又称"能源系数"。1991~2019年不同规划时期中国石油消费弹性系数如表9.8所示。

表9.8　　　　1991~2019年不同规划时期中国石油消费弹性系数

年份	石油消费年均增长率（%）	GDP年均增长率（%）	石油消费弹性系数
1991~1995	6.73	12.28	0.55
1996~2000	6.48	8.48	0.76
2001~2005	7.19	9.78	0.74
2006~2010	5.91	11.32	0.52
2011~2015	4.38	7.88	0.56
2016~2019	3.42	6.73	0.51

资料来源：石油消费年均增长率根据英国石油公司和《BP世界能源统计年鉴2020》计算得到；GDP年均增长率根据《中国统计年鉴》计算得到。

由表9.8可知，"八五"到"九五"期间中国石油消费弹性系数呈上升趋势，由0.55上升至0.76；在"九五"之后整体呈下降趋势，尤其"十一五""十二五"期间和 2016～2019 年石油消费弹性系数稳定在 0.53 左右。预计未来变化不大，中国石油消费弹性系数将保持在 0.50 左右。

2. 产业结构变动

产业结构变动会导致石油消费需求的变化。21 世纪以来，中国产业结构由"二、三、一"逐渐转变为"三、二、一"，各产业石油消费量占比也随之调整。第一产业石油消费量保持平稳发展；第二产业石油消费量占比最大，整体呈缓慢上升趋势；第三产业快速发展，石油消费量占比逐年上升。2000～2017 年中国三大产业结构与石油消费量占比趋势如图 9.6 所示。

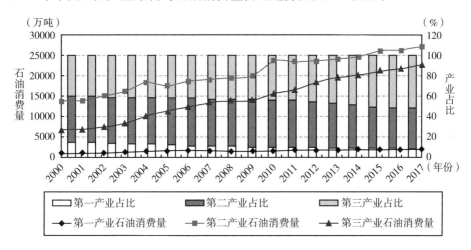

图 9.6　2000～2017 年中国三大产业结构与石油消费量占比趋势

资料来源：国家统计局。

3. 国际石油价格

根据经济学原理，价格是影响商品需求量的主要因素。2008 年之前，国际石油价格持续快速增长，2008 年达到 100 美元/桶。受全球金融危机影响，2009 年猛跌至 61.92 美元/桶。2011～2014 年保持在 90 美元/桶，2015～2016 年持续下跌，2017～2018 年企稳回暖，2019 年又有所回落。2000～2019 年国际石油价格和中国石油进口量变化趋势如图 9.7 所示。

4. 城镇化水平

城镇化有助于推动基础设施建设，如交通、住房等需求，能带动钢铁、水

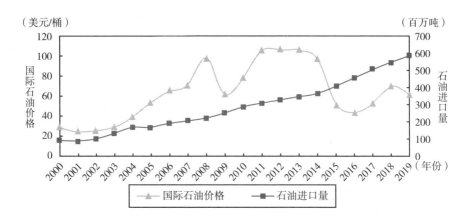

图 9.7　2000～2019 年国际石油价格和中国石油口量变化趋势

资料来源：英国石油公司：《2020 年世界能源统计评论》。

泥和其他能源密集型产业的发展，对能源的需求也随之上升。琼斯（Jones，1991）发现城镇居民的能源消费大约是农村居民的 3.5～4 倍。哈尔科斯和译雷梅斯（Halkos & Tzeremers，2011）研究发现一国（地区）无论处于哪个发展阶段，城镇化是石油消费的主要驱动力。城镇化进程是中国经济处于转型时期较为显著的特征之一。《国家新型城镇化规划（2014—2020 年）》指出，城镇化是保持经济持续健康发展的强大引擎。2019 年中国城镇化率为60.6%，远低于发达国家 80% 的平均水平。中国将继续推进新型城镇化作为未来发展的战略支点，将进一步带动石油资源需求的增加。

5. 能源使用效率

能源使用效率对能源需求具有反向促进关系。能源强度常用能源消费总量与 GDP 的比值进行计算，即单位 GDP 能耗，是衡量能源使用效率的指标。2000～2019 年中国单位 GDP 能耗整体呈下降趋势，能源使用效率稳步提高如图 9.8 所示。

目前，中国能源消耗强度是世界平均水平以及美国的 1.3 倍，是欧盟和日本的 1.7 倍[①]。因此，中国能源使用效率仍有较大的提升空间，未来中国能源利用技术水平的提高将对能源需求产生一定的影响。

---

① 2020 年全球及中国能源结构、能源强度现状分析及预测［EB/OL］. 中国产业信息网，2020－1－7.

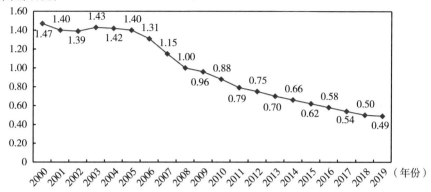

图 9.8　2000～2019 年中国单位 GDP 能耗

资料来源：国家统计局。

9.2.2　石油资源需求情景定义

根据上述分析，选取中国经济发展水平、产业结构（第二产业增加值/GDP）、国际石油价格、城镇化率和单位 GDP 能耗五个因素作为中国石油资源需求情景定义的主要驱动因素，设置以下三个情景。

情景 A（低情景）：2020 年因新冠肺炎疫情影响，全球经济受到重创，中国经济增速大幅下降；随着国内采取的经济刺激计划，经济增速反弹，但反弹幅度较小。预计未来 30 年（2021～2050 年）中国经济整体呈减速增长趋势，资源使用效率提高不显著，单位 GDP 能耗下降不明显，产业结构调整和城镇化发展缓慢，对石油资源的需求增幅较小。

情景 B（基准情景）：2020 年全球疫情的反复进一步抑制了世界经济复苏，中国经济增速下降明显；随着国内疫情的有效控制，经济增速快速反弹至正常水平。预计未来 30 年（2021～2050 年）中国经济平稳发展，资源使用效率趋于合理，单位 GDP 能耗有所下降，产业结构调整升级和城镇化稳步推进，对石油资源需求的增幅明显。

情景 C（高情景）：2020 年受新冠肺炎疫情影响，全球经济受到较大冲击，中国经济增速下降较为明显；随着国内疫情防控效果渐佳以及经济刺激政策将有力推动生产要素流动，国内经济增速显著反弹。预计未来 30 年（2021～2050 年）中国经济保持中高速增长，资源使用效率显著提高，单位

GDP 能耗明显下降，产业结构调整升级加速推进，城镇化加快发展，对石油资源需求的增幅较大。

9.2.3 石油资源宏观情景设置及描述

石油资源宏观情景设置涉及的中国经济发展水平、产业结构、城镇化率三个因素，分别见第 3 章 "3.5 公共因素情景设置"中"中国 GDP 未来情景设置（2020～2050）""中国产业结构未来情景设置（2020～2050）""中国城镇化率未来情景设置（2020～2050）"有关内容。其余两个因素设置如下。

1. 国际石油价格未来情景设置

国际能源署（International Energy Agency，IEA）预测 2030 年之前国际油价将维持在每桶 50～70 美元水平[①]；美国能源信息管理局（EIA）预计，2020 年国际石油价格为 60 美元/桶，2030 年为 76 美元/桶，到 2050 年将达到 105 美元/桶[②]。由此，设置 2020～2050 年国际石油价格未来情景（见表 9.9）。

表 9.9　　　　　　　　国际石油价格未来情景设置（2020～2050）

年份	情景 A		情景 B		情景 C	
	增长率（%）	国际石油价格（美元/吨）	增长率（%）	国际石油价格（美元/吨）	增长率（%）	国际石油价格（美元/吨）
2020	0.7	460.71	0.9	461.62	1.1	462.54
2025	1.0	484.21	1.2	489.99	1.4	495.84
2030	1.2	513.97	1.4	525.27	1.6	536.79
2035	1.4	550.97	1.6	568.66	1.8	586.88
2040	1.6	596.48	1.8	621.71	2.0	647.96
2045	1.8	652.13	2.0	686.42	2.4	729.54
2050	2.0	720.00	2.2	765.32	2.6	829.44

---

① IEA. World Energy Outlook 2017 [M]. Paris：International Energy Agency, 2017：93 – 94.
② 2020 年能源展望 [EB/OL]. 美国能源信息管理局网站，2020 – 1 – 29.

2. 单位 GDP 能耗未来情景设置

GDP 是影响能源消费的主要因素。根据 2000～2019 年中国 GDP 与能源消费数据，利用 Eviews9.0 对中国能源消费总量和 GDP 进行回归分析，结果如下：

$$LnY = 6.378322 + 0.492161LnX \tag{9.1}$$
$$(18.79931)(18.53133) \qquad R^2 = 0.950195$$

式（9.1）中：Y 和 X 分别表示中国能源消费总量和中国 GDP，Ln 表示取对数。

根据上述关系，结合 2020～2050 年中国 GDP 未来情景设置（见表 3.10），设置 2020～2050 年中国能源消费总量情景（见表 9.10）。

表 9.10　　　　　中国能源消费总量情景设置（2020～2050）

年份	情景 A		情景 B		情景 C	
	中国 GDP（亿元）	能源消费总量（万吨）	中国 GDP（亿元）	能源消费总量（万吨）	中国 GDP（亿元）	能源消费总量（万吨）
2020	993837.70	526883.78	1000773.75	528690.33	1007709.81	530490.54
2025	1257208.68	591507.81	1308825.76	603338.07	1362196.81	615323.74
2030	1542561.71	654156.54	1660577.83	678326.92	1786745.71	703220.47
2035	1846811.58	714757.72	2056140.49	753543.66	2287558.01	794154.48
2040	2163701.12	772693.17	2491748.48	828285.30	2866828.63	887465.22
2045	2459975.25	823070.26	2930910.23	897173.58	3487909.29	977384.55
2050	2711735.49	863502.27	3343298.47	957226.28	4116166.28	1060389.68

根据表 9.10，可得 2020～2050 年中国单位 GDP 能耗情景（见表 9.11）。

表 9.11　　　　中国单位 GDP 能耗未来情景设置（2020～2050）

年份	情景 A	情景 B	情景 C
2020	0.530	0.528	0.526
2025	0.470	0.461	0.452
2030	0.424	0.408	0.394
2035	0.387	0.366	0.347
2040	0.357	0.332	0.310
2045	0.335	0.306	0.280
2050	0.318	0.286	0.258

9.2.4　石油资源需求情景测算及分析

1. 原始数据及其初始化

根据神经网络计算规则，采用最大最小值法对原始数据（见表9.12）进行归一化预处理，使其在 [-1, 1]，神经网络训练值如表9.13所示。

表9.12　　　　　　　　　　　　　　　　原始数据

年份	中国 GDP（亿元）	产业结构（%）	国际石油价格（美元/吨）	城镇化率（%）	单位 GDP 能耗（吨标准煤/万元）	进口量（万吨）	需求量（万吨）
2000	100280.10	45.50	207.99	36	1.47	9423.86	22421.55
2001	110863.10	44.80	178.55	38	1.40	8901.60	22908.25
2002	121717.40	44.50	183.23	39	1.39	9891.35	24786.68
2003	137422.00	45.60	211.39	41	1.43	13159.56	27629.48
2004	161840.20	45.90	277.71	42	1.42	17151.32	32260.57
2005	187318.90	47.00	396.18	43	1.40	17061.76	32793.06
2006	219438.50	47.60	476.08	44	1.31	19334.31	35179.58
2007	270092.30	46.90	526.51	46	1.15	20772.58	36923.94
2008	319244.60	47.00	720.47	47	1.00	22372.68	37633.48
2009	348517.70	46.00	455.15	48	0.96	25391.77	39104.61
2010	412119.30	46.50	582.95	50	0.88	29303.03	44630.49
2011	487940.20	46.50	781.02	51	0.79	31338.12	46239.11
2012	538580.00	45.40	786.45	53	0.75	33230.45	48420.48
2013	592963.20	44.20	777.25	54	0.70	34741.37	50496.61
2014	643563.10	43.10	715.99	55	0.66	36832.60	52441.37
2015	688858.20	40.80	378.86	56	0.62	41486.26	55827.65
2016	746395.10	39.60	316.73	57	0.58	45873.98	57147.21
2017	832035.90	39.90	389.34	59	0.54	50984.50	59637.21
2018	919281.10	39.70	510.43	60	0.50	54886.45	61982.59
2019	990865.10	39.00	457.51	61	0.49	58872.41	65014.61

资料来源：中国 GDP、城镇化率、产业结构和单位 GDP 能耗根据中国国家统计局数据计算得到；国际石油价格、石油进口量和需求量数据来自英国石油公司和《BP 世界能源统计年鉴 2020》。

表 9. 13　　　　　　　　　　　　神经网络训练值

年份	中国 GDP	产业结构	国际石油价格	城镇化率	单位 GDP 能耗	进口量	需求量
2000	− 1. 00	0. 51	− 0. 90	− 1. 00	1. 00	− 0. 98	− 1. 00
2001	− 0. 98	0. 35	− 1. 00	− 0. 84	0. 86	− 1. 00	− 0. 98
2002	− 0. 95	0. 28	− 0. 98	− 0. 76	0. 84	− 0. 96	− 0. 89
2003	− 0. 92	0. 53	− 0. 89	− 0. 60	0. 92	− 0. 83	− 0. 76
2004	− 0. 86	0. 60	− 0. 67	− 0. 52	0. 90	− 0. 67	− 0. 54
2005	− 0. 80	0. 86	− 0. 28	− 0. 44	0. 86	− 0. 67	− 0. 51
2006	− 0. 73	1. 00	− 0. 02	− 0. 36	0. 67	− 0. 58	− 0. 40
2007	− 0. 62	0. 84	0. 14	− 0. 20	0. 35	− 0. 52	− 0. 32
2008	− 0. 51	0. 86	0. 78	− 0. 12	0. 04	− 0. 46	− 0. 29
2009	− 0. 44	0. 63	− 0. 09	− 0. 04	− 0. 04	− 0. 34	− 0. 22
2010	− 0. 30	0. 74	0. 33	0. 12	− 0. 20	− 0. 18	0. 04
2011	− 0. 13	0. 74	0. 98	0. 20	− 0. 39	− 0. 10	0. 12
2012	− 0. 02	0. 49	1. 00	0. 36	− 0. 47	− 0. 03	0. 22
2013	0. 11	0. 21	0. 97	0. 44	− 0. 57	0. 03	0. 32
2014	0. 22	− 0. 05	0. 77	0. 52	− 0. 65	0. 12	0. 41
2015	0. 32	− 0. 58	− 0. 34	0. 60	− 0. 73	0. 30	0. 57
2016	0. 45	− 0. 86	− 0. 55	0. 68	− 0. 82	0. 48	0. 63
2017	0. 64	− 0. 79	− 0. 31	0. 84	− 0. 90	0. 68	0. 75
2018	0. 84	− 0. 84	0. 09	0. 92	− 0. 98	0. 84	0. 86
2019	1. 00	− 1. 00	− 0. 08	1. 00	− 1. 00	1. 00	1. 00

2. 石油资源需求情景测算

利用 MATLAB（2016）软件神经网络工具箱进行训练学习。选取 2000 ～ 2019 年中国 GDP、产业结构、国际石油价格、城镇化率和单位 GDP 能耗作为输入神经元，石油需求量和进口量分别为输出神经元，隐含层节点数最优数量为 5 和 8，由此，建立 5 − 5 − 1 和 5 − 8 − 1 的 BP 神经网络模型。利用神经网络工具箱 trainlm 函数进行训练，设置训练步数为 50000，学习速率为

0.001，误差精度为 0.00001，得到误差精度曲线如图 9.9 所示。由此可知，训练误差精度达到目标精度，网络有效。训练样本仿真输出值与实际值接近程度高，可以用此模型对中国石油需求情景进行预测。石油需求量 BP 神经网络学习与测试对比如图 9.10 所示。

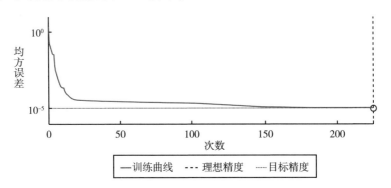

图 9.9　BP 神经网络训练误差精度曲线

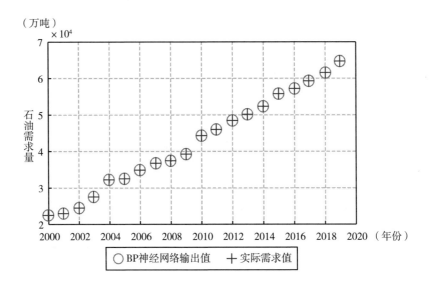

图 9.10　石油需求量 BP 神经网络学习与测试对比

3. 石油资源未来需求分析

基于上述 BP 神经网络模型，将各情景输入神经元预测值带入网络进行预测，并对输出结果进行反归一化，得到 2020～2050 年中国石油资源未来需求情景预测值（见表 9.14）。

表 9.14　　　　　　中国石油资源未来需求情景预测值（2020～2050）

年份	情景 A			情景 B			情景 C		
	进口量（万吨）	需求量（万吨）	进口依存度（%）	进口量（万吨）	需求量（万吨）	进口依存度（%）	进口量（万吨）	需求量（万吨）	进口依存度（%）
2020	59681.25	66423.84	89.85	59716.38	66508.36	89.79	60314.97	67794.81	88.97
2025	59775.78	66694.51	89.63	60013.42	67010.29	89.56	60314.98	68978.07	87.44
2030	59766.42	67095.57	89.08	60112.92	68306.97	88.00	60315.02	69741.70	86.48
2035	60041.20	69578.17	86.29	60175.27	71663.00	83.97	60315.36	72126.06	83.62
2040	60895.17	71716.02	84.91	61049.45	75471.50	80.89	60320.51	78287.63	77.05
2045	60972.12	76443.88	79.76	61394.01	78450.77	78.26	60442.02	82994.86	72.83
2050	61868.78	80553.71	76.80	62847.38	84467.16	74.40	63612.57	86221.02	73.78

由表 9.14 可知，2020～2050 年中国石油资源需求量和进口量整体呈上升趋势，增长幅度减缓。从石油需求量来看，2025 年预测最低值为 66694.51 万吨，最高值为 68978.07 万吨，平均预测值为 67560.96 万吨；2035 年预测最低值为 69578.17 万吨，最高值为 72126.06 万吨，平均预测值为 71122.41 万吨；2050 年预测最低值为 80553.71 万吨，最高值为 86221.02 万吨，平均预测值为 83747.30 万吨。从进口依存度来看，总体呈下降趋势，但 2020～2050 年三种情景进口依存度平均值为 83.40%，远超 50% 的国际警戒线。说明中国石油未来供需矛盾依然尖锐，石油安全存在较大风险。

9.3　石油资源国家安全评估

9.3.1　数据与指标分级值

根据第 3 章构建的评估与预警指标体系（见表 3.1），各指标数据来源于中国国家统计局、中国海关总署、世界银行、《世界石油杂志》和《BP 世界能源统计年鉴 2020》等。整理得到 2001～2018 年中国石油资源国家安全评估指标数据（见表 9.15）。

表9.15　　　　中国石油资源国家安全评估指标数据（2001~2018）

年份	储采比 I_{11}	储量指数（%）I_{12}	进口依存度（%）I_{21}	进口集中度（%）I_{22}	地缘政治风险 I_{23}	价格波动率（%）I_{31}	汇率 I_{32}	资源消耗强度（万吨/亿元）I_{41}
2001	12.75	5.74	38.86	46.10	0.56	-14.16	8.28	0.21
2002	12.68	5.60	39.91	43.30	0.54	2.62	8.28	0.20
2003	12.45	5.60	47.63	41.45	0.54	15.37	8.28	0.20
2004	14.31	6.61	53.16	38.20	0.51	31.37	8.28	0.20
2005	13.73	6.62	52.03	38.90	0.58	42.66	8.19	0.18
2006	14.93	7.33	54.96	44.20	0.53	20.17	7.97	0.16
2007	15.20	7.38	56.26	44.00	0.53	10.59	7.60	0.14
2008	15.17	7.23	59.45	48.90	0.62	36.84	6.95	0.12
2009	15.56	7.23	64.93	47.80	0.59	-36.83	6.83	0.11
2010	15.63	7.33	65.66	44.00	0.54	28.08	6.77	0.11
2011	15.97	7.37	67.77	43.00	0.58	33.98	6.46	0.09
2012	16.06	7.59	68.63	43.70	0.58	0.70	6.31	0.09
2013	16.03	7.68	68.80	42.30	0.58	-1.17	6.19	0.09
2014	16.24	7.87	70.24	40.00	0.54	-7.88	6.14	0.08
2015	16.29	8.13	74.31	39.20	0.53	-47.09	6.23	0.08
2016	17.53	8.16	80.27	38.70	0.52	-16.40	6.64	0.08
2017	18.48	8.11	85.49	38.60	0.49	22.92	6.75	0.07
2018	18.89	8.21	88.55	38.02	0.50	31.10	6.62	0.07

由表9.15可知，从资源禀赋来看，2001~2018年中国石油资源储采比（I_{11}）和储量指数（I_{12}）均呈上升趋势，石油资源禀赋状况逐渐得到改善。从国际依赖来看，2001~2018年中国石油进口依存度（I_{21}）逐年递增，2004年超过50%的国际警戒线达到53.16%，2018年达到88.55%；进口集中度（I_{22}）和地缘政治风险（I_{23}）呈递减趋势，但幅度较小；因此，石油资源国际依赖依然较高。从获取成本来看，2001~2018年石油资源价格波动率（I_{31}）总体变动较大，尤其2015~2018年；人民币对美元汇率（I_{32}）整体呈下降趋势，石油资源获取成本风险增加。从资源消耗来看，2001~2018年中国石油资源消耗强度（I_{41}）逐年减小，石油资源消耗状况改善。

石油资源消耗强度指标分级借鉴林珏（2014）的研究，以0.15吨/万元作为消耗强度安全点，由此得到石油资源消耗强度指标分级（见表9.16）。

表9.16 石油资源消耗强度指标分级规则

指标		分级				
一级指标	二级指标	0 ~ 2	2 ~ 4	4 ~ 6	6 ~ 8	8 ~ 10
资源消耗 I_4	资源消耗强度 I_{41}	≥0.30	[0.20 − 0.30)	[0.15 − 0.20)	[0.05 − 0.15)	<0.05

根据表3.5和表9.16，得到2001~2018年中国石油资源安全评估指标分级值（见表9.17）。

表9.17 中国石油资源国家安全评估指标分级值（2001~2018）

年份	I_{11}	I_{12}	I_{21}	I_{22}	I_{23}	I_{31}	I_{32}	I_{41}
2001	2	1	9	4	9	7	1	2
2002	2	1	9	5	9	9	1	2
2003	2	1	7	6	9	7	1	2
2004	3	1	5	6	10	4	1	2
2005	2	1	6	6	9	2	1	4
2006	3	1	5	4	9	6	2	5
2007	3	1	5	4	9	8	3	5
2008	3	1	4	4	9	3	6	6
2009	3	1	3	5	9	3	7	6
2010	3	1	3	5	9	4	7	6
2011	3	1	2	5	9	5	8	7
2012	4	2	2	5	9	10	9	7
2013	4	2	2	6	9	9	10	7
2014	4	2	2	6	9	8	10	7
2015	4	2	1	6	9	1	9	7
2016	4	2	1	6	10	7	7	7
2017	4	2	1	7	10	6	7	8
2018	4	2	1	7	10	4	7	8

9.3.2 一级指标评估

根据式（3.1）、式（3.7）和式（3.8），并结合表3.3和表3.6，得到各一级指标的常权评估值、变权重、变权评估值及预警等级。

1. 资源禀赋评估

2001～2018 年中国石油资源禀赋常权和变权评估结果如表 9.18 所示。

表 9.18　　　　中国石油资源禀赋评估结果（2001～2018）

年份	常权评估		变权重		变权评估	
	评估值	预警等级	I_{11}	I_{12}	评估值	预警等级
2001	1.54	红色预警	0.50	0.50	1.50	红色预警
2002	1.54	红色预警	0.50	0.50	1.50	红色预警
2003	1.54	红色预警	0.50	0.50	1.50	红色预警
2004	2.08	橙色预警	0.47	0.53	1.94	红色预警
2005	1.54	红色预警	0.50	0.50	1.50	红色预警
2006	2.08	橙色预警	0.47	0.53	1.94	红色预警
2007	2.08	橙色预警	0.47	0.53	1.94	红色预警
2008	2.08	橙色预警	0.47	0.53	1.94	红色预警
2009	2.08	橙色预警	0.47	0.53	1.94	红色预警
2010	2.08	橙色预警	0.47	0.53	1.94	红色预警
2011	2.08	橙色预警	0.47	0.53	1.94	红色预警
2012	3.08	橙色预警	0.50	0.50	2.99	橙色预警
2013	3.08	橙色预警	0.50	0.50	2.99	橙色预警
2014	3.08	橙色预警	0.50	0.50	2.99	橙色预警
2015	3.08	橙色预警	0.50	0.50	2.99	橙色预警
2016	3.08	橙色预警	0.50	0.50	2.99	橙色预警
2017	3.08	橙色预警	0.50	0.50	2.99	橙色预警
2018	3.08	橙色预警	0.50	0.50	2.99	橙色预警

由表 9.18 可知，2001～2018 年中国石油资源禀赋变权评估值在 1.5～2.99 范围内，预警等级下降，由 2001～2011 年的红色预警下降至 2012～2018 年的橙色预警，由很不安全转向不安全。

2. 国际依赖评估

2001～2018 年中国石油资源国际依赖常权和变权评估结果如表 9.19 所示。

表 9.19　　中国石油资源国际依赖评估结果（2001~2018）

年份	常权评估		变权重			变权评估	
	评估值	预警等级	I_{21}	I_{22}	I_{23}	评估值	预警等级
2001	7.35	蓝色预警	0.43	0.33	0.24	7.12	蓝色预警
2002	7.68	蓝色预警	0.40	0.38	0.22	7.55	蓝色预警
2003	7.15	蓝色预警	0.41	0.36	0.23	7.11	蓝色预警
2004	6.53	蓝色预警	0.43	0.34	0.23	6.40	蓝色预警
2005	6.72	蓝色预警	0.45	0.33	0.21	6.67	蓝色预警
2006	5.63	黄色预警	0.44	0.34	0.22	5.49	黄色预警
2007	5.63	黄色预警	0.44	0.35	0.21	5.49	黄色预警
2008	5.20	黄色预警	0.44	0.35	0.21	5.02	黄色预警
2009	5.10	黄色预警	0.45	0.35	0.20	4.86	黄色预警
2010	5.10	黄色预警	0.48	0.32	0.20	4.86	黄色预警
2011	4.67	黄色预警	0.48	0.32	0.20	4.26	黄色预警
2012	4.67	黄色预警	0.50	0.31	0.19	4.26	黄色预警
2013	5.00	黄色预警	0.50	0.31	0.19	4.55	黄色预警
2014	5.00	黄色预警	0.51	0.30	0.19	4.55	黄色预警
2015	4.57	黄色预警	0.51	0.30	0.19	3.77	橙色预警
2016	4.81	黄色预警	0.55	0.27	0.18	3.92	橙色预警
2017	5.14	黄色预警	0.55	0.27	0.17	4.17	黄色预警
2018	5.14	黄色预警	0.56	0.26	0.18	4.17	黄色预警

由表 9.19 可知，2001~2018 年中国石油资源国际依赖变权评估值在 3.77~7.55 范围内，预警等级上升，由 2001~2005 年的蓝色预警上升至 2006~2018 年的黄色—橙色预警，由安全转向基本安全—不安全。

3. 获取成本评估

2001~2018 年中国石油资源获取成本常权和变权评估结果如表 9.20 所示。

表 9.20　　中国石油资源获取成本评估结果（2001~2018）

年份	常权评估		变权重		变权评估	
	评估值	预警等级	I_{31}	I_{32}	评估值	预警等级
2001	4.78	黄色预警	0.51	0.49	4.07	黄色预警
2002	6.04	蓝色预警	0.50	0.50	4.97	黄色预警

年份	常权评估		变权重		变权评估	
	评估值	预警等级	I_{31}	I_{32}	评估值	预警等级
2003	4.78	黄色预警	0.51	0.49	4.07	黄色预警
2004	2.89	橙色预警	0.55	0.45	2.64	橙色预警
2005	1.63	红色预警	0.59	0.41	1.59	红色预警
2006	4.52	黄色预警	0.56	0.44	4.26	黄色预警
2007	6.15	蓝色预警	0.57	0.43	5.86	黄色预警
2008	4.11	黄色预警	0.67	0.33	3.99	橙色预警
2009	4.48	黄色预警	0.68	0.32	4.29	黄色预警
2010	5.11	黄色预警	0.66	0.34	5.01	黄色预警
2011	6.11	蓝色预警	0.66	0.34	6.03	蓝色预警
2012	9.63	绿色预警	0.62	0.38	9.62	绿色预警
2013	9.37	绿色预警	0.64	0.36	9.36	绿色预警
2014	8.74	绿色预警	0.64	0.36	8.71	绿色预警
2015	3.96	橙色预警	0.75	0.25	3.03	橙色预警
2016	7.00	蓝色预警	0.63	0.37	7.00	蓝色预警
2017	6.37	蓝色预警	0.64	0.36	6.36	蓝色预警
2018	5.11	黄色预警	0.66	0.34	5.01	黄色预警

由表 9.20 可知，2001~2018 年中国石油资源获取成本变权评估值在 1.59~9.62 范围内，预警等级整体呈波动下降趋势，由 2001~2010 年的黄色—橙色预警下降至 2011~2018 年的蓝色—绿色预警等级。中国石油资源获取成本的安全度提高，由基本安全—不安全转向安全—很安全。其中由于价格波动率和汇率升高，2004 年、2008 年和 2015 年为橙色预警（不安全），2005 年为红色预警（很不安全）。

4. 资源消耗评估

由于一级指标资源消耗仅包含资源消耗强度一个二级指标，因此，其常权和变权评估结果相同。评估结果如表 9.21 所示。

表 9.21　　　　　　　中国石油资源消耗评估结果（2001～2018）

年份	评估值	预警等级	年份	评估值	预警等级
2001	2.00	橙色预警	2010	6.00	蓝色预警
2002	2.00	橙色预警	2011	7.00	蓝色预警
2003	2.00	橙色预警	2012	7.00	蓝色预警
2004	2.00	橙色预警	2013	7.00	蓝色预警
2005	4.00	黄色预警	2014	7.00	蓝色预警
2006	5.00	黄色预警	2015	7.00	蓝色预警
2007	5.00	黄色预警	2016	7.00	蓝色预警
2008	6.00	蓝色预警	2017	8.00	绿色预警
2009	6.00	蓝色预警	2018	8.00	绿色预警

由表 9.21 可知，2001～2018 年中国石油资源消耗评估值在 2.00～8.00 范围内，预警等级呈逐年下降趋势，经历了橙色预警（2001～2004 年）—黄色预警（2005～2007 年）—蓝色预警（2008～2016 年）—绿色预警（2017～2018 年）的变化过程，安全程度由不安全转向很安全状态，说明中国石油资源使用效率逐年提高，资源消耗强度降低，石油资源消耗的安全程度提高。

9.3.3　综合评估

1. 常权综合评估

根据式（3.1）、表 3.3 和表 3.6，计算得到 2001～2018 年中国石油资源国家安全常权综合评估结果（见表 9.22）。

表 9.22　　　　　　　　常权综合评估结果（2001～2018）

年份	评估值	预警等级	年份	评估值	预警等级
2001	4.23	黄色预警	2010	4.27	黄色预警
2002	4.54	黄色预警	2011	4.42	黄色预警
2003	4.16	黄色预警	2012	5.24	黄色预警
2004	3.83	橙色预警	2013	5.33	黄色预警
2005	3.88	橙色预警	2014	5.24	黄色预警
2006	4.22	黄色预警	2015	4.40	黄色预警
2007	4.45	黄色预警	2016	4.92	黄色预警
2008	4.17	黄色预警	2017	5.12	黄色预警
2009	4.18	黄色预警	2018	4.94	黄色预警

由表 9.22 可知，2001 ~ 2018 年中国石油资源国家安全评估等级经历了黄色预警—橙色预警—黄色预警的变化过程，由基本安全到不安全再到基本安全。

2. 变权综合评估

根据式（3.7）和表 3.3，取 $I_{32} = 0.75$ 进行惩罚型变权评估，得到各指标变权重值（见表 9.23）。

表 9.23　　　　　　　　变权重计算结果

年份	I_{11}	I_{12}	I_{21}	I_{22}	I_{23}	I_{31}	I_{32}	I_{41}
2001	0.1891	0.1914	0.1201	0.1145	0.0656	0.0713	0.0679	0.1800
2002	0.1912	0.1935	0.1214	0.1095	0.0663	0.0676	0.0686	0.1819
2003	0.1898	0.1921	0.1283	0.1038	0.0659	0.0715	0.0681	0.1806
2004	0.1711	0.1917	0.1393	0.1036	0.0640	0.0821	0.0680	0.1802
2005	0.1893	0.1916	0.1330	0.1036	0.0657	0.0975	0.0679	0.1514
2006	0.1788	0.2003	0.1455	0.1198	0.0687	0.0775	0.0597	0.1497
2007	0.1808	0.2025	0.1472	0.1212	0.0694	0.0729	0.0546	0.1514
2008	0.1784	0.1999	0.1536	0.1196	0.0685	0.0919	0.0453	0.1428
2009	0.1779	0.1992	0.1645	0.1127	0.0683	0.0916	0.0434	0.1423
2010	0.1790	0.2005	0.1656	0.1134	0.0687	0.0858	0.0437	0.1432
2011	0.1779	0.1993	0.1821	0.1128	0.0683	0.0807	0.0420	0.1370
2012	0.1758	0.1779	0.1933	0.1197	0.0725	0.0720	0.0433	0.1454
2013	0.1766	0.1787	0.1942	0.1149	0.0729	0.0743	0.0424	0.1461
2014	0.1762	0.1783	0.1938	0.1146	0.0727	0.0763	0.0423	0.1457
2015	0.1617	0.1636	0.2115	0.1052	0.0667	0.1178	0.0398	0.1337
2016	0.1692	0.1712	0.2213	0.1101	0.0680	0.0758	0.0444	0.1400
2017	0.1702	0.1722	0.2226	0.1065	0.0684	0.0792	0.0446	0.1362
2018	0.1687	0.1708	0.2207	0.1057	0.0678	0.0870	0.0443	0.1350

根据式（3.8）、表 3.6 和表 9.23，得到 2001 ~ 2018 年中国石油资源国家安全变权综合评估结果（见表 9.24）。

表 9.24　　　　　　　变权综合评估结果（2001～2018）

年份	评估值	预警等级	年份	评估值	预警等级
2001	3.63	橙色预警	2010	3.93	橙色预警
2002	3.85	橙色预警	2011	3.97	橙色预警
2003	3.62	橙色预警	2012	4.82	黄色预警
2004	3.42	橙色预警	2013	4.91	黄色预警
2005	3.45	橙色预警	2014	4.84	黄色预警
2006	3.89	橙色预警	2015	3.83	橙色预警
2007	4.09	黄色预警	2016	4.40	黄色预警
2008	3.85	橙色预警	2017	4.55	黄色预警
2009	3.84	橙色预警	2018	4.39	黄色预警

由表 9.24 可知，2001～2018 年中国石油资源国家安全评估值在 3.42～4.91 范围内，预警等级下降，从 2001～2011 年的橙色预警下降至 2012～2018 年的黄色预警等级，由不安全转向基本安全。

3. 对比分析

结合表 9.22 和表 9.24，得到 2001～2018 年中国石油资源国家安全常权和变权评估结果对照表（见表 9.25）。

表 9.25　　　　　常权和变权综合评估结果对比（2001～2018）

年份	综合评估值		预警等级		年份	综合评估值		预警等级	
	常权	变权	常权	变权		常权	变权	常权	变权
2001	4.23	3.63	黄色预警	橙色预警	2010	4.27	3.93	黄色预警	橙色预警
2002	4.54	3.85	黄色预警	橙色预警	2011	4.42	3.97	黄色预警	橙色预警
2003	4.16	3.62	黄色预警	橙色预警	2012	5.24	4.82	黄色预警	黄色预警
2004	3.83	3.42	橙色预警	橙色预警	2013	5.33	4.91	黄色预警	黄色预警
2005	3.88	3.45	橙色预警	橙色预警	2014	5.24	4.84	黄色预警	黄色预警
2006	4.22	3.89	黄色预警	橙色预警	2015	4.40	3.83	黄色预警	橙色预警
2007	4.45	4.09	黄色预警	黄色预警	2016	4.92	4.40	黄色预警	黄色预警
2008	4.17	3.85	黄色预警	橙色预警	2017	5.12	4.55	黄色预警	黄色预警
2009	4.18	3.84	黄色预警	橙色预警	2018	4.94	4.39	黄色预警	黄色预警

由表 9.25 可知，进行惩罚型变权评估后，2001～2018 年中国石油资源

国家安全评估值变小，预警等级也有所变化。其中 2001～2003 年受储采比、储量指数、汇率和资源消耗强度等极端指标影响，以及 2006 年、2008～2011年和 2015 年受价格波动率影响，变权评估值变小，预警等级由黄色预警上升至橙色预警。

9.4 石油资源国家安全预警

9.4.1 预警系统训练学习

采用 MATLAB2016a 软件构建一个三层神经网络进行预警系统训练与学习，根据 BP 神经网络模型，选取储采比 I_{11}、储量指数 I_{12}、进口依存度 I_{21}、进口集中度 I_{22}、地缘政治风险 I_{23}、价格波动率 I_{31}、汇率 I_{32} 和资源消耗强度 I_{41} 作为输入神经元，中国石油资源国家安全变权综合评估值为输出神经元。预警原始数据如表 9.26 所示。

表 9.26　　中国石油资源国家安全预警原始数据（2001～2018）

年份	I_{11}	I_{12}	I_{21}	I_{22}	I_{23}	I_{31}	I_{32}	I_{41}	变权综合评估值
2001	12.75	5.74	38.86	46.10	0.56	-14.16	8.28	0.21	3.63
2002	12.68	5.60	39.91	43.30	0.54	2.62	8.28	0.20	3.85
2003	12.45	5.60	47.63	41.45	0.54	15.37	8.28	0.20	3.62
2004	14.31	6.61	53.16	38.20	0.51	31.37	8.28	0.20	3.42
2005	13.73	6.62	52.03	38.90	0.58	42.66	8.19	0.18	3.45
2006	14.93	7.33	54.96	44.20	0.53	20.17	7.97	0.16	3.89
2007	15.20	7.38	56.26	44.00	0.53	10.59	7.60	0.14	4.09
2008	15.17	7.23	59.45	48.90	0.62	36.84	6.95	0.12	3.85
2009	15.56	7.23	64.93	47.80	0.59	-36.83	6.83	0.11	3.84
2010	15.63	7.33	65.66	44.00	0.54	28.08	6.77	0.11	3.93
2011	15.97	7.37	67.77	43.00	0.58	33.98	6.46	0.09	3.97
2012	16.06	7.59	68.63	43.70	0.58	0.70	6.31	0.09	4.82
2013	16.03	7.68	68.80	42.30	0.58	-1.17	6.19	0.09	4.91
2014	16.24	7.87	70.24	40.00	0.54	-7.88	6.14	0.08	4.84

续表

年份	I_{11}	I_{12}	I_{21}	I_{22}	I_{23}	I_{31}	I_{32}	I_{41}	变权综合评估值
2015	16.29	8.13	74.31	39.20	0.53	−47.09	6.23	0.08	3.83
2016	17.53	8.16	80.27	38.70	0.52	−16.4	6.64	0.08	4.40
2017	18.48	8.11	85.49	38.60	0.49	22.92	6.75	0.07	4.55
2018	18.89	8.21	88.55	38.02	0.50	31.10	6.62	0.07	4.39

根据 BP 神经网络的特点，在预警系统训练和学习之前，需要对训练样本进行归一化。采用最大最小值法对表 9.26 中预警数据进行处理，使其在 [−1，1] 之间，归一化后的数据如表 9.27 所示。

表 9.27　　　　　　　　　　　预警系统训练值

年份	I_{11}	I_{12}	I_{21}	I_{22}	I_{23}	I_{31}	I_{32}	I_{41}	变权综合评估值
2001	−0.91	−0.89	−1.00	0.49	0.08	−0.27	1.00	1.00	−0.72
2002	−0.93	−1.00	−0.96	−0.03	−0.23	0.11	1.00	0.86	−0.42
2003	−1.00	−1.00	−0.65	−0.37	−0.23	0.39	1.00	0.86	−0.74
2004	−0.42	−0.23	−0.42	−0.97	−0.69	0.75	1.00	0.86	−1.00
2005	−0.60	−0.22	−0.47	−0.84	0.38	1.00	0.92	0.57	−0.96
2006	−0.23	0.33	−0.35	0.14	−0.38	0.50	0.71	0.29	−0.36
2007	−0.15	0.36	−0.30	0.10	−0.38	0.29	0.36	0.10	−0.10
2008	−0.16	0.25	−0.17	1.00	1.00	0.87	−0.24	−0.29	−0.43
2009	−0.03	0.25	0.05	0.80	0.54	−0.77	−0.36	−0.43	−0.44
2010	−0.01	0.33	0.08	0.10	−0.23	0.68	−0.41	−0.43	−0.32
2011	0.09	0.36	0.16	−0.08	0.38	0.81	−0.70	−0.71	−0.26
2012	0.12	0.52	0.20	0.04	0.38	0.06	−0.84	−0.71	0.88
2013	0.11	0.59	0.21	−0.21	0.38	0.02	−0.95	−0.71	1.00
2014	0.18	0.74	0.26	−0.64	−0.23	−0.13	−1.00	−0.86	0.91
2015	0.19	0.94	0.43	−0.78	−0.38	−1.00	−0.92	−0.86	−0.45
2016	0.58	0.96	0.67	−0.88	−0.54	−0.32	−0.53	−0.86	0.32
2017	0.87	0.92	0.88	−0.89	−1.00	0.56	−0.43	−1.00	0.52
2018	1.00	1.00	1.00	−1.00	−0.85	0.74	−0.55	−1.00	0.30

利用 MATLAB2016a 软件的神经网络工具箱进行训练学习。设置输入节点为 8，输出节点为 1，隐含层节点数最优数量为 6，由此建立 8 – 6 – 1 的 BP 神经网络模型。利用神经网络工具箱 trainlm 函数进行训练，设置训练步数为 50000，学习速率为 0.001，误差精度为 0.00001，得到误差精度曲线如图 9.11 所示。

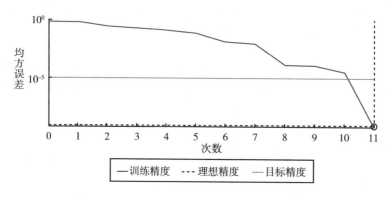

图 9.11　石油资源国家安全预警系统训练误差精度曲线

由图 9.11 可知，训练误差精度达到理想精度，网络有效。训练样本仿真输出值与实际值接近程度高，可以用此模型对中国石油资源国家安全进行预警分析。石油资源预警学习与测试对比如图 9.12 所示。

图 9.12　石油资源国家安全预警 BP 神经网络学习与测试对比

9.4.2　国家安全预警

在对中国石油资源国家安全进行预警之前，需要对中国石油资源国家安全预警输入指标进行预测。

1. 资源禀赋

根据 IEA《世界能源展望 2019》[①]，2020～2050 年世界石油储量呈增长趋势。根据中国石油经济技术研究院《2050 世界与中国能源展望（2019 版）》[②]，预计 2030 年之前，中国原油产量维持在 2 亿吨左右，未来新增探明储量快速增加，中国石油产量整体呈下降趋势。《BP 能源展望 2019》[③] 提出，2040 年之前，中国石油产量年均变化 – 0.4%。由此，结合表 3.8，设置中国石油资源禀赋预测数据，其中中国石油储量未来预测值以 2001～2018 年年均 2%增长率进行设置。2020～2050 年中国石油资源禀赋预测数据如表 9.28 所示。

表 9.28　　　　　　中国石油资源禀赋预测数据（2020～2050）

年份	中国石油产量（亿吨）	中国石油储量（亿吨）	世界石油储量（亿吨）	储采比 I_{11}	储量指数 I_{12}
2020	1.88	37.17	2400.00	19.81	8.47
2025	1.84	41.03	2500.00	22.32	9.31
2030	1.80	45.31	2700.00	25.14	9.90
2035	1.77	50.02	2800.00	28.32	10.99
2040	1.73	55.23	2900.00	31.90	12.23
2045	1.70	60.98	3100.00	35.93	13.20
2050	1.66	67.32	3300.00	40.47	14.34

2. 国际依赖

根据表 9.14，选取基准情景作为 2020～2050 年中国石油进口依存度预测

①　国际能源署（IEA）.2019 年世界能源展望［EB/OL］.国际能源署网站，2019 – 11 – 13.
②　中国石油经济技术研究院.2050 世界与中国能源展望［EB/OL］.搜狐网，2019 – 12 – 6.
③　BP 能源展望 2019，英国石油公司，2019 – 4 – 9.

数据。由于进口集中度和地缘政治风险指标中，石油进口国家及其份额难以确定，故采用滚动建模法对进口集中度和地缘政治风险进行预测。由此得到2020～2050年中国石油资源国际依赖预测数据（见表9.29）。

表9.29　　　　　中国石油资源国际依赖预测数据（2020～2050）

年份	进口依存度 I_{21}	进口集中度 I_{22}	地缘政治风险 I_{23}
2020	89.79	48.17	0.56
2025	89.56	48.68	0.56
2030	88.00	31.74	0.48
2035	83.97	34.98	0.53
2040	80.89	47.51	0.59
2045	78.26	48.68	0.53
2050	74.40	31.74	0.52

3. 获取成本

国际石油价格预测数据参考美国能源信息管理局（EIA）《2020年能源展望》，结合表3.9，得到2020～2050年中国石油资源获取成本预测数据（见表9.30）。

表9.30　　　　　中国石油资源获取成本预测数据（2020～2050）

年份	国际石油价格（美元/吨）	价格波动率 I_{31}	汇率 I_{32}
2020	461.62	−1.59	6.98
2025	489.99	2.99	6.95
2030	525.27	1.33	7.22
2035	568.66	1.22	7.08
2040	621.71	1.12	6.73
2045	686.42	2.08	6.43
2050	765.32	0.96	6.87

4. 资源消耗

根据表3.7和表9.14，得到2020～2050年中国石油资源消耗预测数据（见表9.31）。

表9.31　　　　　中国石油资源消耗预测数据（2020～2050）

年份	消费量（万吨）	中国 GDP（亿元）	资源消耗强度 I_{41}
2020	66508.36	1000773.75	0.07
2025	67010.29	1308825.76	0.05
2030	68306.97	1660577.83	0.04
2035	71663.00	2056140.49	0.03
2040	75471.50	2491748.48	0.03
2045	78450.77	2930910.23	0.03
2050	84467.16	3343298.47	0.03

利用上述训练好的 BP 网络模型，将2020～2050年中国石油资源安全各指标预测数据（见表9.28至表9.31）代入模型中，对中国石油资源国家安全进行预警分析，结果如表9.32所示。

表9.32　　　　　中国石油资源国家安全预警结果（2020～2050）

年份	评估值	预警等级	增加风险提示
2020	4.42	黄色预警	储量指数、进口依存度、汇率、资源消耗强度
2025	4.17	黄色预警	储量指数、进口依存度、进口集中度、地缘政治风险、价格波动率
2030	4.65	黄色预警	储量指数、进口依存度、价格波动率、汇率
2035	4.60	黄色预警	储量指数、进口依存度、进口集中度、汇率
2040	4.57	黄色预警	储采比、储量指数、进口依存度、进口集中度、地缘政治风险
2045	4.08	黄色预警	储量指数、进口依存度、进口集中度、地缘政治风险
2050	4.54	黄色预警	储量指数、进口依存度、价格波动率

由表9.32可知，2020～2050年中国石油资源国家安全评估值在4.08～4.65范围内，预警等级为黄色预警—基本安全。但从影响中国石油资源国家安全的风险因素来看，储量指数、进口依存度和进口集中度为每个时期几乎都具有的共同风险因素，需要严加防范。

9.5　石油资源安全恢复战略与政策建议

根据中国石油资源国家安全评估与预警研究结果，发现中国石油安全度较低，处于黄色预警状态，未来中国石油安全依旧面临较大风险。因此，放眼全球，结合中国石油资源国家安全未来风险提示，从战略的高度，借鉴国外发达国家与发展中国家的经验，提出中国石油资源国家安全恢复战略及政策建议。

1. 针对石油储量不足的建议

2020～2050 年石油储量不足是导致中国石油资源未来安全风险较大的重要因素，因此增加石油储量，对维护中国石油资源国家安全具有重要意义。

第一，加大国内石油资源勘查力度，大幅增加勘探资金投入，以增加石油探明地质储量，在延长服务年限的同时扩大石油开采规模。进一步加强海外石油勘探开发力度，加快中国石油企业国际化经营步伐，加大海外石油产业链中的上游投资力度，增加海外石油权益产量，拓宽向国内提供石油战略储备的基地平台。

第二，加强石油勘探开采技术创新，积极支持和鼓励勘探新理论、新技术的研究和应用，加快勘探开采技术创新体系的形成。增加研发人力与资本投入，推动石油勘探技术的更新，提高石油采收率和储量动用率。

2. 针对国际石油价格不稳定的建议

国际石油价格预期波动率较大，尤其是 2020～2030 年和 2045～2050 年，因此，建议进一步加强石油储备体系建设，以应对国际油价剧烈变动的风险。

第一，健全石油储备体系相关法律法规，加快制定和出台能源基本法，明确石油储备在中国能源管理体系中的战略地位；完善石油储备专门法和相关配套制度，从而保证石油储备管理全过程有法可依。

第二，扩大石油战略储备主体和筹资方式，建立以政府储备为主、机构储备和企业储备为补充，资源储备和商品储备相结合的石油储备方式。开辟多元化石油储备的筹资渠道，形成以政府拨款为主，企业和社会筹资为辅的筹资方式。

第三，采取多元化石油储存方式，结合地上油罐、海上船罐以及地下盐穴三种储备方式。如在沿海地区适当增加地下及半地下覆土储油罐，提高沿海地区石油储备库的隐蔽性和安全性。利用海上船罐、地下盐穴储存石油，以节约建设资金和土地资源。

第四，建设石油储备国际化合作与国际石油期货市场联动机制，通过双边以及多边方式在国家层面或者企业层面加强石油资源合作，建立石油储备与石油期货的联动机制，以有效防范石油价格波动，保障石油资源安全。

3. 针对石油资源消耗强度的建议

降低石油资源消耗强度，尤其是 2020～2025 年，对维护中国石油资源国家安全和实现石油资源的可持续发展具有重要意义。

第一，改变高油耗石油消费模式，加强政府、企业与消费者协作。调整石油消费结构，在推进工业节能的同时，加强建筑、交通等领域的节能降耗。加大节能创新驱动项目合作，以提高石油使用效率。加大创新驱动经济发展宣传力度，努力转变石油消费观念。

第二，完善石油消费税调节政策。一是加强高油耗工业终端石油消费管理，根据不同行业石油消费特点进行征税；二是出台新的机动车油耗标准，对不符合标准的机动车加重收取消费税，加大清洁用油行业的技术研发力度。

4. 针对进口依存度的建议

2020～2050 年中国石油资源进口依存度较大，国际依赖风险高，建议采取以下措施缓解进口风险。

第一，充分利用国际石油资源，积极扩大与"一带一路"沿线国家和地区的石油合作项目。巩固与中东地区的石油贸易关系，扩大中俄石油合作，坚持石油贸易地区多元化，以降低东道国的政策风险、区域性战争和自然灾害风险。

第二，构建多元化石油贸易交易方式，促进现货和期货相互融合的石油交易体系。增加石油现货交易功能和效率，适当放松期货市场管制，鼓励国外的石油公司和机构投资者进入中国原油期货市场，以增加中国石油期货交易活力，提高与国际市场的契合度。

5. 针对地缘政治风险的建议

地缘政治风险加大了中国石油资源国家安全风险，尤其是 2020～2025 年和 2035~2045 年，因此，建议采取以下措施降低地缘政治风险。

第一，增强国际石油秩序话语权，积极并有序地参加国际性和地区性的经济和能源合作体系，如上海合作组织和东北亚能源合作组织，发挥中国的主导地位，扩展与组织内国家的石油合作，提升中国在石油能源政治中的地位。

第二，加强与石油运输过境国合作，构建双边、多边合作的法律基础，提高国际石油运输体系的畅通性。

第三，在维护海上运输通道的同时，还应加快推进石油陆路管道运输，借助"一带一路"倡议加快推进完善中哈、中俄、中土和中缅等油气运输管道的建设，减缓中国对中东、中非等地区运输通道的过度依赖性。

6. 针对石油安全预警机制管理的建议

石油资源国家安全是一个系统工程，建议逐步建立、健全石油预警与应对体系，强化石油安全预警管理，以防范和应对突发事件造成的石油供应急剧变化甚至中断，提高中国石油资源国家安全的保障程度。

10 Chapter

第10章
钾盐资源国家安全评估与预警系统

10.1 钾盐资源概况及供需分析

10.1.1 钾盐资源概况

1. 钾盐资源用途

钾盐是指天然含钾矿物，由含盐溶液沉积而成，常见于干涸盐湖中。钾盐主要有钾石盐、光卤石、钾盐铁矾、软钾镁矾等多种存在形式，其5%用于制造工业用钾化合物，95%用于生产钾肥。

（1）工业。

工业用钾较为广泛，在化工中约有30多种产品由钾而组成，主要有氯化钾、硫酸钾、氢氧化钾、碳酸钾、氰化钾、高锰酸钾、溴化钾和碘化钾等。中商产业研究院的《2020—2025年中国天然钾盐行业市场前景调查及投融资战略研究报告》中指出，按工业用途，35%用于生产洁净剂，25%以碳酸盐和硝酸盐形式用于玻璃和陶瓷工业中，20%用于纺织和染色，13%制化学药品；其余用于罐头工业、皮革工业、电器和冶金工业等。钾的氯酸盐、过磷酸盐和硝酸盐是制造火柴、焰火、炸药和火箭的重要原料。钾的化合物还用于印刷、电池、电子管和照相等工业部门，此外也用于航空汽油及钢铁、铝合金的热处理[①]。

---

① 中商产业研究院. 2020 - 2025 年中国天然钾盐行业市场前景调查及投融资战略研究报告 [EB/OL]. 中商情报网，2020 - 2 - 9.

（2）钾肥。

钾肥是农业氮磷钾三大肥料之一，能促进作物根系发育、促进植物光合作用、蛋白质合成、氮的固定、淀粉形成和糖类物质的运转等，因此对绝大多数作物都有明显的增产效果。最常见的钾肥有氯化钾（KCl）和硫酸钾（K_2SO_4）两种。氯化钾由于其养分浓度高、价格低，常用于水稻、麦类、玉米和棉花等作物。硫酸钾作为无氯钾肥首选品种，具有钾、硫双重肥效，广泛应用于麻类、烟叶、甘蔗、葡萄、柑橘、苹果、甜菜和茶叶等经济作物。

2. 钾盐资源分类

钾盐资源按其物态可分为固体钾盐与液体钾盐，前者包括可溶性固体钾盐和难溶性含钾岩石两类，后者则由海水、盐湖卤水与地下卤水组成（张苏江等，2015）。世界制钾工业原料中，98%为可溶性钾盐，2%为盐湖卤水与地下卤水[①]。钾盐资源按其性质可分为可溶性钾盐和非水溶性钾盐两大类。

（1）可溶性钾盐。

可溶性钾盐资源是指自然界形成的各种含钾氯化物、硫酸盐、硝酸盐、硼酸盐等可溶性的含钾盐类矿物，包括含钾卤水经蒸发沉积形成的可溶性固体钾盐（如钾石盐、光卤石、钾镁矾、杂卤石、无水钾镁矾和钾芒硝等）、盐湖卤水、地下含钾卤水和海水等含钾液体矿。目前已被大量开发利用的是盐湖卤水和地下含钾卤水，海水中因含钾量较低，目前没有较为成熟的技术进行大规模开发。可溶性钾盐矿物多为层状矿床，规模较大，便于大规模开采，加工技术简易，生产成本较低。世界可溶性钾盐资源分布不均，主要集中分布于欧洲和北美洲地区。利用可溶性钾盐生产钾肥量大而质优，是加拿大、法国、德国和美国等发达国家出口创汇的优势产品。

（2）非水溶性钾盐。

非水溶性钾盐资源是指难溶性含钾（或富钾）矿物和岩石。常以硅酸盐和铝硅酸盐形式存在，包括钾长石类和似长石类矿物以及海绿石、明矾石、霞石、含钾的云母及水云母类黏土矿物组成的岩石，其氧化钾含量为5%~20%，含钾量较低且不溶于水，加工制取钾肥较难，生产成本高。

---

① 张罡等（2006）、王石军（2002）、华树森等（2000）均在文章中进行说明。

表 10.1   世界主要钾盐矿床概况

国家	钾盐矿床/盆地名称	资源（K₂O）储量/亿吨	类型（主要含钾矿物）
加拿大	萨斯喀彻温钾盐矿床	665	海相：钾长石、光卤石
	新不伦瑞克钾盐矿床	2.30	海相：钾长石、光卤石
俄罗斯	涅帕盆地	约132	海相：钾长石、光卤石
	上卡姆钾盐矿床	含钾盐系厚约110米	海相：钾长石、光卤石
	日梁钾盐矿床	2.80	海相：杂卤石、钾石盐、光卤石
	滨里海凹地钾盐矿床	15.03	海相：钾石盐、杂卤石、钾盐镁矾、光卤石
俄罗斯、乌克兰等	前喀尔巴阡新近纪钾盐盆地	10	海相：主要为钾盐镁矾，少量钾石盐、杂卤石
白俄罗斯	彼里皮亚特矿床	5.746	海相：钾石盐
美国	密执安钾盐矿床	钾石盐厚度超过30米	海相：钾石盐
	帕拉多克斯钾盐矿	—	海相：钾石盐、光卤石
	新墨西哥钾盐矿床	0.85	海相：钾石盐、光卤石
英国、荷兰、德国、波兰	蔡希斯坦盆地	储量13.60，资源总量约133，以德国为主	海相：钾石盐、硫镁矾、光卤石、杂卤石
西班牙	埃布罗盆地	2.70	海相：钾石盐、光卤石
意大利	中西西里盆地	2	海相：主要钾盐镁矾
乌兹别克斯坦、土库曼斯坦、塔吉克斯坦	中亚盐盆地	221.13	海相：钾石盐、光卤石
中国	察尔汗盐湖钾盐矿床	3.83（KCl）	陆相：氯化物–硫酸镁亚型卤水为主，少量固体钾石盐
	罗北凹地钾盐矿床	2.51（KCl）	陆相：硫酸镁亚型卤水为主
泰国、老挝	呵叻盆地钾盐矿床	266.62（远景储量）	海相：光卤石为主，其次钾石盐
以色列、约旦	死海盆地	12.64	海相—陆相：氯化物型卤水
埃及	苏伊士海捷萨姆	—	海相：钾石盐、杂卤石
埃塞俄比亚	达纳基尔洼地	约6.32	海相：钾盐镁矾、钾石盐
加蓬、刚果	加蓬和刚果盆地	—	海相：光卤石、钾石盐
巴西	塞尔希培盆地	22.82	海相：光卤石、钾石盐
	亚马孙盆地	5.60	海相：钾石盐

注："—"表示该矿床钾盐资源储量暂未明确。

3. 钾盐矿床类型

世界现有钾盐资源主要以固体钾盐矿床为主，地表或近地表含钾卤水矿床次之，分布情况如表10.1所示（张苏江等，2015）。根据钾盐矿床成矿时代、矿床成因及矿床特征，中国钾盐矿床类型可划分为现代盐湖型、地下卤水型和沉积型三类（韩豫川等，2012），其中现代盐湖型钾盐矿为最主要类型，占全国总储量的97.74%（见表10.2）。

表 10.2　　　　　　　　　中国钾盐矿床主要类型

矿床类型	矿床式（类型）	典型矿床	规模	地理位置	储量（%）
现代盐湖型	察尔汗式	察尔汗盐湖钾镁盐矿床	特大型	青海格尔木	97.74
		昆特依盐湖钾盐矿床	大型	青海海西州冷湖	
		东台吉乃尔盐湖锂、硼、钾矿床	中型	青海格尔木	
	罗布泊式	罗北凹地钾盐矿床	特大型	新疆若羌	
	扎布耶式	西藏扎布耶盐湖硼、锂、钾盐矿床	中型	西藏阿里仲巴	
	乌勇布拉克式	新疆乌勇布拉克盐湖硝酸钾矿床	小型	新疆吐鲁番	
地下卤水型	邓井关式	四川自贡邓井关含钾卤水矿床	小型	四川自贡	0.52
		青海南翼山富钾卤水矿床	大型	青海茫崖	
沉积型	勐野井式	云南江城勐野井钾盐矿床	大型	云南普洱	1.74
	渠县式	四川渠县农乐乡杂卤石矿床	小型	四川渠县	

4. 世界钾盐资源储量

目前，世界钾盐资源绝大部分分布在北半球。美国地质调查局2019年公布的统计数据显示，截至2018年底世界钾盐资源储量35.82亿吨（K_2O）。加拿大是世界上最大的钾矿资源国，其资源储量占世界的27.92%，俄罗斯与白俄罗斯资源储量分别占世界储量的16.75%和20.94%，中国、美国、德国、智利和西班牙分别占9.77%、6.14%、4.19%、2.79%和1.90%，上述国家钾盐资源储量合计约占世界总储量的90.40%。2018年世界钾盐资源储量分布如图10.1所示。

从世界范围来看，钾盐资源分布极不均衡。加拿大、俄罗斯、白俄罗斯和约旦等少数国家占有世界近90%的可溶性钾盐（王晓磊和崔彬，2015）。加拿

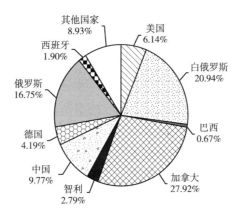

图 10.1　2018 年世界钾盐资源储量分布

资料来源：美国地质调查局。

大钾盐资源主要分布在中南部的萨斯喀彻温省和东南部的新不伦瑞克省，大部分在麋鹿点盆地，其已知资源量超过 880 亿吨（以 K₂O 计），且多为优质可溶性固体钾盐（鲍荣华等，2018）。俄罗斯和白俄罗斯是世界钾盐的第二大产区，目前开采的俄罗斯乌拉尔地区的上卡姆矿山和白俄罗斯的斯塔罗宾矿山均为世界级的巨型矿床。2010~2018 年世界主要国家钾盐资源储量如表 10.3 所示。

表 10.3　　　2010~2018 年世界主要国家钾盐
资源储量情况（以 K₂O 计）　　　单位：亿吨/年

国家	2010 年	2011 年	2012 年	2013 年	2014 年	2015 年	2016 年	2017 年	2018 年
加拿大	44.00	44.00	10.00	11.00	10.00	10.00	10.00	12.00	10.00
白俄罗斯	7.50	7.50	33.00	7.50	7.50	7.50	7.50	7.50	7.50
俄罗斯	33.00	33.00	6.00	6.00	6.00	8.60	5.00	20.00	6.00
中国	2.10	2.10	2.10	2.10	2.10	3.60	3.60	3.50	3.50
美国	1.30	1.30	2.00	2.00	1.20	2.70	2.10	2.20	2.20
智利	1.30	1.50	1.50	1.50	1.50	1.50	1.50	1.00	1.00
德国	1.50	1.40	1.40	1.50	1.50	1.50	1.50	1.50	1.50
巴西	3.00	3.00	3.00	0.50	0.13	0.13	0.24	0.24	0.24
以色列	0.40	0.40	0.40	0.40	2.70	2.70	2.70	2.70	—
约旦	0.40	0.40	0.40	0.40	2.70	2.70	2.70	2.70	—
英国	0.22	0.22	0.22	0.70	0.70	0.70	0.40	1.70	
西班牙	0.20	0.20	0.20	0.20	0.20	0.44	0.41	0.68	
其他国家	0.50	0.50	0.50	0.90	0.90	0.90	0.90	2.80	3.20
世界总计	95.42	95.52	60.72	34.70	37.13	42.73	38.58	58.25	35.82

资料来源：美国地质调查局。

5. 中国钾盐资源储量

2018 年中国已探明钾盐资源储量为 3.50 亿吨（以 K_2O 计），占世界钾盐总资源储量的 9.77%，位居世界第 4 位。探明储量以氯化钾为主，绝大部分分布在青海省的柴达木盆地和几个现代盐湖中（以陆湖相沉积的液体矿为主，占国内总储量的 95%，且多有共、伴生矿），少量分布在云南省江城县勐野井钾盐矿床（固体钾盐矿），保有储量为 1199 万吨（KCl），其余分布在云南、四川、西藏、新疆、山东和甘肃等省（区）。中国可溶性钾盐资源储量分布如表 10.4 所示。

表 10.4　　　　　　　　中国可溶性钾盐资源储量（以 KCl 计）　　　　　　单位：万吨

地区	矿区数	基础储量	储量	资源量	查明储量
青海	23	24510.50	11635.60	45738.00	70248.50
新疆	7	7872.73	1247.33	1333.16	9205.89
云南	1	48.10	14.10	1601.10	1649.20
西藏	2	663.40	—	941.20	1604.60
四川	1	454.81	—	—	454.81
湖北	1	202.05	—	23.70	226.20
山东	1	—	—	129.20	129.20
甘肃	1	—	—	26.10	26.10
全国	37	33752.04	12897.30	49792.46	83544.50

资料来源：2012 年全国矿产资源储量通报。

从矿床类型看，中国已探明钾盐以现代盐湖型钾盐矿为主，青海柴达木盆地及新疆、甘肃等省（区）的钾盐矿均属此类型；92% 的可溶性钾盐资源以卤水状态赋存，仅约 2.60% 的固体钾矿资源可供直接开采及利用。由于中国钾盐产地主要在西北和西南地区，产地偏僻、交通不便、开采技术不高且品位较低，使得中国钾盐资源综合利用程度低，对外依存度较高。自然资源部统计数据显示，2018 年中国可溶性钾盐资源查明储量（以 KCl 计）比 2015 年 10.73 亿吨下降了 5.30%，降幅较大（亓昭英等，2020）。2006 ~ 2018 年中国可溶性钾盐资源储量情况如图 10.2 所示。

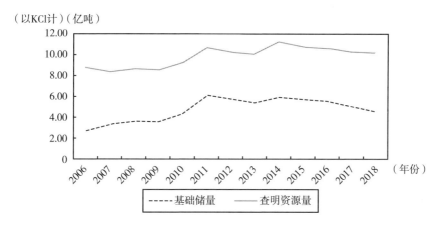

图 10.2 2006～2018 年中国可溶性钾盐资源情况

资料来源：中国国家统计局、自然资源部《中国矿产资源报告》。

6. 钾盐资源价格

世界钾盐资源相对集中，90% 以上的钾盐资源通过国际贸易方式成交，世界主要钾盐产地价格分别为温哥华、波罗的海、阿拉伯湾的 FOB 价格，该区域控制了全球 70% 以上的钾盐贸易量（王栋，2019）。从钾盐国际市场价格来看，2000～2004 年钾盐资源价格波动较为平稳，2005～2009 年钾盐价格持续上涨，且在 2009 年达到峰值。2009 年后，钾盐价格出现较大起伏变化（见图 10.3）。

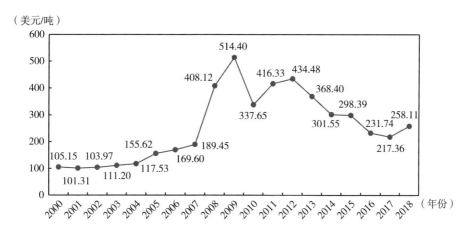

图 10.3 2000～2018 年世界钾盐国际市场价格

资料来源：联合国商品贸易统计数据库。

　　中国钾盐资源短缺，可溶性钾盐资源严重不足，因此需要大量进口钾盐。联合国商品贸易统计数据库数据显示，自 2000 年，尤其 2004 年起，中国钾盐资源进口价格波动越发剧烈。2000 ~ 2003 年钾盐进口价格相对平稳，2004 ~ 2007 年价格逐步上升，2008 年价格飞速上涨，到 2009 年达到峰值 574.29 美元/吨。2010 年价格急剧下降到 350.88 美元/吨，2011 ~ 2012 年价格稳步回升，2013 年开始钾盐价格呈逐步下降趋势（见图 10.4）。

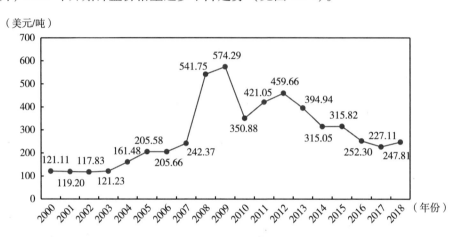

图 10.4　2000 ~ 2018 年中国钾盐资源进口价格

资料来源：联合国商品贸易统计数据库。

10.1.2　钾盐资源供需现状分析

1. 钾盐资源生产现状

　　2018 年世界钾盐资源产量为 4302 万吨（以 K_2O 计），比 2017 年增长 3.84%。钾盐资源年产量在 100 万吨以上的国家分别为加拿大、俄罗斯、白俄罗斯、中国、德国、以色列和约旦等，前五大钾盐生产国产量占全球总产量的 84.54%。2010 ~ 2019 年世界钾盐产量如表 10.5 所示。

表 10.5　　　　2010 ~ 2019 年世界钾盐产量（以 K_2O 计）　　　　单位：万吨/年

国家	2010 年	2011 年	2012 年	2013 年	2014 年	2015 年	2016 年	2017 年	2018 年	2019 年
加拿大	979	1100	898	1010	1100	1140	1080	1220	1380	1330
俄罗斯	628	650	547	610	738	699	648	730	717	680
白俄罗斯	525	550	476	424	629	647	618	710	720	700

续表

国家	2010年	2011年	2012年	2013年	2014年	2015年	2016年	2017年	2018年	2019年
中国	320	370	410	430	440	620	620	551	500	500
德国	300	301	312	320	300	310	280	270	320	300
以色列	196	196	190	210	177	126	205	200	220	200
约旦	120	138	109	108	126	141	120	139	148	150
美国	93	100	90	96	85	74	50	48	52	51
智利	80	98	105	105	120	120	120	110	120	95
西班牙	42	42	42	42	72	69	67	61	70	60
巴西	46	46	43	43	31	29	30	29	20	20
英国	43	43	47	47	61	61	45	25	—	—
其他国家	—	—	—	—	5	30	48	50	35	27
世界总计	3372	3634	3269	3445	3884	4066	3931	4143	4302	4113

注：2019年为估计值。

资料来源：美国地质调查局。

2001年以来，世界钾盐产量略有波动，但随着各国钾盐产能的增加，总体增长态势较为稳定。2008～2009年，受世界金融危机影响，全球钾盐资源产量大幅减少。受全球消费拉动，自2010年起钾盐产量开始恢复。同全球钾盐产量趋势相同，中国钾盐产量呈逐年上升趋势，使得中国钾盐产量在世界总产量的占比逐年提高，并于2009年达到峰值14.42%。2011～2018年，中国钾盐产量占世界总产量的比率一直保持在10%以上（见图10.5）。

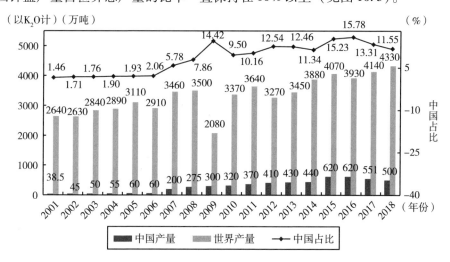

图 10.5　2001～2018年世界和中国钾盐资源产量及中国占比

资料来源：美国地质调查局。

2. 钾盐资源消费现状

世界钾盐资源消费主要集中在中国、巴西、美国、印度及东南亚等国家和地区，2002～2005 年世界钾盐资源消费量呈上涨趋势，年均增长率为7.46%。2008～2009 年受世界金融危机影响，钾盐资源消费出现低谷期，2009 年跌至最低点 1912.60 万吨。2010 年世界钾盐消费量开始回升，2010～2018 年世界钾盐资源消费量以平均 66.66 万吨/年的速度增长。中国钾盐资源消费量与世界钾盐资源消费量波动情况相似（见图 10.6）。

（以 K_2O 计）（万吨/年）

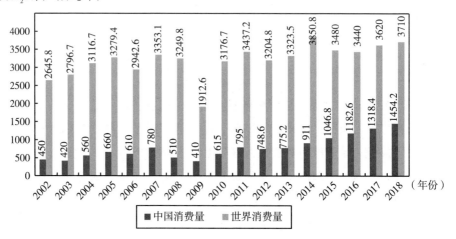

图 10.6　2002～2018 年世界和中国钾盐资源消费量

资料来源：国际肥料工业协会（IFA）。

世界钾盐资源丰富且分布高度集中，钾盐资源供应地区与消费地区分离现象明显。加拿大、俄罗斯、白俄罗斯、以色列、德国及约旦等国钾盐资源丰富，但需求量较少；而中国、巴西、印度、印度尼西亚及马来西亚等国消费量较大，但可溶性钾盐资源稀缺。2015～2019 年世界前五大钾盐资源出口国出口份额分别为 90.39%、89.99%、94.01%、88.07% 和 92.87%（见图 10.7）。

世界钾盐资源主要用于生产钾肥，而钾肥的主要消费地分布在东亚、拉丁美洲和北美地区，与环境气候、耕地面积和主要作物种类等条件相关。智研咨询发布的《2017—2022 年中国钾肥市场运行态势及投资战略研究报告》中显示，拉丁美洲地区的巴西钾肥消费占比 11%；东亚地区受中国和东南亚

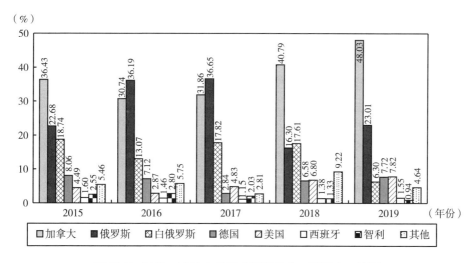

图10.7 2015~2019年世界主要钾盐出口国及出口份额
资料来源：联合国商品贸易统计数据库。

等国大规模耕种活动的影响，拉动消费世界33%的钾肥，钾肥需求旺盛。由于水稻、玉米、小麦和大豆等粮食作物是钾肥消费的重要组成部分，水果和蔬菜的比重近年来不断提高，棉花和糖料等经济类作物占比9%，其他（麻类、烟叶、药材和其他作物）占比14%。2017年世界钾盐资源消费结构占比如图10.8所示。

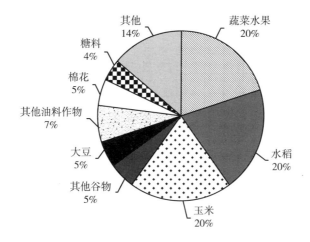

图10.8 2017年世界钾盐资源消费结构占比
资料来源：根据产业信息网和智研咨询公开资料整理。

世界钾盐资源主要进口国分别为美国、巴西、中国、印度、印度尼西亚、马来西亚、比利时和法国等。其中，美国是北美地区最大的钾盐进口国，虽然美国国内也有一定的钾盐产量，但小麦、玉米和大豆等种植仍需进口钾盐以满足其消费需求。巴西作为全世界最大的甘蔗生产国，大豆、玉米、咖啡、可可和香蕉等均为高钾作物，2016 年巴西钾盐进口量为 900 万吨，占拉丁美洲的 90% 以上（王栋，2019）。2014 年中国钾盐进口量 800 万吨，占世界钾盐进口总量的 16.50%，是世界第三大钾盐进口国，仅次于美国和巴西（鲍荣华等，2015）。印度国内几乎没有钾盐资源和钾盐生产，属于极度缺钾国家，2016 年进口钾盐 390 万吨。2019 年前五大钾盐资源进口国总进口份额为 70.59%（见图 10.9）。

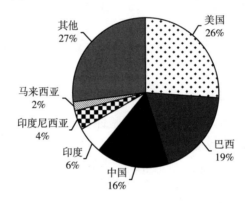

图 10.9　2019 年世界钾盐资源主要进口国及进口份额
资料来源：联合国商品贸易数据库。

中国作为世界钾盐消费大国，可溶性钾盐资源匮乏，尽管近年来产量有所上升，但供需缺口依然较大（牟思宇等，2018）。由于粮食作物以及生物质燃料作物的种植，中国钾盐消费量快速增长，2014 年中国成为世界第一大钾盐消费国（李萌等，2016）。2001~2006 年中国钾盐资源对外依存度持续高于 88%，随着国内产量的提高，2007 年起钾盐资源对外依存度持续降低，最低至 2009 年的 26.83%。此后，2010~2018 年中国钾盐资源对外依存度均值为 50.56%，呈波动上升趋势。2001~2018 年中国钾盐对外依存度和进口集中度如图 10.10 所示。

中国钾盐资源前四大进口来源国分别为俄罗斯、加拿大、白俄罗斯和以色列，2012~2018 年中国钾盐进口来源国排名如表 10.6 所示。

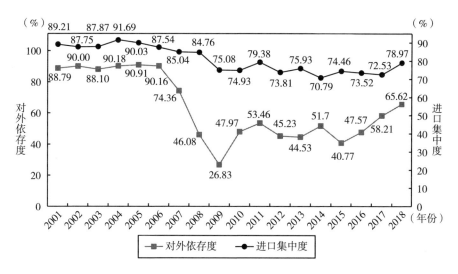

图10.10 2001~2018年中国钾盐资源对外依存度和进口集中度

资料来源：联合国商品贸易数据库。

表 10.6　　　　　　2012~2018年中国钾盐进口来源国排名

排名	2012 年	2013 年	2014 年	2015 年	2016 年	2017 年	2018 年
1	俄罗斯 （45.89%）	俄罗斯 （41.32%）	俄罗斯 （32.96%）	白俄罗斯 （27.29%）	俄罗斯 （35.28%）	加拿大 （30.27%）	加拿大 （39.47%）
2	加拿大 （15.32%）	加拿大 （21.52%）	白俄罗斯 （21.73%）	加拿大 （23.89%）	加拿大 （21.25%）	白俄罗斯 （21.85%）	俄罗斯 （21.13%）
3	白俄罗斯 （12.61%）	白俄罗斯 （13.09%）	以色列 （16.10%）	俄罗斯 （23.28%）	白俄罗斯 （16.99%）	俄罗斯 （20.42%）	白俄罗斯 （18.37%）
4	以色列 （12.49%）	以色列 （12.37%）	加拿大 （16.00%）	以色列 （9.96%）	以色列 （11.99%）	以色列 （12.12%）	以色列 （11.19%）
5	约旦 （6.99%）	德国 （5.41%）	约旦 （7.08%）	约旦 （7.22%）	约旦 （7.06%）	约旦 （8.60%）	约旦 （4.53%）
6	德国 （4.72%）	约旦 （4.02%）	德国 （2.70%）	越南 （3.38%）	德国 （3.12%）	德国 （3.00%）	越南 （3.26%）
7	智利 （1.00%）	智利 （1.94%）	智利 （1.42%）	德国 （3.13%）	越南 （2.18%）	越南 （1.46%）	英国 （0.86%）
8	其他 （0.99%）	其他 （0.33%）	其他 （2.01%）	其他 （1.85%）	其他 （2.13%）	其他 （2.29%）	其他 （1.19%）

注：（ ）内为中国钾盐资源进口国的进口份额。

资料来源：联合国商品贸易统计数据库。

10.2 钾盐资源需求情景分析

10.2.1 钾盐资源需求影响因素分析

影响中国钾盐资源需求的主要因素有：

（1）农作物播种面积[①]。钾是农作物生长的必须元素，因此农作物播种面积的变化是影响钾盐需求的基础性因素。中国耕地大规模缺钾、大量钾肥需求依靠进口的局面仍未打破（王振涛和郑绵平，2017）。谷红霞（2014）指出由于人们对农作物产品的品质要求越来越高，导致对需钾量高的玉米、甘蔗等农作物的需求加大，造成钾肥需求逐年增加。因此农作物增产增收离不开钾肥，农作物播种面积的增加也将造成钾盐需求加大。

（2）国际钾盐价格。国际钾盐价格对中国钾肥进口、施用及农业生产影响较大，2008~2009年国际钾盐价格的上涨导致中国钾盐消费量下降了近40%，需求量也随之减少（张艳等，2015）。因此，国际钾盐价格是影响中国钾盐资源需求的重要因素之一。根据需求规律，在其他条件不变的情况下，一种商品的需求量与其自身价格呈反方向变动关系，即中国钾盐资源需求量会随国际钾盐价格的上升而减少，因国际钾盐价格的下降而增加。

（3）中国人口数量。中国作为钾盐消费大国，人口增长将带动农产品增长，从而促进钾盐需求增长。吴永娇等（2008）指出中国人口在未来几十年仍将保持增长，人均耕地面积减少和粮食需求增加以及人民生活水平的提高，将引起农产品需求结构发生变化，进而导致钾肥需求的上升。

（4）中国经济发展水平。国内生产总值（GDP），该变量用于反映国民经济发展与钾盐资源需求量之间的影响关系，GDP增长是导致钾盐资源需求增长的重要因素之一。经济的快速发展能拉动国内需求，因此，在分析钾盐资源需求时，宏观经济形势是必不可少的。

[①] 农作物播种面积主要包括粮食、棉花、油料、糖料、麻类、烟叶、蔬菜和瓜类、药材和其他农作物九大类（不包括果园和茶园面积）的总播种面积。

10.2.2 钾盐资源需求情景定义

以农作物播种面积、国际钾盐价格、中国人口数量和中国经济发展水平四个因素作为中国钾盐资源需求情景定义的主要驱动变量，设置以下三个情景。

情景 A（低情景）：未来 30 年（2021 ~ 2050）全球经济增长长期持续低迷。2020 年全球新冠肺炎疫情的反复进一步抑制了世界经济复苏。中国在加强新冠肺炎疫情防控的同时，国外疫情会通过贸易、投资、金融、产业链和人员跨境流动等渠道，对中国产生多重不利影响，并给全球经济增长带来更大压力，严重影响中国经济的高速发展。因此，未来 30 年中国经济年均增长 3% 左右，2021 ~ 2030 年 4% 左右，2031 ~ 2040 年 3% 左右，2041 ~ 2050 年 2% 左右。中国经济刺激计划作用有限，经济增速下滑对钾盐资源需求的增幅较小。

情景 B（基准情景）：未来 30 年（2021 ~ 2050）全球经济会继续减速增长。2020 年因新冠肺炎疫情的影响，全球经济受到重创，也对中国经济增长产生较大影响。但随着国内疫情得到有效控制，中国经济复苏持续向好。2020 年 6 月，世界银行和国际货币基金组织均预测中国是 2020 年全球主要经济体中唯一正增长的国家。大多数学者认为中国经济中长期向好趋势不会改变，经济潜在增速不会出现系统性偏离，且疫情结束后中国经济将回归潜在增长轨道，世界经济将再出现稳定增长，生产要素配置将更加合理。因此，未来 30 年中国经济年均增长 4% 左右，2021 ~ 2030 年 4% ~ 5%，2031 ~ 2040 年 3% ~ 4%，2041 ~ 2050 年 2% ~ 3%。中国经济刺激计划作用有效，经济增速回升对钾盐资源需求的增幅较大。

情景 C（高情景）：未来 30 年（2021 ~ 2050）全球经济出现减速增长，但幅度较小。2020 年虽然新冠肺炎疫情给全球经济造成重大影响，但中国经济已保持明显企稳回升态势。在全球疫情得到有效控制后，经济刺激计划将有力地推动全球经济的快速增长，生产要素流动加速、配置更加合理。因此，未来 30 年中国经济年均增长 5% 左右，2021 ~ 2030 年 5% ~ 6%，2031 ~ 2040 年 4% ~ 5%，2041 ~ 2050 年 3% ~ 4%。中国经济刺激计划作用比较显著，经济转型成功，对钾盐资源需求的增幅也更大。

10. 2. 3 钾盐资源宏观情景设置及描述

钾盐资源宏观情景设置涉及的中国人口数量、中国经济发展水平两个因素，分别见第 3 章 "3.5 公共因素情景设置" 中 "中国人口未来情景设置（2020～2050）" 和 "中国 GDP 未来情景设置（2020～2050）" 有关内容。其余两个因素设置如下。

（1）农作物播种面积未来情景设置。

国家统计局数据表明，2007～2016 年中国农作物播种面积年均增长率为0.93%，2016 年达到峰值（16693.90 万公顷）后开始下降。2017 年和 2018 年环比减少 60.71 公顷和 42.95 公顷，2019 年基本与 2018 年持平。

金书秦等（2020）指出，近年来化肥使用减量的主要动因是播种面积的减少。张小允和李哲敏（2018）运用灰色 GM（1，1）模型，预测了 2017～2026 年中国小杂粮的种植面积呈逐年下降趋势。朱开伟等（2015）通过对1990～2013 年中国主要农作物播种面积的时间序列进行拟合，计算出 2020年、2030 年、2040 年和 2050 年中国主要农作物播种面积分别为 166144.26 × 10^3 公顷、172307.02 × 10^3 公顷、178469.78 × 10^3 公顷和 184632.54 × 10^3 公顷。罗其友等（2018）预测 2025 年和 2030 年中国农作物播种面积分别为269225 万亩和 279630 万亩，即 17948 万公顷和 18642 万公顷。2020 年虽然新冠肺炎疫情对全球经济产生重大影响，但对中国农产品影响较小，对国内农作物播种面积影响有限。因此，根据上述学者对中国农作物播种面积的预测分析，对 2020～2050 年中国农作物播种面积情景进行设置（见表 10.7）。

表 10.7 中国农作物播种面积未来情景设置（2020～2050）

年份	情景 A		情景 B		情景 C	
	增长率（%）	农作物总播种面积（万公顷）	增长率（%）	农作物总播种面积（万公顷）	增长率（%）	农作物总播种面积（万公顷）
2020	0.14	16615.94	0.22	16629.21	0.30	16642.48
2025	0.27	16843.75	0.35	16924.56	0.43	17005.69
2030	0.15	16971.83	0.23	17121.47	0.31	17272.31
2035	0.16	17106.79	0.24	17326.65	0.32	17549.16
2040	0.29	17353.71	0.37	17646.97	0.45	17944.94
2045	0.30	17614.48	0.38	17983.69	0.46	18360.34
2050	0.17	17767.47	0.25	18212.44	0.33	18668.18

注：2019 年中国农作物总播种面积为 16593.07 万公顷。

（2）国际钾盐价格未来情景设置。

国际钾盐价格受全球经济影响很大，价格呈波动上升态势（见图10.11）。2001～2007年由于部分国际钾盐生产国实行联盟机制，如BPC公司与乌拉尔钾肥公司合并后，统一逐步提高供给价格，实行垄断。此外，由于国际能源供应紧张和运输成本增加，导致国际钾盐价格呈逐年上涨趋势，年均增长率为9.25%。2008年受金融危机影响，各大钾盐生产企业持续减产，甚至还出现了并购重组，例如2008年底，全球最大的矿业公司必和必拓收购了加拿大钾盐资源最集中的萨斯喀彻温省的大量钾盐，使得国际钾盐价格在金融危机的寒冬中逆势上涨，到2009年达到峰值514.40美元/吨。2010年由于金融危机期间各国钾盐贸易量减少，使得价格出现下跌，2011年和2012年价格稳步回升。2013～2017年国际钾盐价格又开始逐年下降，年均降速12.59%；2018年和2019年又稍有回升。2020年由于新冠肺炎疫情影响，国际钾盐供应适度偏紧，价格稳中走高。

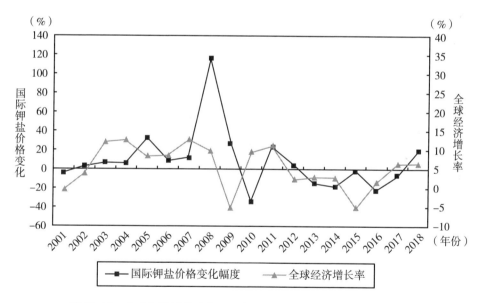

图10.11　全球经济增长率与国际钾盐价格变化关系（2001～2018）
资料来源：世界银行数据库和联合国商品贸易数据库。

根据全球经济增长率与国际钾盐价格的波动关系，设置2020～2050年国际钾盐价格未来情景如表10.8所示。

表 10.8 国际钾盐价格未来情景设置（2020~2050）

年份	情景 A		情景 B		情景 C	
	增长率（%）	国际钾盐价格（美元/吨）	增长率（%）	国际钾盐价格（美元/吨）	增长率（%）	国际钾盐价格（美元/吨）
2020	21.39	331.42	19.89	327.33	19.27	325.63
2025	-2.18	296.77	-3.68	271.31	-4.30	261.33
2030	10.94	498.78	9.44	425.98	8.82	398.82
2035	-2.32	443.55	-3.82	350.61	-4.44	317.81
2040	-1.13	418.96	-2.63	306.80	-3.25	269.36
2045	8.69	635.53	7.19	434.15	6.57	370.27
2050	-9.06	395.39	-10.56	248.55	-11.18	204.73

注：2019 年国际钾盐价格为 273.02 美元/吨。
资料来源：联合国商品贸易统计数据库。

10.2.4 钾盐资源需求情景测算及分析

1. 原始数据及其初始化

根据神经网络计算规则，采用最大最小值法对原始数据（见表 10.9）进行归一化预处理，使得输入输出数据值均位于 [-1，1] 范围内，归一化后的训练数据如表 10.10 所示。

表 10.9 原始数据

年份	农作物播种面积（万公顷）	国际钾盐价格（美元/吨）	中国人口（亿人）	中国 GDP（亿元）	进口量（万吨）	需求量（万吨）
2001	15570.79	101.31	12.76	110863.10	305.00	343.50
2002	15463.55	103.97	12.85	121717.40	405.00	450.00
2003	15241.50	111.20	12.92	137422.00	370.00	420.00
2004	15355.26	117.53	13.00	161840.20	505.00	560.00
2005	15548.77	155.62	13.08	187318.90	600.00	660.00
2006	15214.90	169.60	13.14	219438.50	550.00	610.00
2007	15301.01	189.45	13.21	270092.30	580.00	780.00
2008	15556.55	408.12	13.28	319244.60	235.00	510.00
2009	15724.25	514.40	13.35	348517.70	110.00	410.00

续表

年份	农作物播种面积（万公顷）	国际钾盐价格（美元/吨）	中国人口（亿人）	中国GDP（亿元）	进口量（万吨）	需求量（万吨）
2010	15857.95	337.65	13.41	412119.30	295.00	615.00
2011	16036.04	416.33	13.47	487940.20	425.00	795.00
2012	16207.13	434.48	13.54	538580.00	338.60	748.60
2013	16370.23	368.40	13.61	592963.20	345.20	775.20
2014	16518.33	301.55	13.68	643563.10	471.00	911.00
2015	16682.93	298.39	13.75	688858.20	426.80	1046.80e
2016	16693.90	231.74	13.83	746395.10	562.60	1182.60e
2017	16633.19	217.36	13.90	832035.90	767.40	1318.40e
2018	16590.24	258.11	13.95	919281.10	954.20	1454.20e

注：带"e"的数据为线性插值估计值。

资料来源：农作物播种面积、中国GDP和人口数据来源于国家统计局；国际钾盐价格和钾盐进口量数据来源于联合国商品贸易统计数据库；钾盐需求量数据来源于国际肥料工业协会（IFA）。

表 10.10 　　　　　　　　　　神经网络训练值

年份	农作物播种面积	国际钾盐价格	中国人口	中国GDP	进口量	需求量
2001	-0.52	-1.00	-1.00	-1.00	-1.00	-0.54
2002	-0.66	-0.99	-0.85	-0.97	-0.81	-0.30
2003	-0.96	-0.95	-0.73	-0.93	-0.86	-0.38
2004	-0.81	-0.92	-0.60	-0.87	-0.61	-0.06
2005	-0.55	-0.74	-0.46	-0.81	-0.43	0.16
2006	-1.00	-0.67	-0.36	-0.73	-0.52	0.04
2007	-0.88	-0.57	-0.24	-0.61	-0.21	0.11
2008	-0.54	0.49	-0.13	-0.48	-0.70	-0.70
2009	-0.31	1.00	-0.01	-0.41	-0.88	-1.00
2010	-0.13	0.14	0.09	-0.25	-0.51	-0.56
2011	0.11	0.53	0.19	-0.07	-0.19	-0.25
2012	0.34	0.61	0.31	0.06	-0.27	-0.46
2013	0.56	0.29	0.43	0.19	-0.22	-0.44
2014	0.76	-0.03	0.55	0.32	0.02	-0.14
2015	0.99	-0.05	0.66	0.43	0.27	-0.25
2016	1.00	-0.37	0.80	0.57	0.51	0.07
2017	0.92	-0.44	0.92	0.78	0.76	0.56
2018	0.86	-0.24	1.00	1.00	1.00	1.00

2. 钾盐资源需求情景测算

运用 MATLAB 软件建立一个三层神经网络，分别对中国钾盐资源需求量和进口量进行训练学习。在钾盐资源需求量情景测算中，选取 2001~2018 年农作物播种面积、国际钾盐价格、中国 GDP 和人口四个影响因素作为输入层神经元，钾盐资源需求量作为输出层神经元，隐含层节点数选取最优数量为 3，建立 4-3-1 的 BP 神经网络模型。在钾盐资源进口量情景测算中，除了上述四个影响因素外，还将钾盐资源需求量纳入输入层神经元，以钾盐资源进口量作为输出层神经元，隐含层节点数选取最优数量为 2，建立 5-2-1 的 BP 神经网络模型。钾盐资源需求量和进口量均采用神经网络工具箱 trainlm 函数进行训练，设置训练步数为 10000，学习速率为 0.001，误差精度为 0.00001，得到训练误差精度曲线（见图 10.12）。由此可知，训练误差精度达到目标精度，网络建立有效。BP 神经网络训练样本仿真输出值与实际值接近程度高（见图 10.13）。因此，可进一步对中国钾盐资源需求情景进行预测。

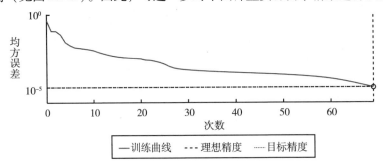

图 10.12　BP 神经网络训练误差精度曲线

图 10.13　BP 神经网络学习与测试对比

3. 钾盐资源未来需求分析

基于上述 BP 神经网络训练和学习测试，分别将情景 A、情景 B 和情景 C 中各输入层神经元预测值带入已训练好的神经网络进行预测，并将输出结果反归一化处理，得到 2020~2050 年中国钾盐资源未来需求情景预测值（见表 10.11）。

表 10.11 中国钾盐资源未来需求情景预测值（2020~2050）

年份	情景 A			情景 B			情景 C		
	进口量（万吨）	需求量（万吨）	进口依存度（%）	进口量（万吨）	需求量（万吨）	进口依存度（%）	进口量（万吨）	需求量（万吨）	进口依存度（%）
2020	985.00	1616.03	60.95	985.38	1626.49	60.58	985.68	1635.56	60.27
2025	988.16	1684.35	58.67	990.53	1720.01	57.59	992.32	1741.16	56.99
2030	987.93	1745.09	56.61	989.30	1775.30	55.73	991.08	1782.25	55.61
2035	987.63	1632.34	60.50	990.37	1778.26	55.69	994.67	1785.98	55.69
2040	986.52	1614.28	61.11	990.92	1726.02	57.41	996.11	1786.39	55.76
2045	973.93	1626.83	59.87	988.95	1632.13	60.59	993.53	1696.78	58.55
2050	969.29	1612.30	60.12	990.41	1630.80	60.73	996.60	1634.23	60.98

由表 10.11 可知，2020~2050 年中国钾盐资源进口量和需求量整体呈先升后降并逐渐趋于平稳状态。从钾盐资源需求量来看，2025 年钾盐资源需求量预测最低值为 1684.35 万吨，最高值为 1741.16 万吨，平均预测值为 1715.17 万吨；2035 年预测最低值为 1632.34 万吨，最高值为 1785.98 万吨，平均预测值为 1732.19 万吨；2050 年预测最低值为 1612.30 万吨，最高值为 1634.23 万吨，平均预测值为 1625.78 万吨。表 10.11 的预测结果与陈甲斌和冯丹丹（2020）预测的钾盐 2025 年、2030 年和 2035 年消费量分别为 1450 万吨、1550 万吨和 1500 万吨相比[①]，平均高出 15.93% 但变化趋势基本一致。从进口依存度来看，2020~2050 年三种情景下中国钾盐资源进口依存度在 55.61%~61.11%，基准情景下均值为 58.33%，超过 50% 的国际警戒线，说明未来中国钾盐资源供需矛盾依然存在，钾盐资源安全存在一定风险。

---

① 战略性矿产资源形势分析 我国约 2/3 的战略性矿产还需要进口 [EB/OL]. 中国矿业网，2020−9−1.

10.3　钾盐资源国家安全评估

10.3.1　数据与指标分级值

根据第 3 章构建的评估与预警指标体系，各指标数据来源美国地质调查局（USGS）、联合国商品贸易统计数据库（UN Comtrade Database）、国际肥料工业协会（IFA）、世界银行数据库和中国国家统计局①。由此，整理得到 2001~2018 年中国钾盐资源国家安全评估指标数据（见表 10.12）。

表 10.12　　　中国钾盐资源国家安全评估指标数据（2001~2018）

年份	储采比 I_{11}	储量指数（%）I_{12}	进口依存度（%）I_{21}	进口集中度（%）I_{22}	地缘政治风险 I_{23}	价格波动率（%）I_{31}	汇率 I_{32}	资源消耗强度（吨/亿元）I_{41}
2001	20.78	0.47	88.79	89.21	2.22	-3.65	8.28	30.98
2002	17.78	0.47	90.00	87.75	2.13	2.63	8.28	36.97
2003	16.00	0.47	88.10	87.87	2.19	6.95	8.28	30.56
2004	14.55	0.48	90.18	91.69	2.29	5.70	8.28	34.60
2005	13.33	0.48	90.91	90.03	1.75	32.41	8.19	35.23
2006	13.33	0.48	90.16	87.54	1.89	8.99	7.97	27.80
2007	14.00	0.49	74.36	85.04	1.46	11.70	7.60	28.88
2008	72.73	11.97	46.08	84.76	1.64	115.42	6.95	15.98
2009	70.00	11.33	26.83	75.08	1.26	26.04	6.83	11.76
2010	65.63	11.41	47.97	74.93	1.46	-34.36	6.77	14.92
2011	56.76	11.49	53.46	79.38	1.08	23.30	6.46	16.29
2012	51.22	18.32	45.23	73.81	1.58	4.36	6.31	13.90
2013	48.84	31.62	44.53	75.93	1.35	-15.21	6.19	13.07
2014	47.73	30.10	51.70	70.79	1.13	-18.15	6.14	14.16
2015	58.06	44.70	40.77	74.46	0.98	-1.05	6.23	15.20
2016	58.06	49.57	47.57	73.52	1.12	-22.34	6.64	15.84
2017	63.52	32.60	58.21	72.53	0.79	-6.20	6.75	15.85
2018	70.00	52.90	65.62	78.97	0.81	18.74	6.62	15.82

---

① 各变量具体数据来源见第 3 章 "3.1.5 数据来源"。

由表10.12可知，2001～2018年中国钾盐资源储采比和储量指数皆呈上升趋势，钾盐资源禀赋状况逐渐优化；进口依存度和汇率先降后升，进口集中度和资源消耗强度先降后趋于平稳，地缘政治风险逐年减小，价格波动率近年来逐渐趋于平稳，钾盐资源国际依赖程度、获取成本和资源消耗总体呈下降趋势。

参考表3.5，并借鉴张晓平和孙磊（2010）、陈劭锋（2009）的研究，确定钾盐资源消耗强度指标分级规则（见表10.13）。

表 10.13　　　　　　　　　钾盐资源消耗强度指标分级规则

指标		分级				
一级指标	二级指标	0～2	2～4	4～6	6～8	8～10
资源消耗 I_4	资源消耗强度 I_{41}	≥70	[50, 70)	[30, 50)	[10, 30)	<10

根据表3.5和表10.13，得到2001～2018年中国钾盐资源国家安全评估指标分级值，如表10.14所示。

表 10.14　　　中国钾盐资源国家安全评估指标分级值（2001～2018）

年份	I_{11}	I_{12}	I_{21}	I_{22}	I_{23}	I_{31}	I_{32}	I_{41}
2001	4	1	1	1	7	9	1	6
2002	3	1	1	1	7	9	1	5
2003	3	1	1	1	7	8	1	6
2004	2	1	1	1	7	8	1	5
2005	2	1	1	1	9	4	1	5
2006	2	1	1	1	9	8	2	6
2007	1	1	1	1	9	8	3	6
2008	10	1	7	1	9	1	6	7
2009	10	1	10	3	9	5	7	8
2010	9	1	7	3	9	10	7	8
2011	9	1	5	2	10	5	8	7
2012	8	1	7	3	9	9	9	8
2013	8	3	7	3	9	10	10	8
2014	8	3	5	3	9	10	10	8
2015	9	3	7	3	10	9	9	7
2016	9	4	7	3	9	10	7	7
2017	9	3	4	3	10	9	7	7
2018	10	4	3	2	10	6	7	7

10.3.2 一级指标评估

根据表3.3和表10.14，运用式（3.1）、式（3.7）和式（3.8），计算得到各一级指标常权评估值、变权重和变权评估值。

1. 资源禀赋评估

2001~2018年中国钾盐资源禀赋常权和变权评估值及其预警等级如表10.15所示。由此可知，2001~2018年中国钾盐资源禀赋变权评估值在1.00~6.90范围内，总体呈现先降后升的变化趋势。2001~2007年预警等级由橙色预警（不安全）转至红色预警（很不安全）；2008~2018年随着储采比和储量指数上升，预警等级由黄色预警（基本安全）转至蓝色预警（安全）。

表10.15　中国钾盐资源禀赋常权和变权评估结果（2001~2018）

年份	常权评估		变权重		变权评估	
	评估值	预警等级	I_{11}	I_{12}	评估值	预警等级
2001	2.62	橙色预警	0.45	0.55	2.36	橙色预警
2002	2.08	橙色预警	0.47	0.53	1.94	红色预警
2003	2.08	橙色预警	0.47	0.53	1.94	红色预警
2004	1.54	红色预警	0.50	0.50	1.50	红色预警
2005	1.54	红色预警	0.50	0.50	1.50	红色预警
2006	1.54	红色预警	0.50	0.50	1.50	红色预警
2007	1.00	红色预警	0.54	0.46	1.00	红色预警
2008	5.86	黄色预警	0.40	0.60	4.58	黄色预警
2009	5.86	黄色预警	0.40	0.60	4.58	黄色预警
2010	5.32	黄色预警	0.40	0.60	4.23	黄色预警
2011	5.32	黄色预警	0.40	0.60	4.23	黄色预警
2012	4.78	黄色预警	0.41	0.59	3.88	橙色预警
2013	5.70	黄色预警	0.48	0.52	5.39	黄色预警
2014	5.70	黄色预警	0.48	0.52	5.39	黄色预警
2015	6.24	蓝色预警	0.47	0.53	5.83	黄色预警
2016	6.70	蓝色预警	0.49	0.51	6.45	蓝色预警
2017	6.24	蓝色预警	0.47	0.53	5.83	黄色预警
2018	7.24	蓝色预警	0.48	0.52	6.90	蓝色预警

2. 国际依赖评估

2001～2018 年中国钾盐资源国际依赖常权和变权评估值及其预警等级如表 10.16 所示。从变权评估结果来看，2001～2018 年中国钾盐资源国际依赖评估值在 1.98～6.99 范围内，总体呈先升后降的变化趋势。2001～2007 年预警等级由红色预警（很不安全）转至橙色预警（不安全）；2008 年和 2009 年由于进口依存度下降，预警等级分别为黄色预警（基本安全）和蓝色预警（安全）。2010～2018 年随着进口依存度和进口集中度的上升，预警等级由黄色预警（基本安全）转至橙色预警（不安全）。

表 10.16　　中国钾盐资源国际依赖常权和变权评估结果（2001～2018）

年份	常权评估		变权重			变权评估	
	评估值	预警等级	I_{21}	I_{22}	I_{23}	评估值	预警等级
2001	2.44	橙色预警	0.47	0.36	0.16	1.98	红色预警
2002	2.44	橙色预警	0.47	0.36	0.16	1.98	红色预警
2003	2.44	橙色预警	0.47	0.36	0.16	1.98	红色预警
2004	2.44	橙色预警	0.47	0.36	0.16	1.98	红色预警
2005	2.92	橙色预警	0.48	0.37	0.15	2.23	橙色预警
2006	2.92	橙色预警	0.48	0.37	0.15	2.23	橙色预警
2007	2.92	橙色预警	0.48	0.37	0.15	2.23	橙色预警
2008	5.50	黄色预警	0.36	0.45	0.19	4.68	黄色预警
2009	7.45	蓝色预警	0.38	0.40	0.22	6.99	蓝色预警
2010	6.16	蓝色预警	0.40	0.38	0.21	5.89	黄色预警
2011	5.21	黄色预警	0.41	0.40	0.19	4.77	黄色预警
2012	6.16	蓝色预警	0.40	0.38	0.21	5.89	黄色预警
2013	6.16	蓝色预警	0.40	0.38	0.21	5.89	黄色预警
2014	5.30	黄色预警	0.42	0.37	0.20	5.08	黄色预警
2015	6.40	蓝色预警	0.41	0.39	0.21	6.08	蓝色预警
2016	6.16	蓝色预警	0.40	0.38	0.21	5.89	黄色预警
2017	5.11	黄色预警	0.44	0.36	0.20	4.81	黄色预警
2018	4.35	黄色预警	0.44	0.38	0.18	3.90	橙色预警

3. 获取成本评估

2001～2018 年中国钾盐资源获取成本常权和变权评估值及其预警等级（见表 10.17）。

表 10.17   中国钾盐资源获取成本常权和变权评估结果（2001~2018）

年份	常权评估		变权重		变权评估	
	评估值	预警等级	I_{31}	I_{32}	评估值	预警等级
2001	6.04	蓝色预警	0.50	0.50	4.97	黄色预警
2002	6.04	蓝色预警	0.50	0.50	4.97	黄色预警
2003	5.41	黄色预警	0.50	0.50	4.52	黄色预警
2004	5.41	黄色预警	0.50	0.50	4.52	黄色预警
2005	2.89	橙色预警	0.55	0.45	2.64	橙色预警
2006	5.78	黄色预警	0.55	0.45	5.28	黄色预警
2007	6.15	蓝色预警	0.57	0.43	5.86	黄色预警
2008	2.85	橙色预警	0.73	0.27	2.36	橙色预警
2009	5.74	黄色预警	0.65	0.35	5.70	黄色预警
2010	8.89	绿色预警	0.61	0.39	8.83	绿色预警
2011	6.11	蓝色预警	0.66	0.34	6.03	蓝色预警
2012	9.00	绿色预警	0.63	0.37	9.00	绿色预警
2013	10.00	绿色预警	0.63	0.37	10.00	绿色预警
2014	10.00	绿色预警	0.63	0.37	10.00	绿色预警
2015	9.00	绿色预警	0.63	0.37	9.00	绿色预警
2016	8.89	绿色预警	0.61	0.39	8.83	绿色预警
2017	8.26	绿色预警	0.62	0.38	8.23	绿色预警
2018	6.37	蓝色预警	0.64	0.36	6.36	蓝色预警

由表 10.17 可知，从变权评估结果来看，2001~2018 年中国钾盐资源获取成本评估值在 2.36~10.00 范围内，总体呈先降后升再降的变化趋势。2001~2007 年基本处于黄色预警（基本安全）状态；2008 年受金融危机影响，国际钾盐资源市场价格波动较大，因而处于橙色预警（不安全）状态；2009~2018 年因钾盐价格波动较小以及汇率较为稳定，预警等级由黄色预警（基本安全）转至绿色—蓝色预警（很安全—安全）。

4. 资源消耗评估

由于资源消耗仅包含资源消耗强度（I_{41}）一个二级指标，因此，2001~2018 年中国钾盐资源消耗常权和变权评估值及其预警等级相同（见表 10.18）。

表 10.18 中国钾盐资源消耗评估结果（2001~2018）

年份	评估值	预警等级	年份	评估值	预警等级
2001	6.00	蓝色预警	2010	8.00	绿色预警
2002	5.00	黄色预警	2011	7.00	蓝色预警
2003	6.00	蓝色预警	2012	8.00	绿色预警
2004	5.00	黄色预警	2013	8.00	绿色预警
2005	5.00	黄色预警	2014	8.00	绿色预警
2006	6.00	蓝色预警	2015	7.00	蓝色预警
2007	6.00	蓝色预警	2016	7.00	蓝色预警
2008	7.00	蓝色预警	2017	7.00	蓝色预警
2009	8.00	绿色预警	2018	7.00	蓝色预警

由表 10.18 可知，2001~2018 年中国钾盐资源消耗评估值在 5.00~8.00 范围内，总体呈先升后降的变化趋势。2001~2008 年基本处于蓝色—黄色预警交替并稳定在蓝色预警的状态；随着钾盐资源利用效率的提高，2009~2014 年转为绿色预警，2015~2018 年稳定在蓝色预警（安全）的状态。

10.3.3 综合评估

1. 常权综合评估

根据表 3.3 和表 10.14，运用式（3.1）计算得到 2001~2018 年中国钾盐资源国家安全常权综合评估值及其预警等级（见表 10.19）。由此可知，2001~2018 年中国钾盐资源国家安全常权综合评估值整体呈上升趋势。2001~2007 年由于储量指数较低、进口依存度和进口集中度较高，预警等级均处于橙色预警（不安全），2008~2018 年基本处于黄色—蓝色预警（基本安全—安全）状态。

表 10.19 常权综合评估结果（2001~2018）

年份	评估值	预警等级	年份	评估值	预警等级
2001	3.58	橙色预警	2003	3.32	橙色预警
2002	3.25	橙色预警	2004	2.98	橙色预警

续表

年份	评估值	预警等级	年份	评估值	预警等级
2005	2.80	橙色预警	2012	6.41	蓝色预警
2006	3.38	橙色预警	2013	6.85	蓝色预警
2007	3.26	橙色预警	2014	6.53	蓝色预警
2008	5.47	黄色预警	2015	6.80	蓝色预警
2009	6.78	蓝色预警	2016	6.85	蓝色预警
2010	6.57	蓝色预警	2017	6.22	蓝色预警
2011	5.65	黄色预警	2018	5.99	黄色预警

2. 变权综合评估

根据表 10.14，选取 $\alpha = 0.75$ 进行惩罚型变权评估，运用式（3.7）计算出各指标变权权重（见表 10.20）。

表 10.20　　　　　　　　　　　变权权重计算结果

年份	I_{11}	I_{12}	I_{21}	I_{22}	I_{23}	I_{31}	I_{32}	I_{41}
2001	0.1497	0.1802	0.1959	0.1525	0.0658	0.0632	0.0639	0.1287
2002	0.1582	0.1772	0.1926	0.1499	0.0647	0.0621	0.0628	0.1325
2003	0.1588	0.1779	0.1933	0.1505	0.0650	0.0643	0.0631	0.1271
2004	0.1718	0.1739	0.1890	0.1472	0.0635	0.0628	0.0617	0.1300
2005	0.1705	0.1725	0.1875	0.1460	0.0592	0.0741	0.0612	0.1290
2006	0.1753	0.1774	0.1928	0.1501	0.0608	0.0641	0.0529	0.1267
2007	0.2027	0.1725	0.1875	0.1460	0.0592	0.0623	0.0465	0.1233
2008	0.1311	0.1984	0.1326	0.1679	0.0680	0.1205	0.0450	0.1364
2009	0.1453	0.2199	0.1344	0.1414	0.0754	0.0893	0.0479	0.1462
2010	0.1489	0.2195	0.1466	0.1411	0.0753	0.0750	0.0478	0.1459
2011	0.1427	0.2103	0.1528	0.1496	0.0702	0.0854	0.0443	0.1445
2012	0.1528	0.2187	0.1461	0.1406	0.0750	0.0767	0.0448	0.1454
2013	0.1618	0.1760	0.1547	0.1489	0.0794	0.0791	0.0462	0.1539
2014	0.1596	0.1736	0.1661	0.1469	0.0783	0.0780	0.0456	0.1519
2015	0.1568	0.1756	0.1544	0.1486	0.0772	0.0811	0.0473	0.1589
2016	0.1583	0.1650	0.1559	0.1500	0.0800	0.0797	0.0509	0.1604
2017	0.1528	0.1712	0.1731	0.1448	0.0752	0.0790	0.0491	0.1548
2018	0.1458	0.1560	0.1822	0.1570	0.0737	0.0856	0.0481	0.1516

根据表 10.20，运用式（3.8）计算得到 2001~2018 年中国钾盐资源国家安全变权综合评估值及其预警等级（见表 10.21）。由此可知，2001~2018 年变权综合评估值在 2.38~6.62 范围内，总体呈先升后降的变化趋势。2001~2007 年由于储采比和储量指数较低、进口依存度和进口集中度较高、地缘政治风险和资源消耗强度较大，预警等级均处于橙色预警（不安全）状态；随着储采比增加、进口依存度和进口集中度下降，2008~2012 年预警等级转为黄色预警（基本安全），2013~2016 年转至蓝色预警（安全）。但 2017~2018 年由于进口依存度和进口集中度增加，又转为黄色预警（基本安全）状态。

表 10.21　　　　　　　　变权综合评估结果（2001~2018）

年份	评估值	预警等级	年份	评估值	预警等级
2001	2.99	橙色预警	2010	5.94	黄色预警
2002	2.73	橙色预警	2011	5.05	黄色预警
2003	2.79	橙色预警	2012	5.82	黄色预警
2004	2.51	橙色预警	2013	6.55	蓝色预警
2005	2.38	橙色预警	2014	6.22	蓝色预警
2006	2.80	橙色预警	2015	6.50	蓝色预警
2007	2.62	橙色预警	2016	6.62	蓝色预警
2008	4.56	黄色预警	2017	5.91	黄色预警
2009	6.07	蓝色预警	2018	5.59	黄色预警

3. 对比分析

根据表 10.19 和表 10.21，得到 2001~2018 年中国钾盐资源国家安全常权与变权综合评估结果对照表（见表 10.22）。

表 10.22　　　　　常权和变权综合评估结果对比（2001~2018）

年份	综合评估值		预警等级		年份	综合评估值		预警等级	
	常权	变权	常权	变权		常权	变权	常权	变权
2001	3.58	2.99	橙色预警	橙色预警	2005	2.80	2.38	橙色预警	橙色预警
2002	3.25	2.73	橙色预警	橙色预警	2006	3.38	2.80	橙色预警	橙色预警
2003	3.32	2.79	橙色预警	橙色预警	2007	3.26	2.62	橙色预警	橙色预警
2004	2.98	2.51	橙色预警	橙色预警	2008	5.47	4.56	黄色预警	黄色预警

续表

年份	综合评估值		预警等级		年份	综合评估值		预警等级	
	常权	变权	常权	变权		常权	变权	常权	变权
2009	6.78	6.07	蓝色预警	蓝色预警	2014	6.53	6.22	蓝色预警	蓝色预警
2010	6.57	5.94	蓝色预警	黄色预警	2015	6.80	6.50	蓝色预警	蓝色预警
2011	5.65	5.05	黄色预警	黄色预警	2016	6.85	6.62	蓝色预警	蓝色预警
2012	6.41	5.82	蓝色预警	黄色预警	2017	6.22	5.91	蓝色预警	黄色预警
2013	6.85	6.55	蓝色预警	蓝色预警	2018	5.99	5.59	黄色预警	黄色预警

由表 10.22 可知，受极端指标值影响，在进行惩罚型变权后，2001 ~ 2018 年中国钾盐资源国家安全评估值均有所下降，预警等级稍有降低。其中 2010 年、2012 年和 2017 年由于钾盐资源进口集中度增加，其预警评估等级发生变化，由蓝色预警（安全）转至黄色预警（基本安全）。从综合评估结果来看，无论是常权还是变权评估，其预警评估等级均呈现橙色预警（不安全）—黄色预警（基本安全）—蓝色预警（安全）—黄色预警（基本安全）的变化趋势。

10.4 钾盐资源国家安全预警

10.4.1 预警系统训练学习

采用 MATLAB2016a 软件构建一个三层神经网络进行预警系统训练与学习，选取储采比 I_{11}、储量指数 I_{12}、进口依存度 I_{21}、进口集中度 I_{22}、地缘政治风险 I_{23}、价格波动率 I_{31}、汇率 I_{32} 和资源消耗强度 I_{41} 作为输入神经元，中国钾盐资源国家安全变权综合评估值为输出神经元，预警原始数据如表 10.23 所示。

表 10.23　　中国钾盐资源国家安全预警原始数据（2001 ~ 2018）

年份	I_{11}	I_{12}	I_{21}	I_{22}	I_{23}	I_{31}	I_{32}	I_{41}	变权综合评估值
2001	20.78	0.47	88.79	89.21	2.22	-3.65	8.28	30.98	2.99
2002	17.78	0.47	90.00	87.75	2.13	2.63	8.28	36.97	2.73

续表

年份	I_{11}	I_{12}	I_{21}	I_{22}	I_{23}	I_{31}	I_{32}	I_{41}	变权综合评估值
2003	16.00	0.47	88.10	87.87	2.19	6.95	8.28	30.56	2.79
2004	14.55	0.48	90.18	91.69	2.29	5.70	8.28	34.60	2.51
2005	13.33	0.48	90.91	90.03	1.75	32.41	8.19	35.23	2.38
2006	13.33	0.48	90.16	87.54	1.89	8.99	7.97	27.80	2.80
2007	4.00	0.49	74.36	85.04	1.46	11.70	7.60	28.88	2.62
2008	72.73	11.97	46.08	84.76	1.64	115.42	6.95	15.98	4.56
2009	70.00	11.33	26.83	75.08	1.26	26.04	6.83	11.76	6.07
2010	65.63	11.41	47.97	74.93	1.46	− 34.36	6.77	14.92	5.94
2011	56.76	11.49	53.46	79.38	1.08	23.30	6.46	16.29	5.05
2012	51.22	18.32	45.23	73.81	1.58	4.36	6.31	13.90	5.82
2013	48.84	31.62	44.53	75.93	1.35	− 15.21	6.19	13.07	6.55
2014	47.73	30.10	51.70	70.79	1.13	− 18.15	6.14	14.16	6.22
2015	58.06	44.70	40.77	74.46	0.98	− 1.05	6.23	15.20	6.50
2016	58.06	49.57	47.57	73.52	1.12	− 22.34	6.64	15.84	6.62
2017	63.52	32.60	58.21	72.53	0.79	− 6.20	6.75	15.85	5.91
2018	70.00	52.90	65.62	78.97	0.81	18.74	6.62	15.82	5.59

根据 BP 神经网络计算规则，采用最大最小值法对表 10.23 中预警原始数据进行归一化处理，使得输入输出数据值均位于 [− 1，1] 范围内，归一化后的训练数据如表 10.24 所示。

表 10.24　　　　　　　　　预警系统训练值

年份	I_{11}	I_{12}	I_{21}	I_{22}	I_{23}	I_{31}	I_{32}	I_{41}	变权综合评估值
2001	− 0.51	− 1.00	0.93	0.76	0.91	− 0.59	1.00	0.52	− 0.71
2002	− 0.60	− 1.00	0.97	0.62	0.79	− 0.51	1.00	1.00	− 0.83
2003	− 0.65	− 1.00	0.91	0.63	0.87	− 0.45	1.00	0.49	− 0.81
2004	− 0.69	− 1.00	0.98	1.00	1.00	− 0.47	1.00	0.81	− 0.94
2005	− 0.73	− 1.00	1.00	0.84	0.28	− 0.11	0.92	0.86	− 1.00
2006	− 0.73	− 1.00	0.98	0.60	0.47	− 0.42	0.71	0.27	− 0.80

续表

年份	I_{11}	I_{12}	I_{21}	I_{22}	I_{23}	I_{31}	I_{32}	I_{41}	变权综合评估值
2007	− 1.00	− 1.00	0.48	0.36	− 0.11	− 0.38	0.36	0.36	− 0.89
2008	1.00	− 0.56	− 0.40	0.34	0.13	1.00	− 0.24	− 0.67	0.03
2009	0.92	− 0.59	− 1.00	− 0.59	− 0.37	− 0.19	− 0.36	− 1.00	0.74
2010	0.79	− 0.58	− 0.34	− 0.60	− 0.11	− 1.00	− 0.41	− 0.75	0.68
2011	0.54	− 0.58	− 0.17	− 0.18	− 0.61	− 0.23	− 0.70	− 0.64	0.26
2012	0.37	− 0.32	− 0.43	− 0.71	0.05	− 0.48	− 0.84	− 0.83	0.62
2013	0.30	0.19	− 0.45	− 0.51	− 0.25	− 0.74	− 0.95	− 0.90	0.97
2014	0.27	0.13	− 0.22	− 1.00	− 0.55	− 0.78	− 1.00	− 0.81	0.81
2015	0.57	0.69	− 0.56	− 0.65	− 0.75	− 0.56	− 0.92	− 0.73	0.94
2016	0.57	0.87	− 0.35	− 0.74	− 0.56	− 0.84	− 0.53	− 0.68	1.00
2017	0.73	0.23	− 0.02	− 0.83	− 1.00	− 0.62	− 0.43	− 0.68	0.67
2018	0.92	1.00	0.21	− 0.22	− 0.97	− 0.29	− 0.55	− 0.68	0.51

运用 MATLAB 软件的神经网络工具箱进行预警训练学习。设置输入节点数为8，输出节点数为1，隐含层节点数选取最优数量为6，由此建立 8 − 6 − 1 的 BP 神经网络模型。采用神经网络工具箱 trainlm 函数进行训练，设置训练步数为10000，学习速率为0.001，误差精度为0.00001，得到训练误差精度曲线（见图10.14）。

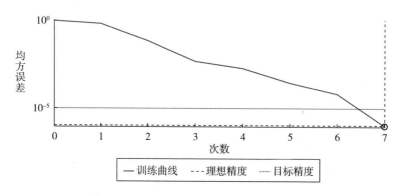

图 10.14 钾盐资源国家安全预警系统训练误差精度曲线

由图 10.14 可知，训练误差精度达到目标精度，网络建立有效。BP 神经网络训练样本仿真输出值与实际值接近程度高，因此，可进一步对中国钾盐资源国家安全进行预警研究。预警学习与测试对比结果如图 10.15 所示。

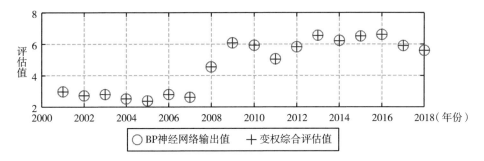

图 10.15 钾盐资源国家安全预警 BP 神经网络学习与测试对比

10.4.2 国家安全预警

1. 资源禀赋

钾产量因国内钾盐资源的逐步减少而下降，预估 2025 年下降至 600 万 ~ 700 万吨左右[①]。亓昭英等（2020）预测 2020 年国内钾肥产量在 850 万吨（KCl）左右，2025 年逐步下降至 500 万吨（KCl）左右。因此，国内钾盐资源产量整体呈下降趋势。美国地质调查局（USGS）数据显示，2019 年中国钾盐储量（K₂O）35000 万吨[②]。随着中国钾盐资源的勘探及难开采固体钾盐资源的开发，预测未来 30 年中国钾盐储量以 0.2% 的年均增长率低速增长。据国际肥料工业协会（IFA）预测，2022 年全球钾肥产能将增加到 6460 万吨，供应量增加至 5420 万吨[③]。根据美国地质调查局 2001 ~ 2018 年世界钾盐储量数据，设置未来 30 年世界钾盐储量年均增长率为 2%。结合表 3.8，可得 2020 ~ 2050 年中国钾盐资源禀赋预测数据（见表 10.25）。

① 中国钾盐（肥）行业运行现状及需求预测［EB/OL］. 中国产业经济信息网，2019 - 8 - 27.

② U. S. Geological Survey（USGS）. Mineral Commodity Summaries 2020［EB/OL］. 美国地质调查局网站，2020 - 1 - 31.

③ 中国产业海外发展协会. 2020 年钾肥市场能否好转?［EB/OL］. 中国产业海外发展协会网站，2020 - 3 - 9.

表 10.25 　　　　　　　　中国钾盐资源禀赋预测数据（2020~2050）

年份	中国钾盐产量（万吨）	中国钾盐储量（万吨）	世界钾盐储量（亿吨）	储采比 I_{11}	储量指数 I_{12}
2020	680	35140.14	37.45	51.68	51.33
2025	660	35492.95	41.35	53.78	48.68
2030	640	35849.30	45.66	56.01	46.32
2035	620	36209.23	50.41	58.40	44.18
2040	600	36572.78	55.66	60.95	42.21
2045	590	36939.97	61.45	62.61	40.36
2050	570	37310.85	67.84	65.46	38.65

2. 国际依赖

根据表 10.11 基准情景下的预测值，可得 2020~2050 年中国钾盐资源进口依存度的预测数据。对于进口集中度和地缘政治风险指标，由于钾盐资源每年进口来源国的进口份额及其国家风险指数不一、前三位国家（地区）进口量之和难以确定，故采用滚动建模法对两者进行预测。2020~2050 年中国钾盐资源国际依赖预测数据（见表 10.26）。

表 10.26 　　　　　　中国钾盐资源国际依赖预测数据（2020~2050）

年份	进口依存度 I_{21}	进口集中度 I_{22}	地缘政治风险 I_{23}
2020	60.58	72.57	1.70
2025	57.59	79.18	1.71
2030	55.73	77.40	0.18
2035	55.69	77.94	0.11
2040	57.41	77.75	0.43
2045	60.59	77.32	0.18
2050	60.73	76.38	0.09

3. 获取成本

根据表 10.8 中 2020~2050 年国际钾盐价格基准情景设置，可得 2020~2050 年钾盐价格波动率的预测数据。汇率预测数据见表 3.9。由此得到 2020~2050 年中国钾盐资源获取成本预测数据（见表 10.27）。

表10.27 中国钾盐资源获取成本预测数据（2020～2050）

年份	国际钾盐价格（美元/吨）	价格波动率 I_{31}	汇率 I_{32}
2020	327.33	19.89	6.98
2025	271.31	−11.72	6.95
2030	425.98	21.26	7.22
2035	350.61	1.34	7.08
2040	306.80	−1.23	6.73
2045	434.15	12.24	6.43
2050	248.55	−18.28	6.87

4. 资源消耗

根据表10.11中基准情景下"2020～2050年中国钾盐资源需求量预测值"和表3.7"中国GDP预测数据"，可得2020～2050年中国钾盐资源消耗预测数据（见表10.28）。

表10.28 中国钾盐资源消耗预测数据（2020～2050）

年份	消费量（万吨）	中国GDP（亿元）	资源消耗强度 I_{41}
2020	1626.49	1000773.75	16.25
2025	1720.01	1308825.76	13.14
2030	1775.30	1660577.83	10.69
2035	1778.26	2056140.49	8.65
2040	1726.02	2491748.48	6.93
2045	1632.13	2930910.23	5.57
2050	1630.80	3343298.47	4.88

根据训练好的BP神经网络，将上述各指标的预测数据代入模型中，对2020～2050年中国钾盐资源国家安全进行预警，结果如表10.29所示。

表10.29 中国钾盐资源国家安全预警结果（2020～2050）

年份	评估值	预警等级	增加风险提示
2020	6.08	蓝色预警	储量指数、进口依存度、进口集中度
2025	6.24	蓝色预警	储量指数、进口依存度、进口集中度
2030	5.18	黄色预警	储量指数、进口依存度、进口集中度、价格波动率、汇率

续表

年份	评估值	预警等级	增加风险提示
2035	5.86	黄色预警	储量指数、进口依存度、进口集中度、汇率
2040	6.56	蓝色预警	储量指数、进口依存度、进口集中度
2045	6.30	蓝色预警	储量指数、进口依存度、进口集中度
2050	6.70	蓝色预警	储量指数、进口依存度、进口集中度

由表 10.29 可知，2020~2050 年中国钾盐资源国家安全评估值在 5.18~6.70 范围内，预警等级呈现蓝色预警（安全）—黄色预警（基本安全）—蓝色预警（安全）的变化趋势。其中，2030 年和 2035 年由于价格波动率和汇率因素的影响，预警安全等级稍有下降。从影响中国钾盐资源国家安全的风险因素来看，储量指数、进口依存度和进口集中度为公共风险因素，虽预警等级为安全状态，但仍需注意防范。

10.5　钾盐资源安全恢复战略与政策建议

根据中国钾盐资源国家安全评估与预警研究结果，目前钾盐资源虽处于黄色预警（基本安全）—蓝色预警（安全）状态，但并不意味着可对钾盐资源的安全放松警惕。结合中国钾盐资源国家安全未来风险提示，借鉴国外发达国家与发展中国家的经验，分别从资源储量、进口依存度、进口集中度以及钾盐资源国家安全预警机制管理等方面，提出中国钾盐资源国家安全恢复战略及政策建议。

1. 针对钾盐资源储量不足的建议

第一，加大国内钾盐资源勘查力度，增加钾盐资源储量。在可溶性钾盐资源方面，加大柴达木盆地深层卤水钾矿勘探与开采评价，加强深部卤水钾矿资源的可采性研究，加大资源保障力度。在非水溶性钾盐资源方面，应重视难溶性钾盐资源的地质勘查工作，加大难溶性钾盐开发利用技术研发与成果转化的政策和经费支持力度，查明难溶性钾盐资源的类型、储量、品位和空间分布，建立难溶性钾盐资源的评价标准和勘探规范。

第二，加速海水提钾技术的研发，加快工业化进程。海水提钾在一定程度上可以弥补中国可溶性钾盐资源的不足，为中国钾盐资源提供广阔的储量前景。因此，鼓励和加强海水提钾的研究、开发和应用，增加研发资金支持和人员投入，加快具有中国自主知识产权的海水提钾技术的产业化进程，开辟中国钾盐资源储量保障新途径。

2. 针对钾盐资源进口依存度过高的建议

第一，建立钾盐战略性资源储备体系。钾盐资源供应不足将会严重制约全国粮食质量与产量，直接关系到国家粮食安全和食品供应安全。因此，为了应对突发的重大事件，保障全国粮食安全生产和经济社会可持续发展，应建立中国钾盐战略性资源储备体系，维护国家粮食稳定增产和保障粮食安全供给。

第二，择机"走出去"获取海外优质钾盐资源。设立境外钾盐资源开发基金，引导优势企业有序推进"走出去"步伐，加强境外钾盐基地建设，鼓励企业"走出去"，在进程中要注意立足周边国家，重点勘查开发优质钾盐。联合俄罗斯、白俄罗斯合作勘查开发钾盐资源，加强非洲钾盐资源勘查开发工作以及加拿大钾盐资源勘查开发投入。

3. 针对钾盐资源进口来源国较为集中的建议

第一，强化和巩固与国际企业已有的合作，稳定钾盐供应渠道。中国在钾盐国际贸易方面与国际供应商有着长期密切的合作，应进一步巩固与已有供应商的合作，特别是俄罗斯、白俄罗斯以及约旦等"一带一路"沿线国家，均应保持紧密的政治经济合作，以保障钾盐进口来源的稳定。

第二，积极与"一带一路"沿线国家（地区）寻求钾盐项目合作，努力拓宽境外钾盐获取渠道。国内企业可充分借助"一带一路"发展机会，重点关注泰国、老挝和乌兹别克斯坦等开发前景较好的周边国家，采取直接进口、合资开发、购买产能和收购股权等方式获取钾盐资源，既有利于降低进口来源集中度，打破垄断厂商对价格的控制，也有利于降低运输成本。此外，拉丁美洲地区的玻利维亚、阿根廷等国家现代盐湖型卤水资源丰富，这些地区受关注程度较低，相对容易介入，可以利用技术或资金优势寻求合作。

第三，可从国家层面与白俄罗斯和俄罗斯等传统钾盐生产大国及与老挝、泰国、刚果（布）等钾盐资源开发落后的国家建立钾盐"勘探—开发—生产"等环节的"技术—金融—安全"合作机制，为国内钾盐企业走出国门开发海外钾盐资源创造良好的国际环境，提供可靠保障，同时拓宽钾盐资源进口来源渠道。

4. 针对钾盐资源国家安全预警机制管理的建议

建立钾盐资源信息系统和监测预警机制。国内经济发展趋势、粮食需求、农作物播种面积等因素对钾盐需求的影响较大，建议对这些因素的变化进行监测，同时做好钾盐资源国际市场中长期预警研究，逐步建立钾盐资源风险防范体系，强化钾盐资源国家安全预警管理，以应对国际突发重大事件造成钾盐资源供应的急剧变化甚至中断，切实保障农业需求和国家粮食安全，提升中国钾盐资源国家安全水平。

参 考 文 献

[1] [美] 丹尼斯·米都斯等著，李宝恒译. 增长的极限：罗马俱乐部关于人类困境的研究报告 [M]. 长春：吉林人民出版社，1997.

[2] 白振瑞，张抗. 我国石油储量形势解析及增储对策 [J]. 石油科技论坛，2017，36（2）：41-48.

[3] 鲍荣华，徐曙光，姜雅. 产能持续增长 贸易量已达高峰 [N]. 中国国土资源报，2015-12-5（3）.

[4] 鲍荣华，闫卫东，姜雅，等. 我国钾盐供应风险分析 [J]. 化肥工业，2018，45（6）：58-62.

[5] 毕超. 中国能源 CO_2 排放峰值方案及政策建议 [J]. 中国人口·资源与环境，2015，25（5）：20-27.

[6] 卜善祥. 矿产资源预警分析初探 [J]. 中国地质，1997，45（4）：22-26.

[7] 蔡春，李江涛，刘更新. 政府审计维护国家经济安全的基本依据、作用机理及路径选择 [J]. 审计研究，2009，25（4）：7-11.

[8] 曹新元，王家枢，马建明，等. 我国大宗矿产贫矿资源利用现状、问题与对策 [J]. 中国矿业，2007，16（1）：5-9.

[9] 陈斌，程永林. 中国国家经济安全研究的现状与展望 [J]. 中国人民大学学报，2020，34（1）：50-59.

[10] 陈甲斌，冯丹丹. 战略性矿产资源：不可忽视的安全保障 [N]. 中国自然资源报，2020-9-2（7）.

[11] 陈磊. 变权理论与马柯维茨模型及其在中国股票市场的应用 [D]. 上海：同济大学硕士学位论文，2006.

[12] 陈立文. 矿井设计多准则变权综合评价模型研究 [J]. 系统工程理论与实践，1997，17（11）：93-97.

[13] 陈其慎，王高尚. 我国非能源战略性矿产的界定及其重要性评价

［J］. 中国国土资源经济，2007，20（1）：18–21.

［14］陈劲锋. 可持续发展管理的理论与实证研究：中国环境演变驱动力分析［D］. 合肥：中国科学技术大学博士学位论文，2009.

［15］陈首丽，马立平. 国家经济安全的风险因素与监测指标体系［J］. 上海统计，2002，23（6）：12–14.

［16］陈毓川. 建立我国战略性矿产资源储备制度和体系［J］. 国土资源，2002，19（1）：20–21.

［17］成金华，尤喆，朱永光，等. 有色金属国际价格波动的影响因素研究［J］. 中国人口·资源与环境，2017，27（7）：35–45.

［18］程春艳. 经济转型背景下中国铝产业发展战略研究［D］. 北京：中国地质大学博士学位论文，2013.

［19］崔立伟，夏浩东，王聪，等. 中国铁矿资源现状与铁矿实物地质资料筛选［J］. 地质与勘探，2012，48（5）：894–905.

［20］代涛，沈镭. 我国大宗性矿产资源安全分析与评价［J］. 矿业研究与开发，2009，29（5）：97–101.

［21］邓楚楚，汤尚颖，袁一仁. 中国稀土产业安全状况综合评价研究［J］. 中国国土资源经济，2016，29（4）：26–32.

［22］邓光君，李昱岩，张于喆. 从动态比较优势看我国矿产资源产业政策选择［J］. 中国国土资源经济，2004，22（7）：29–31.

［23］邓光君. 国家矿产资源安全的经济学思考［J］. 中国国土资源经济，2009，22（1）：26–28.

［24］邓光君. 国家矿产资源安全理论与评价体系研究［D］. 北京：中国地质大学博士学位论文，2006.

［25］丁晨. 政治安全视角下网络舆论治理研究［D］. 北京：中国人民公安大学硕士学位论文，2020.

［26］董康银，孙仁金，李慧. 中国天然气消费结构转变及对策［J］. 科技管理研究，2016（9）：235–241.

［27］董伟萍. 净现值法和实物期权法在矿业权评估中的综合应用［D］. 昆明：云南大学硕士学位论文，2016.

［28］樊礼军. 中国铜资源供应安全评价研究［D］. 北京：中国地质大学硕士学位论文，2019.

［29］范松梅，沙景华，闫晶晶，等. 中国铁矿石资源供应风险评价与

治理研究［J］. 资源科学, 2018, 40 (3)：507 – 515.

［30］范照伟. 全球天然气发展格局及我国天然气发展方向分析［J］. 中国矿业, 2018, 27 (4)：11 – 16.

［31］范振林. 全面提升我国战略性矿产资源全球配置能力［N］. 中国自然资源报, 2020 – 06 – 16 (3).

［32］傅正强. 汇率调节下资源价格的时滞效应研究［D］. 昆明：昆明理工大学博士学位论文, 2016.

［33］高思宇, 余敬, 马林茂. 稀土安全评价：集成算法改进与实证［J］. 数学的实践与认识, 2017, 47 (3)：90 – 101.

［34］龚婷, 郑明贵. 基于 BP 神经网络的我国铜矿产资源需求情景分析［J］. 有色金属科学与工程, 2014, 5 (1)：99 – 106.

［35］谷红霞. 出口卡特尔与中国钾肥进口定价权的研究［D］. 北京：对外经济贸易大学硕士学位论文, 2014.

［36］谷树忠, 姚予龙, 沈镭, 等. 资源安全及其基本属性与研究框架［J］. 自然资源学报, 2002, 17 (3)：280 – 285.

［37］谷树忠, 姚予龙. 国家资源安全及其系统分析［J］. 中国人口·资源与环境, 2006, 16 (6)：142 – 148.

［38］顾朝林, 管卫华, 刘合林. 中国城镇化 2050：SD 模型与过程模拟［J］. 中国科学：地球科学, 2017, 47 (7)：818 – 832.

［39］顾典. 产业结构优化升级对中国生态经济的影响研究［D］. 上海：上海社会科学院博士学位论文, 2021.

［40］顾海兵, 孙挺. "十二五" 时期国家经济安全水平预测分析［J］. 国家行政学院学报, 2012, 14 (3)：16 – 20.

［41］顾海兵, 王甲. 国家经济安全指标体系的确定与修正——专家文献法探讨［J］. 山东社会科学, 2018, 32 (2)：110 – 116.

［42］顾海兵, 詹莎莎, 孙挺. 国家经济安全的战略性审视［J］. 南京社会科学, 2014, 25 (5)：20 – 26.

［43］顾海兵, 朱凯. 国家经济安全指标确定和修正的文献检索法：方法论与案例［J］. 南京社会科学, 2017, 28 (3)：20 – 27.

［44］顾海兵. 当前中国经济的安全度估计［J］. 浙江社会科学, 1997, 13 (3)：16 – 18.

［45］郭克莎. 中国产业结构调整升级趋势与 "十四五" 时期政策思路

[J]．中国工业经济，2019（7）：24－41．

[46] 郭明晶，卜炎，陈从喜，等．中国天然气安全评价及影响因素分析 [J]．资源科学，2018，40（12）：2425－2437．

[47] 郭秀琴．中国国家经济安全问题研究 [D]．成都：电子科技大学硕士学位论文，2006．

[48] 国家能源局石油天然气司，国务院发展研究中心资源与环境政策研究所，自然资源部油气资源战略研究中心．中国天然气发展报告（2019）[M]．北京：石油工业出版社，2019．

[49] 韩豫川，熊先孝，商朋强，等．中国钾盐矿成矿规律 [M]．北京：地质出版社，2012．

[50] 郝芳，李建革．基于资源安全保障的中国铜产业可持续发展 [J]．首都经济贸易大学学报，2015，17（2）：46－50．

[51] 何隆德．防范化解政治风险 维护国家政治安全 [J]．新湘评论，2020，68（12）：15．

[52] 何维达．全球化背景下的国家经济安全与发展 [M]．北京：机械工业出版社，2012．

[53] 贺永飞．淀粉水热法处理高铁铝土矿过程中铁矿物的转化行为研究 [D]．辽宁：辽宁科技大学硕士学位论文，2020．

[54] 胡鞍钢，周绍杰．"新常态"至少可延伸至2030年——如何培养中国经济新增长点 [J]．人民论坛，2015（18）：24－27．

[55] 胡小平．矿产资源供应安全评价 [J]．中国国土资源经济，2005，23（7）：6－8．

[56] 黄继鸿，雷战波，凌超．经济预警方法研究综述 [J]．系统工程，2003，21（2）：64－70．

[57] 黄小芳，程占斌．论国家安全预警系统的理论设计 [J]．情报杂志，2005（6）：28－30．

[58] 黄艳．我国天然气供应安全指数构建及应用 [D]．广州：暨南大学硕士学位论文，2015．

[59] 季根源，张洪平，李秋玲，等．中国稀土矿产资源现状及其可持续发展对策 [J]．中国矿业，2018，27（8）：9－16．

[60] 贾爱林，何东博，位云生，等．未来十五年中国天然气发展趋势预测 [J]．天然气地球科学，2021，32（1）：1－11．

[61] 贾承造，张永峰，赵霞. 中国天然气工业发展前景与挑战 [J]. 天然气工业，2014，34（2）：8-18.

[62] 贾祥英. 基于引力模型的中国大宗矿产品进口贸易影响因素分析 [D]. 北京：中国地质大学硕士学位论文，2020.

[63] 姜茸，梁双陆，李春宏. 国家经济安全风险预警研究综述 [J]. 生态经济，2015，31（5）：34-38.

[64] 金书秦，张惠，唐佳丽. 化肥使用量零增长实施进展及"十四五"减量目标和路径 [J]. 南京工业大学学报（社会科学版），2020，19（3）：66-74.

[65] 鞠丽华. 政治传播视域下当代中国国家政治安全维护问题研究 [D]. 山东：山东大学博士学位论文，2019.

[66] 孔婷，孙林岩，何哲. 中国工业能源消耗强度的区域差异——基于省（市）面板数据模型的实证分析 [J]. 资源科学，2010，32（7）：1222-1229.

[67] 兰海强，孟彦菊，张炯. 2030 年城镇化率的预测：基于四种方法的比较 [J]. 统计与决策，2014（16）：66-70.

[68] 雷家骕. 关于国家经济安全问题的思考 [J]. 内部文稿，1997，34（17）：1-7.

[69] 雷家骕. 国家经济安全：理论与分析方法 [M]. 北京：清华大学出版社，2011.

[70] 黎江峰. 中国战略性能源矿产资源安全评估与调控研究 [D]. 武汉：中国地质大学博士学位论文，2018.

[71] 李东，周可法，孙卫东，等. BP 神经网络和 SVM 在矿山环境评价中的应用分析 [J]. 干旱区地理，2015，38（1）：128-134.

[72] 李多勇. 我国铁矿石需求影响因素分析 [J]. 矿业工程，2009，4（3）：1-2.

[73] 李泓霖，毛欣娟. 西方国家安全理论嬗变及启示 [J]. 中国人民公安大学学报（社会科学版），2016，32（5）：89-95.

[74] 李洪兴. 因素空间理论与知识表示的数学框架（Ⅷ）——变权综合原理 [J]. 模糊系统与数学，1995，9（3）：1-9.

[75] 李洪兴. 因素空间理论与知识表示的数学框架（Ⅸ）——均衡 [J]. 模糊系统与数学，1996，17（4）：58-74.

[76] 李金华. 国家经济安全监测警示系统的构建 [J]. 中南财经政法大学学报, 2001, 44 (5): 27 - 30.

[77] 李良旭, 包又先. 云南香格里拉县和平铁矿地质特征及成因 [J]. 云南地质, 2015, 34 (1): 109 - 113.

[78] 李林, 廖晋平, 张烜工. 科技安全预警机制的建立及完善 [J]. 科技导报, 2019, 37 (19): 26 - 32.

[79] 李萌, 刘正阳, 王建平, 等. 我国钾盐资源现状分析及可持续发展建议 [J]. 中国矿业, 2016, 25 (9): 1 - 7.

[80] 李孟刚, 周长生, 连莲, 等. 基于组合模型的宏观经济预警方法 [J]. 统计与决策, 2017, 33 (20): 79 - 82.

[81] 李然, 李文兴. 京津冀钢铁产业安全链评价指标体系研究 [J]. 理论探讨, 2018 (3): 120 - 123.

[82] 李松青, 王国顺. 矿业权价值评估中主要参数的确定 [J]. 求索, 2009, 29 (2): 13 - 15.

[83] 李童斐, 夏庆霖, 汪新庆, 等. 中国稀土矿资源成矿地质特征与资源潜力分析 [J]. 地学前缘, 2018, 25 (3): 95 - 106.

[84] 李宪海, 王丹, 吴尚昆. 我国战略性矿产资源评价指标选择: 基于美国、欧盟等关键矿产名录的思考 [J]. 中国矿业, 2014, 23 (4): 30 - 33.

[85] 李云鹤, 肖建忠, 黎明. 中国天然气能源安全评价研究 [J]. 华中师范大学学报（自然科学版）, 2020, 54 (2): 313 - 323.

[86] 李振民, 刘一力, 孙菊英, 等. 世界稀土需求趋势分析 [J]. 稀土, 2017, 38 (3): 149 - 158.

[87] 李志民. 中国海外矿业投资决策过程基本框架和方法 [J]. 钢铁研究学报, 2008, 20 (6): 57 - 62.

[88] 梁敏. 中国铅锌矿产资源国家经济安全评价研究及应用 [D]. 赣州: 江西理工大学硕士学位论文, 2015.

[89] 梁文群, 张荣霞, 赵国浩. 基于系统科学视角的山西省能源安全综合评价 [J]. 系统科学学报, 2014, 22 (1): 93 - 96.

[90] 林伯强. 保障能源安全推动能源体制革命 [N]. 中国石油报, 2014 - 07 - 15 (2).

[91] 林伯强. 如何有效保障我国能源安全 [J]. 中国水能及电气化,

2009, 5 (12): 47 - 48.

[92] 林珏. 2000 - 2012 年中加能源安全指标的测度及双边能源合作前景 [J]. 国际经贸探索, 2014, 30 (5): 29 - 38.

[93] 刘斌. 国家经济安全保障与风险应对 [M]. 北京: 中国经济出版社, 2010.

[94] 刘冲昊, 柳群义. 基于熵权法的中国铁矿石安全评价 [J]. 矿产保护与利用, 2018 (5): 86 - 93.

[95] 刘建芬. 我国对外直接投资矿产资源勘查开发策略 [N]. 中国矿业报, 2019 - 09 - 30 (6).

[96] 刘军, 靳淑韵. 中国铁矿资源的现状与对策 [J]. 中国矿业, 2009, 18 (12): 1 - 2.

[97] 刘立. 我国能源供应体系建设的思考 [J]. 国土资源情报, 2019 (12): 58 - 63.

[98] 刘全文, 沙景华, 闫晶晶, 等. 中国铬资源供应风险评价与对策研究 [J]. 资源科学, 2018, 40 (3): 516 - 525.

[99] 刘文革, 傅诗云, 黄玉. 地缘政治风险与中国对外直接投资的空间分布——以 "一带一路" 沿线国家为例 [J]. 西部论坛, 2019, 29 (1): 84 - 97.

[100] 刘文奇. 变权综合的激励策略及其解法 [J]. 系统工程理论与实践, 1998, 18 (12): 41 - 44.

[101] 刘文奇. 变权综合中的惩罚——激励效用 [J]. 系统工程理论与实践, 1998, 18 (4): 42 - 48.

[102] 刘文奇. 均衡函数及其在变权综合中的应用 [J]. 系统工程理论与实践, 1997, 17 (4): 59 - 65.

[103] 刘祎. 意识形态安全: 政治安全的灵魂 [J]. 新乡学院学报 (社会科学版), 2006, 20 (3): 33 - 35.

[104] 刘跃进. 我国军事安全的概念、内容及面临的挑战 [J]. 江南社会学院学报, 2016, 18 (3): 7 - 10, 30.

[105] 刘跃进. 政治安全的内容及在国家安全体系中的地位 [J]. 国际安全研究, 2016, 34 (6): 3 - 21, 141.

[106] 柳群义. 基于 "S" 形模型的全球铜需求分析 [J]. 中国矿业, 2019, 28 (10): 61 - 68.

[107] 龙如银，杨家慧. 国家矿产资源安全研究现状及展望 [J]. 资源科学，2018，40（3）：465 - 476.

[108] 娄伟. 情景分析方法研究 [J]. 未来与发展，2012，35（9）：17 - 26.

[109] 卢全莹，柴建，朱青，等. 天然气消费需求分析及预测 [J]. 中国管理科学，2015（23）：823 - 829.

[110] 陆忠伟. 学习陈云关于帝国主义本质的精辟论述，坚决维护国家政治安全 [J]. 当代中国史研究，2021，28（1）：115 - 120，159 - 160.

[111] 吕慧，高跃东. 浅谈我国安全文化的现状与发展 [J]. 现代职业安全，2021，21（1）：22 - 25.

[112] 吕有志. 经济安全问题的由来及其战略地位 [J]. 当代世界与社会主义，1997，18（4）：72 - 75.

[113] 罗辉，宦吉娥. 矿产资源安全研究述评 [J]. 中国地质大学学报（社会科学版），2010，10（3）：43 - 46.

[114] 罗其友，刘洋，唐华俊，等. 新时期我国农业结构调整战略研究 [J]. 中国工程科学，2018，20（5）：31 - 38.

[115] 罗时法. 论马克思的供求理论——兼评西方经济学的供求学说 [J]. 贵州师范大学学报（社会科学版），2001，42（1）：38 - 41.

[116] 智颖飙，王再岚，马中，等. 我国矿产资源禀赋与静态储产比特征 [J]. 中国人口·资源与环境，2010，20（S1）：321 - 324.

[117] 马建明. 我国黑色金属矿产资源形势回顾与展望 [J]. 国土资源情报，2019（12）：64 - 69.

[118] 马林，雷家骕. 完善维护国家经济安全的制度和机制框架 [J]. 清华大学学报（哲学社会科学版），2002，17（4）：66 - 71.

[119] 马振超. 国家安全观念的内涵分析 [J]. 中国人民公安大学学报（社会科学版），2000，16（6）：31 - 33.

[120] 马振超. 新中国成立以来中国共产党政治安全话语：内涵、发展及逻辑 [J]. 公安学研究，2021，4（3）：35 - 62，123.

[121] 马振超. 政治生态：当前影响我国国家政治安全的至要因素 [J]. 江南社会学院学报，2015，17（3）：1 - 4.

[122] 莫小东. 国家经济安全监测预警研究综述 [J]. 企业科技与发展，2017，33（3）：16 - 18.

［123］牟思宇，沙景华，闫晶晶，等. 中国钾盐供应安全的主成分——灰色关联分析［J］. 中国矿业，2018，27（3）：27-31.

［124］年志远，李丹. 国家经济安全预警指标体系的构建［J］. 东北亚论坛，2008，27（6）：75-76.

［125］聂富强. 中国国家经济安全预警系统研究［M］. 北京：中国统计出版社，2005.

［126］牛建英. 战略矿产资源供应安全研究［D］. 北京：中国地质大学博士学位论文，2007.

［127］亓昭英，屈小荣，杜双江，等. 2019年我国钾肥行业运行情况及未来5年发展趋势分析［J］. 磷肥与复肥，2020，35（4）：1-5.

［128］乔磊. "一带一路"铜矿地质特征及战略区划［D］. 北京：中国地质科学院硕士学位论文，2018.

［129］乔文怡，李玏，管卫华，等. 2016-2050年中国城镇化水平预测［J］. 经济地理，2018，38（2）：51-58.

［130］屈茂辉，陈灵峰.《矿产资源法》修正的宏观审视与微观设计［J］. 财经理论与实践，2021，42（5）：148-154.

［131］［法］让·雅克·卢梭著. 社会契约论［M］. 何兆武译，北京：商务印书馆，2003.

［132］任晓娟，范凤岩，柳群义，等. 中国铝土矿的供应安全评价［J］. 中国矿业，2019，28（7）：52-59.

［133］任忠宝，王世虎，唐宇，等. 矿产资源需求拐点理论与峰值预测［J］. 自然资源学报，2012，27（9）：1480-1489.

［134］上官方钦，郦秀萍，周继程，等. 中国废钢资源发展战略研究［J］. 钢铁，2020，55（6）：8-14.

［135］沈镭，何贤杰，张新安，等. 我国矿产资源安全战略研究［J］. 矿业研究与开发，2004，24（5）：6-12.

［136］师红聪. 生态环境补偿机制下矿产资源价值评估与管理研究［D］. 武汉：中国地质大学博士学位论文，2013.

［137］舒展，刘墨渊. 国家经济安全与经济自主性［J］. 当代经济研究，2014，25（10）：29-34.

［138］宋莹颖. 国家物资储备制度对稀土产业安全的影响研究［D］. 北京：北京交通大学硕士学位论文，2018.

[139] 宿景祥. 现阶段我国国家经济安全的核心问题 [J]. 国际关系学院学报, 2006, 24 (S1): 26 - 33.

[140] 孙涵, 聂飞飞, 胡雪原. 基于熵权 TOPSIS 法的中国区域能源安全评价及差异分析 [J]. 资源科学, 2018, 40 (3): 477 - 485.

[141] 孙建军, 柯青. 不完全信息环境下的情报分析方法——情景分析法及其在情报研究中的应用 [J]. 图书情报工作, 2007, 21 (2): 63 - 66.

[142] 孙玲芳, 周加波, 林伟健, 等. 基于 BP 神经网络和遗传算法的网络舆情危机预警研究 [J]. 情报杂志, 2014, 33 (11): 18 - 24.

[143] 孙永波, 汪云甲. 矿产资源安全评价指标体系与方法研究 [J]. 中国矿业, 2005, 14 (4): 36 - 37.

[144] 陶建格, 沈镭. 矿产资源价值与定价调控机制研究 [J]. 资源科学, 2013, 35 (10): 1959 - 1967.

[145] 田景文, 高美娟. 人工神经网络算法研究及应用 [M]. 北京: 北京理工大学出版社, 2006.

[146] 田忠琴. 基于情景分析的应急资源配置研究 [D]. 南京: 东南大学硕士学位论文, 2015.

[147] 汪培庄. 模糊集与随机集落影 [M]. 北京: 北京师范大学出版社, 1985.

[148] 汪云甲. 经济全球化下的矿产资源安全 [J]. 煤炭学报, 2002, 27 (5): 449 - 453.

[149] 汪云甲. 论我国矿产资源安全问题 [J]. 科技导报, 2003, 21 (2): 58 - 61.

[150] 王安建, 王高尚, 邓祥征, 等. 新时代中国战略性关键矿产资源安全与管理 [J]. 中国科学基金, 2019, 33 (2): 133 - 140.

[151] 王常文. 资源稀缺理论与可持续发展 [J]. 当代经济, 2005, 21 (4): 52.

[152] 王成行. 碱性岩型稀土矿的浮选理论与应用研究 [D]. 昆明: 昆明理工大学博士学位论文, 2013.

[153] 王东方, 王婉君, 陈伟强. 中国战略性金属矿产供应安全程度评价 [J]. 资源与产业, 2019, 21 (3): 22 - 30.

[154] 王栋. 国际市场对中国钾盐价格影响及传导机制研究 [D]. 北京: 中国地质大学博士学位论文, 2019.

[155] 王凤波. 我国铁矿需求与经济—产业结构的关系研究 [D]. 沈阳：东北大学博士学位论文，2014.

[156] 王海峰. 变权无参考视频质量评价模型研究 [J]. 计算机工程与应用，2012，48 (17)：183 – 192.

[157] 王海军，张国华. 我国铁矿资源勘查现状及供需潜力分析 [J]. 中国国土资源经济，2013，26 (11)：35 – 39.

[158] 王佳男. 中国稀土需求预测模型研究与应用 [D]. 赣州：江西理工大学硕士学位论文，2018.

[159] 王家枢，张新安，张小枫. 矿产资源与国家安全 [M]. 北京：地质出版社，2000.

[160] 王建良，李孥. 中国东中西部地区天然气需求影响因素分析及未来走势预测 [J]. 天然气工业，2020，40 (2)：149 – 158.

[161] 王京彬. 我国铜矿资源勘查开发前景展望 [J]. 国土资源科技管理，2004 (6)：27 – 30.

[162] 王珺之. 中国稀土保卫战 [M]. 北京：中国经济出版社，2011.

[163] 王磊，周亚楠，张宇. 基于熵权 – TOPSIS 法的低碳城市发展水平评价及障碍度分析——以天津市为例 [J]. 科技管理研究，2017，37 (17)：239 – 245.

[164] 王礼茂. 资源安全的影响因素与评估指标 [J]. 自然资源学报，2002，17 (4)：401 – 408.

[165] 王嫱. 矿产品对外依存度计量方法模型与应用研究 [J]. 中国国土资源经济，2020，33 (9)：60 – 67.

[166] 王瑞莲，肖仁维，王洪乐. 中国天然气高质量发展指标体系探讨 [J]. 天然气与石油，2020，38 (2)：121 – 125.

[167] 王世军. 河北省矿产资源产业经济发展战略研究 [D]. 北京：中国地质大学博士学位论文，2007.

[168] 王小琴，余敬，张龙. 矿产资源安全问题的综述及其研究框架 [J]. 国土资源科技管理，2014，31 (3)：25 – 31.

[169] 王小汀，叶斌，刘玉彬. 基于神经网络的综采工作面技术经济指标预测 [J]. 系统工程理论与实践，2001，21 (7)：129 – 133.

[170] 王晓磊，崔彬. 全球钾盐资源需求及供需格局分析 [J]. 中国矿业，2015，24 (S2)：1 – 5.

［171］王晓敏. 多因素和时间序列下铜价格预测模型的构建及应用［D］. 西安：西安建筑科技大学硕士学位论文，2020.

［172］王兴发，曹怀予，肖军诗，等. 我国电网自然灾害预警系统研究［J］. 安全与环境工程，2012，19（6）：38 – 44.

［173］王修，刘冲昊. "优势矿产" 变 "忧虑矿产"：中国锡资源供应风险评价［J］. 中国矿业，2021，30（7）：37 – 43.

［174］王逸舟. 全球化时代的安全新观念［J］. 世界知识，1999，66（2）：26 – 27.

［175］王泽宇，徐静，王焱熙. 中国海洋资源消耗强度因素分解与时空差异分析［J］. 资源科学，2019，41（2）：301 – 312.

［176］王振涛，郑绵平. 华北克拉通西北缘中—晚奥陶世构造体制转换事件的新发现及对找钾的启示［J］. 地球学报，2017，38（S1）：3 – 6.

［177］魏永春. 浅论矿产资源价值的理论内涵［J］. 中国地质矿产经济，2002，20（6）：31 – 33.

［178］吴初国，汤文豪，张雅丽，等. 新时代我国矿产资源安全的总体态势［J］. 中国矿业，2021，30（6）：9 – 15.

［179］吴东武，朱帮助. 基于 HAR – RV – CJ 模型的天然气价格预测［J］. 统计与决策，2017（23）：83 – 87.

［180］吴晗. 中国铁矿石资源供应安全评价［D］. 北京：中国地质大学硕士学位论文，2018.

［181］吴敬琏. 中国应当走一条什么样的工业化道路？［J］. 管理世界，2006，22（8）：1 – 7.

［182］吴满意，黄小芳，陈军. 国家安全预警系统的构建体系［J］. 电子科技大学学报，2004，33（3）：301 – 304.

［183］吴巧生. 化危为机，打造优势战略性矿产资源产业链［N］. 中国矿业报，2020 – 03 – 24（1）.

［184］吴秋阳. 劳动力成本上涨对中国制造业劳动生产率的影响［J］. 理论建设，2016（6）：42 – 47.

［185］吴先明. 企业特定优势、国际化动因与海外并购的股权选择——国有股权的调节作用［J］. 经济管理，2017，39（12）：41 – 57.

［186］吴永娇，马海洲，董锁成. 基于经济福利最大化理论的中国钾肥资源市场评价［J］. 资源科学，2008（6）：815 – 821.

[187] 习近平. 决胜全面建成小康社会 夺取新时代中国特色社会主义伟大胜利 [N]. 人民日报, 2017 – 10 – 28 (001).

[188] 萧芦. 2014 – 2019 年中国原油产量 [J]. 国际石油经济, 2020 (4): 103.

[189] 肖斌卿, 杨旸, 李心丹, 等. 基于 GA – ANN 的中国金融安全预警系统设计及实证分析 [J]. 系统工程理论与实践, 2015, 35 (8): 1928 – 1937.

[190] 谢为, 郑明贵. 世界主要铁矿资源国家矿业市场环境评价研究 [J]. 金属矿山, 2013, 42 (9): 56 – 59.

[191] 熊慧. 城市化将是推动中国铝消费的关键动力 [J]. 资源再生, 2013 (7): 24 – 26.

[192] 徐会琦. 论国家经济安全的表现形式及其特征 [J]. 石家庄经济学院学报, 2000, 23 (4): 338 – 341.

[193] 徐美, 刘春腊, 李丹, 等. 基于改进 TOPSIS – 灰色 GM (1, 1) 模型的张家界市旅游生态安全动态预警 [J]. 应用生态学报, 2017, 28 (11): 3731 – 3739.

[194] 徐曙光, 陈丽萍, 张迎新, 等. 未来中国铜消费量的预测与评价 [J]. 国土资源情报, 2010 (9): 45 – 48.

[195] 许英霞, 张龙飞, 李厚民, 等. 冀东司家营沉积变质型铁矿床找矿模型 [J]. 地质与勘探, 2015, 51 (1): 23 – 35.

[196] 薛亚洲. 基于 GM (1, n) 模型的铝需求预测 [J]. 金属矿山, 2012 (11): 14 – 18.

[197] 严筱, 陈莲芳, 严良, 等. 基于 PSR 模型的我国重要矿产资源安全评价 [J]. 中国矿业, 2016, 25 (1): 43 – 49.

[198] 阳圆, 周锐. 环境对人口流动影响研究综述 [J]. 合作经济与科技, 2020, 36 (16): 38 – 39.

[199] 杨博. 甘肃省矿产资源综合区划研究 [D]. 武汉: 中国地质大学博士学位论文, 2016.

[200] 杨建红. 中国天然气市场可持续发展分析 [J]. 天然气工业, 2018, 38 (4): 145 – 152.

[201] 杨苏琦. 中国铜矿资源现状及产销形势分析 [J]. 云南冶金, 2002 (6): 52 – 55.

[202] 杨欣，郑明贵，文唯，等. 战略性矿产资源经济安全评价研究与应用——以我国铜矿资源为例 [J]. 江西理工大学学报，2016，37（6）：33-40.

[203] 杨宇，何则. 中国海外油气依存的现状、地缘风险与应对策略 [J]. 资源科学，2020，42（8）：1614-1629.

[204] 杨治. 产业经济学导论 [M]. 北京：中国人民大学出版社，1985.

[205] 姚予龙，谷树忠. 资源安全机理及其经济学解释 [J]. 资源科学，2002，24（5）：46-51.

[206] 叶卫平. 国家经济安全定义与评价指标体系再研究 [J]. 中国人民大学学报，2010，24（4）：93-98.

[207] 永学艳，陈建宏. 基于 AHP 的矿产资源安全评价研究 [J]. 有色冶金设计与研究，2010，31（5）：1-4.

[208] 尤喆. 矿产品国际价格波动的成因及传导效应研究 [D]. 武汉：中国地质大学博士学位论文，2019.

[209] 于宏源. 周边战略矿产资源治理合作探析 [J]. 国际展望，2015，7（1）：19-33.

[210] 于伟军. 中国铜资源供应安全评价与可持续发展研究 [D]. 北京：中国地质大学博士学位论文，2014.

[211] 余良晖. 2016-2017 我国钛矿资源安全预警跟踪分析报告 [J]. 中国金属通报，2017，25（4）：28-30.

[212] 喻建良. 矿产资源价值组成与矿产资源开发战略 [J]. 财经理论与实践，2007，28（6）：86-90.

[213] 岳珍，赖茂生. 国外"情景分析"方法的进展 [J]. 情报杂志，2006，25（7）：59-60.

[214] 张博，宁阳坤，曹飞，等. 世界稀土资源现状 [J]. 矿产综合利用，2018（4）：7-12.

[215] 张超. 中国铝物质流综合分析 [D]. 沈阳：东北大学硕士学位论文，2017.

[216] 张承帅，李莉，李厚民. 世界铁资源利用现状述评 [J]. 资源与产业，2011，13（3）：34-43.

[217] 张大超，汪云甲. 矿产资源安全评价指标体系研究 [J]. 地质技

术经济管理，2003，25（5）：20-24.

[218] 张帆，张维，何小云. 江西省矿产资源产业可持续发展的思路与建议 [J]. 当代经济，2016，32（35）：81-83.

[219] 张峰，马洪云，沙景华. 基于情景分析法的 2020 年我国铜资源需求预测 [J]. 资源与产业，2012，14（4）：30-35.

[220] 张汉林，魏磊. 全球化背景下中国经济安全量度体系构建 [J]. 世界经济研究，2011，30（1）：8-13.

[221] 张浩，谢玉玲. 基于 ISM 模型的中国铜需求影响因素研究 [J]. 有色矿冶，2018，34（1）：72-76.

[222] 张浩. 中国铜消费变化驱动力分析研究 [J]. 中国矿业，2013，22（12）：6-10.

[223] 张金萍，秦耀辰，张艳，等. 城市 CO_2 排放结构与低碳水平测度——以京津沪渝为例 [J]. 地理科学，2010，30（6）：874-879.

[224] 张雷. 中国能源安全问题探讨 [J]. 中国软科学，2001，16（4）：7-12.

[225] 张亮，杨卉芃，冯安生，等. 全球铁矿资源开发利用现状及供需分析 [J]. 矿产保护与利用，2016（6）：57-63.

[226] 张麦花，张亚芬. 我国石油依存度现状与发展趋势分析 [J]. 辽宁经济，2006（3）：30-31.

[227] 张敏，马民虎. 国家安全视域下网络服务提供者之网络安全义务的"保障"转型 [J]. 情报杂志，2020，39（6）：45-53.

[228] 张生辉. 有效应对我国自然生态安全面临的挑战 [J]. 中国党政干部论坛，2021，34（1）：81-83.

[229] 张帅，顾海兵. 中国经济安全研究：误区再反思 [J]. 学术研究，2020，63（3）：80-87.

[230] 张苏江，崔立伟，高鹏鑫，等. 中国钾盐资源形势分析及管理对策建议 [J]. 无机盐工业，2015，47（11）：1-6.

[231] 张小允，李哲敏. 基于 GM（1，1）模型的中国小杂粮种植面积预测分析 [J]. 中国农业资源与区划，2018，39（9）：81-86.

[232] 张晓平，孙磊. 中国工业能源消费强度变化的分解分析 [J]. 资源科学，2010，32（9）：1685-1691.

[233] 张新安. 国外矿产资源储备历史及现状 [J]. 国土资源情报，

2002, 3（1）: 1 – 12.

[234] 张轩诚, 王国梁. 中国海上石油进口的安全风险及对策 [J]. 山西师范大学学报（自然科学版）, 2020, 34（1）: 104 – 111.

[235] 张学才, 郭瑞雪. 情景分析方法综述 [J]. 理论月刊, 2005, 27（8）: 127 – 128.

[236] 张艳, 于汶加, 陈其慎, 等. 化肥消费规律及中国化肥矿产需求趋势预测 [J]. 资源科学, 2015, 37（5）: 977 – 987.

[237] 张艳飞, 陈其慎, 于汶加, 等. 2015 – 2040 年全球铁矿石供需趋势分析 [J]. 资源科学, 2015, 37（5）: 921 – 932.

[238] 赵蓓文. 外资风险视角下的中国国家经济安全预警指标体系 [J]. 世界经济研究, 2012, 31（1）: 68 – 74.

[239] 赵洋, 鞠美庭, 沈镭. 我国矿产资源安全现状及对策 [J]. 资源与产业, 2011, 13（6）: 79 – 83.

[240] 赵英. 超越危机——国家经济安全的监测预警 [M]. 福州: 福建人民出版社, 1999.

[241] 郑民, 李建忠, 吴晓智, 等. 我国主要含油气盆地油气资源潜力及未来重点勘探领域 [J]. 地球科学, 2019, 44（3）: 833 – 847.

[242] 郑明贵, 龚婷, 谢为. 铜铁资源海外开发战略选区评价 [M]. 北京: 知识产权出版社, 2014.

[243] 郑明贵, 王佳男, 徐冰. 中国稀土中长期需求预测及政策建议——基于协整误差修正模型 [J]. 稀土, 2018, 39（2）: 148 – 158.

[244] 郑明贵. 海外矿业投资经营管理风险评估与预警系统 [M]. 北京: 中国社会科学出版社, 2018.

[245] 郑明贵. 海外矿业投资决策系统要素分析 [J]. 现代矿业, 2012, 27（6）: 1 – 4.

[246] 郑明贵. 基于变权原理的海外矿业投资多目标柔性决策模型 [J]. 中国矿业, 2011, 20（2）: 30 – 35.

[247] 中国社会科学院宏观经济研究中心课题组: 李雪松, 陆旸, 汪红驹, 冯明, 娄峰, 张彬斌, 李双双. 未来 15 年中国经济增长潜力与"十四五"时期经济社会发展主要目标及指标研究 [J]. 中国工业经济, 2020（4）: 5 – 22.

[248] 周纪昌. 马尔萨斯的自然资源稀缺论 [J]. 生态经济, 2012, 28

（5）：24 – 27，31.

［249］周久龙，罗照华，潘颖，等. 岩浆型铁矿床中脉状铁矿体的成因：以承德黑山铁矿床为例［J］. 岩石学报，2013，29（10）：3555 – 3566.

［250］周娜，吴巧生，薛双娇. 新时代战略性矿产资源安全评价指标体系构建与实证［J］. 中国人口·资源与环境，2020，30（12）：55 – 65.

［251］周平. 新常态下中国铜资源供需前景分析与预测［D］. 北京：中国地质大学博士学位论文，2015.

［252］周荣坤，陶坚，陈凤英. 外国保障经济安全的原则、措施与经验［J］. 现代国际关系，1997，17（12）：33 – 37.

［253］周翔，朱学愚，文成玉，等. 基于遗传学习算法和 BP 算法的神经网络在矿坑涌水量计算中的应用［J］. 水利学报，2000，45（12）：59 – 63.

［254］周毅，明君. 中国产业转型与经济增长实证研究［J］. 学术研究，2006，49（8）：25 – 33.

［255］朱必勇. 我国矿产资源安全及主要矿产品需求预测研究［D］. 长沙：中南大学博士学位论文，2007.

［256］朱春华. 我国矿产资源供应风险评价研究——以铁矿资源为例［D］. 北京：中国地质大学博士学位论文，2018.

［257］朱开伟，刘贞，吕指臣，等. 中国主要农作物生物质能生态潜力及时空分析［J］. 中国农业科学，2015，48（21）：4285 – 4301.

［258］朱园春. 着力提升维护国家政治安全社会稳定能力［N］. 人民公安报，2021 – 10 – 03（3）.

［259］宗蓓华. 战略预测中的情景分析法［J］. 预测，1994，13（2）：50 – 51.

［260］宗信德，赵宏生，彭超，等. 凸起凹陷构造控矿及找矿探讨——以泰安市区为例［J］. 山东国土资源，2011，27（12）：1 – 6.

［261］Alcamo J. Chapter six the SAS approach：Combining qualitative and quantitative knowledge in environmental scenarios［J］. Developments in Integrated Environmental Assessment，2008，2：123 – 150.

［262］APERC. A quest for energy security in the 21st century［R］. Singapore：Asia Pacific Energy Research Centre，2007.

［263］Asia Pacific Energy Research Centre（APERC）. A quest for energy security in the 21st century; Institute of energy economics, Japan [EB/OL]. http://www. ieej. or. jp/aperc, 2007.

[264] Azzuni A, Breyer C. Energy security and energy storage technologies [J]. Energy Procedia, 2018, 155: 237 – 258.

[265] Barton B. Energy security: Managing risk in a dynamic legal and regulatory environment [M]. London: Oxford University Press, 2004.

[266] Basher R. Global early warning systems for natural hazards: systematic and people-centered [J]. Philosophical Transactions, 2006, 364 (1845): 2167 – 2182.

[267] Blum H, Legey L F. The challenging economics of energy security: Ensuring energy benefits in support to sustainable development [J]. Energy Economics, 2012, 34 (6): 1982 – 1989.

[268] Bompard E F, Carpignano A, Erriquez M, et al. National energy security assessment in a geopolitical perspective [J]. Energy, 2017, 130 (C): 144 – 154.

[269] Botterweg T, Rodda D W. Danube river basin: Progress with the environmental programme [J]. Water Science and Technology, 1999, 40 (10): 1 – 8.

[270] Chalabyan A, Li Y, Tang R, et al. How should steelmakers adapt at the dawn of the EAF mini-mill era in China? [R]. McKinsey and Company, 2019.

[271] Cornillie J, Fankhauser S. The energy intensity of transition countries [J]. Energy Economics, 2004, 26 (3): 283 – 295.

[272] Costantini V, Gracceva F, Markandya A, et al. Security of energy supply: Comparing scenarios from a European perspective [J]. Energy policy, 2007, 35 (1): 210 – 226.

[273] Edgeworth F Y. Alfred marshall. principles of economics [J]. The Economic Journal, 1895, 1 (3): 611 – 617.

[274] Erahman Q F, Purwanto W W, Sudibandriy M. An assessment of Indonesia's energy security index and comparison with seventy countries [J]. Energy, 2016, 111 (C): 364 – 376.

[275] Fahey L. Competitor scenarios: projecting a rival's marketplace strategy [J]. Competitive Intelligence Review, 1999, 10 (2): 65 – 85.

[276] Fink A, Schlake O. Scenario management – An approach for strategic

foresight [J]. Competitive Intelligence Review, 2000, 11 (1): 37 –45.

[277] Frederick D E. The fourth industrial revolution and the digital divide [J]. Library Hi Tech New, 2019, 36 (7): 12 – 17.

[278] Gandhi S, Kang J. Nuclear safety and nuclear security synergy [J]. Annals of Nuclear Energy, 2013, 60: 357 – 361.

[279] Gilbert A L. Using multiple scenario analysis to map the competitive futurescape: A practice-based perspective [J]. Competitive Intelligence Review, 2000, 11 (2): 12 – 19.

[280] Goldstein M, Kaminsky G L, Reinhart C M. Assessing financial vulnerability: an early warning system for emerging markets [M]. Washington DC: Peterson Institute Press, 2000.

[281] Halkos G E. Tzeremes N G. Oil consumption and economic efficiency: A comparative analysis of advanced, developing and emerging economies [J]. Ecological Economics, 2011, 70 (7): 1354 – 1362.

[282] Hasan J, States S, Deininger R A, et al. Safeguarding the security of public water supplies using early warning systems: A brief review [J]. Journal of Contemporary Water Research and Education, 2009, 129 (1): 27 –33.

[283] Hasanbeigi A, Khanna N, Price L. Air pollutant emissions projections for the cement and steel industry in China and the impact of emissions control technologies [R]. No. LBNL-1007268. Lawrence Berkeley National Lab (LBNL), Berkeley, CA (United States), 2017.

[284] Henisz W J, Mansfield E D, Glinow M V. Conflict, security, and political risk: International business in challenging times [J]. Journal of International Business Studies, 2010, 41 (5): 759 –764.

[285] Homolar A. The political economy of national security [J]. Review of International Political Economy, 2010, 17 (2): 410 – 423.

[286] Hoogeveen F, Perlot W. The EU's policies of security of energy supply towards the middle east and Caspian region: Major power politics?[J]. Perspectives on Global Development and Technology, 2007, 6 (1): 485 – 507.

[287] IEA (International Energy Agency). Towards a sustainable energy future [R]. Paris: International Energy Agency, 2001.

[288] Jansen J C, Seebregts A J. Long-term energy services security: What

is it and how can it be measured and valued [J]. Energy Policy, 2010, 38 (4): 1654 – 1664.

[289] Jones D W. How urbanization affects energy-use in developing countries [J]. Energy Policy, 1991, 19 (7): 621 – 630.

[290] Jouini M, Rabai L B A, Aissa A B. Classification of Security Threats in Information Systems [J]. Procedia Computer Science, 2014, 32: 489 – 496.

[291] Kirshner J. Sovereign wealth funds and national security: The dog that will refuse to bark [J]. Geopolitics, 2009, 14 (2): 305 – 316.

[292] Klare M, Volman D. The African 'oil rush' and US national security [J]. Third World Quarterly, 2006, 27 (4): 609 – 628.

[293] Kok K, Delden H V. Combining two approaches of integrated scenario development to combat desertification in the Guadalentín watershed, Spain [J]. Environment and Planning B: Planning and Design, 2009, 36 (1): 49 – 66.

[294] Kruyt B, Van Vuuren D P, De Vries H J, et al. Indicators for energy security [J]. Energy Policy, 2009, 37 (6): 2166 – 2181.

[295] Le Coq C, Paltseva E. Measuring the security of external energy supply in the European Union [J]. Energy Policy, 2009, 37 (11): 4474 – 4481.

[296] Leung G C K. China's energy security: Perception and reality [J]. Energy Policy, 2011, 39 (3): 1330 – 1337.

[297] Lippmann W. U. S. foreign policy: shield of the republic [M]. Boston: Little, Brown and Company, 1943.

[298] Luciani G. Security of supply for natural gas markets: What is it and what is it not? [R] Archive of European Integration, INDES Working Paper, No. 2, 2004.

[299] Mamoon D. Economic security, well functioning courts and a good government [J]. International Journal of Social Economics, 2012, 39 (8): 587 – 611.

[300] Mcloone S, Brown M D, Irwin G W, et al. A hybrid linear/nonlinear training algorithm for feedforward neural networks [J]. IEEE Transactions on Neural Networks, 1998, 9 (4): 669 – 684.

[301] Miller W, Sutton R, Werbos P. Adaptive control using neural networks [M]. Cambridge, MA: MIT Press, 1995.

［302］ Myro R. A Policy for a new industrial revolution ［J］. Journal of industrial and business economics, 2019, 46 （3）: 403 –414.

［303］ Rudolf Kjellén. Der staat als lebensform ［M］. Stockholm: Hugo Gebers forlag. 4thed. Berlin, 1924.

［304］ Rumelhart D E, Hinton G E, Williams R J. Learning internal representations by error propagation ［R］. California Univ San Diego La Jolla Inst for Cognitive Science, 1985.

［305］ Salameh M G. The new frontiers for the United States energy security in the 21st century ［J］. Applied Energy, 2003, 76 （3）: 135 –144.

［306］ Scheepers M, Seebregts A, De Jong J, et al. EU standards for energy security of supply ［J］. Energy Research Center of the Netherlands, 2007, 28 （7）: 20 –21.

［307］ Sleeser M. Enhancement of carrying capacity options-ECCO ［M］. London: The Resource Use Institute, 1990.

［308］ Sovacool B K. Design principles for renewable energy programs in developing countries ［J］. Energy and Environmental Science, 2012, 5 （11）: 9157 –9162.

［309］ Sun J W. Changes in energy consumption and energy intensity: A complete decomposition model ［J］. Energy Economics, 1998, 20 （1）: 85 –100.

［310］ Vercammen S, Chalabyan A, Ramsbottom O, et al. The growing importance of steel scrap in China ［R］. McKinsey and Company, 2017.

［311］ Walt S M. The renaissance of security studies ［J］. International Studies Quarterly, 1991 （2）: 211 –239.

［312］ Wang X, Yao M, Li J, et al. China's rare earths production forecasting and sustainable development policy implications ［J］. Sustainability, 2017, 9 （6）: 1003 –1017.

［313］ White G F W. Natural hazard perception and choice ［M］. London: Oxford University Press. 1973.

［314］ Williams M C. Identity and the politics of security ［J］. European Journal of International Relations, 1998, 4 （2）: 204 –225.

［315］ Winzer C. Conceptualizing energy security ［J］. Energy Policy, 2012, 46 （C）: 36 –48.

［316］ Wright P. Liberalisation and the security of gas supply in the UK ［J］. Energy Policy, 2005, 33（17）: 2272 – 2290.

［317］ Yang B, Li L X, Ji H, et al. An early warning system for loan risk assessment using artificial neural networks ［J］. Knowledge-Based Systems, 2001, 14（5）: 303 – 306.

［318］ Yang X, Teng F. The Air quality co-benefit of coal control strategy in China ［J］. Resources, Conservation and Recycling, 2016, 129: 373 – 382.

［319］ Yergin D. Energy security in the 1990s ［J］. Foreign Affairs, 1988, 67（1）: 110 – 132.

［320］ You X, Cao X. Study of liquid lithium coolant interaction based on BP neural network optimized by genetic algorithm ［J］. Journal of Fusion Energy, 2015, 34（4）: 918 – 924.

［321］ Zhang J, Zou S. The three-factor model of evaluating mining rights of coal resources based on options ［J］. Journal of Coal Science and Engineering（China）, 2008, 14（2）: 321 – 325.

［322］ Zhang Y, You D, Gao X, et al. Automatic gap tracking during high power laser welding based on particle filtering method and BP neural network ［J］. The International Journal of Advanced Manufacturing Technology, 2018, 96: 685 – 696.

附　录

附录Ⅰ　中国战略性矿产资源国家安全影响因素识别专家调查表

尊敬的_____专家：

您好！

江西理工大学郑明贵课题组正在进行国家社科基金重点项目"中国战略性矿产资源国家安全评估与预警系统（2020～2050）"（项目编号：18AGL002）的研究工作，该课题主要针对中国战略性矿产资源国家安全评估与预警系统进行研究，其中评估指标体系的构建是本课题研究的关键。中国战略性矿产资源国家安全受国内资源禀赋和国外资源供给两方面的影响，可供参考的影响因素有：储采比、资源相对丰度、对外依存度、进口集中度、资源利用率和价格波动率等。

请您根据您的经验将您认为需要考虑的重要评估指标以及每个指标的主要影响因素填在表Ⅰ.1中，同时您可以加入可供参考的影响因素中所没有的。感谢您在百忙之中抽空对本课题研究提供的指导和帮助，谢谢！

表Ⅰ.1　　　　　战略性矿产资源国家安全影响因素识别表

指标	主要影响因素

附录Ⅱ 中国战略性矿产资源国家安全评估与预警指标体系赋权函

尊敬的＿＿＿＿＿＿＿专家：

您好！

江西理工大学郑明贵课题组正在进行国家社科基金重点项目"中国战略性矿产资源国家安全评估与预警系统（2020～2050）"（项目编号：18AGL002）的研究工作，其中评估指标体系为核心内容，已在文献借鉴和专家意见征询基础上完成，见表Ⅱ.1所示。

本课题研究界定在资源安全，即强调资源的供给安全，对经济因素、环境因素、技术因素等暂不考虑。其中，战略性矿产资源应具备如下特征：第一，是国家经济安全、军事国防和社会发展所必需的关键性矿产资源；第二，本国在资源储备上占据优势，但在国际市场上缺乏话语权，且并未掌握矿产品相关功能产品核心技术的矿产资源；第三，本国在资源储备上占据劣势且国际需求量大，一旦发生紧急情况，可供性和进口易受到限制的矿产资源；第四，战略性矿产资源是动态的，其品种应随时代的发展而变化，依据国民经济建设的需要、军事国防安全的需要以及国家矿产品的开发利用情况而进行调整。

现需要对各评估指标进行赋权，恳请您在百忙之中根据您的经验进行赋权，并直接填入表Ⅱ.1和表Ⅱ.2中，谢谢！

表Ⅱ.1　　战略性矿产资源国家安全评估与预警指标专家赋权表

一级指标	二级指标	指标解释	权重
资源禀赋 I_1	储采比 I_{11}	反映资源可供使用年限。储采比越大，服务年限越长，安全度越高	
	储量指数 I_{12}	反映国内资源人均储量丰裕程度。储量指数越大，安全度越高	

一级指标	二级指标	指标解释	权重
国际依赖 I_2	进口依存度 I_{21}	反映对国外资源的依赖程度。进口依存度越高，供应风险越大，安全度越低	
	进口集中度 I_{22}	反映从国外进口资源的集中程度。进口集中度越高，防控和分散风险难度越大，安全度越低	
	地缘政治风险 I_{23}	反映主要进口国的国家风险水平。地缘政治风险越高，安全度越低	
获取成本 I_3	价格波动率 I_{31}	反映市场供需均衡情况。市场价格正向波动越大，获取成本越高，安全度越低	
	汇率 I_{32}	反映货币价格变化对供应的影响。本国货币升值，有利于降低资源型产品进口成本，安全度越高	
资源消耗 I_4	资源消耗强度 I_{41}	反映资源利用效率。资源消耗强度越低，资源利用效率越高，安全度越高	

注：该指标体系适用于符合战略性矿产资源第三个特征的铜、铝、铁、天然气、石油和钾盐等矿产资源。

表 II.2   **中国稀土资源国家安全评估与预警指标专家赋权表**

一级指标	二级指标	指标解释	权重
资源禀赋	储采比	反映资源可供使用年限。储采比越大，服务年限越长，安全度越高	
	储量指数	反映国内资源人均储量丰裕程度。储量指数越大，安全度越高	
市场状态	进口依存度	反映对国外资源的依赖程度。对外依存度越高，供应风险越大，安全度越低	
	进口集中度	反映从国外进口资源的集中程度。进口集中度越高，防控和分散风险难度越大，安全度越低	
	价格波动率	反映市场供需均衡情况。市场价格波动越大，供应越不稳定	
	地缘政治风险	反映主要进口国国家风险水平。地缘政治风险越高，安全度越低	
技术保障	应用技术竞争力	反映稀土资源核心技术竞争力的安全水平。应用技术竞争力越大，技术保障能力越强	

注：该指标体系适用于符合战略性矿产资源第二个特征的稀土资源。

附录Ⅲ 世界主要国家/地区剩余石油探明储量、产量和消费量（1980~2019）

Ⅲ.1   世界主要国家/地区剩余石油探明储量（1980~2019）   单位：十亿桶

国家/地区	1980年	1990年	2000年	2010年	2015年	2016年	2017年	2018年	2019年	2019年占比（%）
加拿大	39.5	40.3	181.5	174.8	171.5	170.5	172.6	170.8	169.7	9.8
墨西哥	47.2	51.3	20.2	11.7	8.0	7.2	6.4	5.8	5.8	0.3
美国	36.5	33.8	30.4	35.0	48.0	50.0	61.2	68.9	68.9	4.0
北美洲小计	123.3	125.4	232.1	221.5	227.5	227.7	240.3	245.5	244.4	14.1
阿根廷	2.5	1.6	3.0	2.5	2.4	2.2	2.0	2.4	2.4	0.1
巴西	1.3	4.5	8.5	14.2	13.0	12.6	12.8	13.4	12.7	0.7
哥伦比亚	0.6	2.0	2.0	1.9	2.3	2.0	1.7	1.8	2.0	0.1
厄瓜多尔	0.6	0.8	2.7	2.1	1.8	1.7	1.6	1.6	1.6	0.1
秘鲁	0.6	0.8	0.9	1.2	1.2	1.2	1.0	0.9	0.9	◆
特立尼达和多巴哥	0.6	0.6	0.9	0.8	0.7	0.2	0.2	0.2	0.2	◆
委内瑞拉	19.5	60.1	76.8	296.5	300.9	302.3	302.8	303.8	303.8	17.5
其他中南美洲国家	0.7	0.6	1.3	0.8	0.5	0.5	0.5	0.5	0.5	◆
中南美洲小计	26.3	71.0	96.0	320.1	322.8	322.7	322.7	324.7	324.1	18.7
丹麦	0.5	0.6	1.1	0.9	0.5	0.4	0.4	0.4	0.4	◆
意大利	0.4	0.8	0.6	0.6	0.6	0.5	0.6	0.6	0.6	◆
挪威	4.0	8.6	11.4	6.8	8.0	7.6	7.9	8.6	8.5	0.5
罗马尼亚	1.1	1.5	1.2	0.6	0.6	0.6	0.6	0.6	0.6	◆
英国	8.4	4.0	4.7	2.8	2.5	2.3	2.5	2.7	2.7	0.2
阿塞拜疆	n/a	n/a	1.2	7.0	7.0	7.0	7.0	7.0	7.0	0.4
哈萨克斯坦	n/a	n/a	5.4	30.0	30.0	30.0	30.0	30.0	30.0	1.7
俄罗斯	n/a	n/a	112.1	105.8	102.4	106.2	106.3	107.2	107.2	6.2
土库曼斯坦	n/a	n/a	0.5	0.6	0.6	0.6	0.6	0.6	0.6	◆
乌克兰	67.0	58.4	n/a	n/a	n/a	n/a	n/a	n/a	n/a	n/a

续表

国家/地区	1980年	1990年	2000年	2010年	2015年	2016年	2017年	2018年	2019年	2019年占比(%)
乌兹别克斯坦	n/a	n/a	0.6	0.6	0.6	0.6	0.6	0.6	0.6	◆
其他欧洲和欧亚国家	2.3	2.0	2.3	2.2	1.9	1.9	1.9	1.9	1.9	0.1
欧洲和欧亚大陆小计	83.6	75.9	141.1	157.9	154.8	157.8	158.4	160.2	160.1	9.2
伊朗	58.3	92.9	99.5	151.2	158.4	157.2	155.6	155.6	155.6	9.0
伊拉克	30.0	100.0	112.5	115.0	142.5	148.8	147.2	145.0	145.0	8.4
科威特	67.9	97.0	96.5	101.5	101.5	101.5	101.5	101.5	101.5	5.9
阿曼	2.5	4.4	5.8	5.5	5.3	5.4	5.4	5.4	5.4	0.3
卡塔尔	3.6	3.0	16.9	24.7	25.2	25.2	25.2	25.2	25.2	1.5
沙特阿拉伯	168.0	260.3	262.8	264.5	266.5	266.2	296.0	297.7	297.6	17.2
叙利亚	1.5	1.9	2.3	2.5	2.5	2.5	2.5	2.5	2.5	0.1
阿联酋	30.4	98.1	97.8	97.8	97.8	97.8	97.8	97.8	97.8	5.6
也门	n/a	2.0	2.4	3.0	3.0	3.0	3.0	3.0	3.0	0.2
其他中东国家	0.2	0.1	0.2	0.3	0.2	0.1	0.1	0.2	0.2	◆
中东小计	362.4	659.6	696.7	765.9	802.9	807.7	834.3	833.9	833.8	48.1
阿尔及利亚	8.2	9.2	11.3	12.2	12.2	12.2	12.2	12.2	12.2	0.7
安哥拉	1.4	1.6	6.0	9.1	9.5	9.5	8.4	8.2	8.2	0.5
乍得	n/a	n/a	0.9	1.5	1.5	1.5	1.5	1.5	1.5	0.1
刚果共和国	0.7	0.8	1.5	2.0	3.0	3.0	3.0	3.0	3.0	0.2
埃及	2.9	3.5	3.6	4.5	3.5	3.4	3.3	3.1	3.1	0.2
赤道几内亚	n/a	n/a	0.8	1.7	1.1	1.1	1.1	1.1	1.1	0.1
加蓬	0.5	0.9	2.4	2.0	2.0	2.0	2.0	2.0	2.0	0.1
利比亚	20.3	22.8	36.0	47.1	48.4	48.4	48.4	48.4	48.4	2.8
尼日利亚	16.7	17.1	29.0	37.2	37.1	37.5	37.5	37.0	37.0	2.1
南苏丹	n/a	n/a	n/a	n/a	3.5	3.5	3.5	3.5	3.5	0.2
苏丹	n/a	0.3	0.3	5.0	1.5	1.5	1.5	1.5	1.5	0.1
突尼斯	2.2	1.7	0.4	0.4	0.4	0.4	0.4	0.4	0.4	◆
其他非洲国家	0.6	0.9	0.7	2.3	4.0	4.0	3.9	3.9	3.9	0.2
非洲小计	53.4	58.7	92.9	124.9	127.6	127.9	126.7	125.7	125.7	7.2
澳大利亚	2.1	3.2	4.9	3.8	2.4	2.4	2.4	2.4	2.4	0.1
文莱	1.3	1.1	1.2	1.1	1.1	1.1	1.1	1.1	1.1	0.1
中国	13.4	16.0	15.2	23.3	25.6	25.7	25.9	26.2	26.2	1.5

续表

国家/地区	1980年	1990年	2000年	2010年	2015年	2016年	2017年	2018年	2019年	2019年占比（%）
印度	2.8	5.6	5.3	5.8	4.8	4.7	4.5	4.5	4.7	0.3
印度尼西亚	11.6	5.4	5.1	4.2	3.6	3.3	3.2	3.2	2.5	0.1
马来西亚	1.5	1.9	2.1	3.6	3.0	2.8	2.8	2.8	2.8	0.2
泰国	^	0.3	0.5	0.4	0.4	0.3	0.3	0.3	0.3	◆
越南	n/a	0.2	2.0	4.4	4.4	4.4	4.4	4.4	4.4	0.3
其他亚太地区国家	1.0	1.0	1.3	1.1	1.3	1.2	1.2	1.2	1.4	0.1
亚太地区小计	33.6	34.7	37.7	47.8	46.6	45.9	45.9	46.0	45.7	2.6
世界总计	682.6	1025.3	1296.5	1638.2	1682.2	1689.8	1728.3	1735.9	1733.9	100.0
经合组织	141.0	144.5	256.3	237.9	242.7	242.2	255.3	261.3	260.1	15.0
非经合组织	541.6	880.8	1040.2	1400.2	1439.5	1447.6	1473.0	1474.6	1473.7	85.0
石油输出国组织	422.5	761.5	835.6	1139.8	1182.6	1189.0	1215.0	1214.8	1214.7	70.1
非石油输出国组织	260.1	263.8	460.9	498.3	499.6	500.7	513.2	521.1	519.2	29.9
欧盟	11.8	8.3	8.7	6.0	5.1	4.7	4.9	5.1	5.0	0.3

注："^"表示低于0.05，"◆"表示低于0.05%，"n/a"表示不详，下同。

资料来源：英国石油公司（https://www.bp.com/）和《BP世界能源统计年鉴2020》。

Ⅲ.2　　　　世界主要国家/地区石油产量（1980~2019）　　　　单位：百万吨

国家/地区	1980年	1990年	2000年	2010年	2015年	2016年	2017年	2018年	2019年	2019年占比（%）
加拿大	83.3	92.8	132.5	165.7	223.6	226.7	245.8	268.3	274.9	6.1
墨西哥	107.2	145.2	170.3	145.6	127.5	121.4	109.5	102.3	94.9	2.1
美国	480.2	416.6	347.6	333.1	567.0	542.4	573.9	671.6	746.7	16.7
北美洲小计	670.7	654.5	650.4	644.5	918.0	890.5	929.2	1042.2	1116.5	24.9
阿根廷	25.3	25.4	41.3	33.3	30.0	28.6	27.2	27.5	28.8	0.6
巴西	9.9	34.1	67.1	111.3	132.2	136.2	142.3	140.2	150.8	3.4
哥伦比亚	6.8	23.4	36.3	41.4	53.0	46.8	45.0	45.6	46.7	1.0
厄瓜多尔	11.0	15.5	21.6	26.1	29.1	29.5	28.5	27.7	28.5	0.6
秘鲁	10.2	6.8	5.2	7.3	6.5	5.8	5.7	6.4	6.1	0.1
特立尼达和多巴哥	10.5	7.4	6.6	6.2	4.8	4.3	4.4	3.9	3.7	0.1
委内瑞拉	117.3	117.8	160.3	145.8	135.4	121.0	107.6	75.6	46.6	1.0
其他中南美洲国家	3.6	3.6	6.6	7.3	7.3	6.8	6.7	6.4	5.9	0.1
中南美洲小计	194.7	234.0	344.8	378.7	398.4	379.1	367.4	333.4	317.0	7.1

续表

国家/地区	1980年	1990年	2000年	2010年	2015年	2016年	2017年	2018年	2019年	2019年占比（%）
丹麦	0.3	5.9	17.7	12.2	7.7	6.9	6.7	5.6	5.0	0.1
意大利	1.7	4.7	4.6	5.1	5.5	3.8	4.1	4.7	4.3	0.1
挪威	25.0	82.1	159.9	98.4	87.5	90.1	88.7	83.1	78.4	1.7
罗马尼亚	12.0	8.1	6.3	4.3	4.0	3.8	3.6	3.6	3.6	0.1
英国	80.5	91.6	126.2	63.0	45.3	47.4	46.6	50.9	51.8	1.2
阿塞拜疆	n/a	12.5	14.1	51.3	42.0	41.4	39.1	39.2	38.1	0.9
哈萨克斯坦	n/a	25.8	35.3	79.7	80.2	78.6	87.0	91.2	91.4	2.0
俄罗斯	n/a	515.9	326.7	512.3	541.8	555.9	554.3	563.3	568.1	12.7
土库曼斯坦	n/a	5.7	7.3	11.1	13.2	13.2	13.1	12.6	12.5	0.3
乌克兰	603.2	n/a	n/a	n/a	n/a	n/a	n/a	n/a	n/a	n/a
乌兹别克斯坦	n/a	2.8	7.5	3.6	2.7	2.6	2.8	2.9	2.8	0.1
其他欧洲和欧亚国家	23.9	33.1	22.6	18.7	18.3	17.4	16.9	17.1	16.7	0.4
欧洲和欧亚小计	746.6	788.2	728.2	859.7	848.2	861.3	863.0	874.3	872.7	19.5
伊朗	74.2	162.8	191.7	212.0	180.2	216.1	235.5	224.7	160.8	3.6
伊拉克	131.1	105.3	128.8	120.8	195.6	217.6	222.4	227.0	234.2	5.2
科威特	86.8	46.8	109.9	123.4	148.2	152.7	145.0	146.8	144.0	3.2
阿曼	14.1	34.2	47.0	42.2	48.0	49.3	47.6	47.8	47.3	1.1
卡塔尔	23.7	21.1	40.2	70.9	81.2	81.6	79.1	79.5	78.5	1.8
沙特阿拉伯	509.8	342.6	438.5	463.3	568.0	586.7	559.3	576.8	556.6	12.4
叙利亚	7.9	20.2	28.1	18.5	1.2	1.1	1.1	1.1	1.0	◆
阿联酋	83.8	93.2	121.5	135.2	176.1	182.4	176.2	176.7	180.2	4.0
也门	n/a	8.7	20.9	14.3	2.6	1.6	3.0	3.5	4.2	0.1
其他中东国家	2.7	2.4	2.3	9.4	10.5	10.6	10.3	10.2	10.4	0.2
中东国家小计	934.0	837.4	1128.9	1210.1	1411.8	1499.8	1479.3	1494.1	1417.4	31.6
阿尔及利亚	51.5	58.4	66.8	73.8	67.2	68.4	66.6	65.3	64.3	1.4
安哥拉	7.4	23.4	36.9	88.9	88.2	85.8	81.6	74.1	69.1	1.5
乍得	n/a	n/a	n/a	6.4	5.8	6.1	5.2	6.1	6.7	0.1
刚果共和国	3.2	8.0	13.5	16.0	11.9	11.9	13.8	16.9	17.4	0.4
埃及	29.8	45.5	38.9	35.0	35.4	33.8	32.2	34.2	33.6	0.7
赤道几内亚	n/a	n/a	5.7	14.5	12.1	10.4	9.0	8.7	8.2	0.2
加蓬	8.9	13.5	13.8	11.6	10.7	11.0	11.0	9.7	10.9	0.2

续表

国家/地区	1980年	1990年	2000年	2010年	2015年	2016年	2017年	2018年	2019年	2019年占比（%）
利比亚	88.3	67.2	69.5	84.6	20.5	19.3	43.8	54.9	57.8	1.3
尼日利亚	101.7	87.5	106.5	122.1	105.7	91.3	94.5	96.4	101.4	2.3
南苏丹	n/a	n/a	n/a	n/a	7.3	5.8	6.0	6.3	6.8	0.2
苏丹	n/a	n/a	8.8	22.8	5.4	5.1	4.7	4.9	5.0	0.1
突尼斯	5.6	4.7	3.9	3.9	2.9	2.8	2.2	2.3	2.3	0.1
其他非洲国家	3.9	9.6	7.3	7.4	13.5	12.7	14.8	14.8	15.6	0.3
非洲小计	300.3	317.8	371.6	487.0	386.7	364.5	384.8	394.5	399.1	8.9
澳大利亚	21.8	30.3	37.1	24.5	17.0	15.6	14.9	15.2	20.6	0.5
文莱	11.7	7.4	9.5	8.4	6.2	5.9	5.5	5.4	5.9	0.1
中国	106.0	138.3	162.6	203.0	214.6	199.7	191.5	189.1	191.0	4.3
印度	9.4	34.2	34.2	41.3	41.2	40.2	40.4	39.5	37.5	0.8
印度尼西亚	79.0	74.4	71.8	48.6	40.6	42.8	41.0	39.5	38.2	0.9
马来西亚	13.2	29.5	33.6	33.1	32.2	33.3	32.9	32.4	29.8	0.7
泰国	n/a	2.4	7.1	15.2	17.6	18.1	17.6	17.1	17.0	0.4
越南	n/a	2.7	16.5	15.3	17.2	15.5	13.9	12.4	11.4	0.3
其他亚太地区国家	3.7	6.7	9.2	14.0	13.4	12.6	12.2	10.5	10.3	0.2
亚太地区小计	244.9	326.0	381.6	403.4	399.8	383.7	369.8	361.0	361.8	8.1
世界总计	3091.1	3157.9	3605.5	3983.4	4362.9	4378.9	4393.5	4499.5	4484.5	100.0
经合组织	820.2	893.7	1013.2	862.3	1095.0	1067.4	1102.9	1213.9	1288.3	28.7
非经合组织	2270.9	2264.2	2592.3	3121.0	3267.9	3311.4	3290.6	3285.6	3196.2	71.3
石油输出国组织	1275.0	1142.0	1485.0	1638.2	1749.0	1804.3	1794.2	1781.4	1680.0	37.5
非石油输出国组织	1816.1	2015.9	2120.5	2345.2	2613.9	2574.6	2599.3	2718.1	2804.5	62.5
欧盟	109.8	129.7	167.7	93.4	71.5	70.5	69.3	72.8	72.0	1.6

Ⅲ.3　　　　　世界主要国家/地区石油消费量（1980~2019）　　　单位：百万吨

国家/地区	1980年	1990年	2000年	2010年	2015年	2016年	2017年	2018年	2019年	2019年占比（%）
加拿大	90.1	79.8	90.1	101.6	99.8	101.3	101.3	104.8	102.8	2.3
墨西哥	50.2	72.0	87.7	89.4	84.9	85.3	81.8	79.2	74.9	1.7
美国	788.1	769.3	878.2	813.3	812.8	818.3	826.3	844.4	841.8	18.9
北美洲小计	928.4	921.1	1056.0	1004.3	997.4	1004.9	1009.5	1028.4	1019.5	22.9

续表

国家/地区	1980年	1990年	2000年	2010年	2015年	2016年	2017年	2018年	2019年	2019年占比(%)
阿根廷	24.3	19.7	20.3	27.5	30.9	30.2	29.4	28.1	27.6	0.6
巴西	52.9	56.8	85.8	106.1	118.5	112.2	113.6	108.9	109.7	2.5
智利	5.3	6.6	11.8	16.0	16.5	17.5	16.7	17.2	17.4	0.4
哥伦比亚	7.3	9.3	10.9	11.8	15.5	16.0	15.7	15.8	16.1	0.4
厄瓜多尔	3.0	5.3	6.5	10.3	11.8	11.0	10.8	11.7	11.3	0.3
秘鲁	6.6	5.8	7.5	8.5	10.6	11.2	11.0	11.3	11.5	0.3
特立尼达和多巴哥	1.7	1.3	1.7	2.2	2.2	2.3	2.2	2.0	1.9	◆
委内瑞拉	20.8	20.6	23.9	34.1	29.6	24.9	21.2	18.3	16.2	0.4
其他中南美洲国家	44.5	40.0	55.1	57.1	59.3	61.2	61.3	62.4	62.5	1.4
中南美洲小计	166.2	165.5	223.5	273.6	294.9	286.5	281.8	275.7	274.1	6.2
奥地利	12.2	10.8	11.8	12.7	11.7	12.1	12.3	12.4	12.7	0.3
比利时	25.6	24.2	31.2	33.1	31.0	31.6	32.2	32.8	32.0	0.7
保加利亚	14.0	9.9	4.2	4.2	4.6	4.6	4.8	4.8	5.1	0.1
克罗地亚	n/a	4.6	3.9	3.7	3.3	3.3	3.6	3.4	3.3	0.1
塞浦路斯	0.9	1.6	2.6	2.9	2.4	2.6	2.7	2.6	2.6	0.1
捷克共和国	11.6	8.4	7.9	8.9	8.9	8.3	9.7	9.8	9.9	0.2
丹麦	13.6	9.0	10.3	8.3	7.6	7.4	7.5	7.5	7.7	0.2
爱沙尼亚	n/a	3.5	1.1	1.4	1.4	1.4	1.5	1.4	1.5	◆
芬兰	12.8	11.4	11.0	10.4	9.2	10.0	9.5	9.3	8.9	0.2
法国	109.9	89.4	94.6	81.6	73.3	72.9	73.2	73.0	72.4	1.6
德国	147.3	127.3	129.5	112.0	106.7	109.0	111.3	106.0	106.9	2.4
希腊	12.4	16.1	20.2	18.6	15.1	15.2	15.6	15.3	15.9	0.4
匈牙利	11.3	9.3	6.8	6.5	7.4	7.4	7.9	8.4	8.5	0.2
冰岛	0.6	0.7	0.8	0.7	0.8	0.9	1.0	1.1	0.9	◆
爱尔兰	5.7	4.4	8.3	7.5	6.9	7.2	7.2	7.4	7.5	0.2
意大利	97.9	93.6	93.5	71.5	57.9	58.3	58.6	60.1	57.6	1.3
拉脱维亚	n/a	3.3	1.3	1.7	1.7	1.7	1.8	1.6	1.8	◆
立陶宛	n/a	7.5	2.4	2.6	2.7	3.0	3.1	3.2	3.2	0.1
卢森堡	1.1	1.6	2.3	2.8	2.6	2.6	2.7	2.9	2.9	0.1
荷兰	38.8	35.9	40.8	44.9	38.3	39.6	38.0	38.9	38.3	0.9
北马其顿	n/a	1.1	1.0	0.9	1.0	1.1	1.0	1.0	1.1	◆

续表

国家/地区	1980年	1990年	2000年	2010年	2015年	2016年	2017年	2018年	2019年	2019年占比(%)
挪威	9.4	8.7	8.9	10.4	9.7	9.3	9.2	9.5	8.9	0.2
波兰	17.1	15.8	20.0	26.8	25.0	27.5	29.8	30.6	30.9	0.7
葡萄牙	8.4	11.3	15.8	12.6	11.2	11.1	11.5	11.2	11.8	0.3
罗马尼亚	18.6	18.7	10.0	8.6	9.0	9.4	9.9	10.1	10.6	0.2
斯洛伐克	6.7	5.0	3.4	3.8	3.5	3.6	4.1	4.1	3.9	0.1
斯洛文尼亚	n/a	1.7	2.3	2.6	2.3	2.5	2.6	2.6	2.5	0.1
西班牙	52.2	46.7	69.9	70.5	60.4	62.4	62.5	63.8	63.7	1.4
瑞典	31.5	19.2	16.0	15.2	13.2	13.6	13.5	13.0	13.3	0.3
瑞士	12.8	12.8	12.2	11.4	10.7	10.1	10.3	10.0	10.2	0.2
土耳其	15.4	22.9	31.0	31.8	43.8	47.0	49.3	47.4	47.9	1.1
乌克兰	n/a	63.8	12.1	12.6	8.9	9.5	9.7	9.5	10.1	0.2
英国	80.9	83.0	78.8	74.0	71.3	73.6	73.8	72.7	71.2	1.6
阿塞拜疆	n/a	8.5	6.3	3.3	4.5	4.5	4.6	4.8	4.9	0.1
白俄罗斯	n/a	24.9	7.9	7.4	6.8	6.7	6.7	7.3	7.5	0.2
哈萨克斯坦	n/a	21.5	7.7	9.8	13.5	13.9	14.4	15.3	15.8	0.4
俄罗斯	n/a	251.7	123.2	133.3	144.2	148.1	145.7	149.3	150.8	3.4
土库曼斯坦	n/a	4.6	4.0	5.5	6.5	6.5	6.5	6.7	7.1	0.2
乌兹别克斯坦	n/a	10.1	7.1	3.6	2.5	2.3	2.2	2.2	2.1	n/a
其他欧洲及欧亚大陆国家	17.4	30.7	11.0	19.1	18.9	20.3	20.9	21.3	21.6	◆
欧洲及欧亚大陆小计	1207.4	1135.1	933.0	899.4	860.5	882.0	892.1	894.3	895.5	0.5
伊朗	27.9	49.3	67.7	82.5	77.1	79.2	79.5	80.6	89.4	20.1
伊拉克	6.8	14.8	21.9	27.3	33.2	37.1	35.1	34.3	34.8	2.0
以色列	8.0	8.9	13.5	11.2	10.4	10.6	11.6	11.4	11.6	0.8
科威特	4.2	3.3	11.8	21.1	20.3	21.1	18.6	18.3	17.9	0.3
阿曼	0.9	2.0	3.2	6.3	8.6	8.9	11.6	13.6	14.1	0.4
卡塔尔	0.7	1.7	1.7	6.5	11.4	12.0	10.6	11.0	11.9	0.3
沙特阿拉伯	27.7	51.2	72.1	136.6	167.3	165.1	162.3	157.3	158.8	0.3
阿拉伯联合酋长国	5.1	15.4	19.7	31.3	42.2	44.9	44.2	46.0	44.6	3.6
其他中东	12.5	19.9	27.5	34.8	25.4	24.4	24.8	24.5	25.2	1.0
中东国家小计	93.7	166.5	239.0	357.5	395.9	403.4	398.5	397.2	408.4	0.6

续表

国家/地区	1980年	1990年	2000年	2010年	2015年	2016年	2017年	2018年	2019年	2019年占比（%）
阿尔及利亚	5.5	9.2	8.5	14.8	19.5	18.9	18.6	19.0	20.1	9.2
埃及	13.2	23.8	27.2	36.3	39.8	40.8	37.8	35.3	34.7	0.5
摩洛哥	4.3	5.5	6.9	12.3	12.3	12.6	13.3	13.0	13.3	0.8
南非	12.0	16.6	22.0	25.6	27.5	26.0	25.9	26.6	27.2	0.3
东非	9.3	11.1	13.7	20.3	25.9	27.0	28.7	29.6	30.5	0.6
中非	3.8	4.1	4.4	9.4	12.8	12.3	11.1	11.2	11.5	0.7
西非	14.5	14.2	18.4	25.0	25.9	28.8	31.5	33.1	34.4	0.3
其他北非	7.1	10.6	15.7	18.8	15.2	13.9	14.3	15.1	15.7	0.8
其他南部非洲	0.1	0.6	1.5	2.2	2.7	2.8	2.9	2.9	2.9	0.4
非洲小计	69.7	95.7	118.3	164.6	181.6	183.1	183.9	185.7	190.4	0.1
澳大利亚	30.4	33.2	38.6	41.6	45.6	46.0	48.1	49.5	49.1	4.3
孟加拉国	1.6	1.9	3.3	3.9	6.3	7.0	7.8	8.9	8.5	1.1
中国	86.7	112.9	224.2	446.3	558.3	571.5	596.4	619.8	650.1	0.2
中国香港	6.5	6.3	9.9	17.8	18.2	18.9	21.4	21.6	20.2	14.6
印度	31.6	57.9	106.1	156.6	197.0	217.7	225.7	235.1	242.0	0.5
印度尼西亚	18.4	31.7	54.8	64.7	70.1	70.5	74.2	77.1	77.1	5.4
日本	241.5	246.5	257.0	202.4	189.0	183.3	180.5	175.6	173.6	1.7
马来西亚	8.2	12.6	22.4	29.2	32.2	36.2	34.1	34.7	35.3	3.9
新西兰	4.1	4.3	6.3	7.0	7.6	7.8	8.1	8.1	8.2	0.8
巴基斯坦	5.0	10.7	18.8	20.5	24.6	27.5	28.3	23.4	20.7	0.2
菲律宾	10.9	11.5	16.6	14.3	17.7	19.0	20.3	20.4	20.8	0.5
新加坡	9.6	23.3	36.2	60.9	69.0	71.7	73.6	74.2	72.2	0.5
韩国	24.1	49.5	103.8	105.0	113.8	122.5	122.8	121.7	120.0	1.6
斯里兰卡	1.0	1.3	3.4	4.2	4.1	4.9	5.2	5.2	5.6	2.7
中国台湾	18.4	28.6	44.5	47.1	45.3	46.6	46.4	46.5	44.1	0.1
泰国	11.6	20.1	34.8	46.9	56.2	58.4	59.8	60.8	61.6	1.0
越南	1.9	2.9	8.3	15.3	20.8	21.9	22.6	23.6	24.6	1.4
其他亚太地区	7.3	8.6	9.6	14.6	20.0	20.5	21.2	22.2	23.6	0.6
亚太地区小计	518.9	663.6	998.4	1298.5	1495.9	1551.7	1596.5	1628.2	1657.3	0.5
世界	2984.2	3147.1	3568.3	3997.9	4226.3	4311.5	4362.2	4409.5	4445.2	37.3
经合组织	1977.0	1953.4	2219.0	2072.0	2014.6	2041.8	2056.9	2068.4	2052.3	100.0
非经合组织	1007.2	1194.0	1349.3	1925.9	2211.7	2269.7	2305.3	2341.5	2392.9	46.2
欧洲联盟	730.7	673.5	701.4	652.0	590.9	604.3	613.4	611.9	609.5	53.8

附录Ⅳ 中国原油进口来源及状况（2000～2018）

Ⅳ.1 　　　　　　　　中国原油进口来源及状况（2000～2018）　　　　　单位：万吨

进口来源国	2000年	2005年	2010年	2014年	2015年	2016年	2017年	2018年	2018年占比（%）
沙特阿拉伯*	573.02	2217.89	4463.00	4966.19	5054.20	5100.34	5218.40	5673.26	12.28
伊拉克*	318.32	117.04	1123.83	2858.04	3211.41	3621.64	3686.50	4505.25	9.75
阿曼	1566.08	1083.46	1586.83	2974.34	3206.42	3506.92	31010	3290.67	7.12
伊朗*	700.05	1427.28	2131.95	2746.13	2661.59	3129.75	31150	2927.38	6.34
科威特*	43.34	164.57	983.39	1062.04	1442.81	1633.96	1824.50	2321.19	5.03
阿联酋*	43.05	256.77	528.51	1165.22	1256.97	1218.36	1016.20	1219.99	2.64
卡塔尔*	159.89	34.32	56.02	36.10	26.70	48.03	101.40	134.77	0.29
也门	361.24	697.85	402.11	249.96	155.85	40.26	156.70	124.55	0.27
中东地区	3764.99	5999.19	11275.63	16058.01	17015.96	18299.26	18219.70	20197.06	43.72
越南	315.85	319.55	68.34	148.25	211.66	426.65	236.10	122.22	0.26
澳大利亚	110.84	23.24	287.04	272.72	238.86	323.84	210.10	131.57	0.28
印度尼西亚	464.11	408.52	139.41	37.55	161.55	284.85	148.60	45.98	0.10
马来西亚	74.43	34.79	207.95	21.74	27.14	240.76	658.80	888.16	1.92
蒙古国	0.96	2.17	28.70	103.08	110.41	108.67	103.00	82.62	0.18
泰国	28.51	119.23	23.13	0.00	n/a	88.98	81.20	66.85	0.14
文莱	27.55	50.15	102.46	8.19	15.95	35.93	59.30	n/a	n/a
其他国家	39.06	10.74	23.07	9.33	65.84	0.00	n/a	9.24	0.02
亚太地区	1061.31	968.39	880.10	600.86	831.41	1509.68	1497.10	1346.63	3.00
安哥拉*	863.66	1746.28	3938.19	4065.04	3870.75	4375.16	5043.00	4738.46	10.26
刚果	145.44	553.48	504.83	705.17	586.20	694.31	888.50	1257.94	2.72
南苏丹	n/a	n/a	n/a	644.38	660.62	536.50	n/a	339.16	0.73
加蓬*	45.73	n/a	42.29	155.48	155.83	319.70	381.10	362.45	0.78
加纳	n/a	n/a	n/a	87.96	213.26	254.15	349.70	335.59	0.73
赤道几内亚	91.59	383.89	82.27	324.89	201.50	116.68	242.80	247.95	0.54
苏丹	331.36	662.08	1259.87	177.33	139.35	104.32	72.10	44.42	0.10

续表

进口来源国	2000 年	2005 年	2010 年	2014 年	2015 年	2016 年	2017 年	2018 年	2018 年占比(%)
利比亚*	13.00	225.92	737.33	96.55	214.55	101.59	322.30	856.97	1.86
尼日利亚*	118.66	131.02	129.10	199.64	65.86	84.84	120.50	46.47	0.10
埃及	12.01	7.98	68.89	94.60	142.07	65.61	208.40	208.65	0.45
喀麦隆	42.67	n/a	35.94	51.97	102.29	38.97	79.10	120.06	0.26
乍得	n/a	54.75	96.31	14.31	23.07	35.35	58.70	19.41	0.04
民主刚果	n/a	n/a	n/a	96.94	12.42	30.14	59.10	45.40	0.10
南非	n/a	n/a	n/a	n/a	26.97	26.44	54.60	52.40	0.11
其他国家	30.75	81.64	190.26	89.84	30.82	n/a	39.40	65.84	0.14
非洲	1694.86	3847.05	7085.27	6804.11	6445.56	6783.76	7919.30	8741.17	18.92
俄罗斯	147.67	1277.59	1524.52	3310.82	4243.17	5247.91	5979.60	7149.37	15.48
英国	104.15	0.00	8.14	121.94	197.27	495.70	844.00	772.28	1.67
哈萨克	72.42	129.00	1005.38	568.64	499.10	323.40	250.20	228.74	0.50
阿塞拜疆	n/a	0.00	12.75	22.20	28.42	95.31	128.20	54.72	0.12
挪威	147.78	51.77	7.86	14.60	17.09	82.48	142.20	89.51	0.19
其他国家	n/a	n/a	27.42	n/a	n/a	3.60	n/a	n/a	n/a
欧洲/苏联	472.03	1458.36	2586.08	4038.20	4985.06	6248.41	7344.20	8294.62	17.96
委内瑞拉*	n/a	192.79	754.96	1378.78	1600.89	2015.67	2177.00	1663.18	3.60
巴西	22.78	134.32	804.77	700.21	1391.75	1914.04	2308.30	3162.30	6.85
哥伦比亚	n/a	n/a	200.03	988.71	886.66	880.72	945.20	1076.96	2.33
阿根廷	n/a	91.23	113.55	32.24	43.69	160.87	142.60	108.75	0.24
厄瓜多尔*	n/a	9.30	81.03	74.66	139.73	114.40	146.30	187.40	0.41
墨西哥	n/a	n/a	113.07	68.23	81.25	99.90	129.80	71.38	0.15
美国	10.55	0.00	0.00	0.00	6.24	48.56	765.40	1228.07	2.66
加拿大	n/a	0.00	30.84	20.16	12.36	16.01	58.60	121.88	0.26
其他国家	n/a	7.70	5.82	71.60	108.57	12.50	n/a	n/a	n/a
西半球	33.34	435.33	2104.06	3334.58	4271.14	5262.66	6673.20	7619.92	16.50
进口量合计	7026.53	12708.32	23931.14	30835.77	33549.13	38103.78	41996.70	46190.13	100.00
其中：欧佩克	2878.72	6604.84	15144.99	18893.70	19732.11	21763.44	23152.20	24636.77	53.34
中东所占比例	53.60%	47.20%	47.10%	52.10%	50.70%	48.00%	43.38%	43.72%	43.72

注："*"表示欧佩克；"n/a"表示不详。

资料来源：国家海关总署。

附录Ⅴ 中国战略性矿产资源需求
情景分析代码

Ⅴ.1 铁矿资源需求情景分析 MATLAB 代码

```
p = [gdp;cg;ly];
t = [xq];
[pn,inputStr] = mapminmax(p);
[tn,outputStr] = mapminmax(t);
net = newff(pn,tn,[3 2 1],{'purelin', 'logsig', 'purelin'});
net.trainParam.show = 10;
net.trainParam.epochs = 20000;
net.trainParam.lr = 0.001;
net.trainParam.goal = 0.001;
net.divideFcn = '';
net = train(net, pn, tn);
answer = sim(net, pn);
answer1 = mapminmax('reverse', answer, outputStr);
t = 2001:2018;
a1 = answer1(1,:);
figure(1);
subplot(2, 1, 1);
plot(t, a1, 'ro', t, xq, 'b+');
plot(t, a1, 'ro','MarkerSize',20);
hold on;
plot(t, xq, 'b+','MarkerSize',20);
hold off;
legend('BP 神经网络输出值', '实际需求量');
xlabel('年份'); ylabel('铁矿石需求量(亿吨)');
```

```
title('BP 神经网络铁矿石需求量学习与测试对比图');
grid on;
newInput = [gdp1;cg1;ly1];
newInput = mapminmax('apply', newInput, inputStr);
newOutput = sim(net, newInput);
newOutput = mapminmax('reverse',newOutput, outputStr);
disp('预测 2020 - 2050 年铁矿石需求量(单位:亿吨):');
newOutput(1,:);
f = newOutput(1,:);
```

V.2 石油资源需求情景分析 MATLAB 代码

```
p = [gdp;nh;jg;cy;cz];
t = [xq;jkl];
[pn, inputStr] = mapminmax(p);
[tn, outputStr] = mapminmax(t);
net = newff(pn, tn, [5 5 1], {'purelin', 'logsig', 'purelin'});
% 石油进口量代码为 net = newff(pn, tn, [5 8 1], {'purelin', 'logsig',
'purelin'});
net. trainParam. show = 10;
net. trainParam. epochs = 50000;
net. trainParam. lr = 0. 001;
net. trainParam. goal = 0. 01 * 10^( - 3);
net. divideFcn = '';
net = train(net, pn, tn);
answer = sim(net, pn);
answer1 = mapminmax('reverse', answer, outputStr);
t = 2000:2019;
a1 = answer1(1,:);
figure(1);
subplot(2, 1, 1);
plot(t, a1, 'ro','MarkerSize',20);
hold on
```

```
plot(t, xq, 'b+','MarkerSize',20);
hold off
legend('BP 神经网络输出值', '实际需求量');
xlabel('年份'); ylabel('石油需求量(万吨)');
title('BP 神经网络石油需求量学习与测试对比图');
grid on;
newInput = [gdp1;nh1;jg1;cy1;cz1];
newInput = mapminmax('apply', newInput, inputStr);
newOutput = sim(net, newInput);
newOutput = mapminmax('reverse',newOutput, outputStr);
disp('预测 2020 - 2050 年石油需求量(单位:万吨):');
newOutput(1,:);
```

V.3 钾盐资源需求情景分析 MATLAB 代码

（1）钾盐资源需求情景分析—需求量代码

```
clc;
clear all;
rng(0);
p = [mj;jg;rk;gdp];
t = [xq];
[pn,inputStr] = mapminmax(p);
[tn,outputStr] = mapminmax(t);
net = newff(pn,tn,[4 3 1], {'logsig', 'logsig', 'purelin'});
net.trainParam.show = 10;
net.trainParam.epochs = 10000;
net.trainParam.lr = 0.001;
net.trainParam.goal = 0.01 * 10^(-3);
net.divideFcn = '';
net = train(net, pn, tn);
answer = sim(net, pn);
answer1 = mapminmax('reverse', answer, outputStr);
t = 2001:2018;
```

```
a1 = answer1(1,:);
figure(1);
subplot(2,1,1);
plot(t, a1, 'ro', t, xq, 'b+');
plot(t, a1, 'ro','MarkerSize',20);
hold on;
plot(t, xq, 'b+','MarkerSize',20);
hold off;
legend('BP 神经网络输出值', '实际需求量');
xlabel('年份'); ylabel('钾盐需求量(万吨)');
title('BP 神经网络钾盐需求量学习与测试对比图');
grid on;
newInput = [mj1;jg1;rk1;gdp1];
newInput = mapminmax('apply', newInput, inputStr);
newOutput = sim(net, newInput);
newOutput = mapminmax('reverse',newOutput, outputStr);
disp('预测 2020 - 2050 年钾盐需求量(单位:万吨):');
newOutput(1,:);
```

(2)钾盐资源需求情景分析--进口量代码

```
clc;
clear all;
rng(0);
p = [mj;jg;rk;gdp;xq];
t = [jkl];
[pn,inputStr] = mapminmax(p);
[tn,outputStr] = mapminmax(t);
net = newff(pn,tn,[5 2 1], {'logsig', 'logsig', 'purelin'});
net. trainParam. show = 10;
net. trainParam. epochs = 10000;
net. trainParam. lr = 0.001;
net. trainParam. goal = 0.01 * 10^(-3);
net. divideFcn = '';
```

```
net = train( net, pn, tn) ;
answer = sim( net, pn) ;
answer1 = mapminmax( 'reverse', answer, outputStr) ;
t = 2001 :2018 ;
a1 = answer1( 1,:) ;
figure( 1) ;
subplot( 2, 1, 1) ;
plot( t, a1, 'ro', t, xq, 'b+') ;
plot( t, a1, 'ro','MarkerSize',20) ;
hold on ;
plot( t, xq, 'b+','MarkerSize',20) ;
hold off ;
legend( 'BP 神经网络输出值', '实际进口量') ;
xlabel( '年份') ; ylabel( '钾盐进口量( 万吨)') ;
title( 'BP 神经网络钾盐进口量学习与测试对比图') ;
grid on ;
newInput = [ mj1 ;jg1 ;rk1 ;gdp1 ;xq1 ] ;
newInput = mapminmax( 'apply', newInput, inputStr) ;
newOutput = sim( net, newInput) ;
newOutput = mapminmax( 'reverse',newOutput, outputStr) ;
disp( '预测 2020 – 2050 年钾盐进口量( 单位:万吨):') ;
newOutput( 1,:) ;
```

附录Ⅵ BP 神经网络滚动预测代码

Ⅵ.1 铜资源进口集中度和地缘政治风险滚动预测 MATLAB 代码

（1）进口集中度预测代码

```
f = gd2( XF, KK) ;
warning off;
XF = XF';
gdnum = 5;
rng(0) ;
for i = 1:length( XF) − gdnum;
    p( i,:) = XF( i:i + gdnum − 1) ;
    t( i) = XF( i + gdnum) ;
end
p = p';
size( p) ;
size( t) ;
pmax = max( max( p) ) ;
pmin = min( min( p) ) ;
P = ( p − pmin). / ( pmax − pmin) ;
tmax = max( max( t) ) ;
tmin = min( min( t) ) ;
T = ( t − tmin). / ( tmax − tmin) ;
net = newff( minmax( P) , [ 5 KK 1] , { 'tansig', 'tansig', 'tansig'} ) ;
net. trainParam. show = 50;
net. trainParam. lr = 0. 035;
net. trainParam. epochs = 1000;
net. trainParam. goal = 1e − 3;
[ net,tr] = train( net,P,T) ;
```

```
A = sim( net, P) ;
E = A − T;
MSE = mse( E) ;
AA = P( : , length( P) ) ;
AA = AA';
length( AA) ;
for i = 1 :32 ;
    M = sim( net, [ AA( length( AA) − gdnum + 1 : length( AA) ) ] ') ;
    m = M * ( tmax − tmin) + tmin;
    XF;
    XF = [ XF m] ;
    AA = [ AA M] ;
end


f = XF';
function f = gd( ) ;
wei = 1 ;
for KK = 1 :30 ;
    a = gd2( XF, KK) ;
    a1 = 0. 6177; % 2018 年取值
    aa = abs( a( 19 :50) − a1) ;
    if aa < 0. 5000
        if a( 20) − a( 19)
        a( 19 :50) ;
        fprintf('最佳次数% d\n', KK)
        s( wei, 1) = KK;
        s( wei, 2 :33) = a( 19 :50) ;
        wei = wei + 1 ;
        end
    end
end
```

f = s;

（2）地缘政治风险预测代码

```
f = gd2(XF, KK)
warning off;
XF = XF';
gdnum = 5;
rng(0);
for i = 1:length(XF) - gdnum;
    p(i,:) = XF(i:i + gdnum - 1);
    t(i) = XF(i + gdnum);
end
p = p';
size(p);
size(t);
pmax = max(max(p));
pmin = min(min(p));
P = (p - pmin)./(pmax - pmin);
tmax = max(max(t));
tmin = min(min(t));
T = (t - tmin)./(tmax - tmin);
net = newff(minmax(P), [5 KK 1], {'tansig', 'tansig', 'tansig'});
net.trainParam.show = 50;
net.trainParam.lr = 0.035;
net.trainParam.epochs = 1000;
net.trainParam.goal = 1e - 3;
[net,tr] = train(net,P,T);
A = sim(net,P);
E = A - T;
MSE = mse(E);
AA = P(:,length(P));
AA = AA';
```

```
length(AA);
for i = 1:32;
    M = sim(net,[AA(length(AA) - gdnum + 1:length(AA))]');
    m = M * (tmax - tmin) + tmin;
    XF;
    XF = [XF m];
    AA = [AA M];
end


f = XF';
function f = gd();
wei = 1;
for KK = 1:30;
    a = gd2(XF,KK);
    a1 = 1.32;%2018年取值
    aa = abs(a(19:50) - a1);
    if aa < 5.00
        if a(20) - a(19)
        a(19:50);
        fprintf('最佳次数%d\n',KK)
        s(wei,1) = KK;
        s(wei,2:33) = a(19:50);
        wei = wei + 1;
        end
    end
end
f = s;
```

Ⅵ.2 铝资源进口集中度和地缘政治风险滚动预测 MATLAB 代码

(1)进口集中度预测代码

```
f = gd2(XF,KK)
```

```
warning off;
XF = XF';
gdnum = 5;
rng(0);
for i = 1 : length(XF) - gdnum;
    p(i,:) = XF(i : i + gdnum - 1);
    t(i) = XF(i + gdnum);
end
p = p';
size(p);
size(t);
pmax = max(max(p));
pmin = min(min(p));
P = (p - pmin)./(pmax - pmin);
tmax = max(max(t));
tmin = min(min(t));
T = (t - tmin)./(tmax - tmin);
net = newff(minmax(P), [5 KK 1], {'tansig', 'tansig', 'tansig'});
net. trainParam. show = 50;
net. trainParam. lr = 0.035;
net. trainParam. epochs = 1000;
net. trainParam. goal = 1e - 3;
[net,tr] = train(net,P,T);
A = sim(net,P);
E = A - T;
MSE = mse(E);
AA = P(:,length(P));
AA = AA';
length(AA);
for i = 1 : 32;
    M = sim(net, [AA(length(AA) - gdnum + 1 : length(AA))]');
```

```
        m = M * (tmax − tmin) + tmin;
        XF;
        XF = [XF m];
        AA = [AA M];
    end


f = XF';
function f = gd();
wei = 1;
for KK = 1:30;
    a = gd2(XF, KK);
    a1 = 91.34;%2018 年取值
    aa = abs(a(19:50) − a1);
    if aa < 90.00
        if a(20) − a(19)
        a(19:50);
        fprintf('最佳次数% d\n', KK)
        s(wei, 1) = KK;
        s(wei, 2:33) = a(19:50);
        wei = wei + 1;
        end
    end
end
f = s;
```

（2）地缘政治风险预测代码

```
f = gd2(XF, KK)
warning off;
XF = XF';
gdnum = 5;
rng(0);
```

```
for i = 1 : length( XF) − gdnum ;
    p( i, : ) = XF( i : i + gdnum − 1) ;
    t( i) = XF( i + gdnum) ;
end
p = p' ;
size( p) ;
size( t) ;
pmax = max( max( p) ) ;
pmin = min( min( p) ) ;
P = ( p − pmin) . / ( pmax − pmin) ;
tmax = max( max( t) ) ;
tmin = min( min( t) ) ;
T = ( t − tmin) . / ( tmax − tmin) ;
net = newff( minmax( P) , [ 5 KK 1] , { 'tansig', 'tansig', 'tansig'} ) ;
net. trainParam. show = 50 ;
net. trainParam. lr = 0. 035 ;
net. trainParam. epochs = 1000 ;
net. trainParam. goal = 1e − 3 ;
[ net, tr] = train( net, P, T) ;
A = sim( net, P) ;
E = A − T ;
MSE = mse( E) ;
AA = P( : , length( P) ) ;
AA = AA' ;
length( AA) ;
for i = 1 : 32 ;
    M = sim( net, [ AA( length( AA) − gdnum + 1 : length( AA) ) ]') ;
    m = M ∗ ( tmax − tmin) + tmin ;
    XF ;
    XF = [ XF m] ;
    AA = [ AA M] ;
```

```
    end

    f = XF';
    function f = gd( );
    wei = 1;
    for KK = 1:30;
        a = gd2(XF,KK);
        a1 = 0.93;  %2018年取值
        aa = abs(a(19:50) − a1);
        if aa < 3.00
            if a(20) − a(19)
            a(19:50);
            fprintf('最佳次数%d\n',KK)
            s(wei,1) = KK;
            s(wei,2:33) = a(19:50);
            wei = wei + 1;
            end
        end
    end
    f = s;
```

Ⅵ.3 铁矿资源进口集中度和地缘政治风险滚动预测 MATLAB 代码

```
    XF = XF';
    gdnum = 5;
    rng(0);
    for i = 1:length(XF) − gdnum;
        p(i,:) = XF(i:i + gdnum − 1);
        t(i) = XF(i + gdnum);
    end
    p = p';
    size(p);
```

```
size(t);
pmax = max(max(p));
pmin = min(min(p));
P = (p - pmin)./(pmax - pmin);
tmax = max(max(t));
tmin = min(min(t));
T = (t - tmin)./(tmax - tmin);
net = newff(minmax(P),[5 5 1],{'tansig','tansig','tansig'});
net.trainParam.show = 50;
net.trainParam.lr = 0.035;
net.trainParam.epochs = 1000;
net.trainParam.goal = 0.001;
[net,tr] = train(net,P,T);
A = sim(net,P);
E = A - T;
MSE = mse(E);
AA = P(:,length(P));
AA = AA';
length(AA);
for i = 1:32
    M = sim(net,[AA(length(AA) - gdnum + 1:length(AA))]');
    m = M*(tmax - tmin) + tmin;
    XF(length(XF) + 1) = m;
    AA = [AA M];
end
f = XF';
```

Ⅵ.4 稀土资源进口集中度、地缘政治风险和应用技术竞争力滚动预测 MATLAB
代码

```
XF = XF';
gdnum = 5;
```

```
rng(0);
for i = 1:length(XF) - gdnum;
    p(i,:) = XF(i:i + gdnum - 1);
    t(i) = XF(i + gdnum);
end
p = p';
size(p);
size(t);
pmax = max(max(p));
pmin = min(min(p));
P = (p - pmin)./(pmax - pmin);
tmax = max(max(t));
tmin = min(min(t));
T = (t - tmin)./(tmax - tmin);
net = newff(minmax(P), [55 1], {'tansig', 'tansig','purelin'});
% 地缘政治风险滚动代码 net = newff(minmax(P), [5 5 1], {'tansig', 'tansig', 'tansig'});
% 应用技术竞争力滚动代码 net = newff(minmax(P), [5 3 1], {'purelin', 'tansig', 'purelin'});
net. trainParam. show = 50;
net. trainParam. lr = 0.035;
net. trainParam. epochs = 1000;
net. trainParam. goal = 0.001;
[net,tr] = train(net,P,T);
A = sim(net,P);
E = A - T;
MSE = mse(E);
AA = P(:,length(P));
AA = AA';
length(AA);
for i = 1:32
```

```
M = sim(net, [AA(length(AA) - gdnum + 1:length(AA))]');
m = M * (tmax - tmin) + tmin;
XF(length(XF) + 1) = m;
AA = [AA M];
end
f = XF';
```

Ⅵ.5　天然气资源进口集中度和地缘政治风险滚动预测 MATLAB 代码

（1）进口集中度预测代码

```
f = gd2(XF, KK)
warning off;
XF = XF';
gdnum = 5;
rng(0);
for i = 1:length(XF) - gdnum;
    p(i,:) = XF(i:i + gdnum - 1);
    t(i) = XF(i + gdnum);
end
p = p';
size(p);
size(t);
pmax = max(max(p));
pmin = min(min(p));
P = (p - pmin)./(pmax - pmin);
tmax = max(max(t));
tmin = min(min(t));
t = (t - tmin)./(tmax - tmin);
net = newff(minmax(P), [5 KK 1], {'tansig', 'tansig', 'tansig'});
net.trainParam.show = 50;
net.trainParam.lr = 0.035;
net.trainParam.epochs = 1000;
net.trainParam.goal = 1e - 3;
```

```matlab
[net,tr] = train(net,P,t);
A = sim(net,P);
E = A - t;
MSE = mse(E);
AA = P(:,length(P));
AA = AA';
length(AA);
for i = 1:32
    M = sim(net,[AA(length(AA) - gdnum + 1:length(AA))]');
    m = M*(tmax - tmin) + tmin;
    XF;
    XF = [XF m];
    AA = [AA M];
end

f = XF';
function f = gd();
wei = 1;
for KK = 1:30;
    a = gd2(XF,KK);
    a1 = 0.6177;%2018 年取值
    aa = abs(a(19:50) - a1);
    if aa < 0.5000
        if a(20) - a(19)
        a(19:50);
        fprintf('最佳次数%d\n',KK)
        s(wei,1) = KK;
        s(wei,2:33) = a(19:50);
        wei = wei + 1;
        end
    end
```

```
end
f = s;
```

（2）地缘政治风险预测代码

```
f = gd2(XF, KK)
warning off;
XF = XF';
gdnum = 5;
rng(0);
for i = 1:length(XF) - gdnum;
    p(i,:) = XF(i:i + gdnum - 1);
    t(i) = XF(i + gdnum);
end
p = p';
size(p);
size(t);
pmax = max(max(p));
pmin = min(min(p));
P = (p - pmin)./(pmax - pmin);
tmax = max(max(t));
tmin = min(min(t));
t = (t - tmin)./(tmax - tmin);
net = newff(minmax(P), [5 KK 1], {'tansig', 'tansig', 'tansig'});
net.trainParam.show = 50;
net.trainParam.lr = 0.035;
net.trainParam.epochs = 1000;
net.trainParam.goal = 1e - 3;
[net,tr] = train(net,P,t);
A = sim(net,P);
E = A - t;
MSE = mse(E);
AA = P(:,length(P));
```

```
AA = AA';
length(AA);
for i = 1:32
    M = sim(net,[AA(length(AA) - gdnum + 1:length(AA))]');
    m = M * (tmax - tmin) + tmin;
    XF;
    XF = [XF m];
    AA = [AA M];
end

f = XF';
function f = gd()
wei = 1;
for KK = 1:30;
    a = gd2(XF,KK);
    a1 = 0.83;%2018 年取值
    aa = abs(a(19:50) - a1);
    if aa < 3.00
        if a(20) - a(19)
        a(19:50);
        fprintf('最佳次数%d\n',KK)
        s(wei,1) = KK;
        s(wei,2:33) = a(19:50);
        wei = wei + 1;
        end
    end
end
f = s;
```

VI. 6 石油资源进口集中度和地缘政治风险滚动预测 MATLAB 代码

```
XF = XF';
gdnum = 5;
```

```
rng(0);
for i = 1:length(XF) - gdnum;
    p(i,:) = XF(i:i + gdnum - 1);
    t(i) = XF(i + gdnum);
end
p = p';
size(p);
size(t);
pmax = max(max(p));
pmin = min(min(p));
P = (p - pmin)./(pmax - pmin);
tmax = max(max(t));
tmin = min(min(t));
T = (t - tmin)./(tmax - tmin);
net = newff(minmax(P),[5 5 1],{'tansig', 'tansig', 'tansig'});
net. trainParam. show = 50;
net. trainParam. lr = 0.035;
net. trainParam. epochs = 1000;
net. trainParam. goal = 1e - 3;
[net,tr] = train(net,P,T);
A = sim(net,P);
E = A - T;
MSE = mse(E);
AA = P(:,length(P));
AA = AA';
length(AA);
for i = 1:32
    M = sim(net,[AA(length(AA) - gdnum + 1:length(AA))]');
    m = M * (tmax - tmin) + tmin;
    XF(length(XF) + 1) = m;
    AA = [AA M];
```

```
end
f = XF';
```

Ⅵ.7 钾盐资源进口集中度和地缘政治风险滚动预测 MATLAB 代码

```
clc;
clear;
warning off;
function XF = [ ];
XF = XF';
gdnum = 5;
rng(0);
for i = 1:length(XF) - gdnum;
    p(i,:) = XF(i:i + gdnum - 1);
    t(i) = XF(i + gdnum);
end
p = p';
size(p);
size(t);
pmax = max(max(p));
pmin = min(min(p));
P = (p - pmin)./(pmax - pmin);
tmax = max(max(t));
tmin = min(min(t));
T = (t - tmin)./(tmax - tmin);
net = newff(minmax(P), [1 5 1], {'tansig', 'tansig', 'tansig'});
% 地缘政治风险预测代码 net = newff(minmax(P), [1 8 1], {'tansig', 'tansig', 'tansig'});
net.trainParam.show = 50;
net.trainParam.lr = 0.035;
net.trainParam.epochs = 1000;
net.trainParam.goal = 1e - 3;
[net,tr] = train(net,P,T);
```

```
A = sim(net, P);
E = A - T;
MSE = mse(E);
AA = XF(length(XF) - gdnum + 1 : length(XF));
length(AA);
for i = 1 : 32
    M = sim(net, [AA(length(AA) - gdnum + 1 : length(AA))]');
    m = M * (tmax - tmin) + tmin;
    XF = [XF m];
    AA = [AA M];
end
f = XF';
```

附录Ⅶ 铜价和铝价滚动建模代码

Ⅶ.1 铜价滚动建模 MATLAB 代码

```
f = gd2(XF, KK);
warning off;
XF = XF';
gdnum = 5;
rng(0);
for i = 1:length(XF) – gdnum;
    p(i,:) = XF(i:i + gdnum – 1);
    t(i) = XF(i + gdnum);
end
p = p';
size(p);
size(t);
pmax = max(max(p));
pmin = min(min(p));
P = (p – pmin)./(pmax – pmin);
tmax = max(max(t));
tmin = min(min(t));
T = (t – tmin)./(tmax – tmin);
net = newff(minmax(P), [5 KK 1], {'tansig', 'tansig', 'tansig'});
net. trainParam. show = 50;
net. trainParam. lr = 0. 035;
net. trainParam. epochs = 1000;
net. trainParam. goal = 1e – 3;
[net, tr] = train(net, P, T);
A = sim(net, P);
E = A – T;
MSE = mse(E);
```

```
AA = P( : ,length( P) ) ;

AA = AA';

length( AA) ;

for i = 1 :32

    M = sim( net, [ AA( length( AA) − gdnum + 1 :length( AA) ) ]') ;

    m = M ∗ ( tmax − tmin) + tmin ;

    XF ;

    XF = [ XF m] ;

    AA = [ AA M] ;

end


f = XF';

function f = gd( )

wei = 1 ;

for KK = 1 :30

    a = gd2( XF, KK) ;

    a1 = 7011. 42 ;%2018 年取值

    aa = abs( a( 19:50) − a1) ;

    if aa < 8000

        if a( 20) − a( 19)

        a( 19:50) ;

        fprintf('最佳次数% d\n',KK)

        s( wei,1) = KK ;

        s( wei,2 :33) = a( 19:50) ;

        wei = wei + 1 ;

        end

    end

end

f = s ;
```

Ⅶ. 2 铝价滚动建模 MATLAB 代码

```
f = gd2( XF, KK) ;
```

```
warning off;
XF = XF';
gdnum = 5;
rng(0);
for i = 1:length(XF) - gdnum;
    p(i,:) = XF(i:i + gdnum - 1);
    t(i) = XF(i + gdnum);
end
p = p';
size(p);
size(t);
pmax = max(max(p));
pmin = min(min(p));
P = (p - pmin)./(pmax - pmin);
tmax = max(max(t));
tmin = min(min(t));
T = (t - tmin)./(tmax - tmin);
net = newff(minmax(P), [5 KK 1], {'tansig', 'tansig', 'tansig'});
net.trainParam.show = 50;
net.trainParam.lr = 0.035;
net.trainParam.epochs = 1000;
net.trainParam.goal = 1e - 3;
[net,tr] = train(net,P,T);
A = sim(net,P);
E = A - T;
MSE = mse(E);
AA = P(:,length(P));
AA = AA';
length(AA);
for i = 1:32
    M = sim(net,[AA(length(AA) - gdnum + 1:length(AA))]');
```

```
        m = M * (tmax - tmin) + tmin;
        XF;
        XF = [XF m];
        AA = [AA M];
end


f = XF';
function f = gd()
wei = 1;
for KK = 1:30
        a = gd2(XF, KK);
        a1 = 2216.30;% 2018 年取值
        aa = abs(a(19:50) - a1);
        if aa < 2000.00;
                if a(20) - a(19)
                a(19:50);
                fprintf('最佳次数% d\n',KK)
                s(wei,1) = KK;
                s(wei,2:33) = a(19:50);
                wei = wei + 1;
                end
        end
end
f = s;
```

附录Ⅷ 中国战略性矿产资源国家安全预警代码

Ⅷ.1 铜资源国家安全预警 MATLAB 代码

```
clc;
clear;
rng(0);
p = [a];
t = [o];
[pn,inputStr] = mapminmax(p);
[tn,outputStr] = mapminmax(t);
net = newff(pn,tn,[8 8 1], {'purelin', 'logsig', 'purelin'});
net. trainParam. show = 10;
net. trainParam. epochs = 100000;
net. trainParam. lr = 0.001;
net. trainParam. goal = 0.01 * 10^(-3);
net. divideFcn = '';
net = train(net, pn, tn);
answer = sim(net, pn);
answer1 = mapminmax('reverse', answer, outputStr);
t = 2001:2018;
a1 = answer1(1,:);
figure(1);
subplot(2, 1, 1);
plot(t, a1, 'ro', t, o, 'b+');
plot(t, a1, 'ro','MarkerSize',20);
hold on;
plot(t, o, 'b+','MarkerSize',20);
hold off;
```

```
legend('BP 神经网络输出值', '变权综合评估值');
xlabel('年份'); ylabel('铜资源变权综合评估值');
title('BP 神经网络铜资源预警学习与测试对比图');
grid on;
newInput = [b];
newInput = mapminmax('apply', newInput, inputStr);
newOutput = sim(net, newInput);
newOutput = mapminmax('reverse', newOutput, outputStr);
newOutput(1, :);
f = newOutput(1, :);
```

Ⅷ.2 铝资源国家安全预警 MATLAB 代码

```
clc;
clear;
rng(0);
p = [a];
t = [o];
[pn, inputStr] = mapminmax(p);
[tn, outputStr] = mapminmax(t);
net = newff(pn, tn, [8 6 1], {'purelin', 'logsig', 'purelin'});
net. trainParam. show = 10;
net. trainParam. epochs = 100000;
net. trainParam. lr = 0.001;
net. trainParam. goal = 0.01 * 10^(-3);
net. divideFcn = '';
net = train(net, pn, tn);
answer = sim(net, pn);
answer1 = mapminmax('reverse', answer, outputStr);
t = 2001:2018;
a1 = answer1(1, :);
figure(1);
subplot(2, 1, 1);
```

```
plot(t, a1, 'ro', t, o, 'b+');
plot(t, a1, 'ro','MarkerSize',20);
hold on;
plot(t, o, 'b+','MarkerSize',20);
hold off;
legend('BP 神经网络输出值', '变权综合评估值');
xlabel('年份'); ylabel('铝资源变权综合评估值');
title('BP 神经网络铝资源预警学习与测试对比图');
grid on;
newInput = [b];
newInput = mapminmax('apply', newInput, inputStr);
newOutput = sim(net, newInput);
newOutput = mapminmax('reverse',newOutput, outputStr);
newOutput(1,:);
f = newOutput(1,:);
```

Ⅷ.3 铁矿资源国家安全预警 MATLAB 代码

```
clc;
clear;
rng(0);
p = a;
t = o;
[pn, inputStr] = mapminmax(p);
[tn, outputStr] = mapminmax(t);
net = newff(pn,tn,[8 7 1], {'purelin', 'logsig', 'purelin'});
net. trainParam. show = 10;
net. trainParam. epochs = 50000;
net. trainParam. lr = 0. 001;
net. trainParam. goal = 0. 01 * 10^(-3);
net. divideFcn = '';
net = train(net, pn, tn);
answer = sim(net, pn);
```

```
answer1 = mapminmax('reverse', answer, outputStr);
t = 2001:2018;
a1 = answer1(1,:);
figure(1);
subplot(2, 1, 1);
plot(t, a1, 'ro', t, o, 'b+');
plot(t, a1, 'ro','MarkerSize',20);
hold on;
plot(t, o, 'b+','MarkerSize',20);
hold off;
legend('BP 神经网络输出值', '实际评估值');
xlabel('年份'); ylabel('评估值');
title('BP 神经网络铁矿资源国家安全预警学习与测试对比图');
grid on;
newInput = b;
newInput = mapminmax('apply', newInput, inputStr);
newOutput = sim(net, newInput);
newOutput = mapminmax('reverse',newOutput, outputStr);
newOutput(1,:);
f = newOutput(1,:);
```

Ⅷ.4 稀土资源国家安全预警 MATLAB 代码

```
clc;
clear;
rng(0);
p = a;
t = o;
[pn,inputStr] = mapminmax(p);
[tn,outputStr] = mapminmax(t);
net = newff(pn,tn,[7 5 1], {'purelin', 'logsig', 'purelin'});
net. trainParam. show = 10;
net. trainParam. epochs = 50000;
```

```
net. trainParam. lr = 0. 001 ;
net. trainParam. goal = 0. 01 * 10^(-3) ;
net. divideFcn = '';
net = train( net, pn, tn) ;
answer = sim( net, pn) ;
answer1 = mapminmax( 'reverse', answer, outputStr) ;
t = 2001 :2018 ;
a1 = answer1( 1, :) ;
figure( 1) ;
subplot( 2, 1, 1) ;
plot( t, a1, 'ro', t, o, 'b+') ;
plot( t, a1, 'ro', 'MarkerSize', 20) ;
hold on ;
plot( t, o, 'b+', 'MarkerSize', 20) ;
hold off ;
legend( 'BP 神经网络输出值', '实际评估值') ;
xlabel( '年份') ; ylabel( '评估值') ;
title( 'BP 神经网络中国稀土国家安全预警学习与测试对比图') ;
grid on ;
newInput = b ;
newInput = mapminmax( 'apply', newInput, inputStr) ;
newOutput = sim( net, newInput) ;
newOutput = mapminmax( 'reverse', newOutput, outputStr) ;
newOutput( 1, :) ;
f = newOutput( 1, :) ;
```

Ⅷ.5 天然气资源国家安全预警 MATLAB 代码

```
clc ;
clear ;
rng( 0) ;
p = [ a] ;
t = [ o] ;
```

```
[pn, inputStr] = mapminmax(p);
[tn, outputStr] = mapminmax(t);
net = newff(pn, tn, [8 8 1], {'purelin', 'logsig', 'purelin'});
net. trainParam. show = 10;
net. trainParam. epochs = 100000;
net. trainParam. lr = 0.001;
net. trainParam. goal = 0.01 * 10^(-3);
net. divideFcn = '';
net = train(net, pn, tn);
answer = sim(net, pn);
answer1 = mapminmax('reverse', answer, outputStr);
t = 2001:2018;
a1 = answer1(1, :);
figure(1);
subplot(2, 1, 1);
plot(t, a1, 'ro', t, o, 'b+');
plot(t, a1, 'ro','MarkerSize',20);
hold on;
plot(t, o, 'b+','MarkerSize',20);
hold off;
legend('BP 神经网络输出值', '变权综合评估值');
xlabel('年份'); ylabel('天然气变权综合评估值');
title('BP 神经网络中国天然气预警学习与测试对比图');
grid on;
newInput = [b];
newInput = mapminmax('apply', newInput, inputStr);
newOutput = sim(net, newInput);
newOutput = mapminmax('reverse',newOutput, outputStr);
newOutput(1, :);
f = newOutput(1, :);
```

Ⅷ.6 石油资源国家安全预警 MATLAB 代码

```
clc;
```

```
clear;
rng(0);
p = a;
t = o;
[pn, inputStr] = mapminmax(p);
[tn, outputStr] = mapminmax(t);
net = newff(pn, tn, [8 8 1], {'purelin', 'logsig', 'purelin'});
net. trainParam. show = 10;
net. trainParam. epochs = 50000;
net. trainParam. lr = 0. 001;
net. trainParam. goal = 0. 01 * 10^(-3);
net. divideFcn = '';
net = train(net, pn, tn);
answer = sim(net, pn);
answer1 = mapminmax('reverse', answer, outputStr);
t = 2001:2018;
a1 = answer1(1, :);
figure(1);
subplot(2, 1, 1);
plot(t, a1, 'ro', t, o, 'b+');
plot(t, a1, 'ro', 'MarkerSize', 20);
hold on;
plot(t, o, 'b+', 'MarkerSize', 20);
hold off;
legend('BP 神经网络输出值', '实际评估值');
xlabel('年份'); ylabel('评估值');
title('BP 神经网络石油预警学习与测试对比图');
grid on;
newInput = b;
newInput = mapminmax('apply', newInput, inputStr);
newOutput = sim(net, newInput);
newOutput = mapminmax('reverse', newOutput, outputStr);
```

```
newOutput(1,:);
f = newOutput(1,:);
```

VIII.7 钾盐资源国家安全预警 MATLAB 代码

```
clc;
clear;
rng(0);
p = [a];
t = [o];
[pn,inputStr] = mapminmax(p);
[tn,outputStr] = mapminmax(t);
net = newff(pn,tn,[8 6 1],{'purelin', 'logsig', 'purelin'});
net. trainParam. show = 10;
net. trainParam. epochs = 100000;
net. trainParam. lr = 0. 001;
net. trainParam. goal = 0. 01 * 10^(-3);
net. divideFcn = '';
net = train(net, pn, tn);
answer = sim(net, pn);
answer1 = mapminmax('reverse', answer, outputStr);
t = 2001:2018;
a1 = answer1(1,:);
figure(1);
subplot(2, 1, 1);
plot(t, a1, 'ro', t, o, 'b+');
plot(t, a1, 'ro','MarkerSize',20);
hold on;
plot(t, o, 'b+','MarkerSize',20);
hold off;
legend('BP 神经网络输出值', '变权综合评估值');
xlabel('年份'); ylabel('钾盐变权综合评估值');
title('BP 神经网络中国钾盐资源预警学习与测试对比图');
```

```
grid on;
newInput = [ b ] ;
newInput = mapminmax('apply', newInput, inputStr) ;
newOutput = sim( net, newInput) ;
newOutput = mapminmax('reverse', newOutput, outputStr) ;
newOutput( 1 , : ) ;
f = newOutput( 1 , : ) ;
```